A MARCA
DA VITÓRIA

A MARCA DA VITÓRIA

PHIL KNIGHT

SEXTANTE

Título original: *Shoe Dog*

Copyright © 2016 por Phil Knight
Copyright da tradução © 2016 por GMT Editores Ltda.

Publicado mediante acordo com a editora original, Scribner, uma divisão da Simon & Schuster, Inc. Todos os direitos reservados. Nenhuma parte deste livro pode ser utilizada ou reproduzida sob quaisquer meios existentes sem autorização por escrito dos editores.

tradução
Simone Lemberg Reisner

preparo de originais
Raïtsa Leal

revisão
Luis Américo Costa e Rebeca Bolite

projeto gráfico e diagramação
DTPhoenix Editorial

capa
Jaya Miceli e Jonathan Bush

adaptação de capa
Ana Paula Daudt Brandão

imagem de capa
Swoosh – cortesia da Nike

impressão e acabamento
Associação Religiosa Imprensa da Fé

CIP-BRASIL. CATALOGAÇÃO NA PUBLICAÇÃO
SINDICATO NACIONAL DOS EDITORES DE LIVROS, RJ

K262m Knight, Phil
A marca da vitória / Phil Knight; tradução de Simone Lemberg Reisner; Rio de Janeiro: Sextante, 2016.
384 p.; 16 x 23 cm.

Tradução de: Shoe Dog
ISBN 978-85-431-0446-1

1. Phil Knight, 1938-. 2. Empresários – Estados Unidos – Biografia. I. Título.

16-36292

CDD: 956.58
CDU: 929:658

Todos os direitos reservados, no Brasil, por
GMT Editores Ltda.
Rua Voluntários da Pátria, 45 – Gr. 1.404 – Botafogo
22270-000 – Rio de Janeiro – RJ
Tel.: (21) 2538-4100 – Fax: (21) 2286-9244
E-mail: atendimento@sextante.com.br
www.sextante.com.br

Para os meus netos,
para que eles saibam

Há muitas possibilidades na mente do principiante, mas poucas na do perito.

– Shunryu Suzuki, *Mente zen, mente de principiante*

ALVORADA

Acordei antes dos outros, antes dos pássaros, antes do sol. Tomei uma xícara de café, engoli uma torrada, vesti um short e um blusão de moletom e amarrei os cadarços dos meus tênis verdes de corrida. Em seguida, saí em silêncio pela porta dos fundos.

Alonguei as pernas, a região lombar e gemi enquanto dava os primeiros passos obstinados pela rua fria, em meio à névoa. Por que é sempre tão difícil começar?

Não havia carros nem pessoas, nenhum sinal de vida. Eu estava completamente só, tinha o mundo inteiro para mim – embora, estranhamente, as árvores parecessem notar a minha presença. É claro, eu estava no Oregon. As árvores sempre pareciam estar cientes. As árvores sempre ofereciam proteção.

Que lugar magnífico para se nascer, eu pensava, olhando ao redor. Calmo, verde, tranquilo – eu sentia orgulho de chamar o Oregon de lar, de chamar minha pequena Portland de cidade natal. Mas também sentia uma pontada de tristeza. Embora belo, o Oregon dava às pessoas a sensação de ser um lugar onde nada importante realmente acontecia – ou teria chances de acontecer. Se havia algo no estado que pudesse conferir a seus habitantes alguma fama era uma trilha muito antiga, que precisou ser aberta pelos colonos para que chegassem até aqui. Desde então, as coisas tinham sido bem monótonas.

O melhor professor que tive, um dos melhores homens que conheci, falava com frequência dessa trilha. É nosso direito de nascença, bradava ele. Nosso caráter, nosso destino – nosso DNA. "Os covardes nunca começaram", ele me dizia, "os fracos morreram pelo caminho – e nós estamos aqui."

Nós. Segundo meu professor, alguma força rara do espírito dos pioneiros foi descoberta ao longo dessa trilha, um enorme senso de possibilidade misturado a uma reduzida capacidade de pessimismo – e nosso dever, como filhos do Oregon, era manter essa força viva.

Eu meneava a cabeça, concordando e demonstrando todo o respeito que ele merecia. Eu amava aquele sujeito. No entanto, quando me afastava, costumava pensar: Ora, é só uma estrada de terra.

Naquela manhã de nevoeiro, naquela manhã memorável em 1962, eu havia acabado de desbravar minha própria trilha – de volta ao lar, depois de sete longos anos de ausência. Era estranho estar de volta, estranho ser de novo açoitado pelas chuvas que caíam todos os dias. Mais estranho ainda era voltar a morar com meus pais e minhas irmãs gêmeas, dormir na minha cama da infância. Eu ficava deitado, tarde da noite, olhando para os livros da faculdade, os troféus e as *blue ribbons*, fitas azuis que recebi pelas conquistas no ensino médio, enquanto pensava: Isso sou eu? *Ainda*?

Acelerei o passo pela rua. Minha respiração formava baforadas redondas e geladas que criavam um torvelinho no meio da neblina. Saboreei aquele primeiro despertar físico, aquele momento brilhante que acontece antes de a mente ficar totalmente clara, quando os membros e as articulações começam a se soltar e o corpo material começa a derreter. De sólido para líquido.

Mais depressa, disse a mim mesmo. Mais depressa.

Teoricamente, refleti, sou um homem adulto. Formado em uma boa universidade – a Universidade do Oregon. Fiz mestrado em uma das melhores escolas de negócios – Stanford. Sobrevivi a um ano inteiro no serviço militar dos Estados Unidos – em Fort Lewis e Fort Eustis. Meu currículo afirmava que eu era um soldado resoluto, um homem completo, de 24 anos... Então, por que eu me sentia como se ainda fosse um menino?

Pior ainda, o mesmo menino tímido, pálido e magricela que sempre fora.

Talvez por eu ainda não ter experimentado nada da vida. Ainda não vivera suas muitas tentações e emoções. Não havia fumado um cigarro, não havia experimentado drogas. Não violara nenhuma regra, muito menos uma lei. Estávamos nos anos 1960, a era da rebeldia, e eu era a única pessoa nos Estados Unidos que ainda não tinha se rebelado. Não me lembrava de um único momento no qual tivesse jogado tudo para o alto ou feito algo inesperado.

Eu nunca havia estado com uma mulher.

Se costumava remoer tudo o que eu não era, havia um motivo simples. Aquelas eram as coisas que eu conhecia melhor. Era difícil dizer o que ou quem exatamente eu era ou poderia vir a ser. Assim como todos os meus amigos, eu queria ser bem-sucedido. Ao contrário deles, não sabia o que isso significava. Dinheiro? Talvez. Esposa? Filhos? Uma casa? Claro que sim, se tivesse sorte. Esses eram os objetivos que eu aprendera a almejar e que parte de mim de fato desejava, instintivamente. Mas, lá no fundo, eu buscava algo diferente, algo mais. Tinha uma sensação dolorosa de que o nosso tempo é breve, muito mais efêmero do que jamais saberemos, tão breve quanto uma corrida pela manhã, e queria que o meu tempo significasse alguma coisa. E que tivesse um propósito. E que fosse criativo. E importante. E, acima de tudo... diferente.

Eu queria deixar uma marca no mundo.

Queria vencer.

Não, não era bem isso. Eu apenas não queria perder.

E então, aconteceu. Enquanto meu jovem coração começava a bater, enquanto meus pulmões rosados se expandiam como as asas de um pássaro, enquanto as árvores se transformavam em borrões esverdeados, vi tudo diante de mim, exatamente como eu queria que a minha vida fosse. Esporte.

Sim, pensei, é isso. Essa é a palavra. Eu sempre suspeitara de que o segredo da felicidade, a essência da beleza ou da verdade – ou tudo o que precisamos saber sobre a beleza e a verdade – estava em algum lugar durante aquele exato momento em que a bola está no ar, em que ambos os pugilistas sentem que o gongo vai tocar, em que os corredores se aproximam da linha de chegada e a multidão se levanta. Existe um tipo de luminosidade viva nesse pulsante meio segundo que antecede a decisão sobre a vitória ou a derrota. Eu queria que isso, o que quer que significasse, fosse a minha vida, o meu dia a dia.

Em outros momentos, eu havia fantasiado sobre me tornar um grande escritor, um grande jornalista, um grande estadista. Meu maior sonho, entretanto, sempre foi o de ser um grande atleta. Infelizmente, o destino me havia feito bom, mas não ótimo. Aos 24 anos, eu estava, enfim, aceitando esse fato. Havia competido em provas de corrida no Oregon e me destacara, conseguira me classificar em três dos quatro anos em que tinha competido. E foi só isso. Agora, enquanto corria, uma volta após outra, enquanto o sol nascente incendiava as agulhas mais baixas dos pinheiros, perguntei a mim mesmo: e se houvesse um jeito de sentir o que os atletas sentem, mesmo não sendo atleta? Praticar esportes o tempo todo em vez de trabalhar? Ou ter tanto prazer no trabalho a ponto de ele se tornar, essencialmente, um esporte?

O mundo estava inundado de guerra, dor e amargura, a luta diária era exaustiva e, com frequência, injusta. Talvez a única resposta, pensei, fosse encontrar algum sonho prodigioso, improvável, que parecesse valer a pena, que parecesse divertido, que parecesse uma boa opção, e correr atrás dele com a dedicação e a determinação de um atleta. Gostando ou não, a vida é um jogo. Quem nega essa verdade, quem se recusa a entrar no jogo, fica esperando nas linhas laterais – e eu não queria isso. Mais do que qualquer outra coisa, isso era algo que eu não queria para a minha vida.

O que me levou, como sempre, à minha Ideia Maluca. Talvez, pensei, apenas talvez, eu precisasse dar mais uma olhada nessa minha Ideia Maluca. Talvez essa Ideia Maluca pudesse... dar certo.

Talvez.

Não, não, pensei, correndo mais depressa, mais depressa, correndo como se estivesse perseguindo alguém *e* ao mesmo tempo sendo perseguido. Isso *vai* dar certo. Juro por Deus, *farei* com que dê certo. Chega de talvez.

De repente, eu estava sorrindo. Quase gargalhando. Encharcado de suor, movendo-me tão graciosamente e sem esforço como jamais o fizera, vi minha Ideia Maluca brilhando à minha frente, e ela não parecia mais tão maluca assim. Nem parecia mais uma ideia. Parecia um lugar. Parecia uma pessoa, ou alguma força de vida que já existia muito antes de eu mesmo existir, separada, mas também fazendo parte de mim. Esperando por mim, mas também se escondendo. Isso pode soar um tanto excêntrico, um pouco *maluco*. Mas foi assim que me senti naquele dia.

Ou talvez não. Talvez a sensação de descoberta do momento tenha sido ampliada pela memória, ou vários momentos de descobertas tenham sido condensados em apenas um. Ou talvez, se houve esse momento, ele não tenha sido nada mais do que o efeito da adrenalina no meu corpo. Não tenho certeza. Não sei dizer. Muitas lembranças daqueles dias, e dos meses e anos seguintes, lentamente desapareceram, como aquelas bafo-radas geladas e redondas da minha respiração. Rostos, números, decisões que antes pareciam urgentes e irrevogáveis, tudo se foi.

O que permaneceu, porém, foi essa certeza reconfortante, essa verdade que é como uma âncora e que jamais irá embora. Aos 24 anos, eu *tive* uma Ideia Maluca e, de alguma forma, apesar de estar atordoado pelas angústias existenciais, pelo medo do futuro e pelas dúvidas sobre mim mesmo, como todos os jovens aos 20 e poucos anos, *decidi* que o mundo era feito de ideias malucas. A História é uma longa procissão de ideias malucas. As coisas que eu mais amava – livros, esportes, democracia, livre-iniciativa – começaram como ideias malucas.

Além disso, poucas ideias são tão malucas quanto a minha atividade favorita: correr. É difícil. É doloroso. É arriscado. As recompensas são poucas e nunca são garantidas. Quando você corre em uma pista oval ou em uma estrada vazia não tem um destino verdadeiro. Pelo menos não um que justifique todo o esforço. O ato em si se torna o destino. Não é apenas por não haver uma linha de chegada; é porque é você quem define a linha de chegada. Os prazeres ou ganhos que podem ser obtidos por meio do ato de correr, sejam quais forem, precisam ser encontrados dentro de si. Tudo depende de como você encara a corrida, de como a negocia consigo mesmo.

Todo corredor sabe disso. Você corre, quilômetro após quilômetro, e nunca sabe exatamente por quê. Diz a si mesmo que está correndo em direção a um objetivo, que persegue algum ímpeto, mas, na verdade, você corre porque a alternativa, que é parar, o faz tremer de medo.

E assim, naquela manhã em 1962, eu disse a mim mesmo: Deixe que todos chamem a sua ideia de maluca... Apenas continue. Não pare. Nem pense em parar enquanto não chegar lá e não pense muito sobre onde fica esse "lá". O que quer que aconteça, não pare.

Esse foi o conselho precioso, cauteloso e urgente que consegui dar a mim mesmo, do nada, e que, de alguma forma, fui capaz de seguir. Meio século depois, acredito que é o melhor conselho – talvez o único – que qualquer um de nós deva dar.

PRIMEIRA PARTE

Pois *aqui*, como vê, *você* tem que correr o máximo que pode para continuar no mesmo lugar. Se quiser chegar a alguma outra parte, terá que correr no mínimo duas vezes mais rápido!

– Lewis Carroll, *Alice através do espelho*

1962

Quando resolvi mencionar a Ideia Maluca ao meu pai, depois de ter reunido toda a coragem necessária, assegurei-me de que acontecesse no início da noite. Essa era sempre a melhor hora do dia para falar com ele. Era o momento em que meu pai estava relaxado, bem alimentado, acomodado em sua poltrona reclinável no cantinho da TV. Ao inclinar a cabeça para trás e fechar os olhos, ainda posso ouvir o som do auditório rindo, as músicas-tema dos programas favoritos dele: *Caravana* e *Rawhide*.

O que meu pai mais amava, porém, era o programa de Red Buttons. Todos os episódios começavam com Red cantando: *Ho ho, hee hee... strange things are happening* (Ho ho, hee hee, coisas estranhas estão acontecendo).

Coloquei uma cadeira de encosto reto ao lado dele e dei um sorriso amarelo, esperando pelo próximo intervalo comercial. Eu havia repassado o meu discurso na cabeça, muitas e muitas vezes, principalmente o início. *E aí, pai, você se lembra daquela Ideia Maluca que eu tive em Stanford...?*

Eu estava cursando uma de minhas últimas matérias e precisava preparar um seminário sobre empreendedorismo. Tinha feito um trabalho de pesquisa sobre calçados que acabou evoluindo de uma tarefa comum para uma total e completa obsessão. Como corredor, conhecia um pouco sobre tênis de corrida. Sendo um entusiasta dos negócios, sabia que as câmeras fotográficas japonesas haviam invadido o mercado antes dominado pelos alemães. Assim, argumentei no meu trabalho que os tênis de corrida japoneses poderiam fazer o mesmo. A ideia me interessou, me inspirou e me cativou. Parecia tão óbvia, tão simples, tão potencialmente gigantesca...

Dediquei semanas e mais semanas a esse trabalho. Praticamente me mudei para a biblioteca e devorei tudo o que encontrei sobre importação e exportação e sobre como abrir uma empresa. Finalmente, como esperado, fiz uma apresentação formal do trabalho para meus colegas de classe, que reagiram com um tédio formal. Nenhuma pergunta foi feita. Eles me parabenizaram por minha paixão e intensidade com fortes suspiros e olhares vazios.

O professor achou que minha Ideia Maluca tinha algum mérito: me deu nota A. E foi só isso. Pelo menos, deveria ter sido. Na verdade, nunca deixei de pensar naquele trabalho. Ao longo de todo o restante do meu tempo em Stanford, de todas as corridas matinais até aquele momento no cantinho da TV, fiquei imaginando a possibilidade de ir ao Japão, encontrar uma empresa de calçados e apresentar a *eles* a minha Ideia Maluca, na esperança de que tivessem uma reação mais entusiástica do que a de meus colegas de classe e de que talvez quisessem se associar a um rapazinho tímido, pálido e magricela do sonolento Oregon.

Também brinquei com a possibilidade de fazer um desvio exótico do meu caminho para o Japão. Como posso deixar minha marca no mundo, pensei, se não andar por ele e *conhecê-lo*? Antes de correr uma grande prova, é sempre bom caminhar pela pista. Uma viagem como mochileiro ao redor do globo poderia ser uma boa, avaliei. Naquela época, ninguém falava em listas do que fazer antes de morrer, mas suponho que fosse isso mais ou menos o que eu tinha em mente. Antes de morrer, de ficar muito velho ou exaurido demais com as minúcias do dia a dia, queria visitar os lugares mais belos e surpreendentes do planeta.

E os mais sagrados. É claro que eu queria provar comidas diferentes, ouvir outras línguas, mergulhar em outras culturas, mas o que realmente ansiava era por uma conexão, com C maiúsculo. Queria experimentar o que os chineses chamam de Tao; os gregos, de Logos; os hindus, de Jnana; os budistas, de Darma. O que os cristãos chamam de Espírito. Imaginei que, antes de partir para minha viagem pessoal, precisaria entender a viagem maior da humanidade. Precisaria explorar os mais grandiosos templos, igrejas e santuários, os rios e as montanhas mais sagrados. Precisaria sentir a presença de... Deus?

Sim, disse a mim mesmo. Por falta de uma palavra melhor, Deus.

Antes de tudo isso, porém, precisava da aprovação do meu pai.

Mais ainda, precisava do dinheiro dele.

No ano anterior, eu já havia mencionado o desejo de fazer uma longa viagem e meu pai me parecera receptivo à ideia. Só que ele já devia ter se esquecido disso. E, por certo, eu estava me excedendo ao acrescentar à proposta original essa Ideia Maluca de uma extravagante viagem extra ao Japão. Para começar uma empresa. Isso é que é projeto inútil.

É claro que ele acharia que eu estava dando um passo maior que a perna.

E um passo bem caro também. Eu possuía algumas economias dos tempos do Exército e de vários empregos de verão. Além disso, planejava vender meu carro, um MG – Morris Garages – de 1960, vinho-escuro, com pneus de corrida e motor *twin cam*. (O mesmo modelo que Elvis dirigiu em *Feitiço havaiano*.) Tudo isso somava 1.500 dólares, bem menos do que o necessário, expliquei ao meu pai. Ele meneou a cabeça, fez um hum-hum, tirou os olhos da televisão e virou-os para mim, então levou-os de volta para o aparelho, enquanto eu expunha a situação.

Você se lembra de quando conversamos, pai? De como eu disse que queria conhecer o mundo?

O Himalaia? As Pirâmides?

O mar Morto, pai? O mar *Morto*?

Bem, também estou pensando em dar uma paradinha no Japão, pai. Você se lembra da minha Ideia Maluca? Sobre os tênis de corrida japoneses? Pois é. Isso pode ser algo grande, pai. Enorme.

Eu estava enfeitando o pavão, usando todo o meu poder de persuasão, pois sempre detestei fazer vendas, e essa em particular tinha chance zero de acontecer. Meu pai havia acabado de gastar uma fortuna com meus estudos na Universidade do Oregon e em Stanford. Ele era o editor do *Oregon Journal*, um emprego sólido, que pagava por todos os nossos confortos básicos, inclusive nossa espaçosa casa branca na Claybourne Street, em Eastmoreland, uma das regiões mais tranquilas de Portland. Mas o homem não tinha um pé de dinheiro no quintal.

Além disso, estávamos em 1962. Naquela época, a Terra era maior. Embora os seres humanos estivessem começando a orbitar o planeta em cápsulas, 90% dos americanos ainda não tinham viajado de avião. O cidadão comum nunca se aventurara mais longe do que 150 quilômetros da própria casa, portanto, a mera menção de uma viagem global de avião deixaria qualquer pai nervoso, principalmente o meu, cujo predecessor no jornal havia morrido em um acidente de avião.

Mesmo deixando de lado o dinheiro e as preocupações com segurança, o plano inteiro era simplesmente impraticável. Eu tinha consciência de que 26 em cada 27 novas empresas fracassavam, meu pai também sabia disso, e a ideia de assumir um risco tão colossal ia contra tudo em que ele acreditava. Meu pai era cristão devoto, membro convencional da Igreja Episcopal. Mas também adorava outra divindade secreta – a respeitabilidade. Casa colonial, bela esposa, filhos obedientes, meu pai gostava de ter essas coisas, mas o que ele realmente valorizava era o fato de os amigos e vizinhos *saberem* que ele as possuía. Ele gostava de ser admirado. Gostava de nadar todos os dias na corrente que estivesse em voga. Assim, dar uma volta ao mundo por pura diversão era algo que não tinha nenhum sentido para ele. Não se fazia isso. Com certeza, os filhos dos homens respeitáveis não faziam isso. Era algo que os filhos dos outros faziam. Coisa de beatniks e hipsters.

Possivelmente, o maior motivo para a fixação de meu pai pela respeitabilidade era o medo de seu caos interior. Eu sentia isso de maneira visceral, porque, de vez em quando, esse caos vinha à tona. Sem aviso, tarde da noite, o telefone que ficava no corredor tocava e, quando eu atendia, havia aquela mesma voz grave na linha:

– Venha aqui buscar o seu pai.

Eu colocava minha capa de chuva – naquelas noites sempre parecia que havia uma garoa – e dirigia até o centro da cidade, ao clube que meu pai frequentava. Lembro-me daquele clube com a mesma nitidez com que me lembro do meu quarto. Centenário, com estantes de livros feitas de carvalho que iam do chão ao teto e poltronas de encosto alto, parecia a sala de visitas de uma antiga casa de campo inglesa. Em outras palavras, um lugar eminentemente respeitável.

Eu sempre encontrava meu pai à mesma mesa, na mesma poltrona. Sempre o ajudava a se levantar.

– Você está bem, pai?

– É claro que estou bem.

Eu sempre o guiava até o carro e, durante todo o caminho até em casa, fingíamos que não havia nada errado. Ele se sentava perfeitamente ereto, quase como um rei, e falávamos sobre esportes, porque esse assunto era a minha maneira de me distrair e me acalmar em momentos de estresse.

Meu pai também gostava de esportes. Os esportes eram respeitáveis.

Por essas e outras razões, eu esperava que meu pai recebesse o pedido ali no cantinho da TV com a testa franzida e uma recusa rápida. "Há-há, Ideia Maluca. Sem chance, Buck." (Meu nome de batismo é Philip, mas meu pai sempre me chamava de Buck. Na verdade, ele me chamava de Buck mesmo antes de eu nascer. Minha mãe me contou que ele tinha o hábito de bater na barriga dela e perguntar: "Como está o pequeno Buck hoje?") Entretanto, quando parei de falar, quando parei de tentar vender meu peixe, meu pai se inclinou para a frente em sua poltrona de vinil e me lançou um olhar estranho. Confessou que se arrependia por não ter viajado mais quando jovem. Disse que uma viagem poderia representar um retoque final na minha educação. Mencionou várias coisas, todas elas mais focadas na viagem do que na Ideia Maluca, mas eu não tentei corrigi-lo. Não tentei reclamar, pois ele estava me dando sua bênção. E seu dinheiro.

– Ok – disse ele. – Ok, Buck. Ok.

Agradeci ao meu pai e fugi do cantinho da TV antes que ele tivesse a chance de mudar de ideia. Só mais tarde percebi, com um espasmo de culpa, que a falta de viagens do meu pai era a razão inconfessa, talvez a mais importante, do meu desejo de partir. Essa viagem, essa Ideia Maluca, seria a única maneira infalível de eu me tornar alguém diferente dele. Alguém menos respeitável.

Ou talvez não menos respeitável, mas apenas menos obcecado por respeitabilidade.

O resto da família não apoiou a ideia com o mesmo entusiasmo. Quando minha avó soube do itinerário, um item em particular a deixou horrorizada.

– Japão! – gritou. – Por quê, Buck, se há poucos anos os japoneses queriam nos matar? Você não se *lembra*? Pearl Harbor! Os japoneses tentaram conquistar o mundo! Alguns deles ainda nem sabem que perderam a guerra! Estão escondidos! Podem fazer de você um prisioneiro, Buck. Arrancar seus olhos. Eles são conhecidos por fazer isso... Seus *olhos*.

Eu amava a mãe da minha mãe, a quem chamávamos de Mamãe Hatfield. E entendia o medo dela. O Japão era o lugar mais distante que poderia existir de Roseburg, no Oregon, a pequena cidade rural onde ela vivera durante toda a sua existência. Passei muitos verões lá, com ela e Papai Hatfield. Quase todas as noites nos sentávamos na varanda e ficávamos ouvindo os sapos coaxarem, competindo com o som do rádio, que, no início dos anos 1940, estava sempre sintonizado nas notícias sobre a guerra.

Que eram sempre ruins.

Os japoneses, segundo nos contavam repetidas vezes, não perdiam uma guerra há 26 anos e, com certeza, não parecia que perderiam essa também. Nós sofríamos uma derrota após outra. Até que, em 1942, o narrador da Mutual Broadcasting, Gabriel Heatter, abriu sua reportagem noturna com um grito estridente:

– Boa noite a todos. Hoje temos *boas notícias*!

Os americanos haviam finalmente vencido uma batalha decisiva. Os críticos reprovaram Heatter por sua torcida desavergonhada, por abandonar toda a pretensa objetividade jornalística, mas o ódio do público pelo Japão era tão intenso que os ouvintes o saudaram como a um herói. Depois disso, ele passou a iniciar todas as suas reportagens da mesma forma: "Hoje temos *boas notícias*!"

Essa é uma das lembranças mais antigas que tenho. Mamãe e Papai Hatfield ao meu lado, naquela varanda, Papai Hatfield descascando uma maçã com um canivete e me dando um pedaço, comendo um pedaço, me dando outro pedaço e assim por diante, até que parou de repente. Heatter ia entrar no ar. *Shh! Quietos!* Ainda posso nos ver mastigando maçãs e olhando para o céu estrelado, tão obcecados pelo Japão que quase esperávamos enxergar aeronaves japonesas cruzando a constelação do Cão Maior. Não me admira que, ao entrar pela primeira vez em um avião, quando tinha uns 5 anos, eu tenha perguntado:

– Papai, os japoneses vão atirar na gente?

Embora Mamãe Hatfield tivesse me assustado, eu disse a ela que não se preocupasse, eu estaria bem. Até traria para ela um quimono.

Minhas irmãs gêmeas, Jeanne e Joanne, quatro anos mais novas que eu, não pareceram se importar muito com o lugar aonde eu iria ou o que eu faria por lá.

E minha mãe, pelo que me lembro, não disse nada. Ela quase nunca dava a sua opinião. Mas, dessa vez, havia algo diferente no silêncio dela. Equivalia a um consentimento. Até orgulho.

PASSEI SEMANAS LENDO, planejando e preparando a viagem. Fiz longas corridas, meditando sobre cada detalhe enquanto gansos selvagens voavam sobre minha cabeça em rígidas formações em V. Li em algum lugar que os gansos que ficam na parte de trás da formação, os que voam no recuo, fazem apenas 80% do esforço feito pelos líderes. Todos os corredores entendem isso. Os que correm na frente sempre se esforçam e se arriscam mais.

Bem antes de falar com meu pai, eu já havia decidido que seria bom ter um companheiro de viagem e que essa pessoa seria Carter, um colega de classe em Stanford. Embora tivesse sido um astro das argolas no William Jewell College, Carter não era o atleta típico. Ele usava óculos de lentes grossas e gostava de livros. Bons livros. Era uma pessoa com quem era fácil conversar e também não conversar – qualidades igualmente importantes em um amigo. Essenciais em um companheiro de viagem.

Mas Carter riu na minha cara. Quando mostrei a ele a lista de lugares que queria visitar – Havaí, Tóquio, Hong Kong, Rangum, Calcutá, Bombaim, Saigon, Katmandu, Cairo, Istambul, Atenas, Jordânia, Jerusalém, Nairóbi, Roma, Paris, Viena, Berlim Ocidental, Berlim Oriental, Munique, Londres –, ele se balançou sobre os calcanhares e gargalhou. Mortificado, olhei para baixo e comecei a pedir desculpas. Então Carter, ainda rindo, disse:

– Isso é o que eu chamo de uma excelente ideia, Buck!

Olhei para cima; ele não estava rindo de mim. Estava rindo de alegria, de satisfação. Ele estava impressionado. Era preciso muita coragem para apresentar um itinerário daqueles. Coragem. Ele topou.

Dias depois, ele recebeu permissão da família, além de um empréstimo do pai. Carter nunca perdia uma boa oportunidade. Quando enxergava uma possibilidade, ele a agarrava. Ele era assim. Eu disse a mim mesmo que poderia aprender muito com um sujeito como Carter enquanto estivéssemos dando a volta ao mundo.

Cada um de nós preparou uma única mala e uma mochila. Somente os objetos mais necessários, prometemos um ao outro. Algumas calças jeans, poucas camisetas. Tênis de corrida, botas para usar no deserto, óculos de sol, além de duas mudas de roupa na cor cáqui.

Também levei um bom terno. Um verde, com paletó de dois botões, da Brooks Brothers. Só para o caso de a minha Ideia Maluca dar algum fruto.

7 DE SETEMBRO DE 1962. Carter e eu nos enfiamos no velho e amassado Chevrolet dele e dirigimos em alta velocidade pela estrada I-5, através do Willamette Valley, seguindo pelo sul arborizado do Oregon, que nos dava a impressão de estarmos nos arrastando pelas raízes de uma árvore. Acele-

ramos na ponta coberta de pinheiros da Califórnia, cruzando trechos com altas montanhas verdes e descendo em seguida por bastante tempo, até que bem depois da meia-noite alcançamos a nebulosa São Francisco. Por vários dias, ficamos hospedados com uns amigos, dormindo no chão da casa deles, e em seguida demos uma passada em Stanford para pegar alguns pertences de Carter que estavam guardados em um depósito. Finalmente, paramos em uma loja de bebidas e compramos duas passagens com desconto para Honolulu, pela Standard Airlines. Só de ida, 80 dólares.

Foi como se apenas alguns minutos tivessem se passado até que Carter e eu estivéssemos pousando na pista arenosa do aeroporto de Oahu. Quando nos viramos e olhamos para o céu, pensamos: "Este não é o céu lá de casa."

Uma fila de belas garotas aproximou-se. Olhos doces, pele cor de oliva, pés descalços e quadris que balançavam com facilidade, jogando as saias de capim para um lado e para outro diante de nós. Carter e eu nos entreolhamos e abrimos um sorriso.

Pegamos um táxi para a praia de Waikiki e nos hospedamos em uma pousada simples, localizada bem de frente para o mar. Sem perder tempo, largamos as malas e vestimos nossas roupas de banho. Vamos ver quem chega primeiro à água!

Quando pisei na areia, gritei e ri. Joguei os tênis de lado e disparei em direção às ondas. Só parei quando a espuma já estava na altura do meu pescoço. Mergulhei até o fundo e subi, arfando e rindo, e fiquei boiando de costas. Por fim, cambaleei para fora d'água e desabei sobre a areia, sorrindo para os pássaros e as nuvens. Devia parecer um louco que escapara do manicômio. Carter, agora sentado ao meu lado, estava com a mesma cara de bobo.

– Devíamos ficar aqui – comentei. – Por que a pressa em ir embora?
– E como fica O Plano? – respondeu Carter. – Viajar ao redor do mundo?
– Planos podem mudar.

Carter sorriu.

– Grande ideia, Buck.

E então conseguimos empregos. Vendíamos enciclopédias de porta em porta. Nada glamoroso, sem dúvida, mas e daí? Não começávamos a trabalhar antes das sete da noite, o que nos dava bastante tempo para surfar. De repente, não havia nada mais importante do que aprender a surfar. Depois de apenas algumas tentativas eu já conseguia me manter em pé sobre a prancha e, em poucas semanas, me tornei um bom surfista. Muito bom.

Tendo uma atividade que nos rendia algum dinheiro, deixamos o hotel e alugamos um pequeno apartamento de quarto e sala mobiliado. Havia duas camas, uma delas de verdade e a outra, não muito – era uma espécie de tábua de passar roupas que ficava dobrada e presa à parede. Carter, sendo mais alto e mais pesado, ficou com a cama de verdade e eu, com a tábua de passar. Não me importava. Depois de um dia surfando e vendendo enciclopédias, seguido de uma longa noite nos bares da cidade, eu poderia dormir no buraco da fogueira de um luau. O aluguel era de apenas 100 dólares por mês, que nós dois dividíamos.

A vida era tranquila. A vida era um paraíso. Exceto por um pequeno detalhe: eu não conseguia vender enciclopédias.

Não conseguiria vender enciclopédias nem se a minha vida dependesse disso. Parecia que quanto mais velho eu ficava, mais tímido me tornava, e a simples visão do meu extremo desconforto geralmente deixava os estranhos pouco à vontade. Assim, vender qualquer coisa já seria um desafio, mas vender *enciclopédias*, que eram tão populares no Havaí quanto os mosquitos e os habitantes do continente, era um suplício. Por mais habilidade e vigor que eu pudesse empregar para dizer as frases mais importantes que nos foram ensinadas no breve treinamento que tivemos ("Meninos, digam aos caras que não estão vendendo enciclopédias – estão vendendo um Vasto Compêndio do Conhecimento Humano... as Soluções para as Questões da Vida!"), sempre recebia a mesma reposta.

Cai fora, amigo.

Se minha timidez me tornava um péssimo vendedor de enciclopédias, minha natureza me fazia desprezar a atividade. Não nasci para receber altas doses de rejeição. Eu já conhecia esse traço da minha personalidade desde o ensino médio, quando fui cortado do time de beisebol. Um pequeno revés no grande jogo da vida, mas que me deixou arrasado. Foi a primeira vez que tive consciência de que nem todas as pessoas do mundo gostarão de nós, ou nos aceitarão, e de que muitas vezes somos deixados de lado justo quando mais precisamos sentir que fazemos parte de algo.

Jamais me esquecerei desse dia. Arrastando meu bastão pela calçada, cambaleei até minha casa e me tranquei no quarto; fiquei lá, triste e desgostoso, por cerca de duas semanas, até minha mãe aparecer ao lado da minha cama e dizer:

– Chega.

Ela me forçou a tentar outra coisa.

– O quê, por exemplo? – gemi, com a cara enfiada no travesseiro.

– Que tal corrida? – disse ela.

– Corrida? – repeti.

– Você corre rápido, Buck.

– Corro? – retruquei, sentando-me na cama.

Então saí para correr. E descobri que era *capaz*. E ninguém poderia me tirar isso.

Assim, depois de desistir de vender enciclopédias, toda aquela velha rejeição foi embora e me concentrei nos anúncios de outros empregos. Em pouco tempo achei um anúncio pequeno, com uma margem grossa e preta em volta. *Precisa-se de vendedor de valores mobiliários.* Logo imaginei que teria mais sorte vendendo ações e títulos. Afinal, eu tinha um MBA. E, antes de sair de casa, havia sido muito bem-sucedido em uma entrevista para a empresa de investimentos Dean Witter.

Fiz algumas pesquisas e descobri que esse emprego tinha duas vantagens. Em primeiro lugar, era na empresa Investors Overseas Services, liderada por Bernard Cornfeld, um dos mais renomados empresários dos anos 1960. Em segundo, o escritório ficava no último andar de um belo edifício de frente para o mar. Janelas de mais de 6 metros com vista para aquele mar turquesa. Os dois pontos me cativaram e me fizeram dar o melhor de mim na entrevista. De algum jeito, depois de semanas sendo incapaz de convencer alguém a comprar uma enciclopédia, eu convenci o Time Cornfeld a me dar uma chance.

O EXTRAORDINÁRIO SUCESSO de Cornfeld, aliado àquela vista de tirar o fôlego, tornou possível que na maioria dos dias eu me esquecesse de que a firma não passava de um telemarketing ativo, no qual eram feitas vendas sob muita pressão e insistência. Cornfeld era famoso por perguntar aos funcionários se eles queriam *sinceramente* ficar ricos e, todos os dias, cerca de 10 jovens vorazes demonstravam que queriam sim, queriam *sinceramente*. Com ferocidade, com total entrega, eles pegavam os telefones e faziam ligações para os possíveis clientes, lutando desesperadamente para conseguir marcar uma visita.

Eu não era bom de papo nem em persuasão. Na verdade, eu não era do tipo falante. Mesmo assim, conhecia os números e o produto: Fundos

Dreyfus. Mais do que isso, sabia como falar a verdade. As pessoas pareciam gostar disso. Não demorei muito para marcar algumas reuniões e fechar algumas vendas. Em uma semana, ganhei o suficiente em comissões para pagar minha metade do aluguel durante os seis meses seguintes e ainda sobrou bastante para a parafina da prancha de surfe.

A maior parte da minha renda pessoal excedente ia para os bares na orla. Os turistas iam beber nos resorts de luxo, aqueles cujos nomes pareciam palavras mágicas – o Moana, o Halekulani –, mas Carter e eu preferíamos os de pior reputação. Gostávamos de nos sentar com os nossos amigos da praia e os surfistas, os aventureiros e os vagabundos, e nos sentíamos orgulhosos da única coisa que tínhamos a nosso favor: a geografia. Aqueles otários lá em casa, dizíamos. Aqueles pobres trabalhadores, caminhando como sonâmbulos por suas vidas monótonas, empacotados para se protegerem do frio e da chuva. Por que eles não são como nós? Por que não aproveitam a vida?

Nosso senso de *carpe diem* era amplificado pelo fato de que o mundo parecia estar acabando. Um impasse nuclear com os soviéticos já durava várias semanas. Eles tinham uma dúzia de mísseis em Cuba, os Estados Unidos exigiam que fossem retirados e ambos os lados haviam feito sua proposta final. As negociações terminaram e a Terceira Guerra Mundial aconteceria a qualquer minuto. Segundo os jornais, mísseis cairiam do céu mais tarde, naquele mesmo dia. No máximo no dia seguinte. O mundo era como Pompeia e o vulcão já estava cuspindo cinzas. Ora, todos nos bares concordávamos que, quando a humanidade chegasse ao fim, aquele seria um lugar tão bom quanto qualquer outro para observar as nuvens em forma de cogumelo. *Aloha*, civilização.

De repente, surpresa: o mundo foi poupado. A crise passou. O céu parecia suspirar aliviado enquanto o ar se tornava mais puro e calmo. Seguiu-se um perfeito outono havaiano. Dias de contentamento e algo parecido com êxtase.

Então veio uma aguda inquietação. Uma noite, coloquei minha cerveja sobre a mesa do bar e disse a Carter:

– Acho que chegou a hora de deixarmos Shangri-la.

Não fiz um discurso muito sério. Não achei que fosse necessário. Era, sem dúvida, hora de voltar ao Plano. Mas Carter franziu a testa e coçou o queixo.

– Ah, Buck, não sei não.

Ele tinha conhecido uma garota. Uma bela adolescente havaiana, com longas pernas bronzeadas e olhos negros, como aquelas que saudaram nosso avião, do tipo que eu sonharia em ter mas jamais teria. Ele queria ficar mais tempo, e como eu poderia discordar?

Eu disse a ele que compreendia, mas fiquei chateado. Saí do bar e caminhei pela praia. Fim de jogo, disse a mim mesmo.

A última coisa que eu queria era fazer as malas e voltar para o Oregon. Mas não me imaginava viajando sozinho pelo mundo. Volte para casa, me disse uma longínqua voz interior. Consiga um emprego normal. Seja uma pessoa normal.

Então ouvi outra voz abafada, igualmente enfática. Não, não volte. Siga em frente. Não pare.

No dia seguinte, dei um aviso prévio de duas semanas no escritório.

– Que pena, Buck – disse um dos chefes. – Você tinha futuro como vendedor.

– Deus me livre – respondi baixinho.

Naquela mesma tarde, em uma agência de viagens próxima, comprei uma passagem de avião com validade de um ano, em qualquer companhia aérea, indo para qualquer lugar. Um tipo de Passe Eurail no céu. No Dia de Ação de Graças de 1962, peguei minha mochila e me despedi de Carter com um aperto de mão.

– Buck – disse ele –, se cuida.

O COMANDANTE SE DIRIGIU aos passageiros em um japonês rápido e comecei a suar de nervoso. Olhei pela janela, para o círculo vermelho flamejante na asa. Mamãe Hatfield tinha razão, pensei. Nós tínhamos *acabado* de sair de uma guerra com aquelas pessoas. A Batalha de Corregidor, a Marcha da Morte de Bataan, o Massacre de Nanquim... E agora eu estava indo para lá em algum tipo de *empreendimento* arriscado!

Ideia Maluca? Talvez ela fosse, *de fato*, maluca.

Se fosse o caso, era tarde demais para procurar ajuda profissional. O avião acelerava pela pista, rugindo acima das areias das praias do Havaí. Olhei para baixo e vi os imensos vulcões ficando cada vez menores. Não havia como voltar.

Como era Dia de Ação de Graças, a refeição servida no voo foi peru recheado com molho de cranberry. E, como nosso destino era o Japão, havia também atum cru, sopa de missô e saquê quente. Comi tudo enquanto lia os livros que havia enfiado na mochila. *O apanhador no campo de centeio* e *Almoço nu*. Eu me identificava com Holden Caulfield, o adolescente introvertido procurando seu lugar no mundo, mas Burroughs era difícil de entender. *O vendedor de heroína não vende seu produto ao consumidor; vende o consumidor ao seu produto.*

Era demais para mim. Apaguei. Quando acordei, estávamos em plena aterrissagem, rápida e íngreme. Abaixo de nós, Tóquio, espantosamente brilhante. A área de Ginza, em particular, era como uma árvore de Natal.

Entretanto, no caminho para o hotel só vi escuridão. Vastas áreas da cidade estavam totalmente às escuras.

– A guerra – comentou o taxista. – Muitos prédios bombardeados.

Os B-29 americanos. Superfortalezas. Durante um período de várias noites, no verão de 1944, inúmeros deles lançaram mais de 340 toneladas de bombas, a maioria delas recheada de gasolina e uma geleia inflamável. Uma das cidades mais antigas do mundo, Tóquio fora construída basicamente com madeira, por isso as bombas provocaram um furacão de fogo. Cerca de 300 mil pessoas foram queimadas vivas, instantaneamente, quatro vezes o número de mortos em Hiroshima. Mais de um milhão ficaram terrivelmente feridas. E quase 80% dos edifícios foram pulverizados. Durante longos e solenes trechos do percurso, o taxista e eu não dissemos nada. Não havia nada a ser dito.

Finalmente ele parou no endereço anotado no meu caderno. Um sombrio albergue. Pior do que sombrio. Eu havia feito reserva pela American Express, de olhos fechados, e agora percebia que cometera um erro. Atravessei a calçada esburacada e entrei em um edifício que parecia prestes a cair.

Uma velha senhora japonesa atrás do balcão da recepção curvou-se para mim. Percebi que ela não estava me saudando, mas que era encurvada por causa da idade, como uma árvore que já suportou várias tempestades. Devagar, ela me conduziu ao meu quarto, que mais parecia uma caixa. Um tatame, uma mesa bamba, nada mais. Não me importei. Mal percebi que o tatame era fino como uma hóstia. Inclinei-me para a mulher encurvada, desejando-lhe boa-noite. *Oyasumi nasai*. Enrolei-me sobre o tatame e apaguei.

* * *

HORAS DEPOIS, ACORDEI em um quarto repleto de luz. Arrastei-me até a janela. Aparentemente, eu estava em algum tipo de distrito industrial, na periferia da cidade. Cheia de docas e fábricas, aquela região devia ter sido um alvo primário para os B-29. Para todo lugar que eu olhasse, havia desolação. Edifícios em ruínas. Um quarteirão após outro, todos arrasados. Destruídos.

Por sorte, meu pai conhecia pessoas em Tóquio, incluindo um grupo de americanos que trabalhavam na United Press International. Peguei um táxi até lá e eles me receberam como se eu fosse da família. Ofereceram-me café com biscoitos e, quando contei onde havia passado a noite, acharam graça. Colocaram-me em um hotel limpo e decente. Em seguida, escreveram os nomes de vários lugares onde eu poderia comer bem.

O que, em nome de Deus, você veio fazer em Tóquio? Expliquei que estava viajando pelo mundo. Depois, mencionei minha Ideia Maluca.

– Hum – murmuraram, revirando os olhos. Mencionaram dois ex-soldados que administravam uma revista mensal chamada *Importer*. – Converse com os caras da *Importer* antes que faça algo imprudente.

Prometi que falaria com eles. Mas, antes de qualquer coisa, queria conhecer a cidade.

Com um guia na mão e uma câmera Minolta na outra, saí em busca dos poucos pontos turísticos que haviam sobrevivido à guerra, os mais antigos templos e santuários. Passei horas sentado nos bancos de jardins cercados, lendo sobre as principais religiões do Japão, o budismo e o xintoísmo. Fiquei fascinado pelo conceito de *kensho*, ou *satori* – iluminação que vem em um lampejo, um estalo ofuscante. Mais ou menos como o flash da minha Minolta. Gostei disso. Queria isso.

Entretanto, antes era preciso mudar toda a minha abordagem. Eu era um pensador linear e, de acordo com o zen, esse tipo de pensamento não passa de uma ilusão, uma das muitas que nos mantêm infelizes. Segundo o zen, a realidade não é linear. Não existe futuro nem passado. Só o agora.

Parece que, em todas as religiões, o eu é o obstáculo, o inimigo. Entretanto, o zen afirma claramente que o eu não existe. O eu é uma miragem, um sonho febril, e nossa teimosia em acreditar nessa realidade não só nos faz desperdiçar a vida como encurtá-la. O eu é a mentira deslavada que contamos a nós mesmos todos os dias e a felicidade requer que enxerguemos através dessa mentira, desmascarando-a. *Estudar o eu*, disse o mestre

Dogen, no século XIII, *é se esquecer do eu*. Voz interior, voz exterior, é tudo a mesma coisa. Não há linha divisória.

Especialmente nas competições. De acordo com o zen, a vitória vem quando nos esquecemos do eu e do oponente, que não passam de duas metades de um todo. Em *A arte cavalheiresca do arqueiro zen*, isso está explicado com total clareza: *A perfeição da arte da espada só será alcançada quando o coração do espadachim não for mais afetado por nenhum pensamento a respeito do "eu" e do "outro", do adversário e de sua espada, de sua própria espada e de sua maneira de usá-la... Tudo é um vazio: você mesmo, a espada que é brandida e os braços que a manejam. Até a ideia de vazio desaparece.*

Com a cabeça girando, decidi fazer uma pausa para visitar um marco muito pouco zen; na verdade, o lugar mais antizen do Japão, um reduto onde os homens se concentravam somente no eu e em nada além do eu – a Bolsa de Valores de Tóquio, ou Tosho. Instalada em um edifício românico de mármore com grandes colunas gregas, parecia um enfadonho banco de uma tranquila cidade do Kansas quando observada do outro lado da rua. Por dentro, no entanto, era só tumulto. Centenas de homens agitando os braços, arrancando os cabelos, gritando. Uma versão mais corrompida do pequeno escritório da Cornfeld.

Eu não conseguia desviar o olhar. Fiquei ali, observando e perguntando a mim mesmo: Então fazer negócios é isso? Sério? Eu gostava de dinheiro tanto quanto os outros caras que estavam ali, mas não queria que minha vida se resumisse a isso.

Depois de Tosho, eu precisava de paz. Adentrei o coração da cidade, nos jardins do imperador Meiji e de sua imperatriz, um espaço onde supostamente existia um enorme poder espiritual. Sentei-me ali, contemplativo, reverente, sob os ginkos que balançavam, ao lado de um belo portão *torii*. Li em meu guia que o portão *torii* é um portal para locais sagrados e deleitei-me com a santidade e a serenidade do lugar, tentando assimilar tudo aquilo.

Na manhã seguinte, amarrei meus tênis e fui correr no Tsukiji, o maior mercado de peixes do mundo. Era uma repetição de Tosho, só que com camarões em vez de ações. Testemunhei velhos pescadores espalharem suas ofertas sobre carrinhos de madeira e discutir os preços com mercadores de rostos frios. Naquela noite, peguei um ônibus para a região dos lagos, ao norte das montanhas Hakone, uma área que inspirou muitos dos grandes poetas zen. *Não se pode trilhar o caminho antes de se tornar o próprio caminho,* disse Buda, e eu fiquei admirando, respeitosamente, um caminho sinuoso que ia dos lagos vítreos até o topo nublado do monte Fuji, um perfeito triângulo coberto de neve que, para mim, era igualzinho ao monte Hood, no Oregon. Os japoneses acreditam que escalar o monte Fuji é uma experiência mística, um ato ritual de celebração, e senti-me tomado pelo desejo de fazê-lo naquele mesmo instante. Queria ascender às nuvens. Mas decidi esperar. Voltaria quando tivesse alguma coisa para comemorar.

VOLTEI A TÓQUIO e me apresentei na *Importer*. Os dois ex-soldados que estavam no comando, homens de pescoço grosso, musculosos e muito ocupados, olharam para mim como se quisessem me matar por aparecer ali sem ser convidado e fazê-los perder tempo. Entretanto, em poucos minutos a aparência rude de ambos se dissipou e eles foram calorosos e amigáveis, se mostraram satisfeitos por encontrar um conterrâneo. Conversamos principalmente sobre esportes. *Acredita que os Yankees venceram outra vez? E que tal o Willie Mays? Não há ninguém melhor. É mesmo, ele é o melhor.*

Então eles me contaram sua história.

Aqueles foram os primeiros americanos que conheci que amavam o Japão. Aquartelados ali durante a Ocupação, deixaram-se encantar pela cultura, pela comida, pelas mulheres e, quando o tempo no serviço militar terminou, não quiseram ir embora. Então lançaram uma revista sobre importações, quando ninguém estava interessado em importar nada que fosse japonês, e, de algum jeito estavam conseguindo mantê-la havia 17 anos.

Contei sobre a minha Ideia Maluca e eles ouviram com algum interesse. Prepararam um café e me convidaram para sentar. Havia alguma linha de tênis japoneses em particular que eu pensava em importar?, indagaram.

Eu disse que gostava do Tiger, marca estilosa da Onitsuka Co., que ficava na cidade de Kobe, a maior do Sul do Japão.

– Sim, sim, nós conhecemos – responderam.

Disse-lhes que estava pensando em ir até lá para me encontrar com o pessoal da empresa.

Nesse caso, os ex-soldados disseram, era melhor aprender algumas coisas sobre como os negócios eram feitos no Japão.

– O principal – disseram – é não forçar a barra. Não aja como o típico idiota americano, o típico *gaijin*, que é rude, fala alto e se recusa a aceitar um não como resposta. Os japoneses não reagem bem a vendas agressivas. As negociações costumam ser suaves, porém firmes. Veja quanto tempo os americanos e os russos levaram para convencer Hiroito a se render. E, mesmo ao se render, com seu país reduzido a um monte de cinzas, o que ele disse ao povo? "A situação da guerra não se desenvolveu de maneira vantajosa para o Japão." É a cultura das vias indiretas. Ninguém o rejeita diretamente. Ninguém fala não diretamente. Mas também não diz sim. Eles dialogam em círculos, frases sem sujeito ou objeto claros. Não desanime, mas também não seja arrogante. Você pode sair do escritório de alguém achando que estragou tudo, quando, na verdade, está prestes a fechar negócio. Você pode sair achando que fechou negócio quando, na verdade, acabou de ser rejeitado. *Nunca se sabe.*

Franzi o cenho. Mesmo em um cenário favorável, eu já não era um grande negociador. Agora, teria que negociar em algum tipo de sala de espelhos que deformam a imagem, onde as regras comuns não se aplicam?

Depois de uma hora desse desconcertante tutorial, apertamos as mãos e me despedi. De repente, senti que não podia esperar, que precisava atacar de imediato enquanto as palavras deles ainda estavam frescas na minha mente, então corri de volta ao hotel, joguei tudo o que tinha na mala e na mochila e liguei para a Onitsuka para marcar uma reunião.

No final daquela mesma tarde, embarquei em um trem rumo ao Sul.

O JAPÃO ERA FAMOSO por sua ordem impecável e sua extrema limpeza. A literatura, a filosofia, as roupas, a vida doméstica do país, tudo era maravilhosamente puro e parco. Minimalista. *Não espere nada, não procure nada, não se apegue a nada* – os imortais poetas japoneses escreveram versos que pareciam ter sido polidos até brilharem como a lâmina da espada de um samurai, ou as pedras de um riacho das montanhas. Impecáveis.

Então, por que, indaguei a mim mesmo, esse trem para Kobe é tão sujo?

O piso estava cheio de papéis e guimbas de cigarro. Os assentos, cobertos de cascas de laranja e jornais descartados. Pior ainda, todos os vagões estavam lotados. Mal havia lugar para ficar de pé.

Achei um cantinho perto da janela e permaneci ali por sete horas enquanto o trem balançava e se esgueirava por vilas longínquas, propriedades rurais que não eram maiores do que a maioria dos quintais de Portland.

A viagem foi longa, mas minhas pernas e minha paciência resistiram. Eu estava ocupado demais repassando o tutorial dos ex-soldados.

Quando cheguei, acomodei-me em um pequeno quarto de um *ryokan* barato. Minha reunião na Onitsuka era bem cedo na manhã seguinte, por isso deitei-me imediatamente no tatame. Mas eu estava agitado demais para dormir. Rolei de um lado para outro durante quase a noite toda e, ao alvorecer, levantei-me exausto e olhei para meu reflexo magro e desfocado no espelho. Depois de me barbear, vesti meu terno verde da Brooks Brothers e me dei uma injeção de ânimo.

Você é capaz. Você é confiante. Você consegue.
Você CONSEGUE.

E então fui ao lugar errado.

Apresentei-me no salão de exposições da Onitsuka, quando era esperado na *fábrica* – do outro lado da cidade. Chamei um táxi e fui a toda para lá, em completo frenesi, chegando com meia hora de atraso. Imperturbável, um grupo de quatro executivos me encontrou no saguão. Eles se curvaram. Eu me curvei. Um deles deu um passo à frente. Ele me disse que seu nome era Ken Miyazaki e que desejava me levar para conhecer a fábrica.

Era a primeira fábrica de calçados esportivos que eu via na vida. Achei tudo muito interessante. Até mesmo musical. Cada vez que um pé de tênis era moldado, a fôrma de metal caía no chão, produzindo um tilintar, um CLING-*clong* melodioso. Em um intervalo de poucos segundos, CLING--*clong*, CLING-*clong*, a sinfonia dos sapateiros. Os executivos também pareciam apreciar o som. Eles sorriam para mim e uns para os outros.

Passamos pelo departamento de contabilidade. Todos os que ali estavam, homens e mulheres, levantaram-se de suas cadeiras e, ao mesmo tempo, curvaram-se, um gesto de *kei*, em respeito ao *tycoon*, ou magnata, americano. Eu tinha lido que a palavra *tycoon* derivava de *taikun*, "senhor da guerra" em japonês. Eu não sabia como responder ao *kei* que eles demonstravam. Curvar-se ou não, essa é sempre a questão no Japão. Dei um meio sorriso, fiz uma semirreverência e continuei a andar.

Os executivos me disseram que produziam 15 mil pares de calçados por mês.

– Impressionante – comentei, sem saber se era muito ou pouco.

Conduziram-me até uma sala de reuniões e apontaram para uma cadeira à cabeceira de uma longa mesa oval.

– Sr. Knight – disse alguém –, *aqui*.

Lugar de honra. Mais *kei*. Eles se sentaram ao redor da mesa, ajeitaram suas gravatas e ficaram me encarando. Era a hora da verdade.

Eu tinha ensaiado aquela cena na minha cabeça muitas vezes, da mesma forma que treinava para cada corrida da qual participei: muito antes do tiro de largada. Só que agora eu me dava conta de que aquilo não era uma corrida. Existe um impulso primitivo de se comparar tudo – vida, negócios, aventuras de todo tipo – a uma corrida. Mas muitas vezes a metáfora é inadequada. Ela só vale até certo ponto.

Incapaz de me lembrar do que queria dizer, ou mesmo do motivo que me levara até ali, precisei respirar fundo várias vezes. Tudo dependia de eu estar à altura da ocasião. Se não estivesse, se eu estragasse tudo, estaria condenado a passar o resto da vida vendendo enciclopédias, ou fundos de investimento, ou qualquer outra porcaria que não significava nada para mim. Decepcionaria meus pais, minha escola, minha cidade. A mim mesmo.

Olhei para os rostos das pessoas ao redor da mesa. Sempre que imaginava aquela cena, omitia um elemento crucial. Eu não havia previsto como a Segunda Guerra Mundial estaria presente naquela sala. A guerra estava bem *ali*, ao nosso lado, entre nós, acrescentando entrelinhas a cada palavra que dizíamos. *Boa noite a todos – hoje temos boas notícias!*

E, ainda assim, a guerra também *não* estava lá. Por meio de sua resiliência, da aceitação estoica da derrota total e da reconstrução heroica de sua nação, os japoneses haviam deixado a guerra para trás. Além disso, aqueles executivos presentes na sala eram jovens, como eu, e era possível perceber que sentiam que a guerra não tinha nada a ver com eles.

Por outro lado, seus pais e tios haviam tentado matar os meus.

Por outro lado, o passado estava no passado.

Por outro lado, toda aquela questão de Vencer ou Perder, que obscurece e complica tantos negócios, fica ainda mais complicada quando os potenciais vencedores e perdedores acabaram de se ver envolvidos, por procuração e por seus ancestrais, em um conflito mundial.

Toda essa tensão interna, essa confusão hesitante sobre guerra e paz, criou um zumbido baixo em minha cabeça, um constrangimento para o qual eu não estava preparado. A parte realista dentro de mim queria reconhecer isso, a parte idealista me impedia. Tossi dentro da mão fechada.

– Senhores – comecei.

O Sr. Miyazaki me interrompeu:

– Sr. Knight, que empresa o senhor representa?

– Ah, sim, boa pergunta.

Com uma descarga de adrenalina invadindo meu sangue, senti a reação biológica de lutar ou fugir, o desejo de correr e me esconder, o que me fez pensar no lugar mais seguro do mundo. A casa dos meus pais. A casa fora construída havia décadas, por pessoas de posses, pessoas com muito mais dinheiro do que os meus pais, e, portanto, os arquitetos haviam incluído quartos para empregados nos fundos, e era lá que ficava o meu quarto, o qual enchi de cartões de beisebol, discos, cartazes, livros – todas as coisas que me eram sagradas. Também cobri uma das paredes com as *blue ribbons*, as fitas azuis que conquistei por ganhar corridas, a coisa de que mais me orgulhava na vida. E daí?

– Blue Ribbon – respondi. – Senhores, eu represento a Blue Ribbon Sports, de Portland, no Oregon.

O Sr. Miyazaki sorriu. Os outros executivos sorriram, um murmúrio surgiu ao redor da mesa. *Blueribbon, blueribbon, blueribbon.* Os executivos cruzaram as mãos, ficaram outra vez em silêncio e voltaram a me encarar.

– Bem – recomecei –, senhores, o mercado de calçados americano é enorme. E largamente inexplorado. Se a Onitsuka conseguir entrar nesse mercado, se a Onitsuka conseguir colocar seus Tigers nas lojas dos Estados Unidos, vendendo-os por um preço menor do que os tênis da Adidas, que são usados hoje pela maioria dos atletas americanos, essa pode ser uma empreitada extremamente lucrativa.

Eu estava apenas citando minha apresentação de Stanford, na íntegra, repetindo frases e números que passara semanas e mais semanas pesquisando e memorizando, e isso me ajudou a criar uma ilusão de eloquência. Pude ver que os executivos ficaram impressionados. Só que, quando terminei meu discurso, fez-se um silêncio cortante. Então um dos homens quebrou o silêncio, depois outro, e agora estavam todos conversando em voz alta, animados. Não comigo; entre eles.

Então, de repente, todos se levantaram e saíram.

Seria esse o jeito japonês de rejeitar uma Ideia Maluca? Levantarem-se todos ao mesmo tempo e irem embora? Teria eu desperdiçado meu *kei*? Simples assim? A reunião tinha terminado? O que eu deveria fazer? Deveria... ir embora?

Alguns minutos depois, eles voltaram. Trouxeram desenhos e amostras, que o Sr. Miyazaki ajudou a espalhar diante de mim.

– Sr. Knight – disse ele –, há tempos que vínhamos pensando no mercado americano.

– É mesmo?

– Nós já vendemos calçados para lutas marciais nos Estados Unidos. Para o... Nordeste. Mas discutimos muito sobre levar outras linhas de produtos a outros lugares no seu país.

Eles me mostraram três modelos do Tiger. Um para corrida, que chamavam de Limber Up, uma expressão que significa aquecer. "Muito bom", eu disse. O outro para salto em altura, que chamavam de Spring Up, saltar. "Adorável", avaliei. E o último modelo projetado para a prática de arremesso de disco, que chamavam de Throw Up, que tanto pode significar "arremessar" como "vomitar".

Não ria, eu disse a mim mesmo. Não... ria.

Eles me bombardearam com perguntas sobre os Estados Unidos, a cultura americana e as tendências de consumo, os diferentes tipos de calçados esportivos vendidos nas lojas especializadas. Perguntaram a minha avaliação sobre o tamanho do mercado americano e quanto eu achava que ele ainda poderia crescer, e respondi que, em última análise, conseguiria chegar a um bilhão de dólares. Até hoje não tenho certeza de onde tirei esse número. Eles se recostaram nas cadeiras e entreolharam-se, impressionados. Então, para minha surpresa, começaram a fazer um discurso de vendas para *mim*.

– Será que a Blue Ribbon... estaria interessada... em representar os calçados Tiger? Nos Estados Unidos?

– Sim – respondi. – *Estaria*.

Segurei nas mãos o Limber Up.

– Este é um bom tênis. Este tênis... eu posso vendê-lo.

Pedi a eles que me enviassem amostras sem demora. Forneci meu endereço e prometi enviar um pagamento de 50 dólares.

Eles se levantaram. Fizeram uma reverência completa. Repeti o gesto. Apertamos as mãos. Fiz mais uma reverência. Eles repetiram o gesto. Todos sorrimos. A guerra jamais acontecera. Éramos sócios. Éramos irmãos. A reunião, que eu esperava que durasse 15 minutos, levou duas horas.

Da Onitsuka, fui diretamente para o escritório mais próximo da American Express e enviei uma carta para o meu pai. *Querido papai: Urgente. Por favor, envie 50 dólares imediatamente para a Onitsuka Corp, em Kobe.*

Ho ho, hee hee... Coisas estranhas estão acontecendo.

* * *

DE VOLTA AO HOTEL, andei em círculos sobre o tatame, tentando me decidir. Parte de mim queria voltar correndo para o Oregon, esperar pelas amostras e começar o novo empreendimento.

Além disso, estava enlouquecendo de solidão, isolado de tudo e de todos que conhecia. A visão ocasional do *The New York Times*, ou de uma revista *Time*, provocava um nó na minha garganta. Eu era um náufrago, um tipo de Robinson Crusoé moderno. Queria voltar para casa. Naquele instante.

Entretanto... Eu ainda estava inflamado de curiosidade sobre o mundo. Ainda queria ver, explorar.

A curiosidade levou a melhor.

Fui a Hong Kong e caminhei pelas ruas caóticas e insanas, horrorizado com a visão de mendigos sem pernas, sem braços, idosos ajoelhados na sujeira, ao lado de órfãos que pediam dinheiro. Os idosos não diziam nada, mas as crianças repetiam um mantra: *Ei, homem rico; ei, homem rico; ei, homem rico*. Em seguida, choravam ou batiam no chão. Mesmo depois de lhes dar todo o dinheiro que eu trazia nos bolsos, os gritos não paravam.

Fui até a periferia da cidade, subi ao topo do pico Victoria, observei a China ao longe. Na faculdade, eu lera os analetos de Confúcio – *O homem que move uma montanha começa carregando pequenas pedras* – e, agora, sentia com toda a força que jamais teria uma chance de mover aquela montanha em particular. Eu nunca chegaria perto daquela terra mística, cercada por muros, e isso me fez sentir imensamente triste. Incompleto.

Fui às Filipinas, onde havia toda a loucura e o caos de Hong Kong com o dobro da pobreza. Como se estivesse em um pesadelo, eu ia me movendo devagar por Manila, por multidões intermináveis, por engarrafamentos impenetráveis, em direção ao hotel cuja cobertura foi ocupada por MacArthur. Eu era fascinado por todos os grandes generais, desde Alexandre, o Grande até George Patton. Eu odiava a guerra, mas amava o espírito guerreiro. Odiava a espada, mas amava o samurai. E de todos os grandes combatentes da história, achava MacArthur o mais envolvente. Aqueles óculos Ray-Ban, aquele cachimbo feito com espiga de milho – o sujeito exalava confiança. Tático brilhante, grande motivador, também presidiu o Comitê Olímpico dos Estados Unidos. Como seria possível deixar de amá-lo?

É claro, ele tinha inúmeros defeitos. Mas tinha consciência disso. *Você é lembrado*, disse ele, profeticamente, *pelas regras que quebra*.

Eu queria passar uma noite na suíte que ele havia ocupado. Mas não podia pagar.

Um dia, prometi. Um dia eu voltarei.

Fui a Bangcoc, onde atravessei pântanos sombrios em uma canoa até chegar a um mercado a céu aberto, que parecia uma versão tailandesa dos quadros de Hieronymous Bosch. Comi aves, frutas e legumes que nunca tinha visto e jamais voltaria a ver. Desviei-me de jinriquixás, lambretas, *tuk-tuks* e elefantes para chegar a Wat Phra Kaew, a "Capela Real", e a uma das estátuas mais sagradas da Ásia: um Buda gigantesco de 600 anos, esculpido em uma peça única de jade. Diante de seu semblante sereno, perguntei: *Por que estou aqui? Qual é o meu propósito?*

Esperei.

Nada.

Ou talvez o silêncio fosse a reposta.

Fui ao Vietnã, onde as ruas estavam repletas de soldados americanos e o medo pulsava. Todos sabiam que a guerra estava próxima e que seria horrível, muito diferente. Seria uma guerra à la Lewis Carroll, na qual um oficial americano declararia: *Foi preciso destruir a vila para salvá-la*. Dias antes do Natal de 1962, fui para Calcutá e aluguei um quarto do tamanho de um caixão. Sem cama, sem cadeira: não havia espaço. Apenas uma rede suspensa sobre um buraco borbulhante – a privada. Em poucas horas, fiquei doente. Um vírus, provavelmente, ou intoxicação alimentar. Durante um dia inteiro, acreditei que não sobreviveria. Tinha certeza de que ia morrer.

Mas, não sei como, recuperei as forças e me obriguei a sair da rede. No dia seguinte, estava caminhando, cambaleante, com centenas de peregrinos e dúzias de macacos sagrados, descendo a escada íngreme do templo de Varanasi. Os degraus levavam diretamente às águas fervilhantes do rio Ganges. Quando a água bateu na minha cintura, levantei o olhar – era uma miragem? Não, um funeral estava acontecendo no meio do rio. Na verdade, vários. Observei os enlutados entrando no rio e depositando seus entes queridos sobre esquifes de madeira, aos quais ateavam fogo. A menos de 20 metros, outras pessoas se banhavam calmamente. Enquanto isso, muitos matavam a sede com a mesma água.

Os Upanishads dizem: *Conduza-me do irreal para o real*. Então eu fugi do irreal. Voei para Katmandu e caminhei até os paredões brancos da cordilheira do Himalaia. Na descida, parei em um *chowk*, um mercadão, e devorei uma tigela de carne de búfalo malpassada. Observei que os tibetanos no *chowk* usavam botas de lã vermelha e flanela verde, com o bico de madeira virado para cima, não muito diferentes das usadas pelos que corriam em trenós. De repente, comecei a *reparar* nos sapatos de todo mundo.

Voltei à Índia e passei a véspera de ano-novo vagando pelas ruas de Bombaim, desviando-me de bois e vacas de chifres compridos, sentindo o início de uma enxaqueca épica – o barulho e os cheiros, as cores e o brilho. Fui para o Quênia e fiz uma longa viagem de ônibus pelo meio da selva. Avestruzes gigantescas tentavam ultrapassar o ônibus e cegonhas do tamanho de pit bulls voavam do lado de fora das janelas. Cada vez que o motorista parava no meio do nada, para pegar alguns guerreiros Masai, um babuíno ou dois tentavam entrar. O motorista e os guerreiros corriam atrás deles com facões. Antes de saltar do ônibus, os babuínos sempre olhavam por cima dos ombros, com uma expressão de orgulho ferido. Sinto muito, meu caro, eu pensava. Não depende de mim.

Segui para o Cairo, para o planalto de Gizé, e fiquei ao lado de nômades do deserto e seus camelos cobertos com drapeados de seda, aos pés da Grande Esfinge, todos nós apertando os olhos para enxergar os olhos dela, eternamente abertos. O sol martelava minha cabeça, o mesmo sol que martelara a cabeça dos milhares de homens que construíram as pirâmides e dos milhões de visitantes que vieram depois. Nenhum deles era lembrado, pensei comigo mesmo. Tudo é vaidade, diz a Bíblia. Tudo é agora, diz o zen. Tudo é poeira, diz o deserto.

Fui a Jerusalém e vi a rocha na qual Abraão se preparou para matar o próprio filho e onde Maomé começou sua ascensão ao céu. Segundo o Corão, a rocha queria juntar-se a Maomé e tentou segui-lo, mas ele bateu o pé e a impediu. Dizem que sua pegada ainda é visível. Estaria ele descalço ou usando sapato? Comi um almoço intragável em uma taverna escura, cercado de trabalhadores com os rostos cobertos de fuligem. Todos tinham aparência magra e cansada. Mastigavam devagar, sem prestar atenção, como zumbis. Por que temos que trabalhar tanto? *Olhai os lírios do campo... Eles não trabalham nem fiam*. Entretanto, o rabino Eleazar ben Azariah afirmou que nosso trabalho é nossa parte mais sagrada. *Todos têm orgulho de seu trabalho. Deus fala de Seu trabalho; mais deveria fazê-lo o homem.*

Estive em Istambul, fiquei viciado no café turco, perdi-me nas ruas sinuosas ao longo do Bósforo. Parei para fazer um esboço dos minaretes incandescentes e passeei pelos labirintos dourados do Palácio de Topkapi, lar dos sultões otomanos e onde a espada de Maomé está guardada. *Não*

durma uma noite, disse Rumi, o poeta persa do século XIII. *O que você mais deseja virá então.*
Aquecido interiormente por um sol, você verá maravilhas.

Fui a Roma, passei dias me escondendo em pequenas *trattorias*, comendo montanhas de massa, admirando as mulheres mais belas e os sapatos mais bonitos que já tinha visto. (Os romanos, na época dos césares, acreditavam que calçar o sapato direito antes do esquerdo atraía prosperidade e boa sorte.) Explorei as ruínas cobertas de grama do quarto de Nero, os deslumbrantes escombros do Coliseu, os amplos corredores e salões do Vaticano. Esperando multidões, sempre saía de madrugada, determinado a ser o primeiro da fila. Mas nunca havia fila. A cidade fora invadida por uma onda de frio histórica. Eu tinha tudo aquilo só para mim.

Inclusive a Capela Sistina. Sozinho, sob o teto pintado por Michelangelo, pude mergulhar na minha descrença. Li no meu guia de viagem que Michelangelo sofreu muito enquanto pintava sua obra-prima. Sentia dores nas costas e no pescoço. A tinta caía a todo instante nos cabelos e nos olhos dele. Dizia aos amigos que não via a hora de terminar. Se nem Michelangelo gostava do trabalho dele, pensei, que esperança existe para o resto de nós?

Fui a Florença, passei dias procurando Dante, lendo Dante, o misantropo raivoso e exilado. Teria a misantropia vindo primeiro... ou depois? Seria ela causa ou efeito de sua raiva e de seu exílio?

Fiquei diante de Davi, assombrado com a raiva que identifiquei em seus olhos. Golias não tinha a menor chance.

Peguei um trem até Milão, conversei intimamente com Da Vinci, analisei seus belos cadernos e fiquei encantado com as estranhas obsessões dele. A principal delas, o pé humano. *Obra-prima da engenharia*, afirmou ele. *Uma obra de arte.*

Quem era eu para discutir?

Na minha última noite em Milão, assisti a uma ópera no Scala. Coloquei o terno da Brooks Brothers para tomar um pouco de ar e o usei, orgulhoso, entre os *uomini* que exibiam smokings feitos sob medida e as *donne* em seus vestidos de festa e joias. Ouvimos, admirados, a apresentação de *Turandot*. Enquanto Calaf cantava "Nessun Dorma" – *Desapareçam, estrelas! Ao alvorecer eu vencerei, eu vencerei, eu vencerei!* –, meus olhos se encheram de lágrimas e, assim que a cortina baixou, aplaudi de pé. *Bravíssimo!*

Fui a Veneza, passei alguns lânguidos dias caminhando sobre as pegadas de Marco Polo e fiquei parado, nem sei por quanto tempo, diante do *palazzo* de Robert Browning. *Se tiverdes apenas a beleza e nada mais, tereis a melhor das coisas que Deus criou.*

Meu tempo estava se esgotando. O lar estava me chamando. Fui para Paris, desci no subsolo do Panteão e coloquei minha mão levemente sobre as criptas de Rousseau e Voltaire. *Ame a verdade, mas perdoe o erro.* Hospedei-me em um hotel decadente, observei a chuva de inverno correr pelo beco abaixo da minha janela, rezei na Notre Dame, me perdi no Louvre. Comprei alguns livros na Shakespeare and Company e fiquei no mesmo lugar em que Joyce dormiu, assim como F. Scott Fitzgerald. Então caminhei sem pressa ao longo do Sena, parando para beber um cappuccino no café onde Hemingway e Dos Passos leram o Novo Testamento em voz alta um para o outro. No último dia, passeei pela Champs-Élysées, traçando o caminho dos libertadores, pensando o tempo todo em Patton. *Não diga às pessoas como fazer as coisas, diga a elas o que fazer e permita que elas o surpreendam com seus resultados.*

De todos os grandes generais, ele era o mais obcecado por sapatos. *Um soldado usando sapatos é apenas um soldado. Mas, usando botas, ele se torna um guerreiro.*

Voei para Munique, bebi uma caneca de cerveja gelada no Bürgerbräukeller, onde Hitler disparou uma arma para o teto e deu início a tudo. Tentei visitar Dachau, mas, quando pedia informações, as pessoas desviavam o olhar e diziam não saber. Fui a Berlim e me apresentei no Checkpoint Charlie. Guardas russos, com rostos impassíveis e sobretudos pesados, examinaram meu passaporte, deram-me uns tapinhas e me perguntaram o que eu queria fazer na comunista Berlim Oriental.

– Nada – respondi.

Eu estava apavorado, temendo que, de alguma forma, descobrissem que eu havia estudado em Stanford. Pouco antes da minha chegada, dois alunos de Stanford haviam tentado ajudar um adolescente a passar para o outro lado, escondido em um Volkswagen. Ainda estavam presos.

Mas os guardas me deixaram passar. Caminhei um pouco e parei na esquina da Marx-Engels-Platz. Olhei ao redor, em todas as direções. Nada. Não havia árvores, lojas, vida. Pensei em toda a pobreza que vira na Ásia. Aquilo era um tipo diferente de pobreza, mais premeditada e, de certa forma, mais evitável. Vi três crianças brincando na rua. Aproximei-me e tirei uma foto delas. Dois meninos e uma menina, de 8 anos. A menina – com chapéu de lã vermelha e casaco cor-de-rosa – sorriu para mim. Será que um dia a esquecerei? Ou os seus sapatos? Eram feitos de papelão.

Fui a Viena, àquele cruzamento importante, com cheiro de café, no qual Stalin, Trotsky, Tito, Hitler, Jung e Freud viveram, no mesmo momento histórico, todos se demorando nos mesmos cafés fumacentos, planejando como salvar (ou destruir) o mundo. Caminhei pelos paralelepípedos sobre os quais Mozart andou, atravessei o gracioso Danúbio pela mais bela ponte de pedra que já vi, parei diante das torres imponentes da Catedral de Santo Estevão, onde Beethoven descobriu que estava surdo. Ele olhou para cima, viu os pássaros fugindo da torre e, para seu horror... não ouviu os sinos.

Finalmente, voei para Londres. Dei uma passada no Palácio de Buckingham, na Speaker's Corner, na Harrod's. Reservei um tempinho extra para uma visita à Câmara dos Comuns. De olhos fechados, imaginei o grande Churchill. *Você me pergunta: qual é o seu objetivo? Posso responder em uma única palavra. É vitória, vitória a todo custo, vitória, apesar de todo o terror, vitória... Sem vitória não há sobrevivência.* Eu queria desesperadamente pegar um ônibus até Stratford, para ver a casa de Shakespeare. (As mulheres da era elisabetana usavam uma rosa de seda vermelha nas pontas dos sapatos.) Mas não daria tempo.

Passei minha última noite pensando em tudo o que acontecera e fazendo anotações no meu diário. Perguntei a mim mesmo: Qual foi o ponto alto da viagem?

Grécia, respondi. Sem dúvida, Grécia.

Quando saí do Oregon, havia duas coisas no meu itinerário com as quais eu estava mais animado.

Queria convencer os japoneses a embarcarem na minha Ideia Maluca.

E queria me postar diante da Acrópole.

Horas antes de entrar no avião em Heathrow, meditei sobre aquele momento, olhando para cima, para aquelas colunas impressionantes, experimentando aquele estimulante impacto, do tipo que você recebe quando depara com uma beleza imensa, mas misturado a uma poderosa sensação de... reconhecimento?

Seria apenas a minha imaginação? Afinal, eu estava diante do local de nascimento da civilização ocidental. Talvez apenas *quisesse* que o local me fosse familiar. Mas não achava que fosse isso. Tive um pensamento muito claro: eu já estive aqui.

Então, subindo aqueles degraus esbranquiçados, me veio outro pensamento: Aqui é o início de tudo.

À minha esquerda estava o Partenon, a cuja construção, realizada por equipes de arquitetos e operários, Platão assistira. À direita, o Templo de Atena Nike. Segundo meu guia de viagem, 25 séculos atrás havia ali um belo friso da deusa Atena, considerada a portadora da "nike", ou vitória.

Era uma das muitas bênçãos concedidas por Atena. Ela também recompensava os negociantes. Na *Oresteia*, ela diz: "Eu admiro... os olhos da persuasão." De certa forma, era a santa padroeira dos negociantes.

Não sei por quanto tempo fiquei ali, absorvendo a energia e o poder daquele local histórico. Uma hora? Três? Não sei quanto tempo depois daquele dia descobri a obra de Aristófanes que se passa no Templo de Nike, na qual o guerreiro dá um presente ao rei – um par de calçados novos. Não sei quando descobri que a peça se chamava *Knights* ("Os cavaleiros"). Mas sei que, quando me virei para ir embora, observei as fachadas de mármore dos templos. Artesãos gregos as haviam decorado com inúmeros entalhes inquietantes, incluindo o mais famoso, no qual a deusa se inclina inexplicavelmente... para ajustar o cordão de sua sandália.

24 DE FEVEREIRO DE 1963. Meu aniversário de 25 anos. Passei pela porta, na Claybourne Street, com os cabelos nos ombros, barba de quase 10 centímetros. Minha mãe soltou um grito. Minhas irmãs piscaram várias vezes, como se não me reconhecessem ou não tivessem se dado conta de que eu tinha estado fora todo aquele tempo. Abraços, gritos, risadas. Minha mãe me fez sentar e me serviu uma xícara de café. Ela queria saber de tudo. Mas eu estava exausto. Deixei a mala e a mochila no corredor e fui para o meu quarto. Fiquei olhando, com cara de sono, para minhas *blue ribbons*. Sr. Knight, qual é o nome da sua empresa?

Encolhi-me na cama e o sono baixou, como a cortina do Scala de Milão.

Uma hora depois, acordei com minha mãe chamando:

– Hora do jantar!

Meu pai havia chegado do trabalho e me abraçou quando entrei na sala de jantar. Ele também queria ouvir cada detalhe. E eu queria contar.

Mas, antes de mais nada, eu tinha uma pergunta a fazer:

– Pai, os meus tênis chegaram?

1963

Meu pai convidou todos os vizinhos para um café com bolo e uma sessão especial dos "slides de Buck". Obedientemente, posicionei-me ao lado do projetor, saboreando a escuridão, clicando com indiferença o botão de avanço e descrevendo as pirâmides, o Templo de Nike, mas minha cabeça não estava lá. Eu estava nas pirâmides. Estava no Templo de Nike. Estava pensando nos meus tênis.

Quatro meses depois da grande reunião na Onitsuka, depois de ter entrado em contato com aqueles executivos e tê-los conquistado – ou pelo menos era o que eu imaginava –, os calçados ainda não tinham chegado. Mandei uma carta. *Caros senhores, em relação à nossa reunião no outono passado, vocês tiveram a chance de me enviar as amostras...?* Então tirei uns dias de folga para dormir, lavar minhas roupas, encontrar os amigos e saber das novidades.

Recebi uma resposta rápida da Onitsuka. "Calçados chegando", dizia a carta. "Em mais alguns dias."

Mostrei a carta a meu pai. Ele torceu o nariz. *Em mais alguns dias?*

– Buck – disse ele, rindo –, aqueles 50 dólares já eram.

MINHA NOVA APARÊNCIA – cabelos de náufrago, barba de homem das cavernas – era demais para minha mãe e minhas irmãs. Eu as pegava me observando e franzindo a testa. Podia ouvi-las pensando: vagabundo. Então, fiz a barba. Depois, fiquei diante do pequeno espelho do meu quarto e disse a mim mesmo:

– É oficial. Você voltou.

Mas eu não tinha voltado. Algo dentro de mim jamais voltaria.

Minha mãe percebeu antes de qualquer um. Certa noite, durante o jantar, ela me olhou longamente, um olhar investigativo.

– Você parece mais... cosmopolita.

Cosmopolita, pensei. Caramba.

ENQUANTO OS TÊNIS não chegavam, se é que chegariam, eu precisava arrumar um jeito de ganhar dinheiro. Antes da viagem, eu havia feito uma entrevista na Dean Witter. Talvez pudesse voltar lá. Fui falar com o meu pai, no cantinho da TV. Ele se espreguiçou na poltrona e sugeriu que, primeiro, eu fosse conversar com Don Frisbee, um velho amigo dele e CEO da Pacific Power & Light.

Eu conhecia o Sr. Frisbee. Ainda na faculdade, havia feito um estágio de verão com ele. Gostava dele e do fato de ele ter se formado na Harvard Business School. Quando o assunto era universidade, eu era um pouco esnobe. Além disso, admirava que ele houvesse se tornado, em pouco tempo, CEO de uma empresa que estava na bolsa de valores de Nova York.

Lembro-me de que ele me recebeu com carinho naquela primavera de 1963 e de que me deu um daqueles apertos de mão duplos antes de me levar até o seu escritório, onde me sentei em uma cadeira diante de sua mesa. Ele se ajeitou na sua grande poltrona de couro e encosto alto e levantou as sobrancelhas.

– Então... O que você tem em mente?

– Honestamente, Sr. Frisbee, não sei o que fazer... em relação... ou com... um emprego... uma carreira... – Em voz baixa, acrescentei: – Minha vida.

Contei que estava pensando em trabalhar para a Dean Witter. Ou talvez voltar para a companhia elétrica. Ou quem sabe trabalhar em alguma grande empresa. A luz da janela do escritório do Sr. Frisbee refletia-se em seus óculos sem armação e batia nos meus olhos. Como o sol no Ganges.

– Phil – disse ele –, essas ideias são todas ruins.

– Como?

– Não acho que você deva fazer nada disso.

– Ah.

– Todo mundo, mas todo mundo mesmo, muda de emprego pelo menos três vezes. Portanto, se você for trabalhar para uma firma de investimento agora, vai acabar indo embora e, no seu próximo emprego, terá que começar tudo de novo. Se for para alguma grande empresa, filho, acontecerá a mesma coisa. O que você deve fazer, enquanto é jovem, é conseguir o registro profissional de contador. Isso, somado ao seu MBA, criará uma base sólida para os seus ganhos. Então, quando mudar de emprego, o que vai acontecer, pode acreditar, pelo menos você vai manter o seu nível salarial. Você não vai querer andar para trás.

A ideia me pareceu prática. É claro que eu não ia querer andar para trás.

Entretanto, eu não me especializara em contabilidade. Precisaria de pelo menos mais nove horas de aula para me qualificar para o exame. Então, fiz a matrícula e três aulas de contabilidade na Universidade Estadual de Portland.

– *Mais* um curso? – reclamou meu pai.

Pior ainda, o curso em questão não era em Stanford ou na Universidade do Oregon. Era na insignificante Universidade Estadual de Portland.

Eu não era o único esnobe da família no que dizia respeito à faculdade.

DEPOIS DE CONCLUIR MINHAS nove horas de aula, trabalhei em uma firma de contabilidade, Lybrand, Ross Bros. & Montgomery. Era uma das Oito Grandes empresas nacionais, mas a filial em Portland era pequena. Um sócio, três contadores juniores. Está bom para mim, pensei. Sendo de pequeno porte, a empresa seria mais acolhedora e favorável ao aprendizado.

E no começo foi exatamente assim. A minha primeira tarefa foi lidar com uma empresa de Beaverton, a Reser's Fine Foods. Como era o único cuidando dessa conta, pude dedicar tempo ao CEO, Al Reser, que era apenas três anos mais velho do que eu. Aprendi lições importantes com ele e gostei do tempo que passei debruçado sobre a contabilidade da empresa. Mas eu estava com trabalho demais para realmente aproveitar. O problema de uma filial pequena dentro de uma grande firma de contabilidade é a quantidade de trabalho. Sempre que aparecia trabalho extra, não havia ninguém para assumi-lo. Durante a época mais atribulada, de novembro a abril, nós nos vimos atolados, trabalhando 12 horas por dia, seis dias por semana, e não me sobrava tempo para aprender.

Além disso, éramos observados o tempo todo. Nossos minutos eram cronometrados. Quando o presidente Kennedy foi assassinado, em novembro, pedi um dia de folga. Eu queria ficar sentado na frente da televisão com o resto do país e chorar. Mas meu chefe não deixou. Primeiro o trabalho, depois o luto. *Olhai os lírios do campo... Eles não trabalham nem fiam.*

Eu tinha dois consolos. Um era o dinheiro. Estava ganhando 500 dólares por mês, que me permitiram comprar um carro novo. Eu não poderia justificar outro MG, então comprei um Plymouth Valiant. Confiável mas estiloso. E com um toque de cor. O vendedor o chamava de verde-espuma-do-mar. Meus amigos o chamavam de verde-vômito.

Na verdade, tinha cor de dinheiro recém-impresso.

Meu outro consolo era o almoço. Todos os dias, ao meio-dia, eu caminhava pela rua até a agência de viagens mais próxima e ficava ali, como Walter Mitty, diante dos cartazes na vitrine. Suíça. Taiti. Moscou. Bali. Pegava um prospecto e o folheava enquanto comia um sanduíche de pasta de amendoim e geleia, sentado no banco da praça. Eu perguntava aos pombos: Vocês acreditam que há apenas um ano eu estava surfando em Waikiki? Comendo cozido de búfalo, depois de uma escalada matinal na cordilheira do Himalaia?

Será que os melhores momentos da minha vida ficaram para trás?

Teria sido a minha viagem ao redor do mundo o meu... auge?

Os pombos eram menos conversadores do que a estátua de Wat Phra Kaew.

Foi assim que passei o ano de 1963. Questionando pombos. Encerando o meu Valiant. Escrevendo cartas.

Caro Carter, você algum dia partiu de Shangri-la? Agora eu virei um contador e estou pensando em estourar os meus miolos.

1964

O aviso chegou perto do Natal, portanto eu devo ter ido até o armazém da zona portuária na primeira semana de 1964. Não recordo com exatidão. Só sei que era de manhã bem cedo. Consigo me lembrar direitinho de chegar lá antes de os funcionários abrirem as portas.

Entreguei o aviso e eles foram até os fundos. Voltaram com uma caixa grande coberta de símbolos da escrita japonesa.

Corri para casa, desci para o porão e rasguei a caixa. Doze pares de tênis em tom marfim, com listras azuis nas laterais. Meu Deus, eles eram lindos. Eram mais do que lindos. Eu não tinha visto nada em Florença ou Paris que fosse mais bonito. Queria colocá-los em pedestais de mármore, ou em molduras douradas. Levantei-os contra a luz, acariciei-os, como se fossem objetos sagrados, da mesma forma que um escritor faria com um novo conjunto de cadernos ou um jogador de beisebol, com novos tacos.

Então enviei dois pares para meu antigo treinador de corridas na Universidade do Oregon, Bill Bowerman.

Fiz isso sem hesitar, já que Bowerman fora o primeiro a me fazer pensar, realmente *pensar*, sobre o que as pessoas colocam nos pés. Ele era um treinador genial, um especialista em motivação, um líder natural de jovens, e havia algo que ele considerava crucial para o desenvolvimento dos atletas: calçados. Ele era obcecado pelo modo como os seres humanos se calçavam.

Nos quatro anos em que corri sob orientação dele na Universidade do Oregon, Bowerman estava sempre remexendo os armários e roubando calçados. Passava dias rasgando e recosturando os nossos tênis e em seguida os devolvia com alguma pequena modificação, que nos tornava mais rápidos ou nos fazia sangrar. Não importava qual fosse o resultado, ele nunca desistia. Estava determinado a descobrir novas maneiras de reforçar o peito do pé, amortecer a palmilha, criar mais espaço para o antepé. Bowerman sempre tinha algum projeto novo, alguma ideia para deixar os nossos calçados mais macios, flexíveis e leves. Principalmente leves. Trinta gramas retirados de um par de tênis, dizia ele, equivalem a 16,6 quilos por quilômetro. Ele não estava brincando. A matemática dele era confiável. Se considerarmos que a média de um passo largo de um homem é de 1,8 metro, ele dará 555 passos a cada quilômetro. Se tirarmos 30 gramas de cada passo, teremos 16,6 quilos. Ele afirmava que a leveza se traduzia diretamente em menos carga, o que significava mais energia, que resultava em mais velocidade. E velocidade levava à vitória. Bowerman não gostava de perder. (Aprendi isso com ele.) Assim, o objetivo constante dele era a leveza.

Objetivo é um jeito gentil de dizer. Em sua busca por calçados mais leves, ele estava disposto a tentar qualquer coisa. Animal, vegetal, mineral, qualquer material era aceitável se fosse capaz de aprimorar os tênis de couro usados na época. Algumas vezes, isso significava pele de canguru. Outras, de bacalhau. Você não tem ideia do que é competir contra os mais velozes corredores do mundo usando tênis feitos de bacalhau.

Na equipe, quatro ou cinco eram usados como cobaias da podiatria de Bowerman, mas eu era seu projeto de estimação. Alguma coisa nos meus pés mexia com ele. Tinha a ver com as minhas passadas. Além disso, eu podia aguentar alguma margem de erro. Não era o melhor da equipe nem de longe, portanto ele podia se dar ao luxo de cometer erros comigo. Já com os meu colegas mais talentosos ele não ousava assumir riscos desnecessários.

Do primeiro ao terceiro ano, perdi a conta de quantas corridas fiz usando tênis modificados por Bowerman. No último ano, ele criava meus tênis do zero.

Naturalmente, eu acreditava que aquele novo Tiger, aquele tênis engraçado fabricado no Japão e que levara mais de um ano para chegar às minhas mãos, intrigaria meu treinador. É claro que ele não era tão leve quanto os sapatos de pele de bacalhau que o treinador inventara. Mas tinha potencial: os japoneses prometiam aprimorá-lo. Melhor ainda, era barato. Eu sabia que isso atrairia a frugalidade inata de Bowerman.

Até o nome dos tênis me parecia algo que o treinador aprovaria. Ele costumava chamar seus corredores de "Homens do Oregon", mas, de vez em quando, nos estimulava chamando-nos de "tigres". Lembro-me dele andando de um lado para outro no vestiário, dizendo-nos antes da corrida: "Sejam como TIGRES na pista!" (Se você não fosse um tigre, ele o chamava de "hambúrguer".) Às vezes, quando reclamávamos da nossa sumária refeição antes da corrida, ele rosnava: "Um tigre caça melhor quando está faminto."

Com um pouco de sorte, imaginei, ele vai encomendar alguns pares de Tigers para seus tigres.

Mas, ainda que ele não encomendasse nada, o fato de impressioná-lo seria suficiente. Só isso já seria um sucesso para a minha incipiente empresa.

É possível que tudo o que fiz naqueles dias tivesse sido motivado por alguma necessidade íntima de impressionar Bowerman, de agradá-lo. Além do meu pai, não havia outro homem cuja aprovação eu buscasse mais e, além do meu pai, não havia outro homem que me demonstrasse aprovação com tão pouca frequência. A frugalidade fazia parte da personalidade do treinador. Ele pesava e guardava palavras de elogio como se fossem diamantes brutos.

Depois que você ganhava uma corrida, se tivesse essa sorte, Bowerman *talvez* dissesse: "Boa corrida." (Na verdade, foi exatamente isso que ele disse a um de seus atletas depois que o rapaz se tornou um dos primeiros a quebrar a mítica marca de quatro minutos em corridas de 1 milha nos Estados Unidos.) O mais provável era que Bowerman não dissesse nada. Ele ficaria diante de você, com seu blazer de tweed, um colete de lã surrado, a gravata voando ao vento, o boné gasto puxado para baixo, e menearia a cabeça uma vez. Talvez ele o encarasse. Aqueles olhos azuis gelados que não perdiam nada – e que também não revelavam nada. Todos comentavam sobre a bela aparência de Bowerman, o corte de cabelo em estilo militar, a postura ereta e o queixo marcado, mas o que mexia *comigo* era aquele olhar violeta profundo.

Seu olhar mexeu comigo desde o primeiro dia. Desde que cheguei à Universidade do Oregon, em agosto de 1955, adorei Bowerman, e tive medo dele. Nenhum desses impulsos iniciais jamais desapareceu, estavam sempre ali, entre nós. Nunca deixei de gostar do sujeito e nunca encontrei uma forma de perder o medo que sentia dele. Algumas vezes, o medo diminuía; outras, aumentava; e, às vezes, ia direto até os meus tênis, que ele provavelmente tinha fabricado com as próprias mãos. Amor e medo – as mesmas emoções binárias que governam a dinâmica entre mim e meu pai.

Algumas vezes, ficava me perguntando se era mesmo uma mera coincidência o fato de Bowerman e meu pai – ambos enigmáticos, ambos alfas, ambos inescrutáveis – se chamarem Bill.

Entretanto, os dois eram controlados por demônios diferentes. Meu pai, filho de um açougueiro, estava sempre correndo atrás da respeitabilidade, ao passo que Bowerman, cujo pai fora governador do Oregon, não dava a mínima para isso. Ele também era neto de pioneiros lendários, homens e mulheres que caminharam por toda a trilha do Oregon. Quando pararam de caminhar, fundaram uma pequena cidade no leste do estado, que chamaram de Fossil. Bowerman passou a infância lá e voltava sempre, de maneira compulsiva. Parte da sua mente estava sempre em Fossil, o que era engraçado, porque havia alguma coisa fossilizada dentro dele. Duro, bronzeado, antigo, ele tinha um traço pré-histórico de masculinidade, uma mistura de coragem e integridade e uma teimosia calcificada, que era rara nos Estados Unidos de Lyndon Johnson. Hoje, está extinta.

Ele era também um herói de guerra. É claro que era. Como major na Décima Divisão de Montanha e combatendo nos Alpes italianos, ele havia atirado em homens e muitos haviam revidado. (Sua aura era tão intimidadora que não me lembro de ninguém lhe perguntar se chegara a matar alguém.) Se você se sentisse tentado a ignorar a guerra, a Décima Divisão de Montanha e seu papel central na psique de Bowerman, ele o faria se lembrar, pois carregava sempre uma pasta de couro surrada com um X, 10 em algarismo romano, gravado em ouro na lateral.

Embora fosse o treinador de corridas mais famoso dos Estados Unidos, Bowerman não se considerava um treinador de atletismo. Detestava ser chamado de Treinador. Por causa do seu passado, da sua maneira de ser, ele naturalmente pensava nas pistas como um meio para se atingir um fim. Chamava a si mesmo de "Professor de Respostas Competitivas" e seu trabalho, como ele o via e muitas vezes o descrevia, era preparar o atleta para as dificuldades e competições que estavam à frente, muito além do Oregon.

Apesar dessa elevada missão, ou talvez por causa dela, as instalações da universidade eram espartanas. Paredes de madeira úmidas, armários sem portas que não eram pintados havia décadas, em que apenas ripas separavam os pertences de cada um. Pendurávamos nossas roupas em pregos. *Enferrujados*. Às vezes, corríamos sem meias. Reclamar nunca passou pela nossa cabeça. Víamos o treinador como um general, alguém a ser obedecido rápida e cegamente. Na minha cabeça, ele era Patton com um cronômetro na mão.

Isso quando ele não era um deus.

Como todos os deuses da Antiguidade, Bowerman vivia no alto de uma montanha. Seu rancho majestoso localizava-se em um pico bem alto, acima do campus. E, quando ele repousava em seu Olimpo particular, poderia ser vingativo como os deuses. Uma história, que ouvi de um colega de equipe, demonstrou esse fato de maneira incisiva.

Aparentemente, havia um motorista de caminhão que muitas vezes se atrevia a perturbar a paz da montanha Bowerman. Ele fazia curvas com muita rapidez e, com frequência, derrubava a caixa de correio de Bowerman. O treinador repreendeu o homem, ameaçou dar-lhe um soco no nariz e coisas equivalentes, mas o caminhoneiro não lhe deu atenção. Ele dirigia do jeito que achava melhor, dia após dia. Então Bowerman colocou um monte de explosivos na caixa de correio. Quando o caminhoneiro voltou a derrubá-la... BUM! Depois que a fumaça se dissipou, o caminhão estava em pedaços, os pneus reduzidos a tiras de borracha. O caminhoneiro nunca mais tocou na caixa de correio de Bowerman.

Você não ia querer arrumar confusão com um sujeito assim. Principalmente se você fosse um corredor desengonçado de meia distância dos subúrbios de Portland. Eu sempre pisava em ovos quando estava perto de Bowerman. Mesmo assim, ele perdia a paciência comigo, embora só me lembre de uma vez que tenha ficado realmente zangado.

Eu estava no segundo ano, cansado por causa do horário das aulas. Tinha aulas a manhã inteira, treinava a tarde toda e passava as noites fazendo dever de casa. Um dia, temendo estar gripado, parei na sala de Bowerman para avisar que não poderia treinar naquela tarde.

– Hum-hum – disse ele. – Quem é o treinador da equipe?

– O senhor.

– Bem, como treinador da equipe, estou lhe avisando que é bom você aparecer lá. E a propósito... vamos ter um teste de tempo hoje.

Eu quase chorei. Mas consegui me controlar e canalizar toda a minha emoção para a corrida, alcançando uma das minhas melhores marcas do ano. Enquanto caminhava para fora da pista, encarei Bowerman, zangado. *Feliz agora, seu filho da...?* Ele me olhou, verificou o cronômetro, olhou para mim novamente e balançou a cabeça. Ele havia me testado. Havia me quebrado e me refeito, exatamente como fazia com os tênis. E eu aguentei. Depois disso, passei a ser realmente um dos seus Homens do Oregon. Daquele dia em diante, eu era um tigre.

Não demorei a receber notícias de Bowerman. Ele me escreveu para dizer que estava chegando a Portland na semana seguinte, para a competição Oregon Indoor. Convidou-me para almoçar no Cosmopolitan Hotel, onde a equipe ficaria hospedada.

Era o dia 25 de janeiro de 1964. Eu estava terrivelmente nervoso quando a garçonete nos conduziu à nossa mesa. Lembro-me de que Bowerman pediu um hambúrguer e eu disse, em voz baixa:

– Dois.

Passamos alguns minutos botando o papo em dia. Contei a ele sobre a minha viagem ao redor do mundo. Kobe, Jordânia, o Templo de Nike. Bowerman ficou especialmente interessado no tempo que passei na Itália, lugar de que se lembrava com carinho, apesar da proximidade com a morte.

Até que, enfim, ele chegou ao ponto que mais me interessava.

– Esses tênis japoneses são muito bons – afirmou. – Que tal me deixar entrar no negócio?

Olhei para ele. Entrar? No negócio? Levei um momento para assimilar e compreender o que ele estava dizendo. Ele não queria apenas comprar uma dúzia de Tigers para sua equipe, queria se tornar... meu sócio? Se Deus tivesse falado do meio de um furacão e pedido para ser meu sócio, eu não teria ficado mais surpreso. Gaguejei, gaguejei e disse sim.

Estendi minha mão.

Mas puxei-a de volta.

– Em que tipo de sociedade você está pensando? – indaguei.

Eu estava ousando negociar com Deus. Não podia acreditar na minha coragem. Bowerman também não. Ele parecia confuso.

– Meio a meio – respondeu.

– Bem, você vai ter que colocar a metade do dinheiro.

– Claro.

– Acho que o primeiro pedido será de mil dólares. Sua metade será de 500.

– Sem problemas.

Quando a garçonete trouxe a conta dos dois hambúrgueres, dividimos isso também. Meio a meio.

EU ME LEMBRO como se tivesse acontecido no dia seguinte, talvez poucos dias ou semanas mais tarde, porém todos os documentos contradizem a minha memória. Cartas, agendas, livros de registro, todos comprovam que aconteceu muito tempo depois. Mas eu me lembro do que me lembro, e deve haver um motivo para que eu me recorde dessa maneira. Naquele dia, quando saímos do restaurante, até hoje posso *visualizar* Bowerman colocando o seu boné, posso *vê-lo* endireitar a gravata e posso *ouvi-lo* dizer:

– Vou precisar que você se encontre com o meu advogado, John Jaqua. Ele poderá nos ajudar a colocar isso por escrito.

Não importa a data. Dias depois, semanas depois, anos depois, a reunião aconteceu assim.

Fui até a fortaleza de pedra de Bowerman e fiquei maravilhado, como sempre ficava, pelo local. Remoto. Poucas pessoas conseguiam chegar lá. Ao longo da Coburg Road e depois pela Mckenzie, dirigi até encontrar uma estrada de terra sinuosa, que subia pelas colinas por cerca de 3 quilômetros, atravessando a mata. Depois alcancei uma clareira com roseiras, árvores solitárias e uma casa agradável; pequena, mas sólida, com fachada de pedra. Bowerman a construíra com as próprias mãos. Quando estacionei o Valiant, eu me perguntei como fora possível ele ter executado todo aquele árduo trabalho sozinho. *O homem que move uma montanha começa carregando pequenas pedras.*

Contornando a casa, havia uma ampla varanda de madeira, com várias cadeiras de armar, que ele também havia feito com as próprias mãos. Dali, tinha-se uma bela vista do rio McKenzie, e Bowerman não teria levado muito tempo para me convencer de que também havia deitado o próprio rio entre suas margens.

Avistei Bowerman de pé na varanda. Ele apertou os olhos e desceu os degraus em direção ao meu carro. Não me lembro de termos ficado batendo papo quando ele entrou. Apenas engatei a marcha e nos dirigimos para a casa do advogado.

Além de ser o advogado de Bowerman e seu melhor amigo, Jaqua era o vizinho da casa ao lado. Ele era dono de mais de 200 hectares de terra na base da montanha Bowerman, um local plano, privilegiado, à margem direita do rio McKenzie. Enquanto eu dirigia, não conseguia imaginar como aquilo poderia ser bom para mim. Eu me dava bem com Bowerman, com certeza, e tínhamos feito um acordo, mas advogados sempre estragavam tudo. Essa era a especialidade deles. E um melhor amigo advogado...?

Bowerman, por sua vez, não estava fazendo nada para me deixar mais tranquilo. Ele se sentou com as costas eretas e ficou contemplando a paisagem.

Em meio ao crescente silêncio, mantive os olhos na estrada e ponderei sobre a personalidade excêntrica de Bowerman, que transitava por tudo o que ele fazia. Ele sempre nadava contra a maré. Sempre. Por exemplo, foi o primeiro treinador universitário nos Estados Unidos a enfatizar o descanso, a reconhecer o valor tanto do trabalho quanto da recuperação. Mas, quando ele treinava você, não dava trégua. A estratégia de Bowerman para as corridas de 1 milha era simples. Defina um ritmo acelerado para as duas primeiras voltas, corra a terceira o mais rápido que puder e triplique a velocidade na quarta volta. Havia certa qualidade zen nessa estratégia, porque ela era impossível. E, mesmo assim, funcionava. Bowerman treinou mais atletas que corriam 1 milha em quatro minutos do que qualquer outra pessoa. No entanto, eu não era um deles e, nesse dia, perguntei-me se iria ficar para trás mais uma vez naquela última volta crucial.

Encontramos Jaqua nos esperando na varanda. Eu já o vira antes, em uma ou duas corridas, mas nunca tinha reparado muito nele. Embora usasse óculos e já estivesse chegando à meia-idade, ele não se encaixava na imagem que eu fazia de um advogado. Era muito robusto, muito bem constituído fisicamente. Mais tarde, fiquei sabendo que havia sido um astro do futebol americano no ensino médio e um dos melhores atletas masculinos nos 100 metros, no Pomona College. Ele ainda tinha uma clara potência atlética, o que ficou evidente em seu aperto de mão.

– Buckaroo – disse ele, agarrando-me pelo braço e conduzindo-me para a sala de estar. – Eu ia usar um dos seus tênis hoje, mas eles ficaram imundos de cocô de cavalo!

Era um dia típico de janeiro no Oregon. Além de chover muito, fazia um frio penetrante e profundo. Nós nos sentamos em cadeiras ao redor da lareira, talvez a maior que eu já tinha visto: grande o suficiente para assar um alce. Chamas crepitantes giravam em torno de pedaços de madeira do tamanho de hidrantes. De uma porta lateral, a esposa dele surgiu carregando uma bandeja. Canecas de chocolate quente. Ela perguntou se eu gostaria de creme chantilly ou marshmallows. *Nem um nem outro, obrigado.* Minha voz estava duas oitavas acima do normal. Ela inclinou a cabeça para o lado e me lançou um olhar compassivo. *Rapaz, eles vão esfolar você vivo.*

Jaqua tomou um gole, limpou o creme dos lábios e começou. Falou um pouco sobre a trilha do Oregon e sobre Bowerman. Estava usando calças jeans sujas e uma camisa de flanela toda amassada, e eu não pude parar de pensar em quanto ele estava longe de parecer um advogado.

Jaqua disse que nunca tinha visto Bowerman tão animado com uma ideia. Eu gostei do modo como aquilo soava.

– Mas – acrescentou ele –, meio a meio não é tão bom para o Treinador. Ele não quer estar no comando e também não deseja estar em desacordo com você, jamais. Que tal uma sociedade de 51% e 49%? Que tal darmos a você o controle operacional?

Todo o comportamento dele era o de um homem que tentava ajudar, que queria estabelecer uma situação que fosse boa para todos. Eu confiei nele.

– Por mim, tudo bem – respondi. – É... só isso?

Ele assentiu.

– Fechado? – disse ele.

– Fechado – respondi.

Apertamos as mãos, assinamos os papéis e eu estava, agora, oficialmente em uma parceria legal e obrigatória com o Poderoso Bowerman. A Sra. Jaqua perguntou se eu gostaria de mais chocolate quente.

– Sim, por favor. E a senhora tem alguns marshmallows?

MAIS TARDE, NAQUELE mesmo dia, escrevi para a Onitsuka e perguntei se poderia ser o distribuidor exclusivo dos tênis Tiger no Oeste dos Estados Unidos. Então pedi que me enviassem, o mais rápido possível, 300 pares de Tigers. Por 3,33 dólares o par, o pedido ficou em cerca de 1.000 dólares. Mesmo com a entrada de Bowerman no negócio, era mais dinheiro do que eu tinha no momento. Mais uma vez, recorri ao meu pai. Entretanto, dessa vez ele recusou. Ele não se importava em me ajudar no começo, mas não queria me ver apelando para ele ano após ano. Além disso, tinha pensado que essa coisa de tênis fosse brincadeira. Falou que não tinha me enviado para a Universidade do Oregon e para Stanford para me tornar um vendedor de sapatos de porta em porta.

– Você está sendo um tolo imaturo, Buck – disse ele. – Quanto tempo pretende ficar andando por aí com esses tênis?

Eu dei de ombros.

– Não sei, pai.

Ele olhou para minha mãe. Como sempre, ela não disse nada. Apenas sorriu, um sorriso vago e bonito. Herdei dela a timidez, isso estava claro. Sempre desejei ter herdado também a sua aparência.

A primeira vez que o meu pai pôs os olhos na minha mãe, pensou que ela fosse um manequim. Ele estava andando pela única loja de departamentos de Roseburg e lá estava ela, de pé na janela, modelando um vestido de noite. Ao notar que ela era de carne e osso, foi direto para casa e implorou que a irmã fosse lá e descobrisse o nome daquela linda moça da vitrine. E ela descobriu:

– É Lota Hatfield – revelou ela.

Oito meses depois, meu pai a tornou Lota Knight.

Naquela época, meu pai estava a caminho de se tornar um advogado com escritório estabelecido, prestes a escapar da terrível pobreza que havia definido sua infância. Tinha 28 anos. Minha mãe, que acabara de completar 21, crescera em uma família ainda mais pobre do que a dele. (O pai dela era um condutor ferroviário.) A pobreza era uma das poucas coisas que eles tinham em comum.

Em muitos aspectos, eles eram o caso clássico dos opostos que se atraem. Minha mãe, alta, linda e amante de atividades ao ar livre, estava sempre em busca de lugares onde pudesse recuperar um pouco da paz interior perdida. Meu pai, baixo, comum e com óculos de lentes grossas para corrigir a visão ruim, estava engajado em uma luta diária, uma perniciosa batalha para superar o passado e tornar-se respeitável, sobretudo por meio dos estudos e do trabalho duro. Segundo lugar na turma da faculdade de direito, ele não se cansava de reclamar do único C que recebera em seu histórico escolar. (Ele acreditava que o professor o penalizara por suas crenças políticas.)

Quando suas personalidades diametralmente opostas causavam problemas, meus pais apelavam para o que tinham mais profundamente em comum: a crença de que a família vem em primeiro lugar. Quando nem esse consenso funcionava, os dias eram difíceis. E também as noites. Meu pai bebia. Minha mãe se tornava uma pedra de gelo.

Mas aquela fachada podia ser enganadora. Perigosamente enganadora. As pessoas presumiam que, em virtude do seu silêncio, mamãe era uma pessoa dócil, e ela costumava lembrá-las, de maneiras surpreendentes, de que não era bem assim. Por exemplo, houve uma época em que meu pai se recusou a cortar o sal da comida, apesar do aviso dos médicos de que a pressão arterial dele estava muito alta. Minha mãe simplesmente encheu todos os saleiros da casa com leite em pó. E houve o dia em que minhas irmãs e eu estávamos brigando e dizendo que queríamos almoçar, apesar dos apelos dela para que ficássemos quietos. De repente, mamãe soltou um grito selvagem e arremessou um sanduíche de salada de ovo contra a parede. Em seguida, caminhou para fora de casa, atravessou o gramado e desapareceu. Nunca esquecerei a imagem da salada de ovo escorrendo lentamente pela parede enquanto o vestido de verão da minha mãe ia se dissolvendo por entre as árvores distantes.

Talvez nada pudesse revelar mais sobre a verdadeira natureza da minha mãe do que os treinamentos frequentes aos quais ela me submetia. Ainda menina, ela tinha testemunhado um incêndio, quando uma casa em seu antigo bairro queimara até virar pó; uma das pessoas lá dentro morrera. Então, muitas vezes, ela amarrava uma corda na minha cama e me fazia usá-la para descer de rapel da janela do segundo andar. E cronometrava o tempo. O que os vizinhos deviam pensar? O que eu devia pensar? Provavelmente isto: a vida é perigosa. E isto: precisamos estar sempre preparados.

E também isto: minha mãe me ama.

Quando eu tinha 12 anos, Les Steers e a família se mudaram para o outro lado da rua, para a casa adjacente à do meu melhor amigo, Jackie Emory. Um dia, o Sr. Steers montou uma pista de salto em altura no quintal de Jackie e nós dois passamos a competir. Nenhum de nós ultrapassava 1,35 metro de altura.

– Talvez, um dia, vocês quebrem o recorde mundial – dizia o Sr. Steers.

(Mais tarde, descobri que o recorde mundial naquela época era de 2,11 metros e pertencia a ele.)

Um dia, minha mãe apareceu do nada. (Ela estava vestindo calças de jardinagem e uma blusa de verão.) Estamos em apuros, pensei. Ela olhou para aquela cena, olhou para mim e para Jackie. Olhou para o Sr. Steers.

– Suba o sarrafo – disse ela.

Em seguida, tirou os sapatos, posicionou-se na marca e correu, pulando 1,5 metro sem dificuldade.

Não sei se, algum dia, eu a amei mais do que naquele instante.

Nessa época eu achava que minha mãe era descolada. Logo depois percebi que ela também era uma aficionada por corrida que ainda não tinha se revelado ao mundo.

Certa vez, quando eu estava no segundo ano da faculdade, desenvolvi uma dolorosa verruga na sola do pé. O podólogo recomendou uma remoção cirúrgica, o que significaria uma temporada perdida nas corridas. Minha mãe teve uma única palavra para o tal podólogo:

– Inaceitável.

Ela foi até a farmácia e comprou um frasco de removedor de verrugas, que aplicou todos os dias no meu pé. Então, a cada duas semanas, ela pegava uma faca e cortava uma lasca da verruga, até que tudo acabou. Naquela primavera, marquei os melhores tempos da minha vida.

Portanto, eu não deveria ter ficado tão surpreso com a atitude da minha mãe quando o meu pai me acusou de ser um tolo imaturo. Casualmente, ela abriu a bolsa e retirou dali 7 dólares.

– Eu gostaria de comprar um par de Limber Ups, por favor – disse ela, alto o suficiente para ele ouvir.

Seria um jeito de provocar o meu pai? Uma demonstração de lealdade ao seu único filho homem? Uma afirmação do seu amor pelas corridas? Não sei. Mas não importa. Essa lembrança nunca deixa de me comover: a imagem dela, ao lado do fogão ou da pia da cozinha, preparando o jantar ou lavando os pratos, usando um par de tênis de corrida japoneses tamanho 36.

PROVAVELMENTE PORQUE NÃO queria arrumar problema com minha mãe, meu pai me emprestou os 1.000 dólares. Dessa vez, os tênis chegaram rápido.

Abril de 1964. Aluguei um caminhão, fui até o distrito onde ficavam os depósitos, e o despachante me entregou 10 enormes caixas de papelão. Mais uma vez, corri para casa, levei as caixas para o porão e rasguei todas com urgência. Cada embalagem continha 30 pares de Tigers, todos embrulhados em papel celofane. (Caixas de sapatos teriam custado muito caro.) Em poucos minutos o porão estava cheio de tênis. Admirei-os, estudei-os, brinquei com eles, joguei-me em cima deles. Então empilhei-os em um canto, organizando-os cuidadosamente em torno da caldeira da calefação, debaixo da mesa de pingue-pongue, o mais longe possível da lavadora e da secadora de roupas, para que minha mãe ainda pudesse usar a lavanderia. Finalmente, experimentei um par. Corri em círculos no porão. Pulei de alegria.

Dias depois, chegou uma carta do Sr. Miyazaki. Sim, *você* pode ser o distribuidor da Onitsuka no Oeste dos Estados Unidos.

Era tudo de que eu precisava. Para horror do meu pai e o deleite subversivo da minha mãe, pedi demissão da firma de contabilidade e passei toda aquela primavera fazendo apenas uma coisa: vendendo pares de tênis, que carregava no porta-malas do Valiant.

MINHA ESTRATÉGIA DE VENDAS era simples e, na minha opinião, brilhante. Depois de ser rejeitado por duas lojas de artigos esportivos ("Filho, se tem uma coisa de que este mundo não precisa é de mais um tênis de corrida!"), dirigi por todo o Noroeste, indo a vários encontros de corredores. Entre uma e outra corrida, eu conversava com os treinadores, os atletas, os fãs e mostrava o meu produto. A resposta era sempre a mesma. Até tive dificuldade para dar conta de tantas encomendas em tão pouco tempo.

Voltei para Portland abismado diante do meu sucesso com as vendas. Eu tinha sido incapaz de vender enciclopédias, desprezava o trabalho do fundo do coração. Conseguira me sair um pouco melhor vendendo fundos de investimento, mas me sentia morto por dentro. Então, por que vender tênis era tão diferente? Porque, percebi, não era uma venda. Eu *acreditava* na corrida. Acreditava que, se as pessoas saíssem e corressem alguns quilômetros por dia, o mundo seria um lugar melhor, e acreditava que aqueles tênis eram os melhores para se fazer isso. Notando a firmeza da minha crença, era como se as pessoas quisessem um pouco dela para si mesmas.

Acreditar, decidi. Acreditar é irresistível.

Às vezes as pessoas queriam tanto comprar os meus tênis que escreviam para mim, telefonavam, dizendo que tinham ouvido falar sobre os novos Tigers e, simplesmente, precisavam de um par. Será que eu poderia, por favor, enviá-lo, com pagamento na entrega? Sem esforço, nasceu o meu negócio via correios.

Às vezes as pessoas simplesmente apareciam lá em casa. Com frequência, a campainha tocava e meu pai, resmungando, levantava-se da poltrona, desligava a TV e se perguntava quem poderia ser. Na varanda, ele via algum rapaz magro, com pernas estranhamente musculosas, olhando para os lados, nervoso, como se fosse um viciado esperando o momento certo para fumar.

– O Buck mora aqui? – indagava o garoto.

Meu pai gritava pela cozinha e eu o ouvia do quarto nas dependências de empregada. Eu saía, convidava o garoto para entrar e se sentar no sofá, ajoelhava-me na frente dele e media seu pé. Meu pai, com as mãos enfiadas nos bolsos, assistia, incrédulo, a toda a transação.

A maioria das pessoas que vieram à minha casa tinha ouvido falar de mim por causa da propaganda boca a boca. O amigo de um amigo. Mas algumas me encontraram por meio da minha primeira tentativa de publicidade, feita com um panfleto que eu mesmo havia concebido e produzido em uma gráfica da cidade. No alto, em letras maiúsculas, dizia: *Grande novidade nas pistas! O Japão desafia a hegemonia dos tênis de corrida europeus!* Em seguida o panfleto explicava*: O baixo custo do trabalho japonês tornou possível que uma nova e instigante empresa pudesse oferecer esses tênis ao baixíssimo preço de 6,95 dólares.* Embaixo constavam o endereço e o número de telefone da nossa casa. Eu os distribuí por toda a cidade de Portland.

No dia 14 de julho de 1964 terminei de vender a primeira remessa. Escrevi para a Onitsuka e pedi mais 900 pares. Isso custaria cerca de 3 mil dólares, o que acabaria com todo o dinheiro em caixa do meu pai – e com a paciência dele.

– O Banco do Papai agora está fechado – disse ele.

Mas, a contragosto, concordou em me dar uma carta de garantia, que levei até o First National Bank of Oregon. Com a força da reputação do meu pai, e nada mais, o banco aprovou o empréstimo. A tão alardeada respeitabilidade dele finalmente estava pagando dividendos, pelo menos para mim.

EU TINHA UM PARCEIRO VENERÁVEL, um banco legítimo e um produto que vendia. Estava em uma maré de sorte.

Na verdade, os tênis vendiam tão bem que resolvi contratar outro vendedor. Talvez dois. Na Califórnia.

O problema era: como chegar à Califórnia? Eu não podia pagar passagens aéreas. E não tinha tempo para ir de carro. Então, duas vezes por mês, enchia uma sacola com Tigers, vestia meu uniforme do Exército e seguia para a base aérea local. Ao ver o uniforme, os militares me colocavam no primeiro voo militar para São Francisco ou Los Angeles, sem fazer perguntas. Ao chegar em Los Angeles, eu conseguia economizar ainda mais dormindo na casa de Chuck Cale, um amigo de Stanford. Um grande amigo. Quando apresentei o trabalho sobre os tênis durante a aula de empreendedorismo, Cale compareceu para me dar apoio moral.

Durante um daqueles fins de semana em Los Angeles, participei de um encontro no Occidental College. Como sempre, posicionei-me na parte central do gramado e deixei que os tênis operassem a sua magia. De repente, um sujeito levantou a mão. Olhos cintilantes, rosto bonito. Na verdade, muito bonito – embora triste. Apesar da calma presente em sua expressão, havia algo pesaroso, quase trágico, em seus olhos. Além disso, alguma coisa nele me era vagamente familiar.

– Phil – disse ele.
– Sim? – respondi.
– Jeff Johnson – apresentou-se.

É claro! Johnson. Eu o conhecera em Stanford.

Ele tinha sido corredor, e dos bons, e nós havíamos competido um contra o outro em várias pistas. Às vezes ele saía para correr comigo e Cale e, em seguida, fazíamos um lanche.

– E aí, Jeff? – saudei-o. – O que anda fazendo?
– Faculdade. Estudando antropologia.

Seu plano antes era tornar-se assistente social.

– Está brincando – reagi, levantando uma sobrancelha.

Johnson não fazia o tipo do assistente social. Eu não conseguia enxergá-lo aconselhando viciados em drogas e orientando famílias sobre a adoção de órfãos. Ele também não parecia um antropólogo. Não o imaginava batendo papo com canibais na Nova Guiné, vasculhando acampamentos Anasazi com uma escova de dentes nem peneirando esterco de cabra para encontrar fragmentos de cerâmica.

Mas esses, disse ele, eram apenas seus trabalhos diurnos. Nos fins de semana ele seguia o coração e vendia calçados.

– Não! – exclamei.
– Adidas – disse ele.
– Esqueça a Adidas. Você tem que trabalhar para mim, me ajudar a vender estes novos tênis de corrida japoneses.

Entreguei-lhe um par de Tigers, contei a ele sobre minha viagem ao Japão e meu encontro com a Onitsuka. Ele dobrou o calçado, examinou a sola. Disse que era muito bacana. Ficou intrigado, mas recusou.

– Vou me casar. Não posso embarcar em um trabalho arriscado agora.

Não levei muito a sério a rejeição. Era a primeira vez que ouvia a palavra "não" em vários meses.

* * *

A VIDA ERA BOA. A vida era esplêndida. Eu tinha até uma espécie de namorada, embora não sobrasse muito tempo para ela. Estava feliz, feliz como nunca, e a sensação de felicidade pode ser perigosa. Ela entorpece os sentidos. Portanto, eu não estava preparado para aquela terrível carta.

Era de um treinador de luta livre do ensino médio, de alguma cidade pouco civilizada no Leste, um lugarejo em Long Island chamado Valley Stream, ou Massapequa ou Manhasset. Tive que ler duas vezes antes de entender. O treinador afirmava que tinha acabado de voltar do Japão, onde se reunira com altos executivos da Onitsuka que o haviam escolhido para ser seu distribuidor exclusivo nos Estados Unidos. Como ele tinha ouvido falar que eu estava vendendo Tigers, disse que eu estava agindo contra a lei e ordenou – ordenou! – que eu parasse.

Com o coração acelerado, liguei para meu primo, Doug Houser. Ele havia se formado na faculdade de direito de Stanford e, agora, trabalhava em um respeitável escritório. Pedi a ele que investigasse essa história de Manhasset, descobrisse o que fosse possível e escrevesse uma carta respondendo ao tal sujeito.

– Dizendo exatamente o quê? – perguntou o primo Houser.

– Que qualquer tentativa de interferir na Blue Ribbon será recebida com represálias legais – respondi.

Minha "empresa" tinha apenas dois meses e eu já estava envolvido em uma batalha judicial? Bem feito para mim, por ter a ousadia de me considerar feliz.

Em seguida, sentei-me e escrevi depressa uma carta desesperada para a Onitsuka. *Caros senhores, fiquei muito preocupado ao receber uma carta nesta manhã, de um homem em Manhasset, Nova York, que afirma...*

Esperei por uma resposta.

E esperei.

Escrevi novamente.

Nani mo.

Nada.

O PRIMO HOUSER descobriu que o Sr. Manhasset era um tipo de celebridade. Antes de se tornar treinador de luta livre no ensino médio, ele fora modelo – um dos Homens de Marlboro originais. Bonito, imaginei. Era exatamente do que eu precisava: uma disputa irritante com algum lendário caubói americano.

Entrei em uma depressão profunda. Tornei-me tão rabugento e intratável que perdi a namorada. Todas as noites eu me acomodava com minha família à mesa do jantar e ficava empurrando o cozido de carne e os legumes pelo prato. Então sentava com meu pai no cantinho da TV e ficava olhando, melancolicamente, para o aparelho.

– Buck – disse meu pai –, você está agindo como se alguém tivesse batido na sua nuca com um pedaço de madeira. Saia dessa.

Mas eu não conseguia. Continuava relembrando a minha reunião na Onitsuka. Os executivos haviam demonstrado *kei*. Fizeram reverência para mim e eu para eles. Eu fora direto com eles, honesto – na maior parte do tempo. É verdade que, "tecnicamente", eu não tinha uma "empresa" chamada "Blue Ribbon". Mas isso era um detalhe. Agora a empresa existia e eu havia trazido, sozinho, os tênis Tiger para a Costa Oeste e poderia vendê-los 10 vezes mais depressa se a Onitsuka me dessa meia chance. Em vez disso, a empresa pretendia se livrar de mim? Simplesmente me jogar para escanteio por causa de um Homem de Marlboro qualquer? Venha para onde está o sabor.

O VERÃO CHEGAVA AO FIM e eu ainda não tinha recebido nenhuma notícia da Onitsuka. Já estava desistindo da ideia de vender tênis. No entanto, em meados de setembro mudei minha atitude. Eu não podia desistir. Ainda não. E não desistir significava viajar outra vez para o Japão. Eu precisava confrontar a Onitsuka.

Comentei sobre a ideia com meu pai. Ele ainda não era fã da ideia de eu ficar vagando por aí vendendo tênis. Mas o que ele realmente não gostava era de ver alguém maltratando o filho dele. Franziu a testa e disse:

– Provavelmente é melhor você ir mesmo.

Conversei com minha mãe.

– Não tem nada de provável. Apenas vá – declarou ela.

E foi ela quem me levou de carro ao aeroporto.

JÁ FAZ 50 ANOS E AINDA POSSO nos ver naquele carro. Lembro-me de cada detalhe. Era um dia claro, ensolarado, sem umidade, com temperatura amena. Nós dois assistindo quietos à luz do sol brincar sobre o para-brisa, sem dizer nada. O silêncio entre nós era como o silêncio dos muitos dias em que ela me levou a encontros de esportistas. Eu estava ocupado demais lutando contra o nervosismo e ela, melhor do que ninguém, entendia. Ela respeitava os limites que nós mesmos estabelecemos em tempos de crise.

Então, quase no aeroporto, ela quebrou o silêncio:

– Seja você mesmo.

Olhei pela janela. Ser eu mesmo. Sério? Seria essa a minha melhor opção? *Estudar o eu é se esquecer do eu.*

Olhei para baixo. Eu não estava vestido como eu mesmo. Estava usando um terno novo, de um sóbrio tom de cinza-escuro, carregando uma mala pequena. No bolso lateral, havia um livro novo: *How to Do Business with the Japanese* (Como fazer negócios com os japoneses). Só Deus sabe onde eu ouvira falar sobre ele. Hoje, nem gosto de me lembrar de um último detalhe: também estava usando um chapéu-coco preto. Comprei-o especialmente para essa viagem, pensando que me faria parecer mais velho. Na verdade, ele me fazia parecer maluco. Cruel, com um olhar raivoso. Como se tivesse escapado de um asilo de loucos da era vitoriana, diretamente de uma pintura de Magritte.

PASSEI A MAIOR PARTE DO voo decorando o livro. Quando meus olhos se cansaram, fechei-o e fiquei olhando pela janela. Ensaiando o que diria. Avisei a mim mesmo que precisava deixar de lado as mágoas e os pensamentos sobre injustiça, pois eles só me fariam ficar emotivo e me impediriam de pensar com clareza. Emoção seria fatal. Eu precisava manter a calma.

Pensei na minha carreira de corredor no Oregon. Eu havia competido com, e contra, homens muito melhores do que eu, mais rápidos, de compleição física muito melhor que a minha. Vários se tornariam atletas olímpicos. E, ainda assim, eu conseguira me treinar para esquecer esse fato infeliz. As pessoas presumem que a concorrência é sempre algo bom, que sempre traz à tona o melhor do ser humano, mas isso só serve para quem consegue se esquecer da competição. Eu havia aprendido nas corridas que a arte de competir era a arte de esquecer e, agora, estava me lembrando disso. Você deve esquecer os seus limites. Deve esquecer as dúvidas, a dor, o passado. Você deve esquecer aquela voz interior que grita e implora: "Não dê nem mais um passo!" E, quando é impossível esquecê-la, você precisa negociar com ela. Pensei em todas as corridas nas quais a minha mente queria uma coisa e o meu corpo, outra, naquelas voltas em que tive que dizer ao meu corpo: "Você tem excelentes argumentos, mas vamos continuar mesmo assim..."

Apesar de todas as minhas negociações com a tal voz interior, essa habilidade nunca vinha naturalmente, e agora eu temia que estivesse sem prática. Quando o avião começou a descida para pousar no Aeroporto de Haneda, eu disse a mim mesmo que precisava recuperar depressa a velha habilidade ou seria derrotado.

E eu não podia suportar a ideia de perder.

OS JOGOS OLÍMPICOS DE 1964 estavam prestes a começar no Japão, então havia oferta de hospedagens novíssimas, e a preços razoáveis, em Kobe. Optei por um hotel bem no centro da cidade, em cuja cobertura havia um restaurante giratório, parecido com o que existe no topo do Space Needle, de Seattle – um toque do Noroeste para acalmar meus nervos. Antes de abrir as malas, telefonei para a Onitsuka e deixei uma mensagem. *Estou aqui e solicito uma reunião.*

Em seguida, sentei-me na beira da cama e fiquei encarando o telefone.

Finalmente, ele tocou. A voz formal de uma secretária informou-me que o meu contato na Onitsuka, o Sr. Miyazaki, não trabalhava mais lá. Mau sinal. Seu substituto, o Sr. Morimoto, não queria que eu fosse à sede da empresa. Péssimo sinal. Em vez disso, disse ela, o Sr. Morimoto iria me encontrar para o chá no restaurante giratório do meu hotel. No dia seguinte de manhã.

Fui para a cama cedo e tive um sono agitado. Sonhos de perseguições de carro, prisão, duelos – os mesmos que costumavam me atormentar na véspera de datas importantes: provas, encontros, corridas. Levantei-me assim que o sol nasceu. O desjejum era ovo cru derramado sobre arroz quente e um pouco de peixe grelhado, e engoli tudo com um bule de chá verde. Então, recitando passagens que memorizara do livro sobre como fazer negócios com japoneses, barbeei o meu rosto pálido. Cortei-me uma ou duas vezes e foi difícil estancar o sangramento. Era uma visão e tanto. Por fim, vesti o terno e me arrastei até o elevador. Quando apertei o botão para subir, notei que as minhas mãos estavam brancas como leite.

    Morimoto foi pontual. Ele tinha mais ou menos a minha idade, só que era muito mais maduro e autoconfiante. Usava um casaco esporte amarrotado e tinha um tipo de rosto também amarrotado. Nós nos sentamos perto da janela. Imediatamente, antes que o garçom viesse anotar nossos pedidos, lancei-me em campo, dizendo tudo aquilo que tinha jurado não dizer. Expliquei a Morimoto quanto estava aflito por aquele Homem de Marlboro invadir o meu território. Disse que acreditava que havia feito uma conexão pessoal com os executivos que conhecera no ano anterior e essa impressão fora ressaltada por uma carta do Sr. Miyazaki, na qual confirmava que os 13 estados do Oeste eram exclusividade minha. Eu estava, portanto, perplexo diante daquele tratamento. Apelei para as noções de justiça e honra de Morimoto. Ele parecia desconfortável, então respirei e fiz uma pausa. Levei o assunto do pessoal para o profissional. Citei minhas robustas vendas. Mencionei o nome do meu parceiro, o lendário treinador cuja reputação havia chegado ao outro lado do Pacífico. Enfatizei tudo o que eu poderia fazer pela Onitsuka no futuro, se me fosse dada uma chance.

    Morimoto tomou um gole de chá. Quando ficou claro que eu tinha falado tudo que queria, ele largou a xícara e olhou pela janela. Lentamente, girávamos acima de Kobe.

    – Vou lhe dar um retorno.

MAIS UMA NOITE MALDORMIDA. Levantei-me várias vezes, fui até a janela, vi os navios balançando na baía de águas roxo-escuras de Kobe. Belo lugar, pensei. Pena que toda essa beleza esteja além do meu alcance. O mundo não tem beleza quando você perde, e eu estava prestes a perder, e perder feio.

    Eu sabia que, pela manhã, Morimoto me diria que lamentava, que não era nada pessoal, apenas negócios, mas eles preferiam o Homem de Marlboro.

    Às nove horas em ponto, o telefone ao lado da cama tocou. Era Morimoto.

    – O Sr. Onitsuka... *em pessoa*... deseja vê-lo – disse ele.

    Vesti o terno e tomei um táxi até a sede da Onitsuka. Na sala de reuniões, que eu já conhecia, Morimoto indicou uma cadeira central. No meio dessa vez, não na cabeceira. Sem *kei*. Ele se sentou à minha frente e ficou me olhando, enquanto a sala ia se enchendo, aos poucos, de executivos. Quando todos chegaram, Morimoto acenou com a cabeça para mim.

– *Hai* – disse ele.

Mergulhei no assunto, repetindo, essencialmente, o que tinha dito a Morimoto na manhã anterior. Já quase me preparando para encerrar minha argumentação, todas as cabeças se viraram em direção à porta e parei no meio da frase. A temperatura da sala caiu uns 10 graus. O fundador da empresa, o Sr. Onitsuka, havia chegado.

Vestido em um terno italiano azul-escuro, cabelos negros fartos e espessos como um tapete felpudo, ele despertou medo em todos os homens presentes na sala de reuniões. No entanto, ele mesmo não pareceu se dar conta disso. Com todo o seu poder, toda a sua riqueza, os seus movimentos eram deferentes. Ele veio até a frente, hesitante, com um andar arrastado, sem dar qualquer sinal de que era o chefe de todos os chefes, o xógum dos calçados. Lentamente, caminhou em torno da mesa, fazendo um breve contato visual com cada executivo. Até que chegou a mim. Nós nos cumprimentamos com reverências e apertamos as mãos. Ele se sentou à cabeceira e Morimoto tentou resumir os meus motivos de estar ali. O Sr. Onitsuka levantou uma das mãos, interrompendo-o.

Sem preâmbulos, lançou-se em um longo monólogo, apaixonado. Disse que algum tempo antes tivera uma visão. Um maravilhoso vislumbre do futuro.

– Todos no mundo usando calçados de atletismo, o tempo todo – explicou. – Sei que esse dia virá. – Fez uma pausa, olhando em volta da mesa, para cada um dos executivos, para ver se eles também tinham consciência dessa verdade. Seu olhar pousou em mim. Ele sorriu. Eu sorri. Ele piscou duas vezes. – Você me faz lembrar de mim mesmo quando jovem – disse suavemente. Olhou dentro dos meus olhos. Um segundo. Dois. Em seguida, voltou a olhar para Morimoto. – Isso é sobre aqueles 13 estados da Costa Oeste?

– Sim – respondeu Morimoto.

– Hummm – murmurou o Sr. Onitsuka. Ele estreitou os olhos, baixou a cabeça. Parecia estar meditando. Mais uma vez, olhou para mim. – Sim – disse ele – Tudo certo. Você tem os estados do Oeste.

O Homem de Marlboro, disse ele, poderia continuar a vender os sapatos de luta livre por todo o país, mas deveria limitar a venda dos tênis de corrida à Costa Leste.

O Sr. Onitsuka escreveria, pessoalmente, para o Homem de Marlboro, para informá-lo sobre sua decisão.

Ele se levantou. Eu me levantei. Todos se levantaram. Ele deixou a sala de reuniões.

Todos os que ficaram ali sentiram-se aliviados.

– Então, está decidido – disse Morimoto. – Por um ano – acrescentou. – Então, o assunto será reestudado.

Agradeci a Morimoto, garantindo-lhe que Onitsuka não iria se arrepender por ter confiado em mim. Circulei a mesa e apertei a mão de todos, curvei-me e, quando voltei para Morimoto, dei um aperto extraforte em sua mão. Então segui uma secretária até uma sala ao lado, onde assinei vários contratos e fiz uma encomenda de tênis que chegava ao exorbitante valor de 3.500 dólares.

VOLTEI PARA O HOTEL CORRENDO. Na metade do caminho, comecei a pular e saltar como um dançarino. Parei em uma cerca e olhei para a baía. Nenhuma gota de sua beleza estava perdida para mim agora. Assisti aos barcos deslizarem ao sabor de um vento forte e decidi que alugaria um deles. Gostaria de passear no mar. Uma hora depois, estava em pé na proa de um barco, o vento no cabelo, navegando em direção ao pôr do sol, sentindo-me muito bem comigo mesmo.

No dia seguinte, embarquei em um trem para Tóquio. Chegara a hora, enfim, de ascender às nuvens.

TODOS OS GUIAS DIZIAM para escalar o monte Fuji à noite. Segundo eles, uma boa escalada deve culminar com a vista do nascer do sol no topo. Então cheguei à base da montanha ao anoitecer. O dia fora abafado, mas o ar estava esfriando e, na mesma hora, repensei minha decisão de usar bermudas, uma camiseta e Tigers. Vi um homem descendo a montanha em um casaco emborrachado. Eu o parei e lhe ofereci 3 dólares pelo casaco. Ele olhou para mim, olhou para o casaco e concordou.

Eu estava fazendo bons negócios por todo o Japão!

Quando a noite caiu, centenas de nativos e turistas apareceram e começaram a fluir até a montanha. Todos, observei, carregavam longas varas de madeira com sinos tilintando na ponta. Avistei um casal britânico mais velho e perguntei o que eram aquelas varas.

– Elas afastam os maus espíritos – explicou a mulher.

– Há *espíritos malignos* nesta montanha? – indaguei.

– Presumivelmente.

Comprei uma vara.

Então percebi que havia pessoas reunidas em uma barraca na beira da estrada comprando sapatos de palha. A britânica me explicou que o Fuji era um vulcão ativo e suas cinzas e fuligem destruíam qualquer calçado. Por isso os alpinistas usavam sandálias descartáveis de palha.

Comprei sandálias.

Mais pobre, porém devidamente equipado, comecei a subir.

Havia muitos caminhos para descer o monte Fuji, de acordo com o meu guia, mas apenas um para subir. Há uma lição de vida nisso, pensei. Sinais ao longo da subida, escritos em várias línguas, avisavam que haveria nove estações de apoio antes do cume, todas oferecendo alimentos e lugar onde descansar. Em duas horas, no entanto, eu tinha passado pela Estação 3 várias vezes. Será que os japoneses contavam de maneira diferente? Alarmado, eu me perguntava se 13 estados do Oeste dos Estados Unidos poderiam, na verdade, significar três.

Na Estação 7, parei e comprei uma cerveja japonesa e uma tigela de macarrão. Enquanto jantava, comecei a conversar com outro casal. Eram americanos, mais jovens do que eu. Estudantes, presumi. Ele era um engomadinho, com um jeito um pouco ridículo. Usando calças de golfe, camisa polo e um cinto de tecido, vestia todas as cores de um ovo de Páscoa pintado à mão. Já a moça era uma típica beatnik: calças jeans rasgadas, camiseta desbotada, cabelo escuro despenteado. Os olhos grandes eram castanho-escuros. Como pequenas xícaras de café expresso.

Os dois estavam suando por causa da subida. Eles repararam que eu não estava. Dei de ombros e disse que fazia corridas no Oregon.

– De meia milha.

O rapaz franziu a testa. A namorada dele disse:

– Uau!

Terminamos nossa cerveja e recomeçamos a subida juntos.

O nome dela era Sarah. Era de Maryland. Um lugar cuja base da economia são os cavalos, disse ela. Um lugar rico, pensei. Ela havia crescido em meio aos cavalos, montando, saltando e fazendo demonstrações, e ainda passava a maior parte do tempo em selas e exposições. Falou sobre seus pôneis e cavalos favoritos como se fossem seus melhores amigos.

Perguntei sobre a família dela.

– Papai é dono de uma empresa de chocolates – explicou.

Quando ela mencionou o nome da empresa, achei graça. Eu tinha comido muitas barras de chocolate da família dela, às vezes antes das corridas. Ela explicou que a empresa fora fundada pelo avô, apressando-se em acrescentar que não tinha interesse em dinheiro.

Flagrei o namorado dela franzindo a testa outra vez.

Ela estudava filosofia no Connecticut College for Women.

– Não é uma grande faculdade – disse ela em tom de desculpa, acrescentando que sua vontade era ter estudado no Smith College, onde a irmã cursava o último ano, mas não fora aceita.

– Você fala como se não tivesse superado a rejeição – comentei.

– Nem cheguei perto – retrucou ela.

– Rejeição nunca é fácil – afirmei.

– Disso eu não tenho a menor dúvida.

Sua voz era peculiar. Ela pronunciava certas palavras de um jeito estranho e eu não conseguia identificar se era um sotaque de Maryland ou algum problema de fala. O que quer que fosse, era adorável.

Ela perguntou o que me levara até o Japão. Expliquei que tinha vindo para salvar a minha empresa de calçados.

– A sua *empresa*? – retrucou ela.

Claramente, estava pensando nos homens da sua família, fundadores de empresas, capitães da indústria. Empresários.

– Sim – respondi –, a minha empresa.

– E você... a salvou?

– Sim.

– Todos os homens lá em casa estão estudando negócios – disse ela – e, em seguida, todos planejam tornar-se *banqueiros*. – Ela revirou os olhos, acrescentando: – Todo mundo faz a mesma coisa. Um tédio.

– O tédio me dá medo – afirmei.

– Ah. Isso é porque você é um rebelde.

Parei de subir, cravei meu cajado no solo. Eu... um rebelde? Meu rosto ficou quente.

Ao nos aproximarmos do cume, o caminho se estreitou. Mencionei que me lembrava uma trilha pela qual caminhara na cordilheira do Himalaia. Sarah e o namorado me encararam. *Himalaia*? Agora, ela estava realmente impressionada. E ele estava realmente aborrecido. À medida que o cume ia aparecendo, a subida se tornava complicada, traiçoeira. Ela agarrou a minha mão.

– Os japoneses têm um ditado – gritou o namorado, por cima do ombro, para nós, para todos. – Um homem sábio sobe o Fuji uma vez. Um tolo sobe duas.

Ninguém riu, embora eu até quisesse, mas da sua roupa de ovo de Páscoa.

Chegamos ao topo, onde havia um grande portão *torii* de madeira. Nós nos sentamos ao lado dele e esperamos. O ar estava estranho. Não estava muito escuro nem muito claro. Então o sol rastejou acima do horizonte. Eu disse a Sarah e a seu namorado que os japoneses colocam portões *torii* em regiões sagradas, como portais entre este mundo e o além.

– Onde quer que você passe do profano ao sagrado – expliquei –, encontrará um portão *torii*.

Sarah gostou disso. Eu disse a ela que os mestres zen acreditavam que as montanhas "flutuavam", mas que nem sempre podemos perceber isso por causa dos nossos sentidos limitados, mas, naquele momento, nós de fato sentimos como se o Fuji estivesse mesmo flutuando, como se estivéssemos surfando em uma onda que atravessava o mundo.

Ao contrário da subida, a descida não exigiu nenhum esforço e não levou muito tempo. Já na base da montanha, inclinei-me e disse adeus a Sarah e ao ovo de Páscoa.

– *Yoroshiku ne*. Foi um prazer conhecê-los.

– Para onde você está indo? – perguntou Sarah

– Acho que vou ficar no Hakone Inn esta noite – respondi.

– Bem – disse ela –, vou com você.

Dei um passo para trás. Olhei para o namorado. Ele franziu a testa. Percebi, enfim, que ele não era namorado dela. Feliz Páscoa.

PASSAMOS DOIS DIAS NO HOTEL, rindo, conversando. Começando. Se pelo menos pudesse nunca terminar, dissemos, mas é claro que tinha que terminar. Eu precisava voltar a Tóquio para pegar um voo para casa e Sarah estava decidida a seguir viagem e conhecer o resto do Japão. Não fizemos planos para nos encontrarmos outra vez. Ela era um espírito livre, não acreditava em planos.

– Adeus – disse ela.

– *Hajimemashite* – respondi. – Foi ótimo conhecer você.

Horas antes de embarcar no avião, parei no escritório da American Express. Sabia que ela teria que parar lá também, em algum momento, para pegar dinheiro enviado pelo pessoal da fábrica de chocolate. Deixei um bilhete: *Você precisa passar por Portland para chegar à Costa Leste... Por que não me faz uma visita?*

EM MINHA PRIMEIRA NOITE EM CASA, contei a boa notícia para minha família. Havia conhecido uma garota.

Então contei a outra boa notícia. Havia salvado a minha empresa.

Virei-me e olhei bem para minhas irmãs gêmeas. Elas passavam a metade do dia agachadas ao lado do telefone, esperando para atendê-lo ao primeiro toque.

– O nome dela é Sarah – expliquei. – Então, se ela ligar, por favor... sejam gentis.

SEMANAS DEPOIS, voltei para casa após alguns compromissos e ali estava ela, na minha sala, sentada com minha mãe e minhas irmãs.

– Surpresa! – exclamou.

Sarah tinha recebido o meu bilhete e decidira aceitar o convite. Ela telefonou do aeroporto e minha irmã Joanne atendeu e mostrou para que servem as irmãs. Na mesma hora, ela pegou o carro, foi até o aeroporto e buscou Sarah.

Eu ri. Nós nos abraçamos, sem jeito, com minha mãe e minhas irmãs observando.

– Vamos dar uma volta – sugeri.

Peguei um casaco para ela e saímos para caminhar sob uma chuva leve, em um parque arborizado que ficava nas redondezas. Ela viu o monte Hood ao longe e concordou que era surpreendentemente parecido com o Fuji, o que nos trouxe várias lembranças.

Perguntei onde ela estava hospedada.

– Seu bobo – respondeu.

Era a segunda vez que ela se convidava para ficar comigo.

Durante duas semanas, ela morou no quarto de hóspedes da casa dos meus pais, como se fosse da família – o que comecei a pensar que poderia acontecer algum dia. Incrédulo, eu a vi encantar os Knight, que nunca se encantavam com ninguém. Minhas irmãs protetoras, minha tímida mãe, meu autocrático pai, nenhum deles poderia resistir a ela. Principalmente meu pai. Quando ela apertou a mão dele, conseguiu derreter algo duro que havia em seu coração. Talvez pelo fato de ter crescido entre as pessoas da fábrica de chocolate e todos os seus amigos figurões, ela possuía uma autoconfiança que só se vê uma ou duas vezes na vida.

Sarah era, sem dúvida, a única pessoa que conheci capaz de trazer casualmente Babe Paley e Hermann Hesse para a mesma conversa. Ela admirava os dois. Mas especialmente Hesse. Pretendia escrever um livro sobre ele, um dia.

– É como Hesse diz – murmurou certa noite, durante o jantar –: a felicidade é um *como*, não um *quê*.

Os Knights continuaram a comer a carne assada e a beber o leite.

– Muito interessante – disse meu pai.

Levei Sarah até a sede mundial da Blue Ribbon, no porão, e mostrei como funcionava a operação. Dei a ela um par de Limber Ups. Ela os usou quando viajamos pela costa. Fizemos caminhadas até a montanha Humbug, pegamos caranguejos ao longo da costa, colhemos frutinhas vermelhas na mata. Estávamos sob um abeto de 25 metros quando trocamos um beijo cheio de mirtilos.

Quando chegou o dia da volta de Sarah a Maryland, fiquei desolado. Passei a escrever para ela todos os dias. Minhas primeiras cartas de amor. *Querida Sarah, eu penso em sentar ao lado daquele portão* torii *com você...*

Ela sempre respondia imediatamente. Sempre manifestava seu eterno amor.

NO NATAL DE 1964, ela voltou. Dessa vez, fui eu que a busquei no aeroporto. No caminho para minha casa, ela disse que tinha acontecido uma discussão terrível antes de embarcar no avião. Os pais dela a proibiram de vir. Eles não me aprovavam.

– O meu pai gritou – disse ela.
– O que ele gritou?
Ela imitou a voz do pai:
– Você não pode conhecer um cara no monte Fuji que não vai ser nada na vida.

Eu estremeci. Sabia que havia dois ataques contra mim, mas não entendi por que escalar o monte Fuji era um deles. O que era tão ruim sobre escalar o monte Fuji?

– Como você escapou? – perguntei.
– Graças ao meu irmão. Ele me tirou de casa de manhã bem cedo e me levou ao aeroporto.

Fiquei imaginando se ela realmente me amava ou se apenas me via como uma chance de se rebelar.

DURANTE O DIA, enquanto eu estava ocupado cuidando da Blue Ribbon, Sarah costumava ficar com minha mãe. À noite, ela e eu íamos à cidade para jantar e beber. No fim de semana, esquiamos no monte Hood. Quando ela voltou para casa, fiquei arrasado, de novo. *Querida Sarah, sinto sua falta. Eu te amo.*

Ela escreveu de volta imediatamente. Também sentia saudade de mim. Ela também me amava.

Então, com as chuvas de inverno, houve um ligeiro arrefecimento nas cartas dela. Eram menos efusivas. Ou assim eu pensava. Talvez fosse apenas a minha imaginação, disse a mim mesmo. Mas eu tinha que saber. Liguei para ela.

Não era imaginação. Ela disse que pensara muito e que não tinha certeza de que havíamos sido feitos um para o outro. Não estava certa se eu era sofisticado o bastante para ela. "Sofisticado" foi a palavra que ela usou. Antes que eu pudesse protestar, antes que eu pudesse negociar, ela desligou.

Peguei um pedaço de papel e datilografei uma longa carta, implorando que reconsiderasse.

Ela escreveu de volta imediatamente. Nada feito.

* * *

QUANDO A NOVA REMESSA DE TÊNIS da Onitsuka chegou, eu praticamente nem me importei. Passei semanas aéreo, alheio a tudo. Escondia-me no porão. No quarto. Ficava deitado na cama encarando as minhas *blue ribbons*.

Embora não tivesse comentado com ninguém, minha família sabia. Mas não pediram detalhes. Não precisavam deles nem os queriam.

Exceto minha irmã Jeanne. Um dia, enquanto eu estava fora, ela entrou nas dependências de empregada e encontrou cartas de Sarah na minha mesa. Mais tarde, quando cheguei e fui para o porão, Jeanne veio ao meu encontro. Ela se sentou no chão, ao meu lado, e disse que tinha lido as cartas, todas elas, com atenção, inclusive a rejeição final. Desviei o olhar.

– Você está melhor sem ela – afirmou Jeanne.

Meus olhos se encheram de lágrimas. Agradeci com um meneio de cabeça. Não sabendo o que dizer, perguntei a Jeanne se ela gostaria de fazer algum trabalho de meio expediente para a Blue Ribbon. Eu estava muito atrasado e, com certeza, seria bom ter alguma ajuda.

– Já que se interessa tanto por cartas – comecei, com a voz rouca –, talvez você goste de fazer algum trabalho de secretariado. Um dólar e meio a hora?

Ela riu.

E assim minha irmã tornou-se a primeira funcionária da Blue Ribbon.

1965

No início do ano, recebi uma carta do Jeff Johnson. Depois do nosso encontro casual no Occidental College, eu havia lhe enviado de presente um par de Tigers e agora ele estava escrevendo para dizer que experimentara correr com eles. E tinha gostado. Muito. Outras pessoas também gostaram. Elas o paravam na rua, apontavam para os seus pés e perguntavam onde poderiam comprar tênis bacanas como aqueles.

Desde que eu o vira pela última vez, Johnson tinha se casado e já havia um bebê a caminho, motivo pelo qual ele estava procurando formas de ganhar algum dinheiro extra, além do trabalho como assistente social, e o Tiger parecia ter mais aceitação do que o Adidas. Escrevi de volta e lhe ofereci um cargo de "vendedor comissionado", o que significava que eu teria de dar a ele 1,75 dólar por cada par de tênis de corrida que ele vendesse e 2 dólares por cada par com solado de pinos. Eu estava apenas começando a montar uma equipe de representantes de vendas e essa era a comissão-padrão que podia oferecer.

Ele escreveu de volta bem depressa, aceitando a proposta.

E as cartas não pararam. Pelo contrário. Vieram em maior comprimento e número. No início, eram duas páginas. Depois, quatro. Mais tarde, oito. No início, elas chegavam com intervalos de poucos dias. Depois, passaram a chegar uma atrás da outra, deixando minha caixa de correio lotada quase todos os dias, como se fossem uma enxurrada, todas com o mesmo endereço de retorno: Caixa Postal 492, Seal Beach, CA 90740. Eu me perguntei o que, em nome de Deus, eu tinha feito quando contratei o sujeito.

É claro que eu gostava da sua energia e era difícil não ficar satisfeito com o entusiasmo dele. Mas comecei a achar que eram energia e entusiasmo demais. Na 20ª carta, ou 25ª, comecei a me preocupar que ele fosse desequilibrado. Fiquei me perguntando por que tinha de ser tão esbaforido. E se ele algum dia deixaria de ter coisas urgentes para me contar, ou para me perguntar. Fiquei imaginando se algum dia ele ficaria sem selos.

Aparentemente, toda vez que um pensamento passava pela cabeça de Johnson, ele o anotava e o enfiava em um envelope. Ele escreveu para me dizer quantos Tigers havia vendido naquela semana. Ele escreveu para me dizer quantos Tigers havia vendido naquele dia. Ele escreveu para me dizer quem havia usado Tigers, em qual torneio do ensino médio e qual colocação os atletas haviam alcançado. Ele escreveu para dizer que queria expandir seu território de vendas para além da Califórnia e incluir o Arizona e, possivelmente, o Novo México. Ele escreveu para sugerir que abríssemos uma loja em Los Angeles. Ele escreveu para me dizer que estava pensando em colocar anúncios em revistas de corridas e queria saber o que eu achava da ideia. Ele escreveu para me informar que havia colocado os anúncios nas tais revistas e que a reação fora boa. Ele escreveu para perguntar por que eu não havia respondido a nenhuma de suas cartas anteriores. Ele escreveu para pleitear o meu incentivo. Ele escreveu para reclamar que eu não tinha respondido ao seu pleito por incentivo.

Sempre me considerei um correspondente consciente. (Enviei inúmeras cartas e cartões-postais para casa durante a minha viagem ao redor do mundo. Escrevera religiosamente a Sarah.) E sempre *quis* responder às cartas de Johnson. Mas, antes que conseguisse arrumar um tempo para isso, havia sempre outra carta à espera. Algo no volume da sua correspondência me impedia de responder. Algo em sua carência me fazia não querer incentivá-lo. Muitas noites, eu me sentava diante da máquina de escrever Royal preta, no escritório no porão, encaixava uma folha de papel e datilografava: "Caro Jeff". Então me dava um branco. Não sabia por onde começar, a qual de suas 50 perguntas deveria responder primeiro e, então, desistia e ia fazer outras coisas e, no dia seguinte, haveria mais uma carta de Johnson. Ou duas. Em pouco tempo, eu ficaria três cartas atrasado, sofrendo de um paralisante bloqueio criativo.

Pedi a Jeanne que lidasse com o Arquivo Johnson. Ela concordou.

Um mês depois, ela empurrou o arquivo para cima de mim, exasperada.

– Você não me paga o suficiente para isso – reclamou.

* * *

EM ALGUM MOMENTO, parei de ler as cartas de Johnson do início ao fim. Mas, dando uma olhada geral, fiquei sabendo que ele estava vendendo Tigers nos dias úteis, embora não durante o dia inteiro, e também nos fins de semana, e que decidira manter o trabalho de assistente social do condado de Los Angeles. Eu ainda não conseguia compreendê-lo. Johnson simplesmente não me parecia uma pessoa que gostava de gente. Na verdade, ele sempre me pareceu um misantropo. Essa era uma das coisas que eu gostava nele.

Em abril de 1965, ele escreveu para contar que havia deixado o trabalho de assistente social. Disse que sempre odiara o que fazia e que a gota d'água tinha sido uma mulher aflita, no vale de San Fernando. Ele fora escalado para verificar se ela estava bem, pois a moça havia ameaçado se matar, mas resolvera telefonar para ela primeiro e perguntar "se ela realmente ia se matar naquele dia". Se não fosse o caso, ele não queria perder tempo e gasolina indo até lá. A mulher e os superiores de Johnson não gostaram da sua abordagem. Consideraram um sinal de que Johnson não se importava com ela. Johnson enxergou da mesma forma. Ele *não* se importava e, naquele instante, compreendeu a si mesmo e o seu destino. O trabalho social não era a sua missão. Ele não fora colocado neste planeta para ajudar as pessoas com problemas. Preferia se concentrar nos pés delas.

Bem lá no fundo, Johnson acreditava que os corredores são escolhidos de Deus, que a corrida, feita corretamente, no estado de espírito adequado e do jeito certo, é um exercício místico, nada menos do que uma meditação ou oração, e assim ele se sentia convocado a ajudar os corredores a atingirem o nirvana. Apesar de conviver com corredores durante a maior parte da minha vida, eu nunca havia encontrado esse tipo de romantismo. Nem mesmo o Senhor dos corredores, Bowerman, era tão devoto do esporte quanto o Funcionário em Meio Expediente Número Dois da Blue Ribbon.

Na verdade, em 1965 a corrida nem era um esporte. Não era popular nem impopular – simplesmente não era levada em consideração. Sair para correr 5 quilômetros era algo que só gente esquisita fazia, possivelmente para queimar alguma energia obsessiva. Correr por prazer, correr para se exercitar, correr pela endorfina, correr para viver mais e melhor... Essas coisas eram completamente desconhecidas.

As pessoas muitas vezes desviavam-se do seu caminho para zombar dos corredores. Os motoristas desaceleravam e buzinavam.

– Compre um cavalo! – gritavam, jogando cerveja ou refrigerante no corredor.

Não foram poucas as vezes em que Johnson ficou encharcado de Pepsi. Ele queria mudar tudo isso. Queria ajudar todos os corredores oprimidos do mundo, trazê-los à luz, organizá-los em uma comunidade. Talvez ele fosse mesmo um assistente social. O problema era que só queria socializar com gente que corria.

Acima de tudo, Johnson queria ganhar a vida com a corrida, o que era quase impossível em 1965. Ele imaginou que tivesse encontrado uma forma comigo e com a Blue Ribbon.

Fiz tudo que podia para desencorajar Johnson de pensar assim. A cada oportunidade, tentava amortecer o entusiasmo dele por mim e pela empresa. Além de não escrever de volta, nunca telefonei, nunca o visitei, nunca o convidei para ir ao Oregon. Também nunca perdi uma oportunidade de contar a ele a verdade nua e crua. Em uma de minhas raras respostas às cartas dele, disse, sem rodeios: "Embora nosso crescimento tenha sido bom, devo ao First National Bank do Oregon 11 mil dólares... O fluxo de caixa está negativo."

Ele escreveu de volta imediatamente, perguntando se poderia trabalhar para mim em tempo integral. "Quero vencer com o Tiger e seria uma excelente oportunidade de fazer outras coisas também: correr, estudar, sem mencionar ser meu próprio patrão."

Balancei a cabeça. Eu digo ao sujeito que a Blue Ribbon está naufragando como o *Titanic* e ele responde implorando por uma vaga na primeira classe.

Ora, pensei, se vamos afundar, o infortúnio adora companhia.

Então, no final do verão de 1965, escrevi e aceitei a oferta de Johnson para tornar-se o primeiro funcionário em *tempo integral* da Blue Ribbon. Negociamos o salário dele pelo correio. Ele estava ganhando 460 dólares por mês como assistente social, mas disse que poderia viver com 400 dólares. Concordei. Relutantemente. Parecia uma quantia exorbitante, mas Johnson era tão dispersivo, tão instável, e a Blue Ribbon era tão inconsistente... De qualquer forma, achei que seria temporário.

Como sempre, o contador dentro de mim enxergou o risco, o empreendedor viu a possibilidade. Assim, fiz a média e continuei seguindo em frente.

* * *

E ENTÃO PAREI de pensar em Johnson, completamente. Tinha problemas mais sérios no momento. O diretor do banco estava chateado comigo.

Depois de registrar 8 mil dólares em vendas no primeiro ano, eu estava projetando 16 mil dólares para o segundo e, de acordo com meu banqueiro, essa era uma tendência muito preocupante.

– Um aumento de 100% nas vendas é *preocupante*? – perguntei.

– A sua taxa de crescimento é exageradamente rápida para o seu patrimônio líquido – explicou.

– Como é possível achar que uma empresa pequena está crescendo rápido demais? Se uma pequena empresa cresce rápido, ela *constrói* o seu patrimônio.

– O princípio é o mesmo para todas as empresas, independentemente do tamanho – respondeu. – Crescimento fora do balanço patrimonial é perigoso.

– A vida é crescimento – retruquei. – Negócio é crescimento. Ou você cresce ou morre.

– Não é assim que vemos as coisas.

– Isso é o mesmo que dizer a um corredor, durante uma corrida, que ele está correndo depressa demais.

– O senhor está misturando alhos com bugalhos.

Tive vontade de dizer que a cabeça dele é que estava cheia de bugalhos.

Era um caso clássico para mim: crescimento das vendas mais rentabilidade mais uma tendência de ascensão ilimitada é igual a empresa de qualidade. Naqueles dias, no entanto, os bancos comerciais eram diferentes dos bancos de investimento. Eles tinham uma visão míope que só enxergava o saldo de caixa. Eles queriam que você nunca, jamais superasse o seu saldo de caixa.

Várias e várias vezes tentei explicar ao banqueiro, com toda a calma, como funcionava o negócio de tênis. Se não continuar crescendo, eu dizia, não serei capaz de convencer a Onitsuka de que sou o melhor para distribuir os tênis deles no Ocidente. Se eu não conseguir convencer a Onitsuka de que sou o melhor, eles encontrarão algum outro Homem de Marlboro para tomar o meu lugar. E isso sem levar em conta a batalha com o maior de todos os monstros lá fora, a Adidas.

O banqueiro não se abalou. Ao contrário de Atena, ele não admirou o meu olhar de persuasão.

– Sr. Knight – ele repetiu várias e várias vezes –, é preciso desacelerar. O senhor não tem patrimônio líquido suficiente para esse tipo de crescimento.

Patrimônio líquido. Eu estava começando a odiar essa expressão. O banqueiro a usara tantas vezes que ela se tornou uma melodia que não saía da minha cabeça. Patrimônio líquido – eu ouvia enquanto escovava os dentes pela manhã. Patrimônio líquido – ouvia enquanto afofava o travesseiro, à noite. Patrimônio líquido – cheguei a um ponto no qual me recusava até a dizer isso em voz alta, porque não era uma expressão verdadeira, mas um jargão burocrático, um eufemismo para o *dinheiro* duro e frio, que eu não possuía. E de propósito. Qualquer dólar que não estivesse comprometido, eu reaplicava diretamente no negócio. O que havia de tão imprudente nisso?

Ter saldo de caixa parado, sem fazer nada, não fazia sentido para mim. Claro, teria sido uma atitude cautelosa, conservadora e prudente. Mas a beira da estrada estava cheia de empresários cautelosos, conservadores e prudentes. Eu queria continuar pisando fundo no acelerador.

De alguma forma, reunião após reunião, segurei a minha língua. Tudo que o banqueiro dizia, eu acabava aceitando. E, depois, fazia tudo do meu jeito. Encomendava outro pedido à Onitsuka, duas vezes maior do que o anterior, e aparecia no banco com cara de inocente para pedir uma carta de crédito e cobrir a despesa. O banqueiro sempre ficava chocado. *Você quer QUANTO?* E eu sempre fingia estar chocado por ele ter ficado chocado. *Achei que você enxergaria a sabedoria...* Eu adulava, rastejava, negociava e, no fim das contas, ele aprovava o meu empréstimo.

Depois que vendia os tênis e quitava o empréstimo na íntegra, repetia todo o processo. Fazia uma megaencomenda à Onitsuka, o dobro da anterior, e em seguida ia ao banco, usando o meu melhor terno, com uma expressão angelical no rosto.

O nome do meu banqueiro era Harry White. Cinquentão, paternal e com uma voz que parecia um punhado de cascalho batendo em um liquidificador, ele não demonstrava querer ser banqueiro e não queria, especificamente, ser o administrador da *minha* conta.

Ele a recebera como herança. O primeiro responsável pela minha conta tinha sido Ken Curry, mas, quando meu pai se recusou a ser meu fiador, Curry telefonou para ele imediatamente:

– Cá entre nós, Bill, se a empresa do garoto der errado, você ainda vai apoiá-lo, certo?

– É claro que não – respondeu meu pai.

Então Curry resolveu que não queria participar de uma guerra familiar entre pai e filho e me passou para White.

White era vice-presidente do First National, mas esse título era um tanto enganoso. Ele não tinha muito poder. Os chefes sempre o olhavam com desconfiança, tentando julgá-lo, e o chefe dos chefes era um sujeito chamado Bob Wallace. Era Wallace quem dificultava a vida dele no trabalho e, portanto, a minha também. Era Wallace quem tinha uma obsessão pelo patrimônio líquido e desprezava o crescimento.

Um homem pesado, com cara de vilão e barba por fazer, ao estilo de Nixon, Wallace era 10 anos mais velho do que eu, mas, por algum motivo, considerava-se a grande estrela do banco. Estava determinado a se tornar presidente da instituição e enxergava nos riscos de crédito o principal obstáculo entre ele e essa meta. Não gostava de dar crédito a ninguém e para nada, e, com o meu saldo girando sempre em torno de zero, ele me via como um desastre prestes a acontecer. Uma temporada mais lenta, uma queda nas vendas e eu estaria fora do mercado, o saguão do banco ficaria coberto com os meus tênis encalhados e o Santo Graal da presidência do banco escorregaria por entre seus dedos. Como Sarah no topo do monte Fuji, Wallace me enxergou como um rebelde, só que ele não considerava esse adjetivo um elogio. E, pensando bem, no fim das contas, Sarah também não.

É claro que Wallace nem sempre dizia tudo isso na minha cara. A mensagem costumava ser transmitida por White, seu intermediário. White acreditava em mim e na Blue Ribbon, mas me dizia o tempo todo, balançando a cabeça com tristeza, que quem decidia era Wallace. Era ele quem assinava os cheques e ele não era fã de Phil Knight. Pensei que era apropriado, revelador e inspirador que ele usasse essa palavra: "fã". White era alto, magro, um ex-atleta que adorava falar de esportes. Não me surpreendia o fato de nos entendermos tão bem. Wallace, por outro lado, parecia que jamais colocara os pés em um gramado. A não ser, talvez, para reaver o equipamento.

Que doce alegria teria sido dizer a Wallace onde ele poderia enfiar seu patrimônio e depois sair do banco pisando duro e levar minha empresa para outro lugar. Entretanto, em 1965 não havia outro lugar. O First National Bank era minha única possibilidade, e Wallace sabia disso. O Oregon era menor naquela época e tinha apenas dois bancos, o First National e o U.S. Bank. Como o segundo já me havia recusado crédito, se eu fosse rejeitado pelo primeiro, seria meu fim. (Hoje é possível viver em um estado e fazer negócios com um banco de outro estado sem problemas, mas os regulamentos bancários eram muito mais restritos naquele tempo.)

Além disso, não havia esse negócio de capital de risco. Um aspirante a jovem empresário tinha poucos lugares onde buscar apoio e esses lugares estavam todos vigiados por guardas avessos ao risco e cujo nível de imaginação era zero. Em outras palavras, os banqueiros. Wallace era a regra, não a exceção.

Para tornar tudo ainda mais difícil, a Onitsuka sempre atrasava o envio dos meus pedidos, o que resultava em menos tempo para fazer as vendas e, por sua vez, menos tempo para ganhar dinheiro suficiente para cobrir o empréstimo. Quando reclamei, a Onitsuka não respondeu. Quando resolveu responder, o pessoal não considerou o meu dilema. De vez em quando, eu enviava um telex frenético, perguntando sobre o paradeiro da remessa mais recente, e, em resposta, recebia um telex embotado e enlouquecedor. *Mais alguns dias.* Era como discar 911 e ouvir alguém bocejar do outro lado.

Diante de todos esses problemas e do futuro nebuloso da Blue Ribbon, decidi que era melhor conseguir um emprego de verdade, algo seguro no qual me apoiar quando tudo fracassasse. Enquanto Johnson dedicava-se exclusivamente à Blue Ribbon, eu decidi diversificar.

Nessa época, eu já tinha passado em todas as quatro fases do exame de CPA. Então enviei os resultados dos testes e o meu currículo para várias empresas, fui entrevistado por três ou quatro e acabei contratado pela Price Waterhouse. Gostando ou não, passei a ser, oficial e irrevogavelmente, um contador. Minha declaração de imposto de renda naquele ano não listaria a minha profissão como trabalhador autônomo, empresário ou empreendedor. Eu estaria identificado como Philip H. Knight, Contador.

NA MAIORIA DAS VEZES, eu não me importava. Para começar, investi grande parte do meu salário na conta da Blue Ribbon no banco, aumentando o meu precioso patrimônio e elevando o saldo de caixa da empresa. Além disso, ao contrário da Lybrand, que só tinha quatro contadores, o braço de Portland da Price Waterhouse era uma empresa de médio porte, com cerca de 30 contadores, o que tornava aquele lugar mais proveitoso para mim.

O trabalho também era mais estimulante. A Price Waterhouse ostentava uma grande variedade de clientes, uma mistura de startups interessantes e empresas consolidadas, todas vendendo tudo que se podia imaginar: madeira, água, energia, alimentos. Enquanto auditava essas empresas, escavando as suas entranhas, separando-as e juntando-as de novo, eu também aprendia como elas sobreviveram, ou não. Como vendiam coisas, ou não. Como começaram a ter problemas – e como se livraram deles. Fiz anotações cuidadosas sobre o que tornava as empresas sólidas e o que as fazia ir à bancarrota.

Muitas e muitas vezes pude constatar que a falta de patrimônio líquido era uma das principais causas de fracasso.

Os contadores em geral trabalhavam em equipes, e a principal era comandada por Delbert J. Hayes, o melhor contador do escritório e, de longe, o personagem mais extravagante. Mais de 1,80 metro de altura, 135 quilos, a maioria deles recheada por alimentos gordurosos e enfiada em um terno de poliéster extremamente barato, Hayes tinha grande talento, grande inteligência, grande paixão – e um grande apetite. Nada lhe dava mais prazer do que se entregar a um sanduíche gigante e uma garrafa de vodca, a menos que fizesse os dois enquanto estudava uma planilha. E ele tinha um anseio incomparável por cigarros. Debaixo de chuva ou de sol, ele precisava de fumaça atravessando seus pulmões e vias aéreas. Hayes fumava pelo menos dois maços de cigarros por dia.

Eu já vira outros auditores que conheciam números, que tinham facilidade com a matemática, mas Hayes nascera para isso. Em uma coluna repleta de simples quatros, noves e dois, ele podia discernir os elementos brutos da beleza. Olhava para os números como um poeta olha para as nuvens, como um geólogo olha para as rochas. Era capaz de criar, a partir deles, rapsódias e verdades universais.

E estranhas previsões. Hayes era capaz de usar os números para prever o futuro.

Dia após dia, testemunhei Hayes realizar algo que eu nunca tinha pensado ser possível: fazer da contabilidade uma arte. Isso significava que ele, eu e todos nós éramos artistas. Era um pensamento maravilhoso, um pensamento enobrecedor, que jamais teria me ocorrido.

Intelectualmente, eu sempre soube que os números eram belos. Em algum nível, entendia que eles representavam um código secreto, que atrás de cada linha de números havia formas platônicas etéreas. Minhas aulas de contabilidade mais ou menos me ensinaram isso. Assim como o esporte. A corrida nos faz ter um enorme respeito pelos números, porque você é o que seus números dizem que é, nada mais, nada menos. Se eu fizesse um tempo ruim em uma corrida, poderia ser por várias razões – lesões, fadiga, coração partido –, mas ninguém se importava. No fim das contas, eram os meus números que seriam lembrados. Eu já vivera essa realidade, mas Hayes, o artista, me fez senti-la.

Infelizmente, cheguei a temer que Hayes fosse do tipo trágico de artista, um autossabotador, como Van Gogh. Ele desvalorizava a si mesmo todos os dias na empresa vestindo-se mal, caminhando de maneira relaxada, comportando-se mal. Ele também tinha uma série de fobias – altura, cobras, insetos, espaços confinados – que poderiam ser desagradáveis aos olhos dos chefes e colegas.

Mas a maior fobia dele eram as dietas. A Price Waterhouse teria feito dele um sócio, sem hesitar, apesar de todos os seus muitos vícios, mas a empresa não podia ignorar o seu peso. Eles não tolerariam um parceiro de 135 quilos. E provavelmente era esse fato infeliz que fazia Hayes comer tanto. Qualquer que fosse o motivo, ele comia muito.

Em 1965, Hayes bebia tanto quanto comia, ou seja, muito. E se recusava a beber sozinho. Se havia algum tempo livre, insistia para que toda a equipe se juntasse a ele.

Ele falava como comia, ou seja, sem parar, e alguns dos contadores o chamavam de Tio Remus, o personagem do filme *A canção do sul*. Mas eu nunca fiz isso. Nunca revirei os olhos para os relatos dele. Cada história que ele contava continha alguma joia de sabedoria sobre negócios – o que fazia as empresas darem certo, o que os livros de registros de uma empresa realmente *significavam*. Assim, muitas noites, voluntariamente, até ansiosamente, eu entrava em alguma espelunca de Portland e bebia com Hayes, uma rodada após outra, um copo atrás de outro. De manhã, acordava sentindo-me mais enjoado do que aquele dia na rede, em Calcutá, e precisava de toda a minha autodisciplina para ser de alguma utilidade na Price Waterhouse.

Também não me ajudava muito o fato de, quando eu não era um soldado do exército de Hayes, ainda estar servindo na Reserva. (Um compromisso de sete anos.) Nas noites de terça-feira, das sete às dez, eu tinha que ligar um interruptor no meu cérebro e me tornar o primeiro-tenente Knight. A minha unidade era composta por estivadores e, muitas vezes, ficávamos instalados no distrito dos armazéns, a poucos campos de futebol de distância de onde eu coletava as minhas remessas da Onitsuka. Na maioria das noites, meus homens e eu carregávamos e descarregávamos navios e fazíamos a manutenção de jipes e caminhões. Muitas noites, fazíamos exercícios físicos. Flexões, barra fixa, abdominais, corrida. Lembro-me de uma noite em que levei o pessoal da minha companhia para fazer uma corrida de 6,5 quilômetros. Eu precisava transpirar a bebida ingerida em um dos encontros com Hayes, então defini um ritmo de matar, que aumentava de forma constante, exaurindo a mim e aos que me acompanhavam. Depois, ouvi um soldado dizendo para outro, com a respiração ofegante:

– Eu estava ouvindo bem de perto quando o tenente Knight contava a cadência. Não ouvi, nenhuma vez, o cara tomar fôlego.

Esse foi, talvez, o meu único triunfo de 1965.

ALGUMAS NOITES DE TERÇA-FEIRA na Reserva eram dedicadas a aulas. Instrutores iam até lá para nos falar sobre estratégia militar, algo que eu achava fascinante. Em geral, eles começavam a aula dissecando alguma famosa batalha dos tempos antigos. Mas, invariavelmente, o tema derivava para o Vietnã. O conflito estava ficando mais cáustico. Os Estados Unidos estavam sendo atraídos em direção a ele, inexoravelmente, como que por um ímã gigante. Um instrutor nos avisou para colocarmos a nossa vida pessoal em ordem e nos despedirmos das nossas esposas e namoradas. Em breve, estaríamos "no meio daquela loucura – e bem depressa".

Eu odiava cada vez mais essa guerra. Não apenas porque sentia que estava errada, mas também porque achava que era uma estupidez, um desperdício. Eu odiava estupidez. E desperdício. Acima de tudo, *essa* guerra, mais do que outras, parecia estar sendo gerida seguindo os mesmos princípios do meu banco. Lutar não para ganhar, mas para evitar perder. Uma estratégia perdedora infalível.

Meus companheiros soldados sentiam o mesmo. Não era de admirar que, no momento em que éramos liberados, marchássemos depressa para o bar mais próximo.

Entre a Reserva e Hayes, eu não tinha certeza de que o meu fígado veria a chegada de 1966.

* * *

de vez em quando, Hayes pegava a estrada para visitar clientes pelo Oregon e, com frequência, eu fazia parte do seu espetáculo ambulante de entretenimento. Dentre todos os seus contadores juniores, acho que eu era o favorito, especialmente quando ele viajava.

Eu gostava de Hayes, muito, mas fiquei alarmado ao descobrir que, quando estava na estrada, ele *realmente* metia o pé na jaca. E, como sempre, esperava que seus companheiros fizessem o mesmo. Nunca era suficiente apenas beber com Hayes. Ele exigia que você o acompanhasse copo a copo. Ele contava bebidas com o mesmo cuidado com que contava créditos e débitos. Costumava dizer que acreditava no trabalho em equipe e que, como você fazia parte da equipe dele, por Deus, era melhor *engolir essa maldita bebida*.

Meio século se passou e meu estômago ainda revira quando me lembro da viagem com Hayes por Albany, no Oregon, fazendo um trabalho para a Wah Chung Exotic Metals. Toda noite, depois de triturar os números, dávamos um pulo em uma espelunca na periferia da cidade e ficávamos ali até fechar. Recordo-me também, de maneira não muito clara, de uns dias em Walla Walla, quando fizemos um trabalho para a Birds Eye, seguido por alguns tragos no City Club. Walla Walla era uma cidade partidária da Lei Seca, mas os bares violavam a lei, chamando a si mesmos de "clubes". A associação como membro do City Club custava 1 dólar e Hayes era um membro de boa reputação – até o dia em que me comportei mal e fomos expulsos. Não me lembro do que fiz, mas tenho certeza de que foi algo terrível. Estou igualmente certo de que foi algo que não pude evitar. Naquela época, o meu sangue era 50% gim.

Lembro-me vagamente de ter vomitado por todo o carro de Hayes e de ele me dizer, com doçura e paciência, para limpá-lo. Mas recordo vividamente que Hayes ficou com o rosto vermelho, justamente indignado em meu nome, embora eu estivesse errado, e renunciou ao seu título do City Club. Tamanha lealdade, uma insensata e injustificada lealdade... Talvez nesse momento eu tenha caído de amores por Hayes. Eu o admirava quando ele via algo mais profundo nos números, mas eu o amava quando ele via algo especial em mim.

Em uma dessas viagens pelas estradas, durante uma de nossas conversas de fim de noite regadas a álcool, contei a Hayes sobre a Blue Ribbon. Ele enxergou promessas na empresa. Mas também enxergou fracasso. Os números, segundo ele, não mentiam.

– Começando uma nova empresa? – questionou. – Nesta situação econômica? E uma empresa de calçados? Com saldo de caixa zero?

Ele relaxou na cadeira e balançou a cabeça grande e encrespada.

Por outro lado, segundo Hayes, eu tinha um ponto a meu favor: Bowerman. Uma lenda como sócio – esse era um ativo impossível de ser avaliado em números.

ALÉM DISSO, O MEU ATIVO estava se valorizando. Bowerman tinha ido ao Japão durante os Jogos Olímpicos de 1964 para apoiar os membros da equipe de atletismo dos Estados Unidos, treinada por ele. (Dois dos seus corredores, Bill Dellinger e Harry Jerome, ganharam medalhas). E, depois dos Jogos, Bowerman havia mudado de posição e se tornara o embaixador da Blue Ribbon. Ele e a Sra. Bowerman – cuja conta no Christmas Club fornecera os 500 dólares iniciais que Bowerman colocara na mesa para formar nossa sociedade – visitaram a Onitsuka e encantaram a todos.

Eles foram recebidos como reis, fizeram uma visita guiada pela fábrica e Morimoto os apresentou ao Sr. Onitsuka. Os dois velhos leões, é claro, se conectaram de cara. Afinal, ambos tinham a mesma história, haviam sido moldados pela mesma guerra. Ambos ainda encaravam a vida cotidiana como uma batalha. O Sr. Onitsuka, no entanto, possuía a tenacidade dos derrotados, o que impressionou Bowerman. O Sr. Onitsuka falou com Bowerman sobre a fundação de sua empresa de calçados nas ruínas do Japão, quando todas as grandes cidades ainda estavam ardendo no fogo das bombas americanas. Ele fez suas primeiras fôrmas para criar uma linha de tênis de basquete derramando cera quente de velas budistas sobre os próprios pés. Embora os tênis de basquete não tivessem vendido, o Sr. Onitsuka não desistiu. Simplesmente passou a fabricar tênis de corrida... e o resto era história. Todos os corredores japoneses nas Olimpíadas de 1964, Bowerman me disse, usavam Tigers.

O Sr. Onitsuka também contou a Bowerman que a inspiração para as solas exclusivas dos Tigers havia surgido enquanto ele comia sushi. Olhando para baixo, para sua bandeja de madeira, para a parte inferior do braço de um polvo, ele pensou que uma ventosa semelhante poderia funcionar na sola dos tênis de um corredor. Bowerman anotou isso com cuidado. A inspiração, ele aprendeu, pode chegar a partir de coisas cotidianas. Coisas que você pode comer. Ou encontrar pelos cantos da casa.

Agora, de volta ao Oregon, Bowerman sentia-se feliz, correspondendo-se com seu novo amigo, o Sr. Onitsuka, e com toda a equipe de produção da fábrica Onitsuka. Ele lhes enviava ideias e modificações para seus produtos. Embora todas as pessoas sejam iguais por dentro, Bowerman acreditava que os pés humanos não foram criados iguais. Os americanos têm corpos diferentes dos japoneses – mais altos e mais pesados – e, portanto, precisam de tênis diferentes. Depois de dissecar uma dúzia de pares de Tigers, Bowerman sabia como eles poderiam ser produzidos sob medida para atender a clientes americanos. Para isso, ele tinha uma enorme quantidade de anotações, esboços e desenhos e estava enviando tudo para o Japão.

Infelizmente, ele estava descobrindo, como eu, que, por mais que se relacionasse bem com a equipe da Onitsuka pessoalmente, as coisas eram diferentes quando se estava do outro lado do Pacífico. A maioria das cartas de Bowerman não obtinha resposta. Quando havia uma, não era clara, ou era secamente desdenhosa. Doía-me, às vezes, achar que os japoneses estavam tratando Bowerman do mesmo jeito que eu tratava Johnson.

Mas Bowerman não era eu. Ele não se ofendia com a rejeição. Como Johnson, quando suas cartas ficavam sem resposta, Bowerman simplesmente escrevia mais. Com mais palavras sublinhadas, mais pontos de exclamação.

Além disso, ele não desanimava de fazer experimentos. Continuou a rasgar Tigers e a usar os jovens das suas equipes de corrida como ratos de laboratório. Durante a temporada de corridas do outono de 1965, toda competição gerava dois resultados para Bowerman. Havia o desempenho dos seus corredores e havia o desempenho dos seus tênis. Bowerman observava como os arcos se levantavam, como as solas aderiam ao piso, como os dedos se encolhiam, como o peito do pé flexionava. Então enviava as observações e os resultados pelo correio para o Japão.

Ele acabou conseguindo resultados. A Onitsuka fez protótipos de acordo com a visão de Bowerman de um tênis mais americano. Palmilha mais macia, mais apoio para o arco do pé, cunha no calcanhar para reduzir a pressão no tendão de aquiles – enviaram o protótipo para Bowerman e ele ficou enlouquecido. Pediu mais. Então entregou esses calçados experimentais a todos os seus corredores, que os usaram para esmagar a concorrência.

Um pouco do sucesso sempre subia à cabeça de Bowerman, de maneira positiva. Nessa época, ele também estava testando elixires esportivos, poções mágicas e pós para dar mais energia e resistência aos atletas. Quando eu fazia parte da equipe, ele já havia comentado sobre a importância de substituir o sal e os eletrólitos de um corredor. Eu e outros membros da equipe éramos forçados a engolir uma poção que ele inventara, uma mistura pegajosa e repulsiva de bananas amassadas, limonada, chá, mel e vários ingredientes desconhecidos. Agora, enquanto pensava nos tênis de corrida, ele continuava a mudar a receita da sua bebida esportiva, tornando o gosto pior e o efeito, melhor. Anos mais tarde, percebi que Bowerman estava tentando inventar o Gatorade.

Em seu "tempo livre", ele gostava de refletir sobre a superfície do Hayward Field. Hayward era um solo sagrado, mergulhado na tradição, mas Bowerman não acreditava em deixar a tradição torná-lo mais lento. Sempre que a chuva caía, o que acontecia o tempo todo em Eugene, as pistas de carvão mineral de Hayward viravam canais venezianos. Bowerman pensou que algo feito de borracha seria mais fácil de secar, escovar e limpar. Ele também pensou que algo feito de borracha poderia ser mais suave com os pés dos corredores. Então comprou um misturador de cimento, encheu-o com pneus velhos triturados e diversos produtos químicos e passou horas procurando a consistência e a textura corretas. Mais de uma vez, adoeceu de tanto inalar os vapores dessa poção maligna. Dores de cabeça terríveis, fraqueza pronunciada, perda de visão, esses foram alguns dos custos duradouros de seu perfeccionismo.

Mais uma vez, foram anos até eu me dar conta do que Bowerman estava tentando fazer. Inventar o poliuretano.

Certo dia, perguntei a ele como conseguia dar conta de tudo aquilo em um dia de apenas 24 horas. Treinar, viajar, experimentar, criar uma família. Ele grunhiu, como se dissesse "Não é nada". Então disse-me, em voz baixa, que, além de tudo, também estava escrevendo um livro.

– Um livro? – admirei-me.

– Sobre corridas – disse ele bruscamente.

Bowerman estava sempre reclamando que as pessoas cometiam o erro de pensar que apenas atletas olímpicos de elite eram atletas. Mas todo mundo é atleta, dizia ele. Se você tem um corpo, você é um atleta. Então ele se determinou a fazer com que um público maior entendesse esse conceito. O público leitor.

– Parece interessante – comentei, mas pensei que meu velho treinador havia perdido um parafuso.

Quem ia querer ler um livro sobre corridas?

1966

Com a data de expiração do contrato com a Onitsuka se aproximando, passei a verificar a caixa de correio todos os dias, esperando por uma carta em que eles dissessem que queriam renová-lo. Ou que não queriam. Haveria alívio em saber a verdade. É claro que eu também esperava por uma carta de Sarah dizendo que havia mudado de ideia. E, como sempre, eu estava preparado para uma carta do banco, dizendo-me que minha empresa já não era mais bem-vinda na instituição.

Entretanto, todos os dias, as únicas cartas que chegavam eram de Johnson. Como Bowerman, o homem não dormia. Nunca. Eu não poderia pensar em nenhuma outra explicação para aquele fluxo incessante de correspondência. Em grande parte, inútil. Com uma série de informações das quais eu não precisava. A típica carta de Johnson incluía vários apartes longos, escritos entre parênteses, e algum tipo de piada incoerente.

Também podia haver uma ilustração feita à mão.

Ou a letra de alguma canção.

Às vezes, um poema.

Datilografadas em uma máquina de escrever mecânica, que quase transformava as letras sobre o papel extremamente fino em alfabeto braille, muitas cartas de Johnson continham algum tipo de história. Talvez "parábola" seja uma palavra melhor. Sobre como Johnson havia vendido a determinada pessoa um par de Tigers e ela acabou dizendo que gostaria de mais X pares e, portanto, ele tinha um plano... Como Johnson havia perseguido e atormentado o treinador principal de tal e tal escola para tentar lhe vender *seis pares*, mas no final vendeu *13 pares*... O que servia para mostrar...

Muitas vezes, Johnson descrevia nos mínimos detalhes o mais recente anúncio que havia colocado, ou estava pensando em colocar, nas últimas páginas das publicações *Long Distance Log* ou *Track & Field News*. Ou descrevia a fotografia do tênis que incluíra no anúncio. Ele havia montado um estúdio de fotografia improvisado em casa e apresentava os tênis de maneira sedutora, sobre um sofá, perto de uma camisola preta. Nunca me importei que pudesse parecer um tênis pornográfico; apenas não via sentido em colocar anúncios em revistas lidas exclusivamente por *nerds* que apreciavam corridas. Eu não via sentido em fazer propaganda, ponto final. Mas Johnson parecia estar se divertindo e jurava que os anúncios funcionavam; portanto, tudo bem, longe de mim impedi-lo.

Uma carta típica de Johnson terminava invariavelmente com um lamento sarcástico ou intencionalmente sério sobre a falta de resposta à sua carta anterior. E a anterior à anterior, etc. Então, havia um P.S. e, em geral, outro P.S., e às vezes uma trilha de P.S.s. Em seguida, um último apelo por palavras de incentivo, que eu nunca enviava. Eu não tinha tempo para palavras de incentivo. Além disso, não era o meu estilo.

Hoje, lembro disso e me pergunto se eu estava realmente sendo eu ou se estava imitando Bowerman, ou meu pai, ou ambos. Estaria adotando o mesmo comportamento de economizar palavras? Estaria imitando os homens a quem admirava? Na época, eu lia tudo o que conseguia encontrar sobre generais, samurais, xóguns, além de biografias dos meus três heróis preferidos – Churchill, Kennedy e Tolstói. Eu não tinha nenhum apreço pela violência, mas ficava fascinado pela liderança, ou a falta dela, sob condições extremas. A guerra é a mais extrema das condições. Mas o mundo dos negócios tem seus paralelos bélicos. Alguém disse certa vez, em algum lugar, que os negócios são uma guerra sem balas, e eu tendia a concordar.

E não era o único. Ao longo da história, os homens têm olhado para o guerreiro como um modelo da virtude primordial de Hemingway, a graça sob pressão. (O próprio Hemingway escreveu a maior parte de *Paris é uma festa* enquanto admirava uma estátua do marechal Ney, comandante favorito de Napoleão.) Uma lição que tirei de toda a minha leitura sobre heróis foi que eles não falavam muito. Nenhum era falante. Nenhum fazia microgerenciamento. *Não diga às pessoas como fazer as coisas, diga a elas o que fazer e permita que elas o surpreendam com seus resultado*s. Assim, eu não respondia a Johnson e também não o incomodava. Dizia a ele o que fazer e esperava que me surpreendesse.

Talvez com algum silêncio.

Para mérito de Johnson, reconheço que, embora ele desejasse mais comunicação, nunca permitia que a falta dela o desencorajasse. Pelo contrário, isso o motivava. Ele era muito meticuloso, percebia que eu não era e, ainda que gostasse de se queixar (comigo, com minha irmã, com nossos amigos em comum), ele sabia que o meu estilo gerencial lhe dava liberdade. Podendo fazer o que quisesse, ele respondia com criatividade e energia ilimitadas. Trabalhava sete dias por semana, vendendo e promovendo a Blue Ribbon, e, quando não estava vendendo, estava estruturando, soberanamente, os seus arquivos de dados de clientes.

Todo novo cliente recebia a própria ficha e cada ficha continha informações pessoais desse cliente – por exemplo: quanto calçava, qual tipo de calçado esportivo preferia. Esse banco de dados possibilitava a Johnson manter contato com todos eles, em todos os momentos, e isso os fazia se sentirem especiais. Ele enviava cartões de Natal. Enviava cartões de aniversário. Enviava congratulações depois de terem completado uma grande corrida ou maratona. Sempre que recebia uma carta de Johnson, eu sabia que ela era uma das inúmeras que ele havia levado até a caixa de correio naquele dia. Ele mantinha centenas e mais centenas de clientes-correspondentes, de todo o espectro da humanidade – desde estrelas do atletismo do ensino médio até corredores octogenários de fim de semana. Muitos, ao encontrar mais uma carta de Johnson em suas caixas de correio, deviam pensar o mesmo que eu:

– Como é que esse cara arruma tempo para isso?

Ao contrário de mim, no entanto, a maioria dos clientes passou a esperar pelas cartas de Johnson. A maioria respondia. Eles lhe contavam sobre as suas vidas, os seus problemas, as suas lesões, e Johnson os consolava e aconselhava generosamente. Em especial sobre as lesões. Poucos na década de 1960 sabiam o básico sobre lesões relacionadas às corridas ou à pratica de esportes de maneira geral, por isso as cartas de Johnson muitas vezes traziam uma série de informações que não eram encontradas em nenhum outro lugar. Eu me preocupava um pouco quanto a questões de responsabilidade. E temia receber um dia alguma carta dizendo que Johnson havia alugado um ônibus e estava levando todos ao médico.

Alguns clientes ofereciam voluntariamente opiniões sobre os Tigers e Johnson começou a reunir os feedbacks dos clientes, usando-os para criar novos esboços de modelos. Um homem, por exemplo, queixou-se de que os tênis Tiger não tinham amortecimento suficiente. Ele queria correr a Maratona de Boston, mas achava que o seu par não duraria os 42,195 quilômetros. Então Johnson contratou um sapateiro para enxertar solas tiradas de um par de sandálias de borracha em um par de tênis Tiger. *Voilà*. O Frankenstein de Johnson tinha amortecimento completo na entressola. (Hoje isso é padrão em todos os tênis de corrida.) A sola improvisada de Johnson provou ser tão dinâmica, tão macia, tão inovadora que o seu novo cliente alcançou a melhor marca pessoal em Boston. Johnson transmitiu-me os resultados e incitou-me a repassá-los para a fábrica. Algumas semanas antes, Bowerman tinha acabado de me pedir para fazer o mesmo com o próprio lote de anotações. Santo Deus, pensei, um gênio maluco de cada vez.

DE VEZ EM QUANDO eu fazia uma anotação mental para advertir Johnson sobre a sua crescente lista de correspondentes. A Blue Ribbon deveria limitar-se aos 13 estados do Oeste e o meu Funcionário em Tempo Integral Número Um não estava respeitando esse limite. Johnson tinha clientes em 37 estados, inclusive em toda a Costa Leste, pertencente ao Homem de Marlboro, que, por sinal, não estava fazendo nada com o seu território, de modo que as incursões de Johnson *pareciam* inofensivas. Só que nós não queríamos esfregar isso na cara dele.

Ainda assim, nunca cheguei a falar com Johnson sobre as minhas preocupações. Como de costume, eu não lhe disse nada.

NO INÍCIO DO VERÃO, decidi que o porão dos meus pais já não era grande o suficiente para ser a sede da Blue Ribbon. E a dependência de empregada também ficara pequena para mim. Aluguei um apartamento de um quarto no centro da cidade, em um novo e elegante edifício. O aluguel era de 200 dólares, o que parecia exorbitante, mas tudo bem. Aluguei também algumas coisas essenciais – mesa, cadeiras, cama *king size*, sofá verde-oliva – e tentei organizá-las com alguma sofisticação. Não parecia muita coisa, mas eu não me importava, porque a minha verdadeira mobília eram os tênis. O meu primeiro apartamento de solteiro estava cheio deles, do chão ao teto.

Tive vontade de não informar a Johnson o meu novo endereço. Mas informei.

É claro que a minha nova caixa de correio começou a encher depressa. Endereço de retorno: Caixa Postal 492, Seal Beach, CA 90740.

Não respondi nenhuma delas.

ENTÃO JOHNSON ME ENVIOU duas cartas que não pude ignorar. Na primeira, ele disse que também ia se mudar. Ele e a esposa estavam se separando. Ele pretendia ficar em Seal Beach, mas em um pequeno apartamento de solteiro.

Dias depois, ele escreveu para dizer que havia sofrido um acidente de carro.

Aconteceu no início da manhã, em algum lugar ao norte de San Bernardino. Ele estava a caminho de uma corrida, é claro, e pretendia não apenas correr, mas também vender Tigers. Mas adormeceu ao volante e, quando acordou, encontrou a si mesmo e o seu Fusca 1956 de cabeça para baixo. Johnson bateu na mureta que dividia a pista, capotou e foi lançado para fora do carro pouco antes de o automóvel dar um salto mortal aterro abaixo. Quando o corpo de Johnson finalmente parou de cair, ele estava de costas, olhando para o céu, com a clavícula, o pé e o crânio quebrados.

O crânio, disse ele, estava vazando.

Pior ainda, recém-divorciado, Johnson não tinha ninguém para cuidar dele durante a convalescença.

Faltava um passo para o pobre rapaz ficar abandonado à própria sorte.

Apesar de todas essas calamidades recentes, Johnson não perdeu o ânimo. Ele me assegurou, em uma série de cartas, que estava conseguindo cumprir todas as suas obrigações. Arrastava-se pelo novo apartamento, preenchendo pedidos, enviando encomendas e se correspondendo prontamente com todos os seus clientes. Um amigo lhe trazia a correspondência, portanto, disse ele, eu não precisava me preocupar, pois a Caixa Postal 492 continuava em pleno funcionamento. No final, acrescentou que, como agora teria que pagar pensão alimentícia para a ex-mulher e o filho, além de contas médicas estratosféricas, precisava saber sobre as perspectivas de longo prazo da Blue Ribbon. Como eu enxergava o futuro?

Eu não menti... exatamente. Talvez movido por piedade, talvez assombrado pela imagem de Johnson sozinho, solteiro, o corpo todo engessado, tentando manter a si mesmo e a minha empresa vivos, usei um tom mais otimista. Disse que, provavelmente, a Blue Ribbon iria se transformar, ao longo dos anos, em uma empresa de artigos esportivos em geral. Nós, provavelmente, abriríamos escritórios na Costa Oeste. E, um dia, talvez, no Japão. "Improvável", escrevi. "Mas parece que vale a pena tentar."

Essa última linha era totalmente verdadeira. *Valia a pena* tentar. Se a Blue Ribbon fosse à falência, eu não teria dinheiro e seria esmagado. No entanto, também teria uma valiosa sabedoria, que poderia aplicar no negócio seguinte. A sabedoria parecia ser um ativo intangível, mas não deixava de ser um ativo que justificava o risco. Começar o meu próprio negócio era a única coisa que fazia os outros riscos da vida – casamento, Vegas, lutas com jacarés – parecerem coisas que nunca dariam errado. Mas a minha esperança era de que, quando eu fracassasse, tudo acontecesse rapidamente, para que tivesse tempo suficiente, anos suficientes, para colocar em prática todas as lições duramente aprendidas. Eu não era muito bom no estabelecimento de objetivos, mas esse objetivo passava pela minha cabeça todos os dias, até tornar-se o meu mantra interior: *Fracasse rápido*.

Ao finalizar a carta, eu disse a Johnson que, se ele vendesse 3.250 pares de Tigers até o final de junho de 1966 – uma meta completamente impossível, pelos meus cálculos –, eu o autorizaria a abrir aquela loja sobre a qual ele falava e insistia tanto. Coloquei até um P.S. na parte inferior, que eu sabia que ele iria devorar como se fosse uma barra de chocolate. Lembrei que ele estava vendendo tantos tênis, tão depressa, que deveria conversar com um contador. Havia questões relativas a imposto de renda a serem consideradas, expliquei.

Ele disparou de volta um agradecimento sarcástico pelo conselho fiscal. Disse que não teria problemas com a declaração de imposto de renda "porque a receita bruta foi de 1.209 dólares, enquanto as despesas totalizaram 1.245 dólares". A perna dele estava quebrada, assim como o seu coração e a sua conta bancária. E concluiu: "Por favor, envie palavras de incentivo."

Não enviei.

DE ALGUM JEITO, Johnson alcançou o número mágico. No fim de junho, ele havia vendido os 3.250 pares de Tigers. E tinha se recuperado. Assim, estava cobrando a promessa. Antes da segunda semana de setembro, ele arrendou um pequeno espaço de varejo, no número 3.107 do Pico Boulevard, em Santa Monica, e abriu a nossa primeira loja.

Então transformou a loja em uma verdadeira meca, um lugar sagrado para os corredores. Comprou as cadeiras mais confortáveis que pôde encontrar e pagar (em bazares) e criou um belo espaço para os corredores se encontrarem e conversarem. Instalou prateleiras e encheu-as de livros que todo atleta de corridas deveria ler, muitos deles em primeiras edições, tirados da própria biblioteca. Cobriu as paredes com fotos de corredores usando Tigers e expôs uma coleção de camisetas com a palavra *Tiger* na frente, em *silkscreen*, que oferecia aos melhores clientes. Também colocou Tigers em uma parede preta laqueada e os iluminou com lâmpadas embutidas – tudo muito bacana. Muito moderno. Em todo o mundo, nunca existira um santuário assim para os corredores, um lugar que não apenas vendia tênis mas que exaltava os corredores e seus calçados. Johnson, o aspirante a líder da seita dos corredores, finalmente tinha o seu templo. Os cultos aconteciam de segunda-feira a sábado, das nove às seis horas.

Quando ele me escreveu sobre a loja, pensei nos templos e santuários que visitara na Ásia e fiquei ansioso para ver como era o de Johnson comparado a eles. Mas eu simplesmente não tinha tempo. Somando as minhas horas na Price Waterhouse, os meus festejos regados a álcool com Hayes, as minhas noites e os fins de semana lidando com as minúcias referentes à Blue Ribbon e as minhas 14 horas por mês como militar da Reserva, eu estava exaurido.

Então Johnson escreveu-me uma carta fatídica e eu não tive escolha. Peguei um avião.

A LISTA DE CLIENTES COM QUEM JOHNSON se correspondia crescia na ordem das centenas e um deles, um garoto do ensino médio de Long Island, escrevera para Johnson e, inadvertidamente, revelara uma notícia preocupante. O garoto disse que o seu treinador de atletismo havia falado sobre a aquisição de Tigers de um novo fornecedor... Algum treinador de lutas de Valley Stream, ou Massapequa, ou Manhasset.

O Homem de Marlboro estava de volta. Ele até colocou um anúncio nacional em um número da *Track & Field News*. Enquanto Johnson estava ocupado caçando furtivamente nas terras do Homem de Marlboro, o Homem de Marlboro estava caçando o nosso rebanho. Johnson havia feito todo aquele maravilhoso trabalho, reunira uma enorme base de clientes, construíra a fama dos Tigers com suas ações obstinadas e incipientes de marketing e agora o Homem de Marlboro iria simplesmente chegar e ficar com os lucros?

Eu não tenho certeza do que me fez entrar no primeiro avião para Los Angeles. Poderia ter telefonado. Talvez, como os clientes de Johnson, eu precisasse de um sentimento de comunidade, mesmo que fosse uma comunidade de apenas duas pessoas.

A PRIMEIRA COISA QUE FIZEMOS foi uma longa e penosa corrida na praia. Então compramos uma pizza e a levamos para o apartamento dele, que era o típico Lar do Pai Divorciado, só que pior. Minúsculo, escuro, quase sem móveis – o local me fez lembrar de alguns dos albergues desconfortáveis em que fiquei durante minha viagem ao redor do mundo.

Claro que havia alguns toques muito característicos dele, como pares de tênis por toda parte. Eu pensava que o meu apartamento era cheio deles, mas Johnson basicamente vivia dentro de um tênis de corrida. Enfiados em todos os cantos, espalhados por todas as superfícies, havia tênis e mais tênis, a maioria em algum estado de desconstrução.

Os poucos cantos e nichos onde não havia calçados estavam lotados de livros, empilhados em prateleiras toscas – ásperas tábuas dispostas sobre blocos de concreto. E Johnson não lia porcaria. A coleção dele era de grossos volumes sobre filosofia, religião, sociologia, antropologia e os clássicos da literatura ocidental. Eu pensava que gostava de ler. Johnson estava em outro nível.

O que mais me impressionou foi a estranha luz violeta que impregnava o ambiente. Ela vinha de um tanque de peixes de água salgada de 280 litros. Depois de conseguir liberar um espaço para mim no sofá, Johnson deu um tapinha no tanque e explicou. A maioria dos sujeitos recém-divorciados gostava de perambular por bares, mas Johnson passava as noites perambulando pelo cais de Seal Beach, procurando peixes raros. Ele os capturava com algo chamado "pistola de sucção", que aproximou do meu nariz. Parecia um protótipo do primeiro aspirador de pó do mundo. Perguntei como funcionava. Ele me explicou que bastava enfiar o bocal em águas rasas, sugar os peixes através de um tubo de plástico e, em seguida, passá-los para uma pequena câmara. Em seguida, era só jogá-los em um balde e levá-los para casa.

Ele havia acumulado uma grande variedade de criaturas – exóticos cavalos-marinhos, percas com olhos de opala –, que me mostrou com orgulho. Apontou para a joia da sua coleção: um polvo bebê que chamou de Stretch.

– Falando nisso – disse Johnson –, está na hora de dar comida a eles.

Colocou a mão em um saco de papel e tirou dali um caranguejo vivo.

– Venha, Stretch – disse ele, balançando o caranguejo acima do tanque.

O polvo não se mexeu. Johnson abaixou o caranguejo, as pernas do animal entrando um pouco na areia espalhada no fundo. Ainda nenhuma reação do polvo.

– Será que está morto? – indaguei.

– Dê uma olhada – disse Johnson.

O caranguejo dançou de um lado para outro, em pânico, procurando abrigo. Não havia nenhum esconderijo. E Stretch sabia disso. Depois de alguns minutos, algo surgiu do corpo do polvo. Uma antena, ou tentáculo, que se desenrolou na direção do caranguejo e bateu de leve em sua carapaça.

– Você viu? Stretch acabou de injetar veneno no caranguejo – disse Johnson, sorrindo como um pai orgulhoso.

Observamos o caranguejo parar de dançar lentamente até ficar imóvel. Vimos Stretch passar sua antena-tentáculo ao redor do caranguejo com cuidado e arrastá-lo para o seu covil, um buraco cavado na areia, embaixo de uma grande pedra.

Era um espetáculo mórbido, uma obscura peça de teatro kabuki, estrelada por uma vítima estúpida e um monstro minúsculo. Seria um sinal, uma metáfora para o nosso dilema? Uma coisa viva sendo engolida por outra? Assim era a natureza, cheia de água, dentes e garras, e eu não podia deixar de me perguntar se também seria a história da Blue Ribbon e o Homem de Marlboro.

Passamos o restante da noite sentados à mesa da cozinha de Johnson, relendo a carta do informante de Long Island. Johnson a leu em voz alta e eu a li outra vez, em silêncio. Depois, discutimos o que fazer.

– Vá ao Japão – disse Johnson.

– O quê?

– Você tem que ir – disse ele. – Conte sobre o trabalho que fizemos. Exija os seus direitos. Mate esse Homem de Marlboro de uma vez por todas. Quando ele começar a vender tênis, quando realmente entrar no negócio, ninguém conseguirá detê-lo. Ou estabelecemos um limite agora mesmo ou está tudo acabado.

Expliquei que tinha acabado de voltar do Japão e que não tinha dinheiro para ir novamente. Havia investido todas as minhas economias na Blue Ribbon e não poderia pedir outro empréstimo a Wallace. A simples ideia de fazê-lo me dava náuseas. Além disso, não tinha tempo. A Price Waterhouse permitia duas semanas de férias por ano – a não ser que você precisasse de duas semanas para a Reserva, o que eu já fizera. Nesse caso, eles lhe davam uma semana extra. Que eu já tinha usado.

– Acima de tudo – eu disse a Johnson –, não adianta. A relação do Homem de Marlboro com a Onitsuka antecede a minha.

Destemido, Johnson pegou a máquina de escrever, a mesma que ele vinha usando para me torturar, e começou a redigir notas, ideias, listas que poderiam se transformar em um manifesto para ser entregue aos executivos da Onitsuka. Enquanto Stretch finalizava o caranguejo, nós mastigávamos a nossa pizza e bebíamos cerveja, conspirando até tarde da noite.

NA TARDE SEGUINTE, já de volta ao Oregon, fui direto procurar o gerente do escritório da Price Waterhouse.

– Preciso de duas semanas de folga – declarei –, agora mesmo.

Ele ergueu os olhos dos papéis sobre a mesa, ficou me encarando e, por um longo e infernal momento, pensei que seria demitido. Em vez disso, ele pigarreou e murmurou alguma coisa... estranha. Eu não consegui entender todas as palavras, mas ele parecia pensar... por causa da minha intensidade e imprecisão... *que eu havia engravidado alguém.*

Dei um passo para trás e comecei a protestar, mas resolvi calar a boca. Deixe o homem achar o que quiser. Desde que me dê esse tempo.

Passando a mão pelos cabelos ralos, ele finalmente suspirou e disse:

– Vá. Boa sorte. Espero que dê tudo certo.

PAGUEI A PASSAGEM AÉREA com o cartão de crédito. Dividi em 12 vezes. E, diferentemente da última vez que tinha ido ao Japão, dessa vez avisei antes que iria. Disse aos executivos da Onitsuka que estava indo até lá e que queria uma reunião.

Eles telegrafaram de volta: "Venha."

Mas a mensagem também dizia que eu não iria me encontrar com Morimoto. Ele fora demitido ou estava morto. Havia um novo gerente de exportações.

Seu nome era Kitami.

KISHIKAN. A palavra em japonês para *déjà-vu*. Mais uma vez, embarquei em um voo para o Japão. Mais uma vez, comecei a sublinhar e memorizar o meu livro sobre como fazer negócios com os japoneses. Mais uma vez, tomei o trem para Kobe, hospedei-me no Newport e fiquei andando de um lado para outro no quarto.

Quando chegou a hora, tomei um táxi para a Onitsuka. Achei que entraríamos na antiga sala de reuniões, mas não, eles haviam feito uma reforma desde a minha última visita. Nova sala, disseram. Mais elegante, maior, com cadeiras de couro no lugar das antigas, e uma mesa bem mais comprida. Mais impressionante e menos familiar. Eu me senti desorientado, intimidado. Era como preparar-me para um encontro na Universidade Estadual do Oregon e ser informado, de última hora, que a reunião seria no Los Angeles Memorial Coliseum.

Um homem entrou na sala de reuniões e me estendeu a mão. Kitami. Tinha os sapatos pretos brilhantemente lustrados, assim como o cabelo. Superpreto, penteado para trás, sem nenhum fio fora do lugar. Ele era bem diferente de Morimoto, que sempre aparentava ter se vestido no escuro. Fiquei desconcertado diante da aparência de Kitami, mas, de repente, ele me deu um sorriso amigável e me disse para sentar, relaxar e explicar por que viera, e, agora, eu tinha a nítida sensação de que, apesar da aparência impecável, ele não estava completamente seguro de si. Afinal, era novo naquele emprego. Ainda não tinha muito... patrimônio. A palavra veio de súbito na minha mente.

Ocorreu-me também que eu tinha um alto valor para Kitami. Não era um grande cliente, mas também não era pequeno. Localização é tudo. Eu vendia tênis nos *Estados Unidos*, um mercado vital para o futuro da Onitsuka. Talvez, apenas talvez, Kitami não quisesse me perder ainda. Talvez ele quisesse se agarrar a mim até que tivessem feito a transição para o Homem de Marlboro. No momento, eu era um ativo, era um crédito, o que significava que eu podia ter nas mãos cartas melhores do que pensava.

Kitami falava inglês melhor do que os seus antecessores, mas com um sotaque mais acentuado. Os meus ouvidos precisaram de alguns minutos de ajuste enquanto conversávamos sobre o meu voo, o clima, as vendas. Durante todo esse tempo, outros executivos iam chegando e se juntando a nós, ao redor da mesa de conferências. Finalmente, Kitami recostou-se.

– *Hai...* – Ele esperou.

– O Sr. Onitsuka? – indaguei.

– O Sr. Onitsuka não poderá se juntar a nós hoje – respondeu ele.

Droga. Eu esperava contar com a simpatia do Sr. Onitsuka por mim, isso sem mencionar a ligação dele com Bowerman. Mas não. Sozinho, sem aliados, preso em uma sala de reuniões que me era desconhecida, mergulhei de cabeça.

Disse a Kitami e aos outros executivos que a Blue Ribbon havia feito um trabalho notável até aquele momento. Tínhamos vendido integralmente cada pedido feito, enquanto construíamos uma sólida base de clientes, e esperávamos que esse crescimento sólido continuasse. Alcançamos 44 mil dólares em vendas em 1966 e tínhamos a expectativa de vender 84 mil dólares em 1967. Descrevi a nossa nova loja em Santa Monica e os planos para outras lojas – planos para um grande futuro. Então inclinei-me para a frente e disse:

– Nós gostaríamos muito de ser o distribuidor exclusivo nos Estados Unidos da linha de atletismo do Tiger. E acho que seria também de grande interesse para os tênis Tiger que isso acontecesse.

Nem sequer mencionei o Homem de Marlboro.

Olhei ao redor da mesa. Rostos sombrios. Nenhum deles mais sombrio do que o de Kitami. Ele disse, em poucas e lapidares palavras, que isso não seria possível. A Onitsuka queria que seu distribuidor nos Estados Unidos fosse alguém maior, mais estabelecido, uma empresa que pudesse lidar com toda a imensa carga de trabalho. Uma empresa com escritórios na Costa Leste.

– Mas, mas – balbuciei – a Blue Ribbon *tem* escritórios na Costa Leste.

Kitami balançou para trás na cadeira.

– Ah?

– Sim – eu disse –, estamos na Costa Leste, na Costa Oeste e, em breve, poderemos estar no Meio-Oeste também. Podemos lidar com a distribuição nacional, sem dúvida.

Olhei ao redor da mesa. Os rostos sombrios estavam se tornando menos carregados.

– Bem – disse Kitami –, isso muda as coisas.

Ele me garantiu que iriam entregar a minha proposta para uma análise cuidadosa. E pronto. *Hai.* Reunião encerrada.

Voltei para o hotel e passei uma segunda noite perambulando pelo quarto. Na manhã seguinte, bem cedo, recebi um telefonema me chamando de volta à Onitsuka, onde Kitami me concederia direitos de distribuição exclusiva nos Estados Unidos.

Ele me deu um contrato de três anos.

Quando assinei os papéis, tentei não demonstrar todo o meu entusiasmo e fiz um pedido de mais de 5 mil tênis, que custaria 20 mil dólares, que eu não tinha. Kitami disse que iria enviá-los para o meu escritório na Costa Leste, que eu também não tinha.

Prometi enviar o endereço exato.

NO VOO DE VOLTA PARA CASA, olhei pela janela para as nuvens acima do oceano Pacífico e pensei em voltar a me sentar no topo do monte Fuji. Imaginei qual seria o sentimento de Sarah em relação a mim após essa ação bem-sucedida. Pensei em como o Homem de Marlboro se sentiria quando recebesse da Onitsuka a notícia de que havia sido descartado.

Guardei meu exemplar do livro sobre como fazer negócios com os japoneses. Minha mala de mão estava recheada de suvenires. Quimonos para minha mãe, para minhas irmãs e para Mamãe Hatfield; uma pequena espada de samurai para pendurar acima da minha escrivaninha. E minha maior glória: uma pequena TV japonesa. Despojos de guerra, pensei, sorrindo. Mas, em algum lugar sobre o Pacífico, todo o peso da "vitória" caiu sobre a minha cabeça. Imaginei a expressão no rosto de Wallace quando eu lhe pedisse para cobrir essa nova encomenda gigantesca. Se ele dissesse não, *quando* ele dissesse não, o que eu faria?

Por outro lado, se ele dissesse sim, como eu abriria um escritório na Costa Leste? E como o faria antes que os tênis chegassem? E quem eu colocaria para administrá-lo?

Olhei para o horizonte curvo e brilhante. Havia apenas uma pessoa em todo o planeta suficientemente sem raízes, com energia e entusiasmo e louco o bastante para pegar os seus pertences, mudar-se para a Costa Leste sem precisar dar satisfações a ninguém e chegar lá antes dos tênis.

Fiquei imaginando se Stretch iria gostar do oceano Atlântico.

1967

Eu não lidei bem com a situação. De jeito nenhum.
    Sabendo como seria a sua reação e temendo-a, não contei toda a história a Johnson. Enviei uma mensagem rápida dizendo que o encontro com a Onitsuka fora ótimo, que eu havia garantido os direitos de distribuição nacional. Mas deixei por isso mesmo. Acho que, no fundo, eu tinha a esperança de que conseguiria contratar alguém para ir para o Leste. Ou medo de que Wallace atrapalhasse tudo.

E, na verdade, cheguei a contratar alguém. Um ex-corredor de longa distância, é claro. Só que ele mudou de ideia poucos dias depois de concordar em ir. Então, frustrado, atrapalhado, atolado em um ciclo de ansiedade e procrastinação, dediquei-me ao problema muito mais simples de encontrar alguém para substituir Johnson na loja em Santa Monica. Convidei John Bork, um treinador de atletismo do ensino médio de Los Angeles, amigo de uns amigos. Ele agarrou a oportunidade. Não poderia ter ficado mais ansioso.

Como eu poderia saber que ele ficaria tão ansioso? Na manhã seguinte, ele apareceu na loja de Johnson e anunciou que era o novo chefe.

– O novo... *o quê*? – exclamou Johnson.

– Fui contratado para assumir o seu lugar quando você for para o Leste – explicou ele.

– Quando eu for... *aonde*? – disse Johnson, pegando o telefone.

Eu também não soube lidar bem com aquela conversa. Disse a Johnson que, puxa, cara, eu estava *justamente* ligando para você. Declarei que sentia muito por ele ter tomado conhecimento da notícia daquela maneira, que chato, e expliquei que fora forçado a mentir para a Onitsuka e afirmar que já tinha um escritório na Costa Leste. Então, estávamos em um beco sem saída. Os tênis logo estariam no navio, uma encomenda gigantesca viajando para Nova York, e ninguém, além de Johnson, poderia lidar com a tarefa de receber os tênis e estabelecer um escritório. O destino da Blue Ribbon estava nas mãos dele.

Johnson ficou estupefato. Em seguida, furioso. Depois, apavorado. Tudo no espaço de um minuto. Então peguei um avião e fui até lá para visitá-lo na sua loja.

ELE ME DISSE que não queria viver na Costa Leste. Amava a Califórnia. Vivera ali a vida inteira. Era possível correr o ano todo na Califórnia, e a corrida, como eu já sabia, era tudo para Johnson. Como ele faria para correr durante os invernos frios e amargos do Leste? E continuou a desfiar o seu rosário.

De repente, sua atitude mudou por completo. Estávamos em pé no meio da loja, o santuário de tênis dele, e, em um murmúrio quase inaudível, ele admitiu que aquele era um momento decisivo para a Blue Ribbon, empresa na qual ele investira fortemente a sua vida financeira, emocional e espiritual. Reconheceu que não havia mais ninguém que pudesse abrir um escritório na Costa Leste. Entregou-se a um longo, desmedido e semi-interior monólogo, dizendo que a loja de Santa Monica praticamente andava por si mesma e que ele poderia treinar o seu substituto em um dia, e que já montara uma loja em um local remoto uma vez, portanto, era capaz de fazê-lo de novo depressa, e nós precisávamos que fosse rápido, uma vez que os tênis já estavam a caminho e os pedidos iriam aumentar por causa da volta às aulas, e então ele olhou para o nada e perguntou às paredes, ou aos sapatos, ou ao Grande Espírito, por que ele não deveria apenas calar a boca e fazer o que eu havia pedido e que deveria mais era se ajoelhar e agradecer pela oportunidade, quando qualquer um podia ver que ele era – ele procurou as palavras exatas – "um bobalhão sem talento".

Eu poderia ter dito algo como "Ah, não, você não é nada disso. Não seja tão duro consigo mesmo". Eu deveria ter dito. Mas fiquei de boca fechada e esperei.

E esperei.

– Ok – disse ele finalmente. – Eu vou.

– Ótimo. Isso é ótimo. Maravilhoso. Obrigado.

– Mas, para *onde*?

– Para onde o quê?

– Para onde você quer que eu vá?

– Ah, sim. Bem, qualquer lugar na Costa Leste que tenha um porto. Só não vá para Portland, no Maine.

– Por quê?

– Uma empresa com base em duas cidades diferentes com o mesmo nome? Isso vai deixar os japoneses bem confusos.

Discutimos um pouco mais e, finalmente, decidimos que Nova York e Boston eram os lugares mais lógicos. Especialmente Boston.

– É o local de onde a maioria dos nossos pedidos tem vindo – disse um de nós.

– Ok – disse ele. – Boston, aqui vou eu.

Então eu lhe entreguei um monte de folhetos de viagem para Boston, ressaltando a beleza do outono por lá. Um truque não muito honesto, mas eu estava desesperado.

Ele perguntou como é que eu tinha aqueles folhetos comigo e eu respondi que sabia que ele iria tomar a decisão certa.

Ele riu.

O fato de Johnson ter me perdoado e a sua natureza gentil encheram-me de gratidão e de um novo apreço por ele. E, talvez, de uma lealdade mais profunda. Lamentei o modo como o tratara. Todas aquelas cartas não respondidas. Há pessoas que jogam em equipe, pensei, mas nenhum delas era como Johnson.

E ENTÃO ELE AMEAÇOU me abandonar.

Por carta, é claro. "Acho que tenho sido responsável pelo sucesso que tivemos até agora", ele escreveu. "E por qualquer sucesso que aconteça pelo menos nos próximos dois anos."

Por isso, ele me deu um ultimato dividido em duas partes:

1. Eu deveria torná-lo sócio da Blue Ribbon.
2. Eu deveria aumentar o salário dele para 600 dólares por mês, além de lhe dar um terço de todos os lucros obtidos depois dos primeiros 6 mil pares de tênis vendidos.

Ou então, disse ele, adeus.

Telefonei para Bowerman e lhe contei que o nosso Funcionário em Tempo Integral Número Um estava preparando um motim. Bowerman escutou em silêncio, refletiu sobre todos os ângulos da questão, pesou os prós e contras e deu o seu veredito:

– Mande-o se danar.

Eu disse que não tinha certeza se "mandá-lo se danar" seria a melhor estratégia. Talvez houvesse alguma solução intermediária para agradar a Johnson, dar a ele uma participação na empresa. Mas, enquanto conversávamos sobre isso com mais detalhes, as contas simplesmente não fechavam. Nem Bowerman nem eu queríamos entregar qualquer parte da nossa empresa, por isso o ultimato de Johnson, mesmo se eu quisesse aceitá-lo, era uma impossibilidade.

Voei para Palo Alto, onde Johnson fora fazer uma visita aos pais, e marquei um encontro para conversarmos. Johnson disse que queria que Owen, o pai dele, se juntasse a nós. A reunião aconteceu no escritório de Owen e eu logo fiquei chocado com as semelhanças entre pai e filho. Eles tinham a mesma aparência, o mesmo tom de voz e até muitos dos mesmos maneirismos. Entretanto, as semelhanças terminavam aí. Desde o início, Owen mostrou-se agressivo, falando alto, e pude perceber que fora ele quem instigara o filho a fazer o motim.

Owen era um vendedor profissional. Trabalhava com equipamentos de gravação de voz, como Dictaphones, e era muito bom no que fazia. Para ele, como para a maioria dos vendedores, a vida era uma longa negociação – e ele gostava disso. Em outras palavras, o homem era o meu completo oposto. Aqui vamos nós, pensei. Mais um tiroteio com um exímio negociador. Quando isso vai acabar?

Antes de ir direto ao assunto, Owen primeiro queria me contar uma história. Vendedores sempre têm histórias. Como eu era contador, falou, ele não poderia deixar de se lembrar do contador que conhecera havia pouco tempo, que tinha uma cliente que era dançarina de topless. A história, creio eu, girava em torno de saber se os implantes de silicone da dançarina eram ou não dedutíveis do imposto de renda. No final, eu ri para ser educado, agarrei os braços da minha cadeira e esperei que Owen parasse de rir e chegasse ao ponto principal.

Ele começou citando todas as coisas que o filho havia feito para a Blue Ribbon. Insistiu em que Johnson era a principal razão da própria existência da empresa. Balancei a cabeça, deixei que ele falasse o que quisesse e resisti ao impulso de fazer contato visual com Johnson, que estava sentado ao lado. Fiquei imaginando se haviam ensaiado tudo aquilo, do jeito que

Johnson e eu ensaiamos o meu discurso antes de minha última viagem ao Japão. Quando Owen terminou, quando disse que, considerando os fatos, o filho dele obviamente deveria ser sócio da Blue Ribbon, eu pigarreei e admiti que ele era um dínamo, que o trabalho de Johnson era vital e inestimável. Mas, então, soltei o verbo:

– A questão é que temos 40 mil dólares em vendas e mais do que isso em dívidas, portanto simplesmente não há nada para dividir aqui, amigos. Estamos lutando por fatias de uma torta que não existe.

Além disso, eu disse a Owen que Bowerman não estava disposto a vender nenhuma fração da participação dele na Blue Ribbon e, portanto, eu também não poderia vender nenhuma parte. Se o fizesse, estaria entregando o controle majoritário da empresa que eu havia criado. Isso não era viável.

Então fiz uma contraproposta. Eu daria a Johnson um aumento de 50 dólares.

Owen ficou olhando. Era um olhar feroz, duro, aperfeiçoado durante várias negociações intensas. Um monte de Dictaphones mudara de mãos depois daquele olhar. Ele estava esperando que eu me entregasse, que aumentasse a oferta, mas pela primeira vez na vida eu estava em vantagem, porque não tinha mais nada a oferecer. "Pegar ou largar" é como ter quatro cartas iguais na mão jogando pôquer. Difícil de derrotar.

Finalmente, Owen virou-se para o filho. Acho que nós dois sabíamos desde o começo que Johnson deveria resolver isso, e vi no rosto dele que duas forças contrárias lutavam em seu coração. Ele não queria aceitar a minha oferta. Mas também não queria sair. Ele amava a Blue Ribbon. Precisava da Blue Ribbon. Via a empresa como o único lugar no mundo onde ele se encaixava, uma alternativa para a areia movediça corporativa que havia engolido a maioria dos nossos colegas e amigos, a maior parte da nossa geração. Ele se queixou um milhão de vezes sobre a minha falta de comunicação, mas, na verdade, o meu estilo de gestão *laissez-faire* o havia estimulado, libertado. Ele não encontraria esse tipo de autonomia em nenhum outro lugar. Depois de alguns segundos, ele estendeu a mão.

– Fechado – disse.

– Fechado – repeti, sacudindo-a.

Selamos o nosso novo acordo com uma corrida de 10 quilômetros. Pelo que me lembro, eu venci.

* * *

COM JOHNSON NA COSTA LESTE e Bork na loja, eu estava cheio de funcionários. Então recebi um telefonema de Bowerman pedindo-me para adicionar *mais um*. Um dos seus ex-corredores, Geoff Hollister.

Levei Hollister para comer um hambúrguer e nos demos bem, mas a certeza de que eu devia contratá-lo veio quando, ao pôr a mão no bolso e descobrir que eu não tinha dinheiro para pagar o almoço, ele não recuou. Então eu o contratei para viajar pelo estado vendendo Tigers, transformando-o no Funcionário em Tempo Integral Número Três.

Logo Bowerman telefonou novamente. Ele queria que eu contratasse outra pessoa. Quadruplicar a equipe em apenas alguns meses? Será que o meu antigo treinador achava que eu era a General Motors? Eu poderia ter recusado, mas não depois que Bowerman disse o nome do candidato ao emprego.

Bob Woodell.

Eu conhecia aquele nome, é claro. Todos no Oregon o conheciam. Woodell fora destaque no time de Bowerman de 1965. Não era uma estrela, mas um concorrente corajoso e inspirador. Na época em que Oregon defendia o seu segundo campeonato nacional em três anos, Woodell tinha aparecido do nada, ganhando no salto em distância contra a badalada Universidade da Califórnia em Los Angeles (UCLA). Eu estava lá, eu o vira fazer isso e saí muitíssimo impressionado.

No dia seguinte, foi noticiado na TV um acidente na celebração do Dia das Mães. Woodell e 20 de seus colegas de faculdade estavam içando com cordas uma balsa no Millrace, um riacho que passava pelo campus. Tentavam virá-la quando um dos sujeitos perdeu a base de apoio. Então outro deixou a corda escapar. E mais outro soltou. Alguém gritou, todos correram. A balsa virou, prendendo Woodell embaixo dela e esmagando sua primeira vértebra lombar. Parecia haver pouca esperança de que ele pudesse andar novamente.

Bowerman organizara uma vigília em Hayward Field para arrecadar dinheiro para as despesas médicas de Woodell. Agora, tinha a tarefa de encontrar algo para Woodell fazer. Ele explicou que, no momento, o pobre rapaz estava vivendo na casa dos pais, sentado em uma cadeira de rodas e passando os dias a olhar para as paredes. Woodell havia sondado a possibilidade de se tornar assistente técnico de Bowerman, mas ele me disse:

– Não acho que isso vá dar certo, Buck. Talvez ele pudesse fazer algo na Blue Ribbon.

Desliguei e telefonei para Woodell. Eu estava a ponto de dizer quanto lamentava o acidente, mas me controlei. Não tinha certeza de que era a coisa certa a falar. Muitas ideias passaram pela minha cabeça; todas pareciam erradas. Eu nunca havia ficado tão sem palavras, e já não era de falar muito. O que se diz a uma estrela do atletismo que, de repente, não pode mais mexer as pernas? Decidi manter o assunto estritamente voltado para os negócios. Expliquei que Bowerman o havia recomendado e disse que poderia ter um emprego para ele na minha nova empresa de calçados esportivos. Sugeri que nos reuníssemos para um almoço. Claro que sim, respondeu ele.

Nós nos encontramos no dia seguinte em uma lanchonete no centro de Beaverton, um subúrbio ao norte de Portland. Woodell foi no próprio carro. Ele já estava craque em dirigir o seu carro adaptado, um Puma Mercury com comando manual. Na verdade, ele chegou cedo. Eu me atrasei 15 minutos.

Se não fosse pela cadeira de rodas, não sei se teria reconhecido Woodell ao entrar. Eu o vira pessoalmente apenas uma vez, e várias na televisão, mas, depois de tantas provações e cirurgias, ele estava assustadoramente magro. Havia perdido quase 30 quilos e suas feições, de traços marcantes, estavam mais apagadas. O cabelo, no entanto, continuava negro e ainda crescia em cachos bem pequeninos. Ele parecia o busto de Hermes que eu tinha visto em algum lugar na Grécia. Seus olhos eram negros também e brilhavam com dureza e perspicácia – talvez tristeza. Iguais aos de Johnson. Fosse o que fosse, eram fascinantes e cativantes. Fiquei chateado por ter-me atrasado.

O almoço era para ser uma entrevista de emprego, mas ambos sabíamos que a entrevista era mera formalidade. Os Homens do Oregon cuidavam de seus pares. Felizmente, colocando de lado a lealdade, nos demos muito bem. Rimos, sobretudo de fatos relacionados a Bowerman. Relembramos as muitas maneiras como ele torturava os corredores, aparentemente para incutir resistência, como quando esquentava uma chave no fogão e a pressionava contra a pele nua dos pobres coitados na sauna. Ambos tínhamos sido vítimas dessa tortura. Em pouco tempo, senti que teria dado um emprego a Woodell mesmo que ele fosse um estranho. De bom grado. Ele era o meu tipo de gente. Eu não tinha certeza do que a Blue Ribbon era, ou se seria alguma coisa um dia, mas, o quer que a empresa se tornasse, eu esperava que possuísse algo do espírito daquele homem.

Ofereci-lhe uma posição em nossa segunda loja, em Eugene, fora do campus, com um salário mensal de 400 dólares.

Graças a Deus, ele não negociou. Se tivesse pedido 4 mil por mês, eu teria tentado encontrar uma solução.

– Fechado? – perguntei.

– Fechado – respondeu ele, estendendo a mão e apertando a minha.

Ele ainda tinha o aperto forte de um atleta.

A garçonete trouxe a conta e eu disse a Woodell, grandiosamente, que ele era meu convidado e eu pagaria. Tirei a carteira do bolso e descobri que estava vazia. Perguntei ao Funcionário em Tempo Integral Número Quatro da Blue Ribbon se ele poderia me emprestar o dinheiro. Só até o dia do pagamento.

QUANDO NÃO ESTAVA me fazendo contratar novos funcionários, Bowerman me enviava os resultados das suas últimas experiências. Em 1966, ele havia observado que a sola externa do Spring Up derretia como manteiga, ao passo que a entressola permanecia sólida. Então pediu que a Onitsuka juntasse a entressola do Spring Up e a sola externa do Limber Up, criando o mais moderno tênis para corridas de longa distância. Em 1967, a Onitsuka nos enviou o protótipo, que nos deixou assombrados. Com amortecimento de luxo e linhas elegantes, os tênis pareciam o futuro.

Onitsuka perguntou que nome deveríamos dar a ele. Bowerman queria que fosse "Aztec", em homenagem aos Jogos Olímpicos de 1968, que seriam realizados na Cidade do México. Eu também gostei. Ótimo, disse Onitsuka. Assim nascia o Aztec.

E então a Adidas ameaçou nos processar. A Adidas já tinha um novo par de tênis chamado "Azteca Gold", com pinos na sola, que pretendia apresentar nos mesmos Jogos Olímpicos. Ninguém jamais ouvira falar deles, mas isso não impediu a Adidas de criar um escarcéu.

Irritado, fui até a casa de Bowerman na montanha para conversamos sobre o assunto. Sentamo-nos na ampla varanda, de frente para o rio. Naquele dia, o rio brilhava como se fosse um cadarço de prata. Ele tirou o boné, colocou-o novamente, esfregou o rosto.

– Qual era mesmo o nome daquele cara que matou todos os astecas? – perguntou.

– Cortez – respondi.

Ele resmungou.
– Ok. Vamos chamá-lo de Cortez.

EU ESTAVA DESENVOLVENDO um desprezo doentio pela Adidas. Ou talvez fosse saudável. Aquela empresa alemã dominava o mercado de tênis havia duas décadas e era dona de toda a arrogância decorrente do fato de esse domínio jamais ter sido contestado. É claro que existia a possibilidade de eles não serem nem um pouco arrogantes e que, para me motivar, eu precisasse vê-los como um monstro. De qualquer modo, eu os desprezava. Estava cansado de vê-los muito, muito à minha frente, o tempo todo. Não podia suportar a ideia de que o meu destino seria vê-los a distância para sempre.

A situação me fez lembrar de Jim Grelle. No ensino médio, Grelle – chamado de *Grella* ou às vezes de *Gorilla* – era o corredor mais rápido do Oregon e eu, o segundo mais rápido, o que me fez passar quatro anos olhando para as costas dele. Então Grelle e eu fomos para a Universidade do Oregon, onde a sua tirania sobre mim continuou. Quando me formei, tinha esperanças de nunca mais precisar ver as costas dele. Anos mais tarde, quando Grelle ganhou os 1.500 metros no Estádio de Lujniki, em Moscou, eu estava vestindo uma farda do Exército, sentado no sofá do alojamento de Fort Lewis. Levantei o punho para a tela, orgulhoso do meu conterrâneo do Oregon, mas também me roí por dentro com a lembrança das muitas vezes que ele me superou. Agora eu começava a ver a Adidas como um segundo Grelle. Persegui-la, ser legalmente fiscalizado por ela, tudo isso me deixava profundamente irritado. Mas também serviu de estímulo. E muito.

Mais uma vez, em meu esforço quixotesco para ultrapassar um adversário superior, eu tinha Bowerman como treinador. Mais uma vez, ele estava fazendo tudo o que podia para me colocar em condições de vencer. Muitas vezes apoiei-me na lembrança das suas antigas preleções, especialmente quando competíamos contra a Universidade Estadual do Oregon, os nossos maiores rivais. Eu repetia os discursos épicos de Bowerman, ouvia-o dizer que a Estadual do Oregon não era um oponente qualquer. Vencer a Universidade do Sul da Califórnia (USC) e a Universidade de Berkeley era importante, dizia ele, mas vencer a Estadual do Oregon era (pausa) *diferente*. Quase 60 anos depois, ainda me arrepio ao me recordar das palavras dele, do tom de sua voz. Ninguém conseguia fazer o sangue ferver como Bowerman, embora ele nunca levantasse a voz. Ele sabia como expressar ênfases subliminares, inserir maliciosamente vários pontos de exclamação, como teclas de atalho mentais.

Para obter uma dose de inspiração extra, com frequência eu me lembrava da primeira vez que vi Bowerman caminhar pelo vestiário e entregar alguns calçados novos. Quando ele veio até mim, eu não tinha certeza de que havia conseguido aprovação para entrar na equipe. Eu era um calouro, ainda não havia mostrado do que era capaz, ainda estava em desenvolvimento. Mas ele empurrou um par de tênis novo com pinos bem em cima do meu peito.

– Knight – disse ele.

E só. Apenas o meu nome. Nem uma sílaba a mais. Olhei para os tênis. Eram verdes, com listras amarelas, a coisa mais empolgante que eu já vira. Abracei-os e, mais tarde, carreguei-os até o meu quarto e os coloquei, com muito cuidado, na prateleira de cima da estante. Lembro-me de que projetei sobre eles a luz da lâmpada de mesa. Eram da Adidas, é claro.

No fim de 1967, Bowerman já estava inspirando muitas pessoas além de mim. Aquele livro sobre o qual ele vinha falando, aquele livro tolo sobre corridas, estava pronto, nas livrarias. Com pouco menos de 100 páginas, *Jogging* pregou o evangelho do exercício físico para uma nação que poucas vezes havia ouvido aquele sermão, uma nação que estava coletivamente saindo do sofá; e, de alguma forma, o livro estourou. Vendeu 1 milhão de exemplares, deu início a um movimento, mudou o próprio sentido da palavra "corrida". Em pouco tempo, graças a Bowerman e a seu livro, correr já não era só para os esquisitos. Já não era uma seita. Era quase... bacana?

Eu estava feliz por ele, mas também pela Blue Ribbon. O best-seller dele certamente geraria publicidade e aumentaria as nossas vendas. Então sentei-me e li o livro. Senti um vazio no estômago. Em sua discussão sobre o equipamento adequado, Bowerman deu alguns conselhos de bom senso, seguidos por recomendações confusas. Ao falar de dores nas canelas, ou "canelite", ele disse que usar os tênis adequados era importante, mas quase qualquer um iria funcionar. "Provavelmente, os tênis que você usa para jardinagem, ou para trabalhar em casa, serão suficientes."

O quê?

Quanto à roupa de treino, Bowerman dizia aos leitores que o traje adequado "pode ajudar o espírito", mas acrescentava que as pessoas não devem ficar presas a *marcas*.

Talvez ele pensasse que isso era verdade para o corredor casual, em oposição ao atleta treinado, mas, por Deus, será que precisava dizer isso no livro? No momento em que estávamos lutando para estabelecer nossa *marca*? Mais ainda, o que isso queria dizer sobre a sua verdadeira opinião sobre a Blue Ribbon – e sobre mim? Qualquer tênis serviria? Se isso fosse verdade, por que diabo estávamos nos dando ao trabalho de vender Tigers? Por que estávamos perdendo o nosso tempo?

Lá estava eu, perseguindo a Adidas, mas, de certa maneira, ainda continuava perseguindo Bowerman, buscando a sua aprovação, e, como sempre, parecia altamente improvável que, no final de 1967, eu fosse capaz de alcançar qualquer um dos dois.

GRAÇAS, EM GRANDE PARTE, ao Cortez de Bowerman, fechamos o ano com uma pequena luz no fim do túnel, atendendo a nossa expectativa de receita: 84 mil dólares. Eu aguardava quase com ansiedade a minha próxima viagem ao First National. Finalmente, Wallace iria recuar, iria abrir mais a mão. Talvez ele até reconhecesse o valor do crescimento.

Enquanto isso, a Blue Ribbon havia superado o meu apartamento. Talvez seja mais correto dizer que ela havia tomado todo o lugar. Agora ele estava igual ao apartamento de solteiro de Johnson. Só faltava uma luz violeta e um polvo bebê. Eu não podia adiar por mais tempo; precisava de um escritório adequado e resolvi alugar uma sala grande na área leste da cidade.

Não era grande coisa. Uma sala comercial simples e antiga, com pé-direito e janelas altos, algumas delas quebradas ou impossíveis de fechar, o que impedia que a temperatura do ambiente jamais saísse dos 10ºC. Bem ao lado, havia um bar barulhento, o Pink Bucket, e todos os dias, às quatro da tarde em ponto, alguém ligava a jukebox. As paredes eram tão finas que dava para ouvir o primeiro disco cair e sentir a vibração de cada uma das notas tocadas.

Quase era possível ouvir as pessoas riscando fósforos, acendendo cigarros, brindando. *Saúde.* Tim-tim. Parabéns.

Mas o aluguel era barato: 50 dólares por mês.

Quando levei Woodell para ver o local, ele disse que o espaço tinha certo charme. Woodell precisava gostar dali, pois eu o estava transferindo da loja de Eugene para aquele escritório. Ele havia demonstrado excelentes habilidades na loja, um talento para organização, bem com uma energia ilimitada, mas eu podia usá-lo melhor naquilo que estaria chamando de "matriz". É claro que, no primeiro dia, ele veio com uma solução para as janelas presas. Trouxe alguns de seus velhos dardos para enfiar nos trincos e mantê-las fechadas.

Não podíamos pagar pelo conserto dos vidros quebrados das outras janelas, por isso, nos dias realmente frios, usávamos casacos.

Também ergui uma parede de madeira compensada no meio da sala, criando assim um espaço de armazenagem no fundo e um escritório de varejo na frente. Eu não era bom em trabalhos manuais e o piso ficou bastante torto, de modo que a parede não ficou reta nem nivelada. A 3 metros de distância, parecia ondulada. Woodell e eu decidimos que o lugar ficara até meio moderninho.

Para o nosso mais do que humilde escritório, compramos três mesas usadas, uma para mim, uma para Woodell e outra para "a próxima pessoa idiota o suficiente para vir trabalhar conosco". Também montei uma parede de cortiça, na qual prendia diferentes modelos de Tiger, tomando emprestadas algumas das ideias de decoração de Johnson em Santa Monica. Em um canto distante, criei uma pequena área de estar para os clientes experimentarem os tênis.

Um dia, faltando cinco minutos para as seis da tarde, um garoto do ensino médio apareceu por lá. Precisava de uns tênis de corrida, disse ele timidamente. Woodell e eu nos entreolhamos e olhamos para o relógio. Estávamos exaustos, mas precisávamos de cada venda. Conversamos com o garoto sobre o peito do pé, os passos e a vida dele, e lhe oferecemos vários pares para experimentar. Ele demorou bastante tempo para amarrá-los e andar pela sala. A cada par, declarava que "ainda não é este". Às sete da noite, ele disse que teria que ir para casa e "pensar no assunto". Ele saiu e Woodell e eu nos sentamos no meio dos montes de caixas vazias e tênis espalhados. Eu olhei para ele. Ele olhou para mim. É assim que vamos criar uma empresa de calçados?

ENQUANTO EU TIRAVA aos poucos o estoque do apartamento para levá-lo para o novo escritório, passou pela minha cabeça que faria mais sentido desistir dali por completo e me mudar para o escritório, uma vez que iria, basicamente, viver lá. Quando não estivesse na Price Waterhouse, fazendo dinheiro para o aluguel, estaria na Blue Ribbon. Poderia tomar banho na academia.

Mas eu disse a mim mesmo que morar no próprio escritório era um ato de loucura.

Então recebi uma carta de Johnson dizendo que ele estava morando no novo escritório.

Ele havia preferido estabelecer o nosso novo escritório da Costa Leste em Wellesley, um elegante subúrbio de Boston. É claro que incluiu um mapa desenhado à mão, além de um esboço e mais informações do que eu jamais precisaria sobre a história, a topografia e os padrões climáticos de Wellesley. Além disso, contou-me por que havia escolhido aquele local.

No começo, ele tinha pensando em Long Island, em Nova York. Após chegar lá, encontrou-se com o garoto do ensino médio que o tinha alertado sobre as maquinações secretas do Homem de Marlboro. O garoto levou Johnson de carro por toda parte e ele viu o suficiente de Long Island para saber que não era o lugar ideal. Deixou o garoto do ensino médio, seguiu para o norte pela I-95 e, quando chegou a Wellesley, percebeu que era ali. Johnson viu pessoas correndo ao longo das estradas pitorescas, muitas mulheres, várias delas parecendo sósias de Ali MacGraw, que era o tipo de mulher que Johnson adorava. Ele se lembrou de que Ali MacGraw tinha estudado no Wellesley College.

Em seguida, ele se lembrou de que o percurso da Maratona de Boston incluía aquele ponto. Estava resolvido.

Folheando o catálogo de cartões, ele encontrou o endereço de um cliente da cidade, outra estrela das corridas do ensino médio. Foi até a casa do sujeito e bateu à porta, sem avisar antes. O garoto não estava lá, mas seus pais, segundo Johnson, foram mais do que receptivos e o convidaram para entrar e aguardar. Quando o filho chegou, encontrou o vendedor de tênis sentado na sala de jantar, comendo com toda a família. No dia seguinte, depois de terem ido a uma corrida, Johnson recebeu do garoto uma lista de nomes – treinadores locais, clientes em potencial, prováveis contatos – e uma dos bairros de que ele poderia gostar. Em poucos dias, havia encontrado e alugado, em nome da Blue Ribbon, um pequeno imóvel, atrás de uma casa funerária. Ele fez dali também o seu lar. E quis que eu assumisse a metade do aluguel, que era de 200 dólares.

Em um P.S., disse que eu também deveria comprar alguns móveis para ele.

Não respondi.

1968

Eu trabalhava seis dias por semana na Price Waterhouse e passava o início das manhãs e noites, além de todos os fins de semana e feriados, na Blue Ribbon. Sem amigos, sem exercícios, sem vida social – e totalmente satisfeito. Com certeza, a minha vida estava desequilibrada, mas eu não me importava. Na verdade, queria ainda menos equilíbrio. Ou um tipo diferente de desequilíbrio.

Queria dedicar cada minuto de cada dia unicamente à Blue Ribbon. Eu nunca fora um sujeito de desempenhar múltiplas tarefas e não via nenhuma razão para começar a fazer isso agora. Queria estar presente, sempre. Queria me concentrar o tempo todo em uma tarefa que realmente importasse para mim. Se a minha vida tinha que ser só trabalho e nenhum divertimento, queria então que o trabalho fosse divertido. Queria sair da Price Waterhouse. Não que eu detestasse o emprego; aquilo apenas não era para mim.

Queria o que todo mundo quer: ser eu mesmo, em tempo integral.

Mas isso não era possível. A Blue Ribbon simplesmente não podia me sustentar. Embora a empresa estivesse a caminho de dobrar as vendas pelo quinto ano consecutivo, ainda não poderia justificar um salário para o seu cofundador. Assim, decidi comprometer-me com o meu desejo e encontrar um trabalho diferente para fazer durante o dia, que me rendesse o suficiente para pagar as contas, mas que exigisse menos horas, deixando-me com mais tempo para a minha paixão.

O único trabalho que me veio à mente e que se encaixava nesse critério era dar aulas. Inscrevi-me na Universidade Estadual de Portland e consegui um emprego como professor-assistente, ganhando 700 dólares por mês.

Eu deveria ter ficado feliz por sair da Price Waterhouse, mas havia aprendido muito lá e estava triste por deixar Hayes. Não haveria mais coquetéis depois do expediente. Não haveria mais Walla Walla.

– Vou me dedicar à minha empresa de calçados – expliquei.

Hayes franziu a testa, resmungou algo sobre sentir saudade, ou me admirar.

Perguntei o que ele pretendia fazer. Ele disse que continuaria suportando o trabalho na Price Waterhouse. Que iria perder 10 quilos, tornar-se sócio: esse era o seu plano. Desejei-lhe sorte.

Como parte do rompimento formal, tive que falar com o chefe, um sócio sênior com um nome de personagem de Dickens, Curly Leclerc. Ele foi educado, imparcial, gentil, representando aquela peça de um só ato que já havia repetido uma centena de vezes – a entrevista de saída. Perguntou o que eu iria fazer em vez de trabalhar para uma das empresas de contabilidade mais importantes do mundo. Eu disse que tinha começado um negócio próprio e estava esperando que ele decolasse e, enquanto isso, daria aulas de contabilidade.

Ele me olhou. Eu havia saído do roteiro. Estava bem longe.

– Por que diabo você faria uma coisa dessas?

Por fim, veio a mais difícil das entrevistas de saída. Contei ao meu pai. Ele também me encarou. Para piorar, eu ainda estava perdendo tempo por aí com calçados, disse ele, mas agora... *isso*. Ensinar não era respeitável. Ensinar na Universidade Estadual de Portland era absolutamente desrespeitoso.

– O que eu vou dizer aos meus amigos? – perguntou-me.

A UNIVERSIDADE ME DELEGOU quatro turmas, inclusive Contabilidade 101. Passei algumas horas me preparando, revendo conceitos básicos e, quando o outono chegou, o equilíbrio da minha vida mudou, como eu havia planejado. Ainda não tinha todo o tempo que queria ou de que precisava para a Blue Ribbon, mas tinha mais tempo. Estava seguindo por um caminho que sentia ser o meu caminho e, embora não estivesse certo de para onde ele me conduziria, eu estava pronto para descobrir.

Assim, eu irradiava esperança no primeiro dia do semestre, no início de setembro de 1967. Os meus alunos, no entanto, eram o oposto. Lentamente entraram na sala de aula, todos irradiando tédio e hostilidade. Durante a hora seguinte, ficariam confinados naquela jaula abafada, sendo forçados a se alimentar de alguns dos mais secos conceitos jamais inventados, e a culpa seria minha, o que me colocava como alvo do seu ressentimento. Eles me olharam e franziram a testa. Alguns deles fizeram caretas.

Eu os compreendi. Mas não iria permitir que me tirassem do sério. De pé, no púlpito, usando terno preto e gravata cinza fina, permaneci calmo durante a maior parte do tempo. Sempre fui um pouco inquieto, um pouco ansioso, e, naqueles dias, ainda tinha vários tiques nervosos, como colocar elásticos no pulso e brincar com eles, esticando-os e soltando-os contra a minha pele. Devo tê-los esticado e soltado ainda mais depressa, bem mais depressa, quando vi os alunos entrarem na sala como prisioneiros acorrentados.

De repente, preenchendo levemente a sala de aula e tomando um assento na primeira fila, apareceu uma jovem muito atraente. Tinha cabelos dourados que iam até os ombros e usava brincos de argola dourados, que também roçavam os ombros. Olhei para ela, ela olhou para mim. Olhos azuis brilhantes, destacados por um marcante delineador preto.

Pensei em Cleópatra. Pensei em Julie Christie. Pensei: "Uau, a irmã mais nova de Julie Christie está matriculada na minha aula de contabilidade."

Perguntei-me quantos anos ela teria. Talvez não tenha nem 20 anos, imaginei, estalando os elásticos contra o pulso, esticando, soltando, olhando e fingindo não olhar. Mas era difícil evitar encará-la. E difícil decifrá-la. Tão jovem e, ao mesmo tempo, tão experiente. Aqueles brincos eram hippies e, no entanto, a maquiagem dos olhos era *très chic*. Quem *era* aquela garota? E como eu iria me concentrar em ensinar com ela sentada na primeira fila?

Fiz a chamada. Ainda me lembro dos nomes.

– Sr. Trujillo?
– Presente.
– Sr. Peterson?
– Presente.
– Sr. Jameson?
– Presente.
– Srta. Parks?

– Presente – respondeu a irmã mais nova de Julie Christie, com toda a suavidade.

Olhei para cima, dei um meio sorriso. Ela retribuiu também com um meio sorriso. Fiz um tique trêmulo ao lado do seu nome completo: Penelope Parks. Penélope, como a fiel esposa de Ulisses, que viajou por todo o mundo.

Presentes.

DECIDI EMPREGAR O MÉTODO SOCRÁTICO. Acredito que estivesse imitando os professores da Oregon e Stanford de cujas aulas eu mais gostei. Ainda estava sob o encanto de todas as coisas gregas, ainda influenciado pelo meu dia na Acrópole. Mas talvez, ao fazer perguntas em vez de palestras, eu também tentasse desviar a atenção de mim mesmo, forçando a participação dos alunos. Especialmente de certas alunas bonitas.

– Muito bem, pessoal – falei –, vocês compram três objetos praticamente idênticos por 1 dólar, 2 dólares e 3 dólares, respectivamente. Vendem um por 5 dólares. Qual é o *custo* desse objeto vendido? E qual é o lucro bruto sobre a venda?

Várias mãos se levantaram. Nenhuma, infelizmente, foi a da Srta. Parks. Ela estava olhando para baixo. Mais tímida do que o professor, aparentemente. Fui forçado a chamar o Sr. Trujillo e, em seguida, o Sr. Peterson.

– Ok – continuei. – Agora, o Sr. Trujillo registrou o seu estoque com base no método PEPS e obteve um lucro bruto de 4 dólares. O Sr. Peterson usou o UEPS e obteve um lucro bruto de 2 dólares. Então... quem fez o melhor negócio?

Uma discussão animada se seguiu, envolvendo quase todo mundo, menos a Srta. Parks. Olhei para ela. Continuei olhando. Ela não disse nada. Nem olhou para cima. Talvez não fosse tímida, pensei. Talvez não fosse muito brilhante. Como seria triste se ela tivesse que sair da turma. Ou se eu tivesse que reprová-la.

Mais cedo, eu havia ensinado aos alunos o princípio primordial da contabilidade: o Ativo é igual à soma do Passivo mais o Patrimônio Líquido. Essa equação básica, expliquei, deve sempre, sempre estar em equilíbrio. A contabilidade é uma resolução de problemas e a maioria dos problemas se resume a algum desequilíbrio nessa equação. Portanto, para resolvê-los, alcance o equilíbrio. Eu me senti um pouco hipócrita dizendo aquilo, uma vez que a minha empresa tinha uma relação passivo/patrimônio líquido de 90 para 10. Mais de uma vez estremeci ao pensar no que Wallace diria se pudesse assistir a uma das minhas aulas.

Os meus alunos, aparentemente, não eram mais capazes do que eu de equilibrar essa equação. Os trabalhos de casa eram terríveis. Com exceção dos da Srta. Parks! Ela fez o primeiro trabalho corretamente. Com os dois seguintes, ela se estabeleceu como a melhor aluna da sala. E não apenas acertou todas as respostas como os apresentou com caligrafia requintada. Lembrava-me a caligrafia japonesa. Uma menina com aquela aparência – *e* com a mente afiada?

Ela obteve a nota mais alta da turma nas provas de meio de semestre.

Não sei quem ficou mais feliz, a Srta. Parks ou o Sr. Knight.

Não muito tempo depois que devolvi os testes, ela permaneceu à minha mesa e perguntou se poderia conversar comigo. Claro, respondi, levando a mão ao meu elástico de pulso e dando-lhe uma série de veementes puxões. Ela perguntou se eu poderia ser seu orientador. Fiquei surpreso.

– Ora – falei –, seria uma honra.

Então, não mais que de repente, eu disse:

– O que *você* acharia.... de um... emprego?

– Um o quê?

– Eu tenho uma pequena empresa de calçados... hum... além de dar aulas. E preciso de ajuda na contabilidade.

Ela estava segurando os livros contra o peito. Ajeitou-os e piscou.

– Ah – disse ela. – Ah. Bem. Ok. Isso parece... divertido.

Eu me ofereci para lhe pagar 2 dólares por hora. Ela concordou. Fechado.

DIAS DEPOIS ELA APARECEU NO ESCRITÓRIO. Woodell e eu lhe demos a terceira mesa. Ela se sentou, colocou as palmas das mãos sobre o tampo, olhou em volta da sala e perguntou:

– O que você quer que eu faça?

Woodell entregou-lhe uma lista de coisas – datilografia, contabilidade, cronogramas, estoque, faturas e arquivamento de faturas – e pediu que escolhesse uma ou duas a cada dia e trabalhasse nelas.

Mas ela não escolheu. Ela fez todas as tarefas. Rapidamente e com facilidade. Em uma semana, nem Woodell nem eu conseguíamos nos lembrar de como havíamos feito qualquer coisa sem ela.

Não foi só a qualidade do trabalho da Srta. Parks que consideramos valiosa. Foi o espírito alegre com que ela fez tudo aquilo. Desde o primeiro dia, ela se integrou perfeitamente à equipe. Compreendeu o que estávamos tentando fazer, o que estávamos tentando construir ali. Ela sentiu que a Blue Ribbon era única, que podia se tornar algo especial, e queria fazer o que pudesse para nos ajudar. O que provou ser bastante.

A sua maneira de lidar com as pessoas era admirável, especialmente com os representantes de vendas, que estávamos sempre contratando. Todas as vezes que eles entravam no escritório, a Srta. Parks logo os observava, sem perda de tempo, e os encantava ou os colocava no devido lugar, dependendo do caso. Embora tímida, ela podia ser irônica e engraçada, e os representantes de vendas – isto é, aqueles de quem ela gostava – muitas vezes saíam rindo, olhando para trás, imaginando o que acabara de golpeá-los.

O impacto da Srta. Parks era mais evidente em Woodell. Ele estava passando por um período ruim. Seu corpo lutava contra a cadeira de rodas, resistindo à prisão perpétua. Ele estava atormentado por escaras e outros problemas relacionados ao fato de ficar sentado e imóvel e, às vezes, se ausentava por várias semanas. Entretanto, quando ele estava no escritório, quando ficava à sua mesa ao lado da Srta. Parks, ela trazia a cor de volta ao rosto dele. A moça exercia um efeito curativo sobre ele e o fato de perceber isso exerceu um efeito sedutor sobre mim.

Muitas vezes eu me surpreendia oferecendo-me ansiosamente para atravessar a rua e buscar o almoço para a Srta. Parks e Woodell. Esse era o tipo de pedido que poderíamos ter feito a ela, mas, dia após dia, eu me oferecia. Seria cavalheirismo? Magia negra? O que estava acontecendo comigo? Eu não me reconhecia.

E, no entanto, algumas coisas nunca mudavam. A minha cabeça estava tão cheia de débitos, créditos e tênis, tênis e mais tênis que raramente eu trazia os pedidos corretos para o almoço. A Srta. Parks nunca reclamava. Nem Woodell. Invariavelmente, eu entregava a cada um deles um saco de papel pardo e eles trocavam um olhar de cumplicidade.

– Mal posso esperar para ver o que vou comer no almoço hoje – resmungava Woodell.

A Srta. Parks colocava a mão sobre a boca, disfarçando um sorriso.

Acredito que a Srta. Parks percebia o meu encantamento. Trocávamos longos olhares e várias pausas estranhas. Lembro-me de uma explosão de risos particularmente nervosos, um silêncio significativo. Lembro-me de um contato visual que durou bastante tempo e me manteve acordado durante toda a noite.

Então, aconteceu. Em uma tarde fria, no final de novembro, quando a Srta. Parks não estava no escritório, caminhei para os fundos da sala e percebi que a gaveta dela estava aberta. Parei para fechá-la e lá dentro eu vi... uma pilha de cheques? Todos os seus contracheques – não descontados.

Aquilo não era um trabalho para ela. Era outra coisa. E então, talvez... Será? Talvez?

Talvez.

(Mais tarde, fiquei sabendo que Woodell fazia a mesma coisa.)

No Dia de Ação de Graças daquele ano, uma onda de frio sem precedentes atingiu Portland. A brisa que entrava pelos buracos das janelas do escritório era agora um feroz vento ártico. Às vezes, as rajadas eram tão fortes que os papéis voavam das escrivaninhas, os cadarços das amostras balançavam. O escritório ficou insuportável, mas não tínhamos recursos para consertar as janelas e não podíamos fechá-las. Então Woodell e eu nos mudamos para o meu apartamento e a Srta. Parks se juntava a nós todas as tardes.

Um dia, depois de Woodell ter ido para casa, nem a Srta. Parks nem eu falamos muito. No fim do expediente, acompanhei-a até o elevador. Pressionei o botão para descer. Nós dois sorrimos, tensos. Pressionei o botão outra vez. Ficamos olhando para a luz acima da porta do elevador. Pigarreei.

– Senhorita Parks – comecei –, você gostaria de, hum... talvez, sair na sexta-feira à noite?

Aqueles olhos de Cleópatra. Eles dobraram de tamanho.

– Eu?

– Não estou vendo mais ninguém aqui.

Plim. As portas do elevador se abriram.

– Ah – disse ela, olhando para os próprios pés. – Bem. Ok. Ok.

Ela entrou correndo no elevador e, enquanto as portas se fechavam, não tirou os olhos dos próprios sapatos.

* * *

EU A LEVEI AO JARDIM ZOOLÓGICO DO OREGON. Não sei por quê. Acho que pensei que andar e observar os animais seria um jeito tranquilo de nos conhecermos. Além disso, pítons birmanesas, cabras nigerianas e crocodilos africanos me dariam amplas oportunidades para impressioná-la com relatos sobre as minhas viagens. Senti a necessidade de me gabar por ter visto as pirâmides, o Templo de Nike. Também contei a ela sobre quando adoeci em Calcutá. Nunca havia descrito em detalhes aquele momento assustador a ninguém. Não sabia por que estava contando à Srta. Parks, exceto que Calcutá tinha sido um dos momentos mais solitários da minha vida e eu sentia exatamente o oposto naquele momento.

Confessei que a Blue Ribbon não era sólida. A coisa toda poderia falir a qualquer momento, mas eu ainda não conseguia me ver fazendo outra coisa. Disse a ela que minha pequena empresa de calçados era algo vivo, que respirava, que eu criara a partir do nada. Eu dera vida a ela, alimentara-a quando estivera doente e a trouxera de volta do mundo dos mortos várias vezes, e agora eu queria, precisava, vê-la erguer-se sobre os próprios pés e sair pelo mundo.

– Isso faz sentido? – indaguei.
– Hum-hum – respondeu ela.

Passamos pelos leões e tigres. Eu disse a ela que, definitivamente, não queria trabalhar para outra pessoa. Queria construir algo que fosse meu, algo para o qual pudesse olhar e dizer: eu *fiz* isso. Era a única maneira que eu via de dar significado à minha vida.

Ela assentiu com a cabeça. Como fizera com os princípios fundamentais da contabilidade, ela entendeu tudo de maneira intuitiva, imediatamente.

Perguntei se ela estava saindo com alguém. Ela confessou que estava. Mas com um garoto – bem, ela disse que ele era apenas um garoto. Todos os rapazes com quem namorou, segundo ela, não passaram disso: garotos. Eles conversavam sobre esportes e carros. (Fui inteligente o suficiente para não confessar que amava os dois.)

– Mas você, você viu o mundo – disse ela. – E agora está organizando tudo o que aprendeu para criar essa empresa...

A voz dela sumiu. Eu me coloquei mais ereto. Despedimo-nos dos leões e tigres.

* * *

EM NOSSO SEGUNDO ENCONTRO, caminhamos até o Jade West, um restaurante chinês que ficava em frente ao escritório. Enquanto comíamos carne com molho agridoce e frango ao alho, ela me contou a sua história. Ainda morava com os pais e amava muito a família, mas havia dificuldades. O pai era advogado da Marinha, o que me pareceu um bom trabalho. A casa deles certamente parecia maior e melhor do que o lugar onde cresci. Porém, uma casa com cinco filhos era um aperto, insinuou ela. O dinheiro era um problema constante. Racionamento era a rotina da casa. Nunca havia nada suficiente; mantimentos, como papel higiênico, estavam sempre no limite. Era uma casa marcada pela *insegurança*. Ela *não* gostava de insegurança. Preferia a segurança. E repetiu. *Segurança*. Esse era o motivo pelo qual ela fora atraída pela contabilidade. Parecia uma área de atuação sólida, garantida e segura, na qual ela sempre poderia confiar.

Eu quis saber por que ela havia escolhido a Universidade Estadual de Portland. Ela disse que começara na Universidade Estadual do Oregon.

– Ah! – exclamei, como se ela tivesse confessado que havia cumprido pena na prisão.

Ela riu.

– Se serve de algum consolo, eu detestava aquele lugar.

Odiava em particular o fato de ela não conseguir cumprir a exigência da escola de que todos os alunos tivessem pelo menos uma aula de oratória. Era tímida demais.

– Eu entendo, Srta. Parks.

– Pode me chamar de Penny.

Depois do jantar, levei-a de carro até sua casa e conheci os pais dela.

– Mamãe, papai, este é o Sr. Knight.

– Prazer em conhecê-los – falei, apertando as mãos de ambos.

Nós todos nos entreolhamos. Em seguida, olhamos para as paredes. Em seguida, para o chão.

– O tempo está ótimo, não é mesmo?

– Bem – falei, batendo no relógio e estalando os meus elásticos –, está tarde, é melhor eu ir embora.

A mãe dela olhou para o relógio na parede.

– São apenas nove horas – disse ela. – Que encontro emocionante!

* * *

LOGO APÓS O NOSSO SEGUNDO ENCONTRO, Penny viajou ao Havaí com os pais, para passar o Natal. Ela me mandou um cartão-postal e considerei isso um bom sinal. Quando retornou, no primeiro dia de volta ao escritório, eu a convidei mais uma vez para jantar. Era início de janeiro de 1968, uma noite muito fria.

Mais uma vez fomos ao Jade West, mas decidimos nos encontrar lá, e eu cheguei atrasado, pois estivera antes no conselho que avalia a evolução dos escoteiros que almejam obter o mais alto distintivo do Movimento Escoteiro americano, a Eagle Scout. Isso motivou seu tom de crítica:

– Movimento Escoteiro? Você?

Encarei isso como mais um bom sinal. Ela se sentiu confortável o suficiente para me provocar.

Em algum momento durante esse terceiro encontro, percebi que nós dois estávamos muito mais à vontade. Isso era bom. Esse bem-estar que sentíamos perto um do outro continuou e, ao longo das semanas seguintes, aprofundou-se. Estabelecemos uma conexão e surgiu um sentimento recíproco, um talento especial para a comunicação não verbal, como apenas duas pessoas tímidas conseguem desenvolver. Quando ela se sentia constrangida, ou desconfortável, eu percebia e lhe dava espaço, ou tentava tirá-la da situação, dependendo do caso. Quando eu ficava pensativo, envolvido em algum debate interno comigo mesmo sobre a empresa, ela sabia se deveria me bater levemente no ombro ou esperar pacientemente que eu retornasse.

Penny não tinha idade legal para consumir bebidas alcoólicas, mas muitas vezes pegávamos a carteira de motorista de uma de minhas irmãs emprestada e íamos tomar coquetéis no centro de Trader Vic. O álcool e o tempo faziam a sua mágica. Em fevereiro, perto de meu trigésimo aniversário, ela passava todos os minutos do seu tempo livre na Blue Ribbon e as noites no meu apartamento. Em algum momento, ela parou de me chamar de Sr. Knight.

NÃO HOUVE COMO EVITAR e precisei levá-la à minha casa, para conhecer minha família. Todos nos sentamos ao redor da mesa da sala de jantar, comemos a carne assada preparada pela minha mãe, fazendo-a descer com leite frio e fingindo que aquela situação não era embaraçosa. Penny era a segunda garota que eu levava à minha casa e, embora ela não tivesse o carisma selvagem de Sarah, possuía algo melhor. O seu charme era real, natural, mas, embora os Knight parecessem gostar dela, eles ainda eram os Knight. Minha mãe não disse nada; minhas irmãs tentaram em vão atuar como uma ponte para nossos pais; meu pai fez uma série de perguntas investigativas e ponderadas sobre o passado de Penny e a sua educação, o que o fez parecer o resultado do cruzamento entre um gerente de empréstimos e um detetive de homicídios. Mais tarde, Penny comentou comigo que a atmosfera ali era exatamente o oposto da existente na casa dela, onde o jantar era uma desordem, com todos rindo e falando ao mesmo tempo, cães latindo e TVs estridentes ao fundo. Assegurei a ela que ninguém suspeitara de que ela se sentira fora de sua zona de conforto.

Depois ela me levou à casa dela e vi a verdade do que ela dissera. A casa dela era *mesmo* o oposto da minha. Embora muito maior do que o Château Knight, era uma bagunça. Os tapetes estavam manchados por causa de todos os animais – um pastor-alemão, um macaco, um gato, vários ratos brancos, um ganso mal-humorado. O caos era a regra. Além do clã dos Parks e da sua arca de animais de estimação, a casa era o ponto de encontro de todas as crianças da vizinhança.

Fiz o melhor que pude para ser encantador, mas não consegui me conectar com ninguém, fosse ou não humano. Sem pressa e com muita cautela, fiz tentativas com a mãe de Penny, Dot. Ela me lembrava Tia Mame, do filme *A mulher do século* – excêntrica, impulsiva, eternamente jovem. De muitas maneiras, ela era mesmo uma eterna adolescente, resistindo ao papel de matriarca. Pareceu-me que era mais como uma irmã para Penny do que mãe e, na verdade, logo depois do jantar, quando Penny e eu a convidamos para tomar uma bebida conosco, Dot aproveitou a oportunidade.

Fomos a vários lugares animados e acabamos em uma espelunca no lado leste da cidade. Depois de dois coquetéis, Penny mudou para água, mas Dot não. Ela continuou a beber e logo estava se oferecendo para dançar com todos os homens esquisitos que estavam por ali. Marinheiros e coisa pior. Em determinado momento, ela apontou um polegar na direção de Penny e me disse:

– Vamos abandonar essa desmancha-prazeres! Ela é um peso morto!

Penny tampou os olhos com as mãos. Ri e relaxei. Eu havia passado no teste de Dot.

O selo de aprovação de Dot prometia ser um ativo para alguns meses mais tarde, quando eu tinha intenção de levar Penny para passar um longo fim de semana fora. Embora ela tivesse dormido várias noites no meu apartamento, sob alguns aspectos ainda estávamos limitados pelo decoro. Enquanto vivesse sob o teto dos pais, Penny sentia-se obrigada a obedecer aos dois, seguindo as regras e os rituais deles. Então, eu me sentia obrigado a obter o consentimento da mãe dela antes de viajarmos para tão longe.

Vestindo terno e gravata, apresentei-me na casa dela. Fui gentil com todos os animais, acariciei o ganso e perguntei a Dot se poderíamos conversar. Nós nos sentamos à mesa da cozinha, tomamos café e contei a ela que gostava muito de Penny. Dot sorriu. Eu disse que acreditava que Penny também gostava de mim. Dot sorriu, mas com menos certeza. Eu disse que queria levar Penny a Sacramento, para passar o fim de semana. Para assistirmos aos campeonatos nacionais de corridas.

Dot tomou um gole de café e crispou os lábios.

– Humm... não – disse ela. – Não, não, Buck, acho que não. Acho que não vou permitir.

– Ah – exclamei. – Sinto muito por ouvir isso.

Saí da cozinha e encontrei Penny em um dos quartos dos fundos da casa e disse a ela que a mãe negara meu pedido. Penny colocou as palmas das mãos sobre o rosto. Eu lhe disse que não se preocupasse, que eu iria para casa, organizaria os meus pensamentos e tentaria pensar em alguma coisa.

No dia seguinte, voltei lá e pedi a Dot mais um momento de seu tempo. Mais uma vez, nós nos sentamos na cozinha e tomamos café.

– Dot – comecei –, eu provavelmente não fiz um bom trabalho ontem ao explicar quanto penso em sua filha com seriedade. Dot, eu amo Penny. E Penny me ama. E, se as coisas continuarem por esse caminho, eu nos vejo construindo uma vida juntos. Então, eu *realmente* espero que você reconsidere a sua resposta de ontem.

Dot colocou açúcar no café, tamborilou os dedos sobre a mesa. O olhar dela era estranho, a expressão era de medo e frustração. Ela não costumava se ver envolvida em negociações e não sabia que a regra básica é saber o que se deseja, o que se precisa obter para sair dali inteiro. Então ela ficou desconcertada e instantaneamente esmoreceu.

– Ok – disse. – Ok.

* * *

PENNY E EU VIAJAMOS PARA SACRAMENTO. Estávamos animados por passarmos esse tempo juntos, longe de pais e toques de recolher, embora eu suspeitasse que Penny pudesse estar mais animada por poder usar o seu presente de formatura do ensino médio: um conjunto de malas cor-de-rosa.

Qualquer que fosse a razão, nada poderia diminuir o bom humor dela. Fazia um calor escaldante naquele fim de semana, mais de 37ºC, mas Penny não reclamou, nem mesmo dos assentos de metal nas arquibancadas que mais pareciam grelhas. Ela não se aborreceu quando lhe expliquei sobre as nuances da pista, a solidão e o trabalho habilidoso do corredor. Ela estava interessada. Ela entendeu tudo, de imediato, como sempre.

Levei-a até o gramado interno, apresentei-a aos corredores que eu conhecia e a Bowerman, que a elogiou com grande afetação, dizendo como ela era bonita e perguntando, com total seriedade, o que ela estava fazendo com um vagabundo como eu. Ficamos ao lado do meu ex-treinador e assistimos às últimas corridas do dia.

Naquela noite, ficamos em um hotel na periferia da cidade, em uma suíte pintada e decorada em um inquietante tom de marrom. Concordamos que era da cor de torrada queimada. No domingo de manhã, ficamos na piscina, nos escondendo do sol, compartilhando a sombra debaixo do trampolim. Em algum momento, levantei a questão do nosso futuro. No dia seguinte, eu faria uma longa e importante viagem ao Japão, para consolidar minha relação com a Onitsuka, ou assim eu esperava. Quando voltasse, quase no fim do verão, não poderíamos continuar "namorando", disse a ela. A Universidade Estadual de Portland não aprovava relacionamentos entre professores e alunos. Teríamos que fazer algo para formalizar a nossa relação, colocá-la acima de qualquer suspeita. Ou seja, casamento.

– Você pode lidar sozinha com os preparativos de um casamento enquanto eu estiver fora? – indaguei.

– Posso – respondeu ela.

Houve muito pouca discussão, suspense ou emoção. Não houve negociação. Tudo foi percebido como uma conclusão inevitável. Fomos para a suíte cor de torrada queimada e ligamos para a casa de Penny. Dot atendeu ao primeiro toque. Eu lhe dei a notícia e, após uma longa e sufocante pausa, ela disse:

– Seu filho da puta! – E desligou.

Momentos depois, ela telefonou de volta. Disse que reagira de forma impulsiva porque estava planejando passar o verão divertindo-se com

Penny e ficara decepcionada. Agora, ela disse, seria *quase* tão divertido passar o verão planejando o casamento de Penny.

Telefonamos para os meus pais logo em seguida. Eles pareceram contentes, mas minha irmã Jeanne tinha acabado de se casar e eles estavam um pouco cansados dessa coisa de casamento.

Desligamos, olhamos um para o outro, olhamos para a parede marrom e para o tapete marrom e então suspiramos. A vida é assim.

Eu ficava dizendo a mim mesmo, muitas e muitas vezes, estou noivo, estou noivo. Mas a ficha não caía, talvez por estarmos em um hotel, no meio de uma onda de calor, em Sacramento. Mais tarde, quando voltamos para casa e fui à joalheria Zales e escolhi um anel de noivado com uma esmeralda, a situação começou a parecer real. O anel custou 500 dólares – *isso* era *muito* real. Mas nunca fiquei nervoso, nunca me questionei, com o típico remorso masculino: "Ah, Deus, o que foi que eu fiz?" Os meses de namoro com Penny tinham sido o período mais feliz da minha vida e agora eu teria a chance de dar continuidade a essa felicidade. Era assim que eu via. Básico como Contabilidade 101. O Ativo é igual à soma do Passivo mais o Patrimônio Líquido.

Só depois que parti para o Japão, depois que dei um beijo de despedida na minha noiva e prometi escrever para ela assim que chegasse, é que a realidade completa tomou conta de mim, com todas as suas dimensões e contornos. Eu tinha mais do que uma noiva, uma amante, uma amiga. Eu tinha uma parceira. No passado, tinha dito a mim mesmo que Bowerman era o meu parceiro e, até certo ponto, Johnson. Mas essa coisa com Penny era única, sem precedentes. Essa aliança era algo que mudava a minha vida. Ainda assim, isso não me deixava nervoso, só me tornava mais consciente. Eu nunca tinha me despedido de um parceiro de verdade e me senti imensamente diferente. Imagine só, pensei. Essa é a maneira mais fácil de descobrir como você se sente em relação a alguém. Dizer adeus.

PELA PRIMEIRA VEZ, o meu antigo contato na Onitsuka continuava a ser o meu contato. Kitami ainda estava lá. Ele não fora substituído. Ele não fora realocado. Pelo contrário, seu papel na empresa estava mais seguro, a julgar pelo seu comportamento. Ele parecia mais tranquilo, mais autoconfiante.

Kitami me acolheu como se eu fosse um membro da família, disse que estava muito contente com o desempenho da Blue Ribbon e com o nosso escritório da Costa Leste, que prosperava sob o comando de Johnson.

– Agora, vamos trabalhar em uma estratégia para conquistar o mercado americano – disse ele.

– Gosto do que estou ouvindo – respondi.

Na minha maleta de mão, eu trazia novos projetos de tênis feitos por Bowerman e Johnson, incluindo um calçado que eles haviam criado em conjunto e batizado de Boston. Ele tinha uma entressola inovadora e acolchoamento total. Kitami colocou os desenhos na parede, para estudá-los de perto. Depois apoiou o queixo na mão.

– Gosto muito, muito mesmo – disse ele, dando tapinhas nas minhas costas.

Nós nos encontramos muitas vezes nas semanas seguintes e, em cada uma delas, eu sentia em Kitami uma vibração quase fraternal. Uma tarde ele mencionou que o seu Departamento de Exportação estava organizando o piquenique anual, dali a alguns dias.

– Venha! – disse ele.

– Eu?

– Sim, sim – respondeu. – Você é membro honorário do Departamento de Exportação.

O piquenique foi em Awaji, uma pequena ilha ao largo de Kobe. Usamos um pequeno barco para ir até lá e, quando chegamos, vimos longas mesas dispostas ao longo da praia, todas cobertas com pratos de frutos do mar e tigelas de macarrão e arroz. Ao lado das mesas havia tonéis cheios de garrafas geladas de refrigerante e cerveja. Todos usavam roupas de banho e óculos de sol e riam bastante. Pessoas que eu só tinha encontrado no ambiente reservado de uma empresa, todas elas alegres e despreocupadas.

No final do dia, houve competições. Exercícios para consolidar o trabalho em grupo, como corridas em sacos de batata e corridas a pé na beira da praia. Exibi a minha velocidade e todos se inclinaram para mim quando cruzei a linha de chegada em primeiro lugar. Eles concordaram que o Gaijin Magricela era muito rápido.

Eu estava começando a entender a língua deles aos poucos. Conhecia a palavra japonesa para calçado, *gutzu*, e a palavra japonesa para rendimento, *shunyu*. Sabia perguntar as horas, entendia as direções e aprendi uma frase que usei muitas vezes: *Watakushi domo no kaisha ni tsuite no joh hou des*. Aqui estão algumas informações sobre a minha empresa.

Perto do fim do piquenique, sentei-me na areia e olhei para a frente, para o oceano Pacífico. Eu estava vivendo duas vidas, ambas maravilhosas e se amalgamando. Em casa, fazia parte de uma equipe: eu, Woodell e Johnson – e agora Penny. No Japão, era parte de outra equipe: eu, Kitami e todas as pessoas gentis da Onitsuka. Por natureza, eu era um solitário, mas, desde a infância, prosperei em esportes de equipe. A minha psique ficava em verdadeira harmonia quando podia passar um tempo sozinho e um tempo em equipe. Exatamente o que tinha agora.

Além disso, eu estava fazendo negócios com um país que aprendi a amar. O medo inicial desaparecera. Eu me conectei com a timidez dos japoneses, a simplicidade da cultura, dos produtos, da arte deles. Gostava do fato de eles tentarem adicionar beleza a todas as coisas da vida, da cerimônia do chá ao uso do vaso sanitário. Gostava que o rádio anunciasse todos os dias quais eram exatamente as cerejeiras que estavam florescendo, quando e onde.

Meu devaneio foi interrompido quando um homem chamado Fujimoto sentou-se ao meu lado. Cinquentão, ombros caídos, ele tinha um ar sombrio que parecia mais do que melancolia da meia-idade. Como um Charlie Brown japonês. Mesmo assim, pude ver que ele estava fazendo um esforço concentrado para se mostrar alegre para mim. Ele forçou um sorriso grande e me disse que amava os Estados Unidos e que desejava viver lá. Eu disse a ele que eu tinha acabado de pensar em quanto amava o Japão.

– Talvez devêssemos trocar de lugar – sugeri.

Ele sorriu, com tristeza.

– Quando quiser.

Elogiei seu domínio do inglês. Ele me disse que aprendera com os soldados americanos.

– Que curioso! – comentei. – Aprendi as primeiras coisas sobre a cultura japonesa com dois ex-soldados.

As primeiras palavras que os soldados lhe haviam ensinado, contou, foram "Vai à merda!". Rimos muito.

Perguntei onde ele morava e seu sorriso desapareceu.

– Meses atrás – disse ele – perdi a minha casa. O tufão Billie. – A tempestade varrera as ilhas japonesas de Honshu e Kyushu, bem como as suas duas mil casas. – A minha – disse Fujimoto – foi uma delas.

– Sinto muito – falei.

Ele balançou a cabeça, olhou para a água. Ele havia recomeçado. Como os japoneses fazem. A única coisa que ele não tinha conseguido substituir, infelizmente, era a sua bicicleta. Na década de 1960, as bicicletas eram exorbitantemente caras no Japão.

Kitami juntou-se a nós. Notei que Fujimoto levantou-se de imediato e se afastou.

Mencionei a Kitami que Fujimoto tinha aprendido inglês com os soldados e Kitami disse, com orgulho, que *ele* tinha aprendido o *seu* inglês sozinho, por meio de gravações. Dei os parabéns a ele e disse que esperava um dia ser tão fluente em japonês quanto ele era em inglês. Então mencionei que estava para me casar em breve. Falei um pouco sobre Penny e ele me parabenizou e me desejou sorte.

– Quando é o casamento? – ele quis saber.

– Setembro – revelei.

– Ah – disse ele. – Eu estarei nos Estados Unidos um mês depois, quando o Sr. Onitsuka e eu formos assistir aos Jogos Olímpicos na Cidade do México. Talvez visitemos Los Angeles.

Ele me convidou para ir até lá e jantar com eles. Eu disse que seria um enorme prazer.

No dia seguinte, voltei para os Estados Unidos e uma das primeiras coisas que fiz após o desembarque foi colocar 50 dólares em um envelope e enviar pelo correio aéreo para Fujimoto. No cartão, escrevi: "Para uma bicicleta nova, meu amigo."

Semanas mais tarde, chegou um envelope enviado por Fujimoto. Os meus 50 dólares, dobrados dentro de um bilhete. Ele explicava que havia perguntado aos seus superiores se poderia ficar com o dinheiro e eles disseram que não.

Havia um P.S.: "Se você mandar para a minha casa, poderei ficar com o dinheiro."

Foi o que fiz.

E assim nasceu mais uma parceria daquelas capazes de mudar vidas.

NO DIA 13 DE SETEMBRO DE 1968, Penny e eu trocamos nossos votos diante de duas centenas de pessoas, na igreja episcopal de São Marcos, no centro de Portland, no mesmo altar onde os pais de Penny haviam se casado. Fazia quase um ano que a Srta. Parks tinha entrado na minha sala de aula. Ela estava novamente, de certa maneira, na primeira fila, só que dessa vez eu estava em pé, ao lado dela. E ela era, agora, a Sra. Knight.

Diante de nós estava o tio dela, um sacerdote episcopal de Pasadena, que conduziu a cerimônia. Penny tremia tanto que não conseguia levantar o queixo para olhá-lo, ou a mim, nos olhos. Eu não estava tremendo porque tinha trapaceado. No bolso do peito, tinha duas garrafinhas de uísque que havia escondido durante minha recente viagem de avião ao Japão. Bebi um pouquinho antes e depois da cerimônia.

Meu padrinho era o Primo Houser. Meu advogado, meu braço direito. Os outros padrinhos foram os dois irmãos de Penny, além de um amigo da faculdade e Cale, que me disse momentos antes da cerimônia:

– É a segunda vez que eu o vejo tão nervoso.

Rimos e nos lembramos, pela milionésima vez, do dia em Stanford em que fiz aquela apresentação para a turma de empreendedorismo. Hoje, pensei, é parecido. Mais uma vez, estou dizendo a uma sala cheia de pessoas que algo é possível, que algo pode dar certo, quando, na verdade, eu mesmo não tenho certeza. Estou falando em tese, com base na fé e na fanfarrice, como todos os noivos. E todas as noivas. Caberia a mim e a Penny provar a veracidade do que dissemos naquele dia.

A recepção foi no Garden Club de Portland, onde as senhoras da sociedade se reuniam nas noites de verão para beber daiquiris e fofocar. A noite estava quente. O céu ameaçava chuva, só que ela não caiu. Dancei com Penny. Dancei com Dot. Dancei com minha mãe. Antes da meia--noite, Penny e eu demos adeus a todos e saltamos para meu carro novo, um Cougar preto. Fui dirigindo pela costa, para a casa de praia dos pais dela, a duas horas de distância, onde havíamos planejado passar o fim de semana.

Dot ligou a cada meia hora.

1969

De repente, todo um novo elenco de personagens perambulava dentro e fora do escritório. As vendas crescentes me permitiram contratar mais e mais representantes. A maioria era de ex-corredores e pessoas excêntricas, como apenas os ex-corredores podem ser. Mas, quando se tratava de vendas, todos eram negociantes. Inspirados pelo que estávamos tentando fazer e trabalhando exclusivamente por comissão (2 dólares o par), eles percorriam as estradas, batendo à porta de cada reunião de corredores de escolas e faculdades, em um raio de 1.600 quilômetros, e seus esforços extraordinários conseguiram aumentar ainda mais os nossos números.

Havíamos alcançado 150 mil dólares em vendas em 1968 e, em 1969, estávamos a caminho de alcançar quase 300 mil dólares. Embora Wallace continuasse a me vigiar de perto, dizendo para eu desacelerar e reclamando da minha falta de patrimônio líquido, decidi que a Blue Ribbon estava se saindo suficientemente bem para justificar um salário para o seu fundador. Pouco antes do meu 31º aniversário, fiz um movimento ousado. Deixei a Universidade Estadual de Portland e passei a me dedicar em tempo integral à empresa, pagando a mim mesmo a generosa quantia de 18 mil dólares por ano.

Acima de tudo, disse a mim mesmo, a melhor razão para deixar a universidade era que eu já havia recebido mais dali – Penny – do que jamais poderia esperar. Havia outra coisa também, mas eu não sabia disso naquela época. Nem em sonho sabia quanto isso viria a ser importante.

* * *

NA MINHA ÚLTIMA SEMANA no campus, andando pelos corredores, percebi que havia um grupo de moças de pé ao lado de um cavalete. Uma delas fazia uma pintura tosca em uma grande tela e, assim que passei, a ouvi lamentar que não podia se dar ao luxo de ter uma aula de pintura a óleo. Parei, admirei a tela.

– A minha empresa poderia empregar uma artista – afirmei.

– O quê? – disse ela.

– A minha empresa precisa de alguém para fazer publicidade. Você gostaria de ganhar algum dinheiro extra?

Eu ainda não via nenhuma grande vantagem na publicidade, mas estava começando a aceitar o fato de que não era mais possível ignorá-la. A companhia de seguros Standard acabara de publicar um anúncio de página inteira no *The Wall Street Journal* divulgando a Blue Ribbon como uma das jovens empresas dinâmicas entre os seus clientes. O anúncio incluiu uma foto minha e de Bowerman... olhando para um tênis. Não como se fôssemos inovadores na área, mas com cara de quem nunca vira um tênis antes na vida. Parecíamos dois idiotas. Foi muito constrangedor.

Em alguns dos nossos anúncios, o modelo não era outro senão Johnson. Veja Johnson balançando um agasalho azul. Veja Johnson balançando um dardo. Quando se tratava de publicidade, a nossa abordagem era primitiva e descuidada. Inventávamos qualquer coisa à medida que avançávamos, aprendendo enquanto estávamos fazendo, o que ficava bem claro. Em um anúncio – do Tiger para maratonas –, nós nos referimos ao novo tecido como um "swooshfiber". Até hoje, nenhum de nós se lembra quem inventou essa palavra ou o que ela significava. Mas soava bem.

As pessoas sempre me diziam que publicidade era importante, que era a próxima onda da modernidade. Eu sempre revirava os olhos. Mas, se fotos ridículas e palavras inventadas – e Johnson, posando sedutoramente sobre um sofá – estavam se enfiando nos nossos anúncios, eu precisava começar a prestar mais atenção.

– Posso lhe pagar 2 dólares por hora – propus à artista que encontrei no corredor da universidade.

– Para fazer o quê? – indagou a moça.

– Desenhar e imprimir anúncios, fazer alguns logotipos, talvez alguns gráficos e tabelas para apresentações.

Não parecia grande coisa. Mas a pobre garota estava desesperada. Ela escreveu o nome em um pedaço de papel. Carolyn Davidson. E o seu número de telefone. Enfiei o papel no bolso e me esqueci dele.

A CONTRATAÇÃO DE REPRESENTANTES DE VENDAS e artistas gráficos demonstrava grande otimismo, e eu não me considerava um otimista por natureza. Não que fosse pessimista. Em geral, tentava ficar no meio-termo e não me comprometer com qualquer dessas visões. Entretanto, à medida que 1969 se aproximava, eu me via olhando para o nada, pensando que o futuro poderia ser brilhante. Após uma boa noite de sono e um belo café da manhã, podia enxergar muitos motivos para ter esperança. Além dos nossos robustos e crescentes números de vendas, a Onitsuka em breve apresentaria vários modelos novos e interessantes, incluindo o Obori, cujo cabedal era feito de um náilon leve como uma pluma. E ainda o Marathon, outro modelo de náilon, com linhas elegantes como as de um Karmann Ghia. Esses tênis se venderão sozinhos, eu disse a Woodell várias vezes, pendurando-os no quadro de cortiça.

Além disso, Bowerman estava de volta da Cidade do México, onde havia atuado como assistente técnico da equipe olímpica dos Estados Unidos, o que significava que ele desempenhara um papel fundamental no fato de termos conquistado mais medalhas de ouro do que qualquer equipe, de qualquer nação, em todos os tempos. Meu sócio ficara mais do que famoso; tornara-se uma lenda.

Telefonei para Bowerman, ansioso para saber suas impressões gerais sobre os Jogos Olímpicos e, particularmente, sobre o momento que seria lembrado para sempre: o protesto de John Carlos e Tommie Smith. De pé no pódio, durante a reprodução do hino nacional americano, os dois curvaram a cabeça e levantaram os punhos cobertos por luvas pretas, em um gesto impactante destinado a chamar a atenção para o racismo, a pobreza e os abusos contra os direitos humanos. Eles ainda estavam sendo condenados por isso. Mas Bowerman, como eu já esperava, os apoiou. Bowerman estava sempre do lado de todos os corredores.

Carlos e Smith estavam descalços durante o protesto; eles haviam tirados ostensivamente os Pumas, deixando-os nas arquibancadas. Eu disse a Bowerman que não conseguia decidir se isso fora bom ou ruim para a

Puma. Será que toda publicidade era necessariamente boa? Será que publicidade era o mesmo que propaganda? Uma quimera?

Bowerman riu e disse que não tinha certeza.

Ele me contou sobre o comportamento escandaloso da Puma e da Adidas durante os Jogos. As duas maiores empresas de calçados esportivos do mundo – administradas por dois irmãos alemães que desprezavam um ao outro – haviam competido na Vila Olímpica para conquistar os atletas como se estivessem em uma das perseguições atrapalhadas dos Keystone Kops nos antigos filmes do cinema mudo. Enormes somas de dinheiro, muitas vezes enfiadas em tênis de corrida ou envelopes pardos, foram distribuídas. Um dos representantes de vendas da Puma até acabou preso. (Havia rumores de que a Adidas o havia incriminado.) Era casado com uma velocista e Bowerman brincou dizendo que ele só se casara para garantir o endosso dela.

O pior é que tudo isso não se limitava a meros pagamentos. A Puma havia contrabandeado caminhões de sapatos para a Cidade do México, enquanto a Adidas, habilmente, conseguira escapar das rígidas tarifas de importação do país. Ouvi boatos de que conseguiram isso fazendo um número restrito de calçados em uma fábrica de Guadalajara.

Bowerman e eu não nos sentíamos moralmente ofendidos; nós nos sentíamos deixados de fora. A Blue Ribbon não tinha dinheiro para fazer esse tipo de pagamento e, portanto, não teve presença nas Olimpíadas.

Tivemos apenas um mero estande na Vila Olímpica com um rapaz trabalhando – Bork. Eu não sabia se Bork ficara sentado lá lendo revistas em quadrinhos ou se apenas não fora capaz de competir com a presença maciça da Adidas e da Puma, mas, de qualquer forma, o estande não gerou vendas nem comentários. Ninguém parou para dar nem uma olhadinha.

Na verdade, uma pessoa parou. Bill Toomey, um brilhante atleta americano de decatlo, pediu para ver alguns Tigers, para que pudesse mostrar ao mundo que não poderia ser comprado. Mas Bork não tinha o tamanho dele. Nem os calçados adequados para nenhuma das suas modalidades.

Bowerman relatou que muitos atletas estavam usando Tigers. Nós só não tínhamos ninguém *competindo* com eles nos pés. Parte do motivo era a qualidade; os Tigers ainda não eram bons o suficiente. O motivo principal, no entanto, era o dinheiro. Nós não tínhamos um centavo para contratos publicitários.

– Nós não estamos quebrados – eu disse a Bowerman –, apenas não temos dinheiro.

Ele resmungou.

– De qualquer forma – comentou –, não seria maravilhoso ser capaz de *pagar* aos atletas? Legalmente?

Por último, Bowerman me disse que havia esbarrado com Kitami nos Jogos Olímpicos. Ele não dava muita importância ao sujeito.

– Ele não sabe nada sobre tênis de corrida – resmungou. – E é um pouco escorregadio. Muito cheio de si.

Eu estava começando a suspeitar o mesmo. Havia sentido, pelos últimos telex e cartas de Kitami, que ele podia não ser o homem que parecia e que não era tão fã da Blue Ribbon quanto se mostrara na última vez em que nos encontramos no Japão. Tive um pressentimento ruim. Talvez ele estivesse se preparando para fazer os nossos preços subirem. Comentei isso com Bowerman e disse a ele que estava tomando medidas para nos proteger. Antes de desligar, eu me gabei de que, embora não tivesse dinheiro ou prestígio suficientes para pagar aos atletas, tinha o bastante para comprar alguém na Onitsuka. Eu tinha um homem lá dentro, expliquei, um homem que agia como os meus olhos e ouvidos e monitorava Kitami.

Enviei um memorando dizendo isso a todos os funcionários da Blue Ribbon. (Agora, já tínhamos cerca de 40.) Embora houvesse caído de amores pela cultura japonesa – eu mantinha a minha espada de samurai ao lado da mesa –, também os adverti de que as práticas empresariais japonesas eram exaustivamente desconcertantes. No Japão, não era possível prever nem o que a concorrência nem o que o seu parceiro poderiam fazer. Eu havia desistido de tentar. Em vez disso, escrevi:

"Dei o que acredito ser um grande passo para nos mantermos informados. Contratei um espião. Ele trabalha em tempo integral no Departamento de Exportações da Onitsuka. Sem entrar em uma longa discussão sobre os motivos, quero dizer que sinto que ele é confiável. Esse espião pode parecer um tanto antiético, mas o sistema de espionagem está enraizado e é amplamente aceito nos círculos de negócios japoneses. Eles têm até escolas para formar espiões industriais, tanto quanto nós temos escolas para formar datilógrafos e estenógrafos."

Não posso imaginar o que me fez usar a palavra "espião" de maneira tão imprudente e audaciosa, além do fato de que James Bond estava na moda naquele momento. Também não posso entender por que, quando já estava revelando tanto, não revelei o nome do espião. Era Fujimoto, cuja bicicleta eu havia substituído.

Acho que sabia, em algum nível, que o memorando era um erro, uma coisa terrivelmente idiota. E da qual iria me arrepender. *Acho* que eu sabia. Entretanto, muitas vezes me vi agindo de maneira tão desconcertante quanto as práticas de negócios no Japão.

TANTO KITAMI QUANTO o Sr. Onitsuka participaram dos Jogos Olímpicos da Cidade do México e, em seguida, ambos voaram para Los Angeles. Fui até lá para encontrá-los e jantar em um restaurante japonês de Santa Monica. Eu estava atrasado, é claro, e, quando cheguei, eles já estavam cheios de saquê. Como estudantes em férias, cada um usava um *sombrero* mexicano e ambos falavam em voz alta.

Esforcei-me muito para entrar no clima festivo. Bebi tanto quanto os dois, ajudei a acabar com vários pratos de sushi e, de forma geral, nos demos bem. Naquela noite, no hotel, fui para a cama pensando, esperando que estivesse paranoico a respeito de Kitami.

Na manhã seguinte todos nós voamos para Portland, para que eles pudessem conhecer o pessoal da Blue Ribbon. Percebi que, em minhas cartas para a Onitsuka, para não falar das minhas conversas com eles, eu poderia ter exagerado quanto à grandeza da nossa "sede mundial". Notei a decepção no rosto de Kitami quando ele entrou. Também vi o Sr. Onitsuka olhando em volta, perplexo. Apressei-me em me desculpar.

– Pode parecer pequeno – eu disse, com um sorriso forçado –, mas nós fazemos muitos negócios fora daqui!

Eles olharam para as vidraças quebradas, a janela fechada com um dardo, a divisória ondulada de madeira compensada. Olharam para Woodell em sua cadeira de rodas. Sentiram as paredes vibrarem por causa da jukebox do Pink Bucket. Eles se entreolharam, com ar de dúvida. Eu pensei: "Socorro, está tudo acabado."

Sentindo o meu constrangimento, o Sr. Onitsuka colocou uma mão reconfortante sobre o meu ombro.

– Isto tudo é... muito charmoso – disse ele.

Na parede do fundo, Woodell havia pendurado um grande e belo mapa dos Estados Unidos, colocando um pino vermelho em todos os lugares onde havíamos vendido um par de Tigers nos últimos cinco anos. O mapa estava coberto de pinos vermelhos. Por um misericordioso momento, ele desviou a atenção do nosso escritório. Então Kitami apontou para o leste de Montana.

– Sem pinos – comentou. – Obviamente, o vendedor daqui não está fazendo o seu trabalho.

ALGUNS DIAS SE PASSARAM. Eu estava tentando administrar uma empresa e um casamento. Penny e eu estávamos aprendendo a viver juntos, aprendendo a moldar as nossas personalidades e idiossincrasias um ao outro, embora concordássemos que era ela a detentora de toda a personalidade e eu, o único com idiossincrasias. Portanto, era ela quem tinha mais a aprender.

Por exemplo, ela estava percebendo que eu passava boa parte dos dias perdido em meus pensamentos, atirando-me em buracos de minhoca mentais, tentando resolver algum problema ou criar algum plano. Muitas vezes eu não ouvia o que ela dizia ou, quando ouvia, não me lembrava minutos depois.

Penny estava observando que eu era distraído, que poderia ir até o supermercado e voltar para casa de mãos vazias, sem o item que ela me pedira para comprar, porque durante todo o percurso de ida e volta eu vinha pensando na última crise bancária ou no mais recente atraso da remessa da Onitsuka.

Ela estava percebendo que eu colocava tudo fora do lugar, principalmente as coisas importantes, como carteira e chaves. Como se já não fosse o bastante, eu não conseguia fazer muitas coisas ao mesmo tempo, mas insistia em tentar. Costumava dar uma olhada nas páginas de economia dos jornais enquanto almoçava – e dirigia. O meu novo Cougar preto não permaneceu novo por muito tempo. Como o Mr. Magoo do Oregon, eu estava sempre esbarrando em árvores, postes e para-choques de outros carros.

E logo Penny notou que eu também não tinha sido muito bem "adestrado": deixava o assento do vaso sanitário levantado, largava minhas roupas no chão ou por cima dos móveis, não levava a louça para a pia. Eu era, efetivamente, incapaz de ajudar. Não sabia cozinhar, limpar nem mesmo fazer as coisas mais simples para mim mesmo, pois fora mimado e estragado por minha mãe e minhas irmãs. Em todos aqueles anos nas dependências de empregada, era eu quem, na verdade, tinha serviçais.

Penny estava descobrindo que eu não gostava de perder, que, para mim, perder era uma grande agonia. Muitas vezes eu culpava Bowerman por alguma coisa, com a maior petulância, mas isso já acontecia desde a infância. Contei a ela sobre as partidas de pingue-pongue com meu pai, quando eu era menino, e a dor de nunca ser capaz de ganhar dele. Disse a ela que meu pai, às vezes, ria quando vencia, o que me deixava furioso. Mais de uma vez eu havia jogado a raquete no chão e saído chorando. Eu não me orgulhava desse comportamento, mas ele estava enraizado em mim. Ela não tinha entendido muito bem, até o dia em que fomos jogar boliche. Penny era uma excelente jogadora – ela tivera algumas aulas na universidade –, então tomei isso como um desafio e pretendia encará-lo. Estava determinado a ganhar e qualquer coisa diferente de um *strike* me deixava aborrecido.

Acima de tudo, ela estava percebendo que o fato de se casar com um homem que possuía uma startup de tênis significava viver com um orçamento apertado. E, ainda assim, ela conseguia. Eu podia lhe dar apenas 25 dólares por semana para comprar comida e ela conseguia preparar refeições deliciosas. Dei-lhe um cartão de crédito com limite de 2 mil dólares para mobiliar todo o nosso apartamento e ela conseguiu comprar uma mesa pequena para a sala de jantar, duas cadeiras, uma TV Zenith e um sofá grande, com os braços macios, perfeitos para tirar um cochilo. Ela também comprou uma poltrona reclinável marrom para mim, que enfiou em um canto da sala. Agora, todas as noites, eu podia me inclinar para trás, em um ângulo de 45 graus, e ficar às voltas com meus próprios pensamentos quanto quisesse. Era mais confortável, e mais seguro, do que o Cougar.

Adquiri o hábito de telefonar todas as noites para meu pai, reclinado na minha poltrona. Ele também estaria na sua e, juntos, de uma poltrona para outra, discutíamos a mais recente ameaça que pairava sobre a Blue Ribbon. Aparentemente, ele já não via a minha empresa como um desperdício de tempo. Embora não dissesse isso de maneira explícita, parecia achar "interessantes" e "desafiadores" os problemas que eu enfrentava, o que era a mesma coisa.

NA PRIMAVERA DE 1969, Penny começou a se queixar de enjoos matinais. A comida não caía bem. Ao meio-dia, costumava ficar um pouco tonta no escritório. Ela foi ao médico – o mesmo que fizera os partos da sua mãe – e descobriu que estava grávida.

Ficamos muito felizes. Mas também era algo totalmente novo.

O nosso apartamento acolhedor havia se tornado inadequado. Teríamos que comprar uma casa, é claro. Mas haveria dinheiro para isso? Eu acabara de começar a me pagar um salário. E em que parte da cidade deveríamos comprar a casa? Onde ficavam as melhores escolas? E como é que eu ia pesquisar os preços dos imóveis e escolas, além de todas as outras coisas necessárias para se comprar uma casa, ao mesmo tempo que administrava uma empresa que estava apenas começando? Seria mesmo possível administrar uma startup e, ao mesmo tempo, iniciar uma família? Será que eu deveria voltar para a contabilidade, ou para o ensino, ou para algo mais estável?

Todas as noites, recostado na minha poltrona, olhando para o teto, eu tentava me acalmar. Dizia a mim mesmo: "A vida é crescimento. Ou você cresce, ou morre."

ENCONTRAMOS UMA CASA EM BEAVERTON. Pequena, com menos de 150 metros quadrados, mas rodeada por mais de 4 mil metros quadrados de terreno, um pequeno curral para cavalos e uma piscina. Havia também um enorme pinheiro na frente e um bambu japonês no quintal. Eu adorei. Mais ainda, reconheci o lugar. Quando ainda era criança, minhas irmãs costumavam me perguntar como seria a casa dos meus sonhos e, um dia, elas me deram um lápis de carvão e me fizeram desenhá-la. Depois que Penny e eu nos mudamos, elas encontraram o esboço que eu havia feito. Era a imagem exata da casa de Beaverton.

O preço era 34 mil dólares e eu me enchi de orgulho ao descobrir que tinha 20% disso em economias. Por outro lado, havia comprometido aquele dinheiro como garantia dos muitos empréstimos no First National. Então fui conversar com Harry White. Preciso da poupança para dar entrada em uma casa, expliquei, mas darei a casa como garantia.

– Tudo bem – disse ele. – Desta vez, não precisamos consultar Wallace.

Naquela noite, eu disse a Penny que, se a Blue Ribbon fracassasse, perderíamos a casa. Ela colocou a mão sobre a barriga e se sentou. Esse era o tipo de *insegurança* que ela sempre prometera evitar. Tudo bem, ela ficou dizendo, tudo beeeeem.

Com tanta coisa em jogo, ela se sentiu compelida a continuar trabalhando para a Blue Ribbon durante toda a gravidez. Ela sacrificaria tudo pela empresa, até o seu maior objetivo, que era se formar. E, quando não estava fisicamente no escritório, Penny estava na rua resolvendo algum assunto relacionado a encomendas de nossa nova casa. Em 1969, sozinha, apesar dos enjoos matinais, dos tornozelos inchados, do ganho de peso e da fadiga constante, Penny remeteu 1.500 encomendas. Algumas delas eram apenas desenhos dos pés de um ser humano, enviados por clientes de lugares distantes, mas Penny não se importava. Com todo o cuidado, fazia a correspondência entre o desenho e os tênis mais adequados e concluía o pedido. Qualquer venda, por menor que fosse, era importante.

AO MESMO TEMPO que minha família ficava maior do que a casa, a empresa também crescia. A sala ao lado do Pink Bucket já não podia mais nos acomodar. Além disso, Woodell e eu estávamos cansados de gritar mais alto do que a jukebox para sermos ouvidos. Assim, todas as noites, depois do trabalho, saíamos para comer sanduíches e, em seguida, percorríamos as redondezas em busca de um espaço para um novo escritório.

Logisticamente, era um pesadelo. Woodell tinha que dirigir, porque a cadeira de rodas dele não cabia no meu carro, e eu sempre me sentia culpado e desconfortável por ter como motorista um homem com tantas limitações. Eu também ficava enlouquecido porque era preciso subir lances de escadas em muitos dos escritórios que visitávamos. Isso significava que eu teria que empurrar Woodell para cima e para baixo.

Nesses momentos, me lembrava, dolorosamente, da realidade dele. Durante um dia típico de trabalho, Woodell era tão positivo, tão cheio de energia que era fácil esquecer. Mas ao empurrá-lo, manobrá-lo, subir e descer escadas, fui repetidamente atingido por toda a sua impotência. Eu rezava baixinho. *Por favor, Deus, não permita que eu o deixe cair. Por favor, não permita que eu o deixe cair.* Ao me ouvir, Woodell ficava tenso e sua tensão me deixava ainda mais nervoso.

– Relaxe – eu dizia –, até hoje não perdi nenhum paciente. Haha!

Não importava o que acontecesse, ele nunca perdia a compostura. Até nos momentos mais vulneráveis, quando eu o equilibrava precariamente no topo de alguma escadaria, ele jamais perdia contato com sua filosofia básica: *Não se atreva a sentir pena de mim. Estou aqui para te matar.*

(A primeira vez que o mandei para uma feira, a companhia aérea perdeu a cadeira de rodas dele. E, quando a encontraram, estava toda amassada, parecendo um pretzel. Sem problemas. Em sua cadeira mutilada, Woodell participou da feira, fez tudo que havia na sua lista de tarefas e voltou com um sorriso de orelha a orelha que significava "missão cumprida".)

No final de cada noite da nossa busca por um espaço novo, Woodell e eu sempre ríamos do nosso fracasso. Na maioria das vezes, acabávamos em alguma espelunca, tontos, quase delirantes. Antes de partir, muitas vezes fazíamos alguma brincadeira. Eu trazia um cronômetro e víamos com que velocidade Woodell era capaz de dobrar sua cadeira de rodas e entrar no carro. Como um ex-astro das corridas, ele amava o desafio de um cronômetro, a excitação de bater o próprio recorde. (O recorde dele era de 44 segundos.) Nós dois gostávamos daquelas noites, das bobagens, do sentimento de missão compartilhada, e ambos as classificamos entre as melhores lembranças da nossa juventude.

Woodell e eu éramos muito diferentes e, mesmo assim, a nossa amizade era baseada em uma abordagem de trabalho quase idêntica. Encontrávamos prazer, sempre que possível, em nos concentrarmos em alguma pequena tarefa. Uma tarefa, como muitas vezes dizíamos, limpa a mente. E reconhecíamos que essa pequena tarefa de encontrar um escritório maior significava que estávamos progredindo. Estávamos fazendo florescer aquela coisa chamada Blue Ribbon, que falava ao nosso mais profundo desejo de vencer. Ou, pelo menos, de não perder.

Embora nenhum de nós fosse muito falante, despertamos uma chama de bate-papo um no outro. Naquelas noites, discutíamos sobre tudo, nos abríamos um para o outro com uma franqueza incomum. Woodell contou-me em detalhes sobre a sua lesão. Se algum dia eu me sentisse tentado a me cobrar demais, a história de Woodell sempre me lembrava de que as coisas poderiam ser piores. E a maneira como ele lidava com os problemas era uma constante e estimulante lição de virtude, valor e espírito positivo.

A lesão dele não era típica, explicou. E não era total. Ele ainda tinha algumas sensações, ainda permanecia com esperanças de se casar, ter uma família. Ele também esperava ficar curado. Estava tomando um medicamento experimental que se revelara promissor para os paraplégicos. O problema era que tinha um cheiro de alho. Algumas noites, durante nossas expedições de caça ao escritório, Woodell cheirava a uma daquelas pizzarias antigas e eu falava isso para ele.

Perguntei a Woodell se ele era – hesitei, temendo não ter o direito de lhe perguntar isso – *feliz*. Ele refletiu por um tempo. Sim, respondeu. Ele era feliz. Amava o trabalho. Amava a Blue Ribbon, embora às vezes se incomodasse com a ironia. Um homem que não podia andar vendendo tênis.

Sem saber o que responder, eu não disse nada.

Muitas vezes Penny e eu convidávamos Woodell para jantar na nossa nova casa. Ele era como alguém da família, nós o amávamos, mas também sabíamos que estávamos preenchendo um vazio na vida dele, uma necessidade de companhia e dos confortos domésticos. Por isso, Penny sempre preparava algo especial quando Woodell vinha nos visitar, e a coisa mais especial que ela poderia pensar era frango assado e uma sobremesa feita de conhaque e leite gelado, que nos deixava um pouco bêbados – ela havia tirado a receita de uma revista. Embora frangos e conhaque significassem um grande rombo nos 25 dólares do orçamento para as compras, Penny simplesmente não podia economizar quando se tratava de Woodell. Se eu lhe dissesse que Woodell estava vindo para jantar, ela, por impulso, dizia: "Vou pegar uns frangos e conhaque!" Era mais do que querer ser boa anfitriã. Ela queria engordá-lo. Ela o estava alimentando. Imagino que Woodell despertasse nela seu recém-ativado instinto maternal.

Eu me esforço para lembrar. Fecho os olhos e penso naqueles dias, mas muitos momentos preciosos daquelas noites se foram para sempre. Incontáveis conversas, ataques de riso de perder o fôlego. Declarações, revelações, confidências. Tudo isso se perdeu entre as almofadas do sofá do tempo. Só me lembro de que passávamos metade da noite sentados catalogando o passado, mapeando o futuro. Lembro-me de que nos revezávamos para descrever o que a nossa pequena empresa era, o que ela poderia ser e o que jamais deveria ser. Como eu queria, em apenas uma dessas noites, ter tido um gravador. Ou mantido um diário, como fiz na minha viagem ao redor do mundo.

Ainda assim, sempre me lembro da imagem de Woodell sentado à cabeceira da nossa pequena mesa de jantar, cuidadosamente vestido de calças jeans azuis, o suéter de gola em V por cima de uma camiseta branca, a sua marca registrada. E, nos pés, sempre, um par de Tigers, as solas de borracha intocadas.

Naquela época, ele tinha deixado crescer uma longa barba e um bigode espesso, os quais eu invejava. Ora, eram os anos 1960 e eu também queria ter uma barba. Mas havia a constante necessidade de ir ao banco e pedir dinheiro. Não podia parecer um vagabundo quando me apresentava a Wallace. Uma barba bem-feita era uma das minhas poucas concessões ao Homem.

WOODELL E EU FINALMENTE encontramos um local promissor em Tigard, ao sul do centro de Portland. Não era um prédio inteiro – não tínhamos dinheiro para isso –, mas o canto de um andar. O restante era ocupado pela Horace Mann Insurance Company. Convidativo, quase luxuoso, era um grande passo, e, ainda assim, hesitei. Havia uma lógica curiosa em estarmos instalados ao lado de um bar onde se tocava música alta. Mas uma companhia de seguros? Com salões acarpetados, bebedouros com água gelada e homens de terno? A atmosfera era muito formal e corporativa. Eu sentia que nosso ambiente de trabalho tinha muito a ver com nosso espírito e que nosso espírito era grande parte do nosso sucesso, e me preocupava com a maneira como nosso espírito poderia mudar se, de repente, estivéssemos dividindo espaço com um monte de Homens Corporativos e autômatos.

Sentei-me na minha poltrona reclinável, pensei bastante e decidi que a vibração corporativa podia ser dissonante, contrária às nossas crenças fundamentais, mas também podia ser a coisa certa em relação ao nosso banco. Talvez, quando Wallace visse nosso novo escritório, tedioso e árido, ele nos tratasse com respeito. Além disso, o escritório ficava em Tigard. Vendendo Tigers em Tigard – talvez fosse o destino.

Então pensei em Woodell. Ele dissera que estava feliz na Blue Ribbon, mas havia mencionado a ironia. Talvez fosse mais do que irônico mandá-lo para escolas e faculdades para vender Tigers empilhados em seu automóvel. Talvez fosse uma tortura. E talvez tivesse sido um mau uso dos seus talentos. O mais adequado para Woodell era trazer ordem ao caos, solucionar problemas. Uma pequena tarefa de cada vez.

Depois que ele e eu fomos juntos assinar o contrato de aluguel, perguntei se ele gostaria de mudar de função, tornando-se o gerente de operações da Blue Ribbon. Sem vendas. Sem escolas. Em vez disso, ele ficaria encarregado de lidar com todas as coisas para as quais eu não tinha tempo e paciência. Como falar com Bork, em Los Angeles. Ou corresponder-se com Johnson, em Wellesley. Ou abrir um novo escritório em Miami. Ou contratar alguém para coordenar todos os novos representantes de vendas e analisar os relatórios deles. Ou aprovar contas de despesas. O melhor de tudo, Woodell teria que supervisionar a pessoa que acompanhava as contas bancárias da empresa. Agora, se ele não descontasse os próprios contracheques, teria que explicar o excedente a seu chefe: ele mesmo.

Radiante, Woodell disse que gostava muito do que estava ouvindo. Estendeu a mão para selar o acordo. Fechado, disse ele.

Ainda tinha o aperto de mão de um atleta.

PENNY FOI AO MÉDICO EM SETEMBRO DE 1969. Para exames de rotina. O médico disse que tudo parecia bem, mas o bebê não parecia estar com pressa. Provavelmente, mais uma semana, informou.

Penny passou o resto da tarde na Blue Ribbon, ajudando os clientes. Fomos para casa juntos, jantamos e deitamo-nos cedo. Mais ou menos às quatro da manhã, ela me deu uma cotovelada.

– Não estou me sentindo muito bem – avisou.

Telefonei para o médico e disse-lhe para nos encontrar no Emanuel Hospital.

Nas semanas anteriores a setembro, eu havia feito várias viagens de treinamento ao hospital, o que foi bom, porque agora chegava a "hora da verdade" e eu estava tão atrapalhado que Portland mais parecia Bangcoc. Tudo estava estranho, desconhecido. Eu dirigia devagar, para não entrar em nenhuma rua errada. Não tão devagar, me repreendi, ou você vai ter que fazer o parto sozinho.

As ruas estavam todas vazias, os sinais de trânsito, abertos. Uma chuva fina caía. Os únicos sons no carro eram a respiração pesada de Penny e o ranger dos limpadores de para-brisa. Assim que parei na entrada da emergência, ajudei Penny a entrar no hospital enquanto ela continuava dizendo:

– Provavelmente estamos exagerando, não acho que tenha chegado a hora.

Mesmo assim, ela estava respirando do mesmo jeito que eu fazia quando dava a última volta.

Lembro-me da enfermeira tirando Penny de mim, ajudando-a a se sentar em uma cadeira de rodas, empurrando-a pelo corredor. Eu as segui, tentando ajudar. Levava um kit de gravidez que havia organizado sozinho, com um cronômetro – o mesmo que eu usava para medir os tempos de Woodell. Agora eu cronometrava as contrações de Penny em voz alta.

– Cinco... quatro... três...

Ela parou ofegante e se virou para mim. Com os dentes cerrados, disse:

– Pare... de fazer... isso.

Uma enfermeira a ajudou a sair da cadeira de rodas e a colocou em uma maca, levando-a embora. Fui cambaleando de volta pelo corredor, para o lugar onde ficavam os futuros pais, esperando e olhando para o nada. Eu teria ficado na sala de parto com Penny, mas fui desaconselhado pelo meu pai. Ele me disse que eu havia nascido completamente azul, o que o deixara muito assustado, e ele, portanto, me advertiu:

– No momento decisivo, esteja em outro lugar.

Sentei-me em uma cadeira de plástico duro, os olhos fechados, tentando me concentrar nos problemas do trabalho. Depois de uma hora, abri os olhos e vi nosso médico de pé na minha frente. Gotas de suor brilhavam na testa dele, que estava dizendo alguma coisa. Quer dizer, os lábios estavam se movendo. Mas eu não conseguia ouvir. *A vida é um violino? Aqui está um sino? Você é albino?*

Ele repetiu:

– É um *menino*.

– Um... me... menino? Sério?

– Sua esposa fez um excelente trabalho – informou. – Ela não se queixou nenhuma vez e fez força em todos os momentos certos. Ela fez muitas aulas do método Lamaze?

– Lemans? – indaguei.

– Como?

– O quê?

Ele me conduziu, como se eu fosse um inválido, pelo corredor, até um pequeno quarto. Ali, atrás de uma cortina, estava a minha mulher, exausta, radiante, o rosto bem vermelho. Os braços dela estavam ao redor de uma manta branca, decorada com carrinhos de bebê azuis. Puxei a ponta da manta e vi uma cabeça do tamanho de uma toranja madura, com um gorrinho branco. O meu menino. Ele parecia um viajante. O que, é claro, ele era. Acabara de começar a própria viagem ao redor do mundo.

Inclinei-me, beijei o rosto de Penny. Afastei uma mecha úmida dos cabelos dela.

– Você é uma campeã – sussurrei.

Ela apertou os olhos, incerta. Pensou que eu estava falando com o bebê.

Ela me entregou o meu filho. Eu o embalei nos meus braços. Ele era tão vivo, mas tão delicado, tão impotente. A sensação foi maravilhosa, diferente de todas as outras, embora também familiar. *Por favor, não permita que eu o deixe cair.*

Na Blue Ribbon, eu passava tanto tempo falando sobre controle de qualidade, sobre habilidade profissional, sobre entregas – mas *isso*, percebi, *isso* é a realidade.

– Nós fizemos isso – eu disse a Penny. – Nós. *Fizemos*. Isso.

Ela assentiu com a cabeça e, em seguida, deitou-se. Entreguei o bebê à enfermeira e disse a Penny que dormisse. Cambaleando, saí do hospital e fui até o carro. Senti uma necessidade súbita e incontrolável de ver meu pai, um anseio enorme. Dirigi até o jornal onde ele trabalhava e estacionei a vários quarteirões de distância. Eu queria andar. A chuva havia parado. O ar estava frio e úmido. Entrei em uma tabacaria. Imaginei-me entregando a meu pai um grande charuto cubano e dizendo:

– Oi, vovô!

Saindo da loja, com uma caixa de charutos debaixo do braço, dei de cara com Keith Forman, um ex-corredor da Oregon.

– Keith! – gritei.

– E aí, Buck? – respondeu ele. Eu o agarrei pela lapela e berrei:

– É um menino!

Ele se afastou, confuso. Pensou que eu estava bêbado. Não dava tempo para explicar. Continuei andando.

Forman fizera parte da famosa equipe da Oregon que marcou um novo recorde mundial no revezamento de 4 milhas. Como corredor, como contador, eu sempre me lembrava de seu tempo impressionante: 16:08.9. Estrela na equipe de Bowerman de 1962, no campeonato nacional, Forman também tinha sido o quinto americano a quebrar a barreira dos quatro minutos na corrida de 1 milha. E pensar que, apenas algumas horas atrás, eu achava que *essas coisas* faziam de alguém um campeão.

OUTONO. OS CÉUS NUBLADOS de novembro estavam sempre carregados. Eu usava blusas pesadas e me sentava em frente à lareira, fazendo uma espécie de autoinventário. E estava completamente abastecido de gratidão. Penny e nosso filho, a quem chamamos de Matthew, estavam saudáveis. Bork, Woodell e Johnson estavam felizes. As vendas continuavam a crescer.

Depois chegou a correspondência. Uma carta de Bork. Após retornar da Cidade do México, ele estava sofrendo de algum tipo de vingança mental de Montezuma. Tinha problemas comigo, disse na carta. Não aprovava o meu estilo de gestão, não gostava da minha visão para a empresa, não estava satisfeito com o que eu estava lhe pagando. Ele não entendia por que eu levava semanas para responder às cartas dele e às vezes nem respondia. Ele tinha ideias sobre design de tênis e não gostava de ver como elas eram ignoradas. Depois de várias páginas de tudo isso, exigia mudanças imediatas, além de um aumento.

O segundo motim. Esse, porém, era mais complicado do que o de Johnson. Passei vários dias rascunhando minha resposta. Concordei em aumentar um pouco o salário dele e, em seguida, usei da minha autoridade. Lembrei a Bork que, em qualquer empresa, só havia um chefe e, infelizmente para ele, o chefe da Blue Ribbon se chamava Buck Knight. Disse ainda que, se ele não estivesse satisfeito comigo ou com o meu estilo de gestão, deveria saber que pedir demissão ou ser demitido eram duas opções viáveis.

Tal como acontecera com o meu "memorando sobre o espião", senti remorso no mesmo instante. Quando depositei a carta na caixa do correio, percebi que Bork era um valioso membro da equipe, que eu não queria perdê-lo, que eu não podia me dar a esse luxo. Mandei o nosso novo gerente de operações, Woodell, até Los Angeles para consertar as coisas.

Woodell levou Bork para almoçar e tentou explicar que eu não estava dormindo muito, por causa do bebê e tudo o mais. Além disso, Woodell disse a ele que eu ficara muito tenso após a visita de Kitami e do Sr. Onitsuka. Woodell brincou sobre o meu estilo de gestão único, dizendo que todos reclamavam, que arrancavam os cabelos porque eu não respondia às cartas e aos memorandos de ninguém.

Woodell passou alguns dias com Bork, tentando acalmá-lo, revendo toda a operação. Ele descobriu que Bork também estava estressado. Embora a loja estivesse prosperando, a sala dos fundos, que havia basicamente se transformado no nosso depósito nacional, estava uma bagunça. Caixas por toda parte, faturas e documentos empilhados até o teto. Bork não conseguia acompanhar o ritmo.

Quando Woodell retornou, explicou-me tudo.

– Acho que Bork não vai sair – disse –, mas precisamos livrá-lo daquele depósito. Precisamos transferir todas as operações de armazenamento para cá.

Além disso, acrescentou que era necessário contratarmos sua mãe para administrar o novo depósito. A Sra. Woodell trabalhara durante anos no estoque da Jantzen, uma confecção do Oregon, por isso não seria nepotismo. Mamãe Woodell seria perfeita para o trabalho.

Eu não tinha certeza se me importava. Se Woodell concordava, então eu também concordava. Além disso, era assim que eu analisava a situação: quanto mais Woodells, melhor.

1970

Tive que viajar para o Japão de novo e, dessa vez, fui duas semanas antes do Natal. Não queria deixar Penny sozinha com Matthew, especialmente perto dos feriados, mas não podia evitar. Eu precisava assinar um novo acordo com a Onitsuka. Ou não. Kitami estava mantendo o suspense. Ele não queria me dizer o que achava da renovação enquanto eu não chegasse lá.

MAIS UMA VEZ, eu me vi sentado a uma mesa de conferências, cercado por executivos da Onitsuka. O Sr. Onitsuka não fez a entrada tardia, uma de suas marcas registradas, nem se ausentou intencionalmente. Agora estava lá desde o início, presidindo a reunião.

Ele iniciou os trabalhos dizendo que pretendia renovar com a Blue Ribbon por mais três anos. Sorri pela primeira vez em semanas. Então lancei mão da minha vantagem. Pedi um acordo mais longo. Sim, 1973 parecia estar muito longe, mas chegaria em um piscar de olhos. Eu precisava de mais tempo e segurança. Os meus banqueiros também.

– Cinco anos? – arrisquei.

O Sr. Onitsuka sorriu.

– Três.

Em seguida, ele fez um discurso estranho. Disse que apesar de vários anos de vendas mundiais lentas, somados a alguns erros estratégicos, as perspectivas eram boas para a Onitsuka. Por meio do corte de custos e da reorganização, a empresa havia recuperado sua vantagem. A expectativa de vendas para o próximo ano fiscal deveria chegar a 22 milhões de dólares, sendo que boa parte viria dos Estados Unidos. Uma pesquisa recente havia demonstrado que 70% de todos os corredores americanos possuíam um par de Tigers.

Eu sabia disso. Tive vontade de dizer que talvez eu tivesse um pouco a ver com isso. E que era exatamente por esse motivo que queria um contrato mais longo.

Mas o Sr. Onitsuka disse que uma das principais razões para a solidez dos números da Onitsuka era... Kitami. Ele olhou para a mesa, lançou um sorriso paternal para Kitami. Portanto, disse o Sr. Onitsuka, Kitami estava sendo promovido. Dali em diante, ele seria gerente de operações da empresa. Ele agora seria o Woodell da Onitsuka, embora eu me lembre de ter pensado que não trocaria um Woodell por mil Kitamis.

Fazendo uma reverência com a cabeça, felicitei o Sr. Onitsuka pela boa sorte da empresa. Virei-me e inclinei a cabeça para Kitami, parabenizando-o pela promoção. Mas, quando levantei a cabeça e fiz contato visual com ele, vi frieza no seu olhar.

Uma frieza que não me abandonou por vários dias.

Estabelecemos o acordo. Tinha quatro ou cinco parágrafos, um documento frágil. Passou pela minha cabeça o pensamento de que deveria ser mais robusto e que seria bom ter um advogado para analisá-lo. Mas não havia tempo. Todos nós assinamos e, em seguida, passamos a tratar de outros assuntos.

FIQUEI ALIVIADO POR TER UM NOVO CONTRATO, mas voltei ao Oregon perturbado, ansioso, mais do que em qualquer momento nos últimos oito anos. Claro, a minha pasta trazia uma garantia de que a Onitsuka me forneceria tênis pelos próximos três anos. Mas por que eles se recusaram a prolongar o contrato por mais tempo? Além disso, a extensão de tempo era enganosa. A Onitsuka estava me garantindo o abastecimento, porém as remessas chegavam crônica e perigosamente atrasadas. E a atitude deles sobre isso era um tanto blasé. *Mais alguns dias.* Com Wallace agindo o tempo todo mais como um agiota do que como banqueiro, mais alguns dias poderiam significar um desastre.

E, quando as encomendas da Onitsuka finalmente chegavam, o que acontecia? Frequentemente continham o número errado de calçados. Muitas vezes, os tamanhos errados. Outras, os modelos errados. Esse tipo de desordem obstruía o nosso armazém e irritava os nossos representantes de vendas. Antes de eu deixar o Japão, o Sr. Onitsuka e Kitami me garantiram que estavam construindo novas fábricas, mais modernas. Os problemas de entrega em breve seriam coisa do passado, disseram. Eu estava cético, mas não havia nada que pudesse fazer. Estava à mercê deles.

Johnson, por sua vez, ficava cada vez mais nervoso. As suas cartas, que costumavam ser repletas de resmungos, agora eram estridentemente histéricas. O problema principal era o Cortez de Bowerman, disse ele. Era muito popular. Nós tínhamos viciado as pessoas nele, transformando-as em verdadeiras dependentes do tênis, e agora não era possível atender à demanda, o que criava ressentimento em toda a cadeia de abastecimento.

"Meu Deus, estamos realmente estragando os nossos clientes", escreveu Johnson. "A felicidade é uma penca de tênis Cortez; a realidade é uma penca de tênis Boston, com o cabedal feito de lã de aço, linguetas feitas com lâminas de barbear velhas e tamanhos 36."

Ele estava exagerando, mas não muito. Acontecia o tempo todo. Eu garantia um empréstimo com Wallace, em seguida ficava esperando que a Onitsuka enviasse a encomenda e, quando enfim o navio aportava, não trazia consigo um único par do Cortez. Seis semanas mais tarde, teríamos o Cortez em excesso, mas seria tarde demais.

Por quê? Todos concordamos que não poderia ser apenas por causa das fábricas decrépitas da Onitsuka, e, com o tempo, Woodell acabou descobrindo que a Onitsuka estava cuidando da satisfação dos clientes japoneses *primeiro*, para só depois se preocupar com a exportação para os Estados Unidos. Terrivelmente injusto, mas, novamente, o que eu poderia fazer? Não tinha nenhum poder ou influência.

Ainda que as novas fábricas da Onitsuka resolvessem todos os problemas de entrega, ainda que as remessas chegassem no tempo certo, com todas as quantidades corretas de tamanho 42 e nenhum 35, mesmo assim eu enfrentaria problemas com Wallace. Encomendas maiores exigiriam empréstimos maiores, e empréstimos maiores seriam mais difíceis de pagar. Era 1970, e Wallace me avisou que não estava mais interessado em participar desse jogo.

Lembro-me de um dia, sentado no escritório dele, tanto ele quanto White me pressionando. Wallace parecia se divertir, embora White continuasse a me lançar alguns olhares que diziam: "Desculpe, amigo, mas este é o meu trabalho." Como sempre, sofri a humilhação educadamente, desempenhando o papel de pobre coitado, proprietário de uma empresa de pequeno porte. Penitência longa e crédito curto. Eu conhecia esse papel de cor, mas me lembro de ter a sensação de que, a qualquer momento, poderia soltar um grito assombroso que liberasse toda a minha frustração. Eu havia criado uma empresa dinâmica a partir do nada e, sem dúvida, ela era bárbara – as vendas dobravam todos os anos, sem parar –, e esse era o agradecimento que recebia? Dois banqueiros me tratando como se eu fosse um caloteiro?

Tentando acalmar a situação, White ressaltou alguns pontos positivos da Blue Ribbon. As palavras dele não tiveram o mínimo efeito sobre Wallace. Respirei, comecei a falar, depois parei. Não confiava na minha voz. Apenas me aprumei na cadeira e abracei a mim mesmo. Era o meu novo tique nervoso, o meu novo hábito. Os elásticos já não resolviam. Sempre que me sentia estressado, sempre que queria estrangular alguém, envolvia os braços bem apertados em volta do meu tronco. Naquele dia, o hábito estava mais pronunciado. Eles devem ter pensando que eu estava praticando alguma pose exótica de ioga aprendida na Tailândia.

Estava em questão mais do que o antigo desacordo filosófico sobre crescimento. A Blue Ribbon estava se aproximando da marca de 600 mil dólares em vendas e, naquele dia, eu fora ali para pedir um empréstimo de 1,2 milhão de dólares, um número com um significado simbólico para Wallace. Era a primeira vez que eu quebrava a barreira do milhão. Na mente dele, era como quebrar o recorde de 1 milha em quatro minutos. Pouquíssimas pessoas estavam destinadas a ultrapassar essa marca. Ele estava cansado de tudo isso, falou, cansado de mim. Pela enésima vez, explicou que vivia de saldos de caixa e, pela enésima vez, com toda a gentileza, respondi que, se as vendas e os lucros da minha empresa estavam subindo, subindo e subindo, Wallace deveria estar feliz por me ter como cliente.

Wallace bateu com a caneta na mesa. Disse que o meu crédito estava no limite. Oficialmente, irrevogavelmente, prontamente. Ele não autorizaria nem mais um centavo até que eu pusesse algum dinheiro na conta e o deixasse lá.

E, dali em diante, ele imporia rigorosas cotas de vendas para mim. Se eu perdesse apenas uma cota, mesmo que apenas por um dia... Ele nem terminou a frase. A voz dele sumiu e fui deixado na sala para preencher o silêncio com os piores cenários possíveis.

Virei-me para White, que me lançou um olhar. *O que posso fazer, amigo?*

DIAS DEPOIS, WOODELL me mostrou um telex da Onitsuka. O grande carregamento de primavera estava pronto para embarcar e eles queriam 20 mil dólares. Que ótimo, dissemos. Pelo menos uma vez eles vão enviar a remessa a tempo.

Apenas um detalhe: nós não tínhamos 20 mil dólares. E estava bem claro que eu não poderia pedir a Wallace um único tostão.

Então mandei um telex para a Onitsuka e pedi que segurassem os tênis, por favor, até que entrasse mais alguma receita da nossa equipe de vendas. "Por favor, não pense que estamos em dificuldades financeiras", escrevi. Não era uma mentira, propriamente dita. Como eu dissera a Bowerman, não estávamos quebrados, só não tínhamos dinheiro. Lotes de ativos, mas nenhum dinheiro. Apenas precisávamos de mais tempo. Agora chegara a minha vez de dizer: *Mais alguns dias.*

Enquanto aguardava a resposta da Onitsuka, percebi que só havia um jeito de resolver o problema de fluxo de caixa de uma vez por todas. Uma pequena oferta pública de ações. Se pudéssemos vender 30% da Blue Ribbon, a dois dólares por ação, levantaríamos 300 mil dólares da noite para o dia.

O momento parecia perfeito para fazer isso. Em 1970, as primeiras empresas de capital de risco começavam a florescer. Todo o conceito de capital de risco estava sendo inventado diante dos nossos olhos, embora a ideia do que constituía um bom investimento para esses capitalistas atraídos pelo risco ainda não estivesse suficientemente clara. A maioria das novas empresas de capital de risco ficava no norte da Califórnia, então os investidores se sentiam mais atraídos pelas empresas de alta tecnologia e de eletrônicos. Quase que exclusivamente no vale do Silício. Como a maioria dessas empresas tinha nomes futuristas, formei uma holding para a Blue Ribbon e lhe dei um nome pensado para atrair investidores que apreciavam tecnologia: Sports-Tek Inc.

Woodell e eu enviamos prospectos anunciando a oferta. Em seguida, nos sentamos e nos preparamos para uma clamorosa resposta.

Silêncio.

Um mês se passou.

Silêncio ensurdecedor.

Ninguém telefonou. Nem uma pessoa.

Isto é, quase ninguém. Conseguimos vender 300 ações, a um dólar cada. A Woodell e sua mãe.

No fim das contas, retiramos a oferta. Foi uma humilhação que despertou muitas conversas acaloradas comigo mesmo. Eu culpava a instabilidade da economia. Eu culpava o Vietnã. Mas, acima de tudo, culpava a mim mesmo. Eu havia supervalorizado a Blue Ribbon. Havia supervalorizado o trabalho de toda a minha vida.

Mais de uma vez, de manhã, enquanto bebia uma xícara de café, ou enquanto tentava dormir, dizia a mim mesmo: Será que sou idiota? Será que toda essa maldita história de vender tênis é uma coisa para idiotas?

Pode ser, pensei.

Pode ser.

JUNTEI 20 MIL DÓLARES das nossas contas a receber, quitei o empréstimo no banco e aceitei a entrega do pedido feito à Onitsuka. Outro suspiro de alívio. Seguido de um aperto no peito. O que eu faria na próxima vez? E na seguinte?

Eu precisava de dinheiro. Aquele verão estava excepcionalmente quente. Dias lânguidos, de sol dourado, céu azul, um verdadeiro paraíso. Tudo parecia zombar de mim e do meu estado de espírito. Se 1967 tinha sido o Verão do Amor, 1970 era o Verão da Liquidez, e eu não tinha nenhuma. Passava a maior parte do dia pensando em liquidez, falando sobre liquidez, olhando para os céus e suplicando por liquidez. Meu reino pela liquidez. Uma palavra ainda mais repugnante do que "patrimônio líquido".

No fim das contas, acabei fazendo o que não queria fazer, o que tinha jurado nunca fazer. Comecei a pedir dinheiro a qualquer pessoa capaz de escutar. Amigos, família, conhecidos. Fui pedir a antigos colegas de equipe, sujeitos que eu tinha feito suar, com quem havia treinado, que correram ao meu lado. Inclusive o meu antigo arquirrival, Grelle.

Eu ouvira dizer que Grelle havia herdado muito dinheiro de uma avó. Além disso, ele estivera envolvido em vários empreendimentos comerciais lucrativos. Trabalhava como vendedor de duas cadeias de supermercados e também vendia capelos e becas para alunos que iam se formar. Ambos os empreendimentos iam muito bem. Alguém disse ainda que ele era dono de um grande terreno em Lake Arrowhead, onde vivia em uma casa enorme. O homem nasceu para vencer. (E ele ainda participava de competições de corrida, um ano antes de se tornar o melhor do mundo.)

Houve uma corrida em Portland naquele verão, então Penny e eu decidimos convidar um grupo para ir à nossa casa depois do evento, para uma pequena festa. Fiz questão de convidar Grelle e fiquei esperando pelo momento certo. Quando todo mundo estava à vontade, depois de tomar algumas cervejas, chamei-o para conversar. Levei-o ao escritório e fiz o meu discurso, com calma e tranquilidade. Nova empresa, problemas de fluxo de caixa, possibilidade de lucro considerável, blá-blá-blá. Ele foi gentil, cortês, e sorriu de maneira agradável.

– Não estou interessado, Buck.

Certo dia, sem ter mais ninguém a quem recorrer e sem nenhuma outra opção, sentado à minha mesa, olhando pela janela, Woodell bateu à porta. Entrou correndo no escritório e a fechou. Disse que ele e os pais queriam me emprestar 5 mil dólares e não aceitariam um não como resposta. Eles também não tolerariam nenhuma menção de lucro. Na verdade, nem sequer queriam formalizar o empréstimo com qualquer tipo de documento. Ele estava indo para Los Angeles para ver Bork, mas, enquanto estivesse fora, disse que eu deveria ir até a casa da família e pegar o cheque com os pais dele.

Dias depois, fiz algo além do que eu poderia imaginar, algo que eu não pensava que seria capaz de fazer. Fui até a casa de Woodell e peguei o cheque.

Eu sabia que os Woodell não eram ricos. Sabia que as despesas médicas do filho faziam da vida deles uma luta ainda mais dura que a minha. Os 5 mil dólares eram as economias de toda uma vida. Eu sabia.

Mas estava errado. Os pais dele tinham um pouco mais e perguntaram se eu precisava do restante do dinheiro também. E eu disse que sim. E eles me entregaram os seus últimos 3 mil dólares, raspando a poupança da família.

Como desejei poder guardar o cheque na minha gaveta e não o descontar. Só que não podia fazer isso. Eu não faria isso.

Quando já estava de saída, me detive e perguntei:

– Por que estão fazendo isso?

– Porque – disse a mãe de Woodell –, se você não puder confiar na empresa para a qual o seu filho trabalha, em quem você poderá confiar?

PENNY CONTINUAVA A BUSCAR maneiras criativas de fazer render os 25 dólares que eu lhe dava para as compras de supermercado, o que significava 50 tipos de estrogonofe de carne e, consequentemente, que meu peso estava maior a cada dia. Em meados de 1970, eu pesava uns 86 quilos, um recorde histórico na minha vida. Certa manhã, quando me vestia para sair para o trabalho, coloquei um dos meus ternos mais largos e ele não ficou folgado. De pé diante do espelho, eu disse ao meu reflexo:

– Oh-oh.

No entanto, era mais do que o estrogonofe. De alguma forma, eu havia perdido o hábito da corrida. A Blue Ribbon, o casamento, a paternidade – nunca havia tempo. Além disso, eu me sentia exausto. Embora adorasse correr para Bowerman, eu também odiava. Isso acontece com todos os atletas universitários. Anos de treinamento, competindo em nível elevado, cobram o seu preço. Você precisa de um descanso. Só que agora esse descanso havia acabado. Eu precisava voltar. Não queria ser o presidente flácido e sedentário de uma empresa que vendia tênis de corrida.

E, como se os ternos apertados e o espectro da hipocrisia não fossem incentivos suficientes, outra motivação logo surgiu.

Pouco depois da corrida na cidade, depois que Grelle recusou meu pedido de empréstimo, ele e eu saímos para correr. Depois de uns 6 quilômetros e meio, vi Grelle olhando para trás, com tristeza, enquanto eu soprava e bufava para continuar. Uma coisa era ele me recusar dinheiro, outra era ele ter pena de mim. Ele sabia que eu estava envergonhado, então, desafiou-me:

– No próximo outono, nós dois vamos correr juntos. Uma milha. Eu lhe darei um minuto inteiro de vantagem e, se você vencer, eu lhe pagarei 1 dólar por cada segundo de diferença no nosso tempo.

Treinei duro naquele verão. Adquiri o hábito de correr 10 quilômetros todas as noites, depois do trabalho. Em pouco tempo, estava em forma de novo e meu peso baixou para uns 72 quilos. Quando o dia da grande corrida chegou – com Woodell no cronômetro –, ganhei 36 dólares de Grelle. (A vitória ficou ainda mais doce na semana seguinte, quando Grelle participou de outro evento de corrida e seu tempo foi de 4:07.) Quando voltava para casa naquele dia, eu me senti imensamente orgulhoso. Continue, disse a mim mesmo. Não pare.

QUASE CHEGANDO À METADE DO ANO – 15 de junho de 1970 –, peguei a minha revista *Sports Illustrated* na caixa de correio e levei um susto. Na capa estava um dos Homens do Oregon. E não era um Homem do Oregon qualquer, mas talvez o maior de todos os tempos, maior até do que Grelle. Seu nome era Steve Prefontaine e, na foto, ele estava correndo, subindo o Olimpo, também conhecido como montanha de Bowerman.

O artigo no interior descrevia Pre como um surpreendente fenômeno, daqueles que surgem uma vez a cada geração. Ele já havia feito um excelente tempo no ensino médio, estabelecendo o recorde nacional (8:41) para 2 milhas, mas agora, no seu primeiro ano no Oregon, ao correr 2 milhas, havia vencido Gerry Lindgren, anteriormente considerado imbatível. E o vencera por 27 segundos. Pre marcou 8:40.0, o terceiro melhor tempo do país naquele ano. Ele também correra 3 milhas em 13:12.8 e, em 1970, era o homem mais rápido na face da Terra.

Bowerman disse ao repórter da *Sports Illustrated* que Pre era o mais rápido meio fundista vivo. Eu nunca ouvira tamanho entusiasmo da boca de meu impassível treinador. Nos dias que se seguiram, em outros artigos que li, Bowerman foi ainda mais efusivo, chamando Pre de "o melhor atleta que já treinei". O assistente de Bowerman, Bill Dellinger, disse que a arma secreta de Pre era a sua confiança, tão bizarra quanto a sua capacidade pulmonar. "De modo geral", explicou Dellinger, "nossos rapazes levam 12 anos para construir confiança em si mesmos, e aqui está um jovem que apresenta naturalmente a atitude certa."

Sim, pensei. Confiança. Mais do que de patrimônio líquido, mais do que de liquidez, é disso que um homem precisa.

Desejei ter mais. Queria poder pedir um pouco de confiança emprestada. No entanto, a confiança era como dinheiro. Era preciso ter um pouco para conseguir mais. E as pessoas relutam muito em dar a você.

Outra revelação veio naquele verão pelas páginas de outra revista. Folheando a *Fortune*, li uma história sobre meu ex-chefe no Havaí. Depois que trabalhei para Bernie Cornfeld e seus investidores no exterior, ele havia enriquecido ainda mais. Tinha deixado os Fundos Dreyfus e começara a vender ações dos próprios fundos mútuos, além de minas de ouro, imóveis e outros ativos. Construíra um império e agora, como acaba acontecendo com todos os impérios, estava desmoronando. Fiquei tão perplexo com a notícia da sua queda que, titubeante, virei a página e dei de cara com outro artigo, uma análise bastante seca do poder econômico recente do Japão. O artigo destacava que, 25 anos depois de Hiroshima, o Japão havia renascido. Tornara-se a terceira maior economia do planeta, estava tomando medidas agressivas para se tornar ainda maior, consolidar a sua posição e estender o seu alcance. Além de simplesmente pensar adiante e trabalhar mais do que os outros países, o Japão estava adotando políticas comerciais implacáveis. O artigo, em seguida, esboçava o veículo principal para essas políticas comerciais, a hiperagressiva *sosa shoga* japonesa.

Trading companies.

É difícil dizer exatamente o que eram aquelas primeiras *trading companies* japonesas. Às vezes, eram importadoras que compravam matérias-primas pelo mundo para empresas que não podiam fazê-lo. Outras, eram exportadoras, que representavam aquelas mesmas empresas em outros países. Em alguns casos, eram bancos privados que ofereciam crédito fácil a todo tipo de empresa. E outras vezes eram um braço do governo japonês.

Guardei essas informações. Durante alguns dias. E, depois que fui ao First National e Wallace mais uma vez me fez sentir como um mendigo, saí e reparei no letreiro do Bank of Tokyo. Eu já vira aquele letreiro inúmeras vezes, é claro, só que agora ele tinha outro significado. Grandes pedaços do quebra-cabeça encontraram o seu lugar. Ainda tonto, atravessei a rua, entrei no banco e me apresentei à mulher na recepção. Disse que era dono de uma empresa de calçados que importava tênis do Japão e queria falar com alguém sobre negócios. Como a dona de um bordel, a mulher, rápida e discretamente, levou-me a uma sala nos fundos. E me deixou lá.

Dois minutos depois, um homem entrou e se sentou muito calmamente à mesa. Ele esperou. Eu esperei. Ele continuou esperando. Finalmente, eu disse:

– Eu possuo uma empresa – expliquei.

– Sim? – disse ele.

– Uma empresa de calçados.

– Sim? – repetiu ele.

Abri minha maleta e retirei alguns papéis.

– Estas são as minhas demonstrações contábeis. Estou em um dilema terrível. Preciso de crédito. Acabei de ler um artigo na *Fortune* sobre *trading companies* japonesas, dizendo que essas empresas são mais livres na concessão de crédito e, bem, você conhece alguma a quem poderia me apresentar?

O homem sorriu. Ele havia lido o mesmo artigo. Disse que por acaso a sexta maior *trading* do Japão tinha um escritório bem acima da gente, no último andar do prédio. Todas as grandes empresas japonesas desse tipo tinham escritórios em Portland, disse ele, mas aquela em particular, a Nissho Iwai, era a única em Portland a ter o próprio departamento de commodities.

– Trata-se de uma empresa de 100 bilhões de dólares – disse ele, arregalando os olhos.

– Meu Deus! – exclamei.

– Por favor, aguarde – disse ele. E saiu da sala.

Minutos depois, retornou trazendo um executivo da Nissho Iwai. O nome dele era Cam Murakami. Apertamos as mãos e conversamos, estritamente do ponto de vista hipotético, sobre a possibilidade de a Nissho financiar as minhas futuras importações. Eu fiquei intrigado. Ele ficou bastante intrigado. E me ofereceu um acordo na mesma hora, estendeu a mão, mas não consegui apertá-la. Ainda não. Primeiro, tinha que deixar a situação clara com a Onitsuka.

Enviei um telex naquele dia para Kitami, perguntando se ele teria alguma objeção ao fato de eu fazer negócios com a Nissho. Dias se passaram. Semanas. Com a Onitsuka, o silêncio tinha um significado. A falta de notícia podia ser má ou boa notícia; mas uma coisa era certa: a falta de notícia era uma notícia.

ENQUANTO ESPERAVA POR UMA RESPOSTA, recebi um telefonema preocupante. Um distribuidor de sapatos da Costa Leste disse que tinha sido abordado pela Onitsuka sobre tornar-se o seu novo distribuidor nos Estados Unidos. Fiz com que repetisse a novidade mais devagar. Ele o fez. Disse que não queria me deixar nervoso. Nem estava tentando me ajudar ou me dar algum alerta. Apenas queria saber as condições do meu acordo.

Comecei a tremer. Meu coração disparou. Meses após a assinatura de um novo contrato comigo, a Onitsuka estava conspirando para quebrá-lo? Será que haviam ficado assustados quando posterguei o envio da remessa do final da primavera? Teria Kitami decidido que não queria mais nada comigo?

Minha única esperança era que o tal distribuidor na Costa Leste estivesse mentindo. Ou tivesse se enganado. Talvez fosse um mal-entendido. Talvez fosse algum problema de tradução.

Escrevi para Fujimoto. Disse que esperava que ele ainda estivesse aproveitando a bicicleta que lhe comprei. (Sutil.) Pedi-lhe que descobrisse qualquer coisa que fosse possível.

Ele escreveu de volta imediatamente. O distribuidor dizia a verdade. A Onitsuka estava considerando uma ruptura com a Blue Ribbon e Kitami entrara em contato com vários distribuidores nos Estados Unidos. Não havia um plano sólido de quebrar o meu contrato, acrescentou Fujimoto, mas candidatos estavam sendo analisados e observados.

Tentei me concentrar no ponto positivo. Não havia um plano sólido. Isso significava que havia esperança. Eu ainda podia restaurar a fé da Onitsuka, convencer Kitami. Só precisaria refrescar a memória dele a respeito das qualidades da Blue Ribbon e das minhas. O que significava convidá-lo para uma visita amigável aos Estados Unidos.

1971

— Adivinhe quem vem para o jantar – insinuou Woodell. Ele entrou no meu escritório e me entregou o telex. Kitami aceitara o meu convite. Estava chegando a Portland para passar alguns dias. Depois ele faria uma longa viagem pelos Estados Unidos, por motivos que se recusou a compartilhar.

– Visitar outros potenciais distribuidores – eu disse a Woodell.

Ele assentiu.

Era março de 1971. Nós juramos que Kitami adoraria a visita, que voltaria para casa amando os Estados Unidos, o Oregon, a Blue Ribbon – e eu. Quando terminássemos, Kitami seria incapaz de fazer negócios com qualquer outra pessoa. E para tanto, concordamos, a visita deveria culminar com um jantar de gala na casa de nosso ativo mais importante: Bowerman.

PARA A MONTAGEM DESSA OFENSIVA de encanto, naturalmente, convoquei Penny. Juntos, fomos buscar Kitami no aeroporto e o levamos direto para a costa do Oregon, onde ficava a casa à beira-mar dos pais dela, em que havíamos passado nossa noite de núpcias.

Kitami trouxe um companheiro com ele, uma espécie de carregador de malas, assistente pessoal e secretário, chamado Hiraku Iwano. Era apenas um garoto ingênuo, inocente, de pouco mais de 20 anos, e Penny o fez comer em sua mão antes que entrássemos na Sunset Highway.

Fizemos de tudo para oferecer aos dois um fim de semana maravilhoso no Noroeste do Pacífico. Nós nos sentamos na varanda com eles e respiramos o ar marinho. Fizemos longas caminhadas na praia com eles. Oferecemos salmão de primeira qualidade e servimos taças e mais taças de um bom vinho francês. Tentamos concentrar a maior parte da nossa atenção em Kitami, mas ambos, Penny e eu, achávamos mais fácil conversar com Iwano, que lia livros e soava sincero. Kitami parecia um homem cheio de artimanhas.

Na segunda-feira bem cedo, levei Kitami de volta a Portland e fomos ao First National Bank. Da mesma forma que eu estava determinado a encantá-lo nessa viagem, imaginei que ele poderia ser útil para impressionar Wallace. Talvez Kitami pudesse atestar a credibilidade da Blue Ribbon e, assim, facilitar a obtenção de crédito.

White nos encontrou no saguão e nos acompanhou até uma sala de reuniões. Olhei ao redor.

– Onde está Wallace? – perguntei.

– Ah – disse White –, ele não vai poder se juntar a nós hoje.

Como? Esse era o motivo principal da visita ao banco. Eu queria que Wallace ouvisse o endosso de Kitami. Ah, bem, pensei, o bom policial terá que retransmitir o endosso ao mau policial.

Eu disse algumas palavras introdutórias, expressei confiança em que Kitami reforçaria a fé do First National na Blue Ribbon e, em seguida, passei a palavra a Kitami, que fechou a cara e fez justamente aquilo que tornaria a minha vida ainda mais difícil.

– Por que você não dá mais *dinheiro* aos meus amigos? – perguntou a White.

– C-c-como? – perguntou White.

– Por que você se recusa a estender o crédito da Blue Ribbon? – disse Kitami, batendo com o punho na mesa.

– Bem, é que... – disse White.

Kitami o interrompeu:

– Que tipo de banco é este? Não entendo! Talvez a Blue Ribbon ficasse melhor sem vocês!

White ficou branco. Tentei interferir. Tentei reformular o que Kitami estava dizendo, tentei culpar a barreira da língua, mas a reunião havia terminado. White saiu irritado e eu fiquei olhando, espantado, para Kitami, cuja expressão dizia: bom trabalho.

* * *

LEVEI KITAMI PARA CONHECER os nossos novos escritórios em Tigard, passeei com ele pelo local e apresentei-o a equipe. Eu estava lutando arduamente para manter a compostura, continuar sendo agradável e bloquear todos os pensamentos sobre o que tinha acabado de acontecer. Eu estava com medo de que, a qualquer momento, pudesse perder o controle. Mas, quando acomodei Kitami em uma cadeira em frente à minha mesa, foi ele quem perdeu a compostura – comigo.

– As vendas da Blue Ribbon são decepcionantes! – disse ele. – Você deveria estar fazendo muito melhor.

Atordoado, eu disse que as nossas vendas dobravam todo ano.

– Não estão boas o suficiente – retrucou ele. – Algumas pessoas dizem que deveriam estar triplicando.

– Que pessoas? – perguntei.

– Não importa – respondeu.

Kitami tirou uma pasta da sua maleta e a abriu, leu o que estava escrito e a fechou depressa. Repetiu que não gostava dos nossos números, que não achava que estávamos fazendo o bastante. Abriu a pasta novamente, fechou-a e enfiou-a de volta na maleta. Tentei me defender, mas ele acenou com a mão, desgostoso. Continuamos a discussão por algum tempo, de maneira civilizada porém tensa.

Depois de quase uma hora de conversa, ele se levantou e pediu para usar o banheiro masculino.

– No final do corredor – indiquei.

Assim que ele saiu de vista, pulei de trás da minha mesa. Abri a maleta dele, remexi lá dentro e tirei a pasta que ele pegava toda hora. Enfiei-a sob o mata-borrão da mesa, em seguida pulei para trás da mesa e coloquei os cotovelos sobre o mata-borrão.

Enquanto esperava Kitami retornar, tive um pensamento muito estranho. Lembrei-me de todas as vezes que eu havia me voluntariado para trabalhar com os escoteiros, todas as vezes que participei dos conselhos da Eagle Scout, distribuindo medalhas de mérito por honra e integridade. Dois ou três finais de semana por ano, eu questionava meninos de rostos vermelhos sobre sua honestidade, e agora estava roubando documentos da pasta de outro homem? Eu estava entrando em um caminho obscuro. Sem saber aonde isso poderia levar. Mas não havia nada a fazer. Não adiantava ficar pensando nas consequências imediatas das minhas ações. Teria que me recusar a participar do próximo conselho.

Como eu desejava estudar o conteúdo daquela pasta, fazer cópias de cada folha e analisar tudo com Woodell! Mas Kitami logo retornou. Deixei que continuasse a me censurar sobre números que subiam lentamente, deixei que falasse tudo o que estava na sua cabeça e, quando ele parou, resumi a minha posição. Calmamente, disse que a Blue Ribbon poderia aumentar as vendas se pudéssemos comprar mais tênis, que poderíamos comprar mais tênis se tivéssemos mais financiamento e que o nosso banco poderia nos dar mais financiamento se tivéssemos mais garantias, o que significava um contrato mais longo com a Onitsuka. Mais uma vez, ele fez um gesto com a mão.

– Desculpas – disse ele.

Lancei a ideia de financiar os nossos pedidos através de uma empresa comercial japonesa como a Nissho Iwai, algo que eu havia mencionado nos meus telexes havia alguns meses.

– Baah! – exclamou ele – *Trading companies*... Elas enviam o dinheiro primeiro e os homens depois. Assumem o controle! Abrem caminho na sua empresa e depois tomam o seu lugar.

Tradução: a Onitsuka só fabricava 25% da própria produção, subcontratando os outros 75%. Kitami temia que a Nissho descobrisse a rede de fábricas da Onitsuka e, em seguida, fosse diretamente a elas e se tornasse um fabricante, tirando a Onitsuka do negócio.

Kitami se levantou. Disse que precisava voltar para o hotel e descansar. Eu disse que pediria a alguém para levá-lo e que iria encontrá-lo para um coquetel mais tarde, no bar do hotel.

Tão logo ele saiu, fui procurar Woodell e contei-lhe o que tinha acontecido. Mostrei a pasta.

– Eu roubei *isto* da maleta dele – contei.

– Você fez *o quê*? – disse Woodell.

Ele ficou chocado, mas estava tão curioso quanto eu sobre o conteúdo da pasta. Juntos, nós a abrimos e descobrimos que continha, entre outras coisas, uma lista de 18 distribuidores de tênis de atletismo nos Estados Unidos e uma agenda de compromissos com metade deles.

Então, ali estava. Preto no branco. Algumas pessoas dizem. As tais "algumas pessoas" que estavam condenando a Blue Ribbon, envenenando Kitami contra nós, eram os nossos concorrentes. E ele estava indo lhes fazer uma visita. Mate um Homem de Marlboro e outros 20 aparecem para tomar seu lugar.

Fiquei indignado, é claro. Mas, principalmente, magoado. Durante sete anos nos dedicamos aos tênis Tiger. Nós os havíamos apresentado aos Estados Unidos, reinventamos a linha. Bowerman e Johnson haviam mostrado à Onitsuka como fazer um calçado esportivo melhor, e os desenhos deles eram, agora, a base de todas as criações, estabelecendo recordes de vendas, mudando a cara da indústria... E era essa a nossa recompensa?

– E agora – eu disse a Woodell – tenho que me encontrar com esse Judas para tomar coquetéis.

Primeiro, corri 10 quilômetros. Acho que nunca corri com tanto ímpeto e nunca estive tão ausente do meu corpo. A cada passo eu gritava para as árvores, gritava para as teias de aranha penduradas nos galhos. Isso ajudou. Depois de ter tomado um banho e me arrumado, a caminho de me encontrar com Kitami no hotel, eu estava quase sereno. Ou talvez estivesse em choque. O que Kitami disse durante a hora que passamos juntos, o que eu disse: não me lembro. Só me lembro que, na manhã seguinte, quando Kitami foi ao meu escritório, Woodell e eu fizemos uma espécie de jogo das tampinhas. Quando alguém levou Kitami à sala do café, Woodell bloqueou a porta do meu escritório com sua cadeira de rodas e eu deslizei a pasta de volta para a maleta do executivo.

NO ÚLTIMO DIA DA VISITA DE Kitami, horas antes do grande jantar, corri até Eugene para conversar com Bowerman e o advogado dele, Jaqua. Deixei que Penny buscasse Kitami no final do dia, pensando: o que de pior pode acontecer?

E então Penny chega e estaciona na casa de Bowerman, o cabelo desgrenhado, o vestido manchado de óleo. Quando ela saiu do carro, achei, por um instante, que Kitami a havia atacado, mas ela me puxou de lado e explicou que um pneu havia furado.

– *Aquele filho da mãe* – sussurrou – *ficou no carro, no meio da estrada, e me deixou trocar o pneu sozinha!*

Levei-a para dentro. Nós dois precisávamos de algo forte para beber.

Entretanto, aquela não era uma questão simples. A Sra. Bowerman, uma devota da Ciência Cristã, em geral não permitia álcool na sua casa. Ela estava fazendo uma exceção naquela noite especial, mas havia me pedido que fizesse o favor de garantir que todos se comportariam e que ninguém exageraria. Assim, embora minha mulher e eu precisássemos de uma boa dose, fui forçado a servir só um pouquinho.

A Sra. Bowerman reuniu todos na sala de estar.

– Em homenagem aos nossos ilustres convidados – anunciou – nesta noite beberemos... *mai tais!*

Aplausos.

Kitami e eu ainda tínhamos pelo menos uma coisa em comum. Ambos gostávamos desse drinque. Muito. Algo nessa bebida nos lembrava do Havaí, aquele lugar maravilhoso entre a Costa Oeste e o Japão onde era possível relaxar antes de voltar para os longos dias de trabalho. Eu e ele paramos no primeiro copo naquela noite. Cientes das crenças da Sra. Bowerman, todos fizeram o mesmo. Todos, menos Bowerman. Ele nunca fora muito de beber e, por certo, nunca havia provado um mai tai, e todos assistimos, temerosos e consternados, ao efeito da bebida nele. E mais ainda. Algo na combinação ácida de curaçau, suco de limão, abacaxi e rum mexeu com a cabeça de Bowerman. Após dois drinques, ele era uma pessoa diferente.

Enquanto tentava preparar o terceiro coquetel, Bowerman berrou:

– Acabou o gelo! – Ninguém respondeu. Então ele respondeu para si mesmo: – Não tem problema.

Marchou até a garagem, abriu o freezer grande e agarrou um saco de mirtilos congelados. Então rasgou o saco, espalhando mirtilos por toda parte. Em seguida, jogou um enorme punhado de mirtilos congelados na própria bebida.

– Fica mais gostoso assim – anunciou, voltando para a sala de estar.

Em seguida, caminhou pela sala, derramando punhados de mirtilos congelados nos copos dos outros convidados.

Sentado, começou a contar uma história de gosto altamente questionável. Ela se desenrolava em um crescendo, assim como o meu medo de que aquilo seria lembrado por muitos e muitos anos. Isto é, se fosse possível compreender o que ele dizia. As palavras de Bowerman, normalmente tão nítidas e precisas, estavam cada vez mais enroladas.

A Sra. Bowerman olhou para mim. Mas o que eu poderia fazer? Dei de ombros e pensei: "Foi você quem se casou com ele." Depois, pensei melhor: "Ah, espere aí, eu também."

No passado, quando os Bowerman participaram dos Jogos Olímpicos de 1964, no Japão, a Sra. Bowerman se apaixonara por peras-nashi, que são como pequenas maçãs verdes, só que bem mais doces. Elas não crescem nos Estados Unidos, de modo que ela havia contrabandeado algumas sementes na bolsa, plantando-as em seu jardim. Toda vez que elas floresciam, disse ela a Kitami, o seu amor pelas coisas do Japão era renovado. Ele pareceu bastante seduzido pela história.

– Eca! – Bowerman disse, exasperado. – Maçã japa!

Cobri meus olhos com as mãos.

Até que chegou o momento em que pensei que a festa poderia sair do controle, quando me perguntei se haveria realmente a necessidade de chamar a polícia. Olhei para o outro lado da sala e vi Jaqua sentado ao lado da esposa, olhando para Kitami. Eu sabia que Jaqua tinha sido piloto de caça na guerra, que um dos seus amigos mais próximos havia sido baleado por um avião Zero japonês. Na verdade, Jaqua e a esposa haviam dado ao primeiro filho o nome do amigo morto, e, de repente, me arrependi de ter contado a Jaqua sobre a Pasta da Traição de Kitami. Percebi algo borbulhando dentro dele e subindo pela sua garganta e senti a possibilidade real de aquele advogado, melhor amigo e vizinho de Bowerman, levantar-se, atravessar a sala e dar um soco no queixo de Kitami.

A única pessoa que parecia estar se divertindo sem problemas era Kitami. O Kitami zangado do banco não estava mais ali. Nem aquele da bronca no meu escritório. Conversando, rindo, batendo nos joelhos, ele foi tão agradável que eu gostaria de saber o que teria acontecido se eu tivesse lhe dado um mai tai antes de levá-lo ao First National.

No final da noite, ele viu algo do outro lado da sala – um violão. O instrumento pertencia a um dos três filhos de Bowerman. Kitami foi até lá, pegou o instrumento e começou a dedilhar. Em seguida, tocou-o pessimamente. Levou o violão para um pequeno lance de escadas que ia da sala de estar rebaixada até a sala de jantar e, de pé no degrau mais alto, começou a tocar. E a cantar.

Todas as cabeças se viraram. A conversa cessou. Era algum tipo de música *country*, mas Kitami executou-a como se fosse uma canção tradicional japonesa. Parecia Buck Owens tocando uma harpa japonesa. Em seguida, sem qualquer pausa, ele mudou para "O Sole Mio". Lembro-me de ter pensado: ele está mesmo cantando "O Sole Mio"?

Ele cantou mais alto. *O sole mio, sta 'nfronte a te! O sole, o sole mio, sta 'nfronte a te!*

Um empresário japonês dedilhando terrivelmente um violão ocidental, cantando uma balada italiana, na voz de um tenor irlandês. Era surreal, muito mais do que surreal, e ele não parava. Eu nem sabia que essa canção tinha tantas estrofes. Jamais pensei que meus conterrâneos, gente sempre ativa e inquieta do Oregon, pudessem permanecer sentados e quietos por tanto tempo. Quando ele largou o violão, todos tentamos não fazer contato visual uns com os outros e o aplaudimos. Bati muitas e muitas palmas e tudo fez sentido. Para Kitami, essa viagem aos Estados Unidos – a visita ao banco, as reuniões comigo, o jantar com os Bowerman – não tinha nada a ver com a Blue Ribbon. Nem com a Onitsuka. Como todo o resto, tinha a ver com Kitami.

KITAMI DEIXOU PORTLAND no dia seguinte, para a sua já não tão secreta missão: a "turnê para dar uma banana para a Blue Ribbon". Perguntei de novo sobre o destino dele e, de novo, ele não respondeu. *Yoi tabi de arimas yoh ni*, eu disse. Boa viagem.

Havia pouco tempo, eu incumbira Hayes, meu antigo chefe na Price Waterhouse, de fazer um trabalho de consultoria para a Blue Ribbon e agora estávamos reunidos tentando decidir o meu próximo passo, antes da volta de Kitami. Concordamos que a melhor coisa a fazer era manter a paz, tentar convencer Kitami a não nos deixar, não nos abandonar. Por mais irritado e magoado que estivesse, eu precisava aceitar que a Blue Ribbon estaria perdida sem a Onitsuka. Eu precisava, segundo Hayes, ficar perto do diabo que já conhecia e convencê-lo a ficar com o diabo que *ele* conhecia.

Naquela mesma semana, quando o diabo voltou, convidei-o para ir a Tigard, para outra visita antes do seu voo de volta ao Japão. Mais uma vez, tentei esquecer tudo o que ele fizera. Levei-o à sala de reuniões e, com Woodell e eu de um lado da mesa e Kitami e seu assistente, Iwano, do outro, forcei um grande sorriso e disse que esperávamos que ele tivesse gostado da visita ao nosso país.

Ele disse, mais uma vez, que estava decepcionado com o desempenho da Blue Ribbon.

Dessa vez, no entanto, falou que tinha uma solução.

– Qual? – indaguei.

– Venda a sua empresa para nós.

Ele disse isso com muita suavidade. Passou-me pela cabeça a ideia de que algumas das coisas mais difíceis de serem ditas na vida são ditas com suavidade.

– Como? – indaguei.

– A Onitsuka Co. Ltd. quer adquirir o controle acionário da Blue Ribbon, 51%. É o melhor negócio para a sua empresa. E para você. Seria muito inteligente da sua parte aceitar.

Uma aquisição. *Uma porra de uma aquisição*. Olhei para o teto. Esse cara deve estar *brincando*, pensei. Dentre todos os arrogantes, dissimulados, ingratos valentões...

– E se não quisermos?

– Não teremos escolha além de contratar distribuidores melhores.

– Melhores. Hum-hum. Entendo. E o nosso contrato por escrito?

Ele deu de ombros. Que importam os contratos?

Eu não podia deixar a minha mente ir a qualquer dos lugares para os quais estava tentando ir. Não podia dizer a Kitami o que eu pensava dele, ou onde ele deveria enfiar aquela oferta, porque Hayes estava certo: eu *ainda* precisava dele. Eu não tinha apoio, não tinha um Plano B, não tinha nenhuma estratégia. Se quisesse salvar a Blue Ribbon, precisava fazê-lo lentamente, no meu próprio ritmo, de modo a não assustar os clientes e os revendedores. Eu precisava de tempo e, portanto, também que a Onitsuka continuasse a me enviar mercadoria pelo maior tempo possível.

– Bem – eu disse, lutando para controlar minha voz –, eu tenho um sócio. O treinador Bowerman. Terei que discutir a sua oferta com ele.

Eu tinha certeza de que Kitami perceberia essa manobra temporária e amadora. Mas ele se levantou, suspendeu as calças e sorriu.

– Converse sobre isso com o Dr. Bowerman. E me ligue de volta.

Eu queria bater nele. Em vez disso, apertei sua mão. Ele e Iwano foram embora.

Na sala de reuniões, de repente, sem a presença de Kitami, Woodell e eu olhamos para a mesa e deixamos que o silêncio tomasse conta de nós.

ENVIEI O MEU ORÇAMENTO e a previsão para o próximo ano para o First National, com minha solicitação-padrão de crédito. Eu queria enviar um pedido de desculpas, implorar por perdão pelo desastre com Kitami, mas sabia que White entenderia o acontecido. Além disso, Wallace não estivera presente. Dias depois de receber o orçamento e a previsão, White me pediu para ir até lá porque estava pronto para discutir o assunto.

Eu mal havia me sentado na cadeira dura diante da mesa dele quando recebi a notícia:

– Phil, temo que o First National não possa mais fazer negócios com a Blue Ribbon. Não vamos mais emitir cartas de crédito em seu nome. Vamos pagar os seus pedidos restantes quando chegarem, com o que ainda sobrou na conta, mas, quando a última conta for paga, a nossa relação será encerrada.

Pela palidez do rosto de White, eu podia ver que ele estava arrasado. Ele não tivera nenhuma parte naquela decisão. Ela vinha do alto. Assim, não havia sentido em discutir. Abri os braços.

– O que eu faço agora, Harry?

– Encontre um novo banco.

– E se eu não puder? Perco o meu negócio, não é?

Ele olhou para seus papéis, empilhou-os e prendeu-os com um clipe. Disse-me que a questão da Blue Ribbon causara uma profunda divisão de opiniões entre os gerentes do banco. Alguns se posicionaram a nosso favor, outros, contra. Em última análise, Wallace dera o voto decisivo.

– Isso me fez muito mal – disse White. – Tão mal que vou tirar um dia de licença.

Eu não tinha essa opção. Saí me arrastando do First National e fui direto para o U.S. Bank. Implorei para que me aceitassem.

Eles disseram que sentiam muito e negaram.

Não tinham interesse em assumir problemas rejeitados pelo First National.

TRÊS SEMANAS SE PASSARAM. A empresa, a minha empresa, nascida a partir do nada e agora terminando 1971 com vendas de 1,3 milhão de dólares, respirava por aparelhos. Conversei com Hayes. Falei com meu pai. Conversei com todos os contadores que eu conhecia, um dos quais mencionou que o Bank of California tinha licença para fazer negócios em três estados do Oeste, inclusive o Oregon. Além disso, tinha uma filial em Portland. Corri até lá e, de fato, eles me acolheram, me deram abrigo contra a tempestade. E uma pequena linha de crédito.

Ainda assim, aquela era apenas uma solução de curto prazo. Afinal, eles eram um banco, e os bancos são, por definição, avessos ao risco. Independentemente das minhas vendas, o Bank of California em breve veria com desconfiança o meu saldo de caixa zero. Eu precisava começar a me preparar para esse dia difícil.

Meus pensamentos estavam sempre voltando para a *trading* japonesa. Nissho. Tarde da noite, eu pensava: "Eles têm 100 bilhões de dólares em receita... e querem, desesperadamente, *me* ajudar. Por quê?"

Para começar, a Nissho captava enormes volumes de negócios com pequenas margens de lucro, por isso amava empresas em crescimento com grandes chances de prosperar. Nós éramos assim. Em alto grau. Aos olhos de Wallace e do First National, éramos um campo minado; para a Nissho, éramos uma mina de ouro em potencial.

Então eu voltei. Encontrei-me com o homem enviado do Japão para dirigir o novo Departamento Geral de Commodities, Tom Sumeragi. Formado na Universidade de Tóquio, considerada a Harvard do Japão, Sumeragi era a cara de Toshiro Mifune, o famoso ator de cinema conhecido pela interpretação de Miyamoto Musashi, o épico duelista samurai e autor de um manual clássico de combates, *O livro dos cinco anéis*. Sumeragi ficava ainda mais parecido com o ator quando fumava um Lucky Strike. E ele fumava um bocado. E em dobro quando bebia. Ao contrário de Hayes, no entanto, que bebia porque gostava do modo como a bebida o fazia se sentir, Sumeragi bebia porque se sentia solitário nos Estados Unidos. Quase todas as noites, depois do trabalho, ele ia para o Blue House, um bar-restaurante japonês, e conversava na sua língua com a *mama-san*, o que o deixava ainda mais solitário.

Ele me disse que a Nissho estava disposta a me fazer um empréstimo aceitando as mesmas garantias vinculadas ao primeiro. Isso certamente acalmaria os meus banqueiros. E ele ainda me deu uma valiosa informação: fazia pouco tempo, a Nissho havia despachado para Kobe uma delegação com o objetivo de avaliar o financiamento de calçados para a nossa empresa e convencer a Onitsuka a permitir que esse acordo fosse feito. Mas a Onitsuka expulsou todo mundo. Uma empresa de 25 milhões de dólares expulsando uma empresa de 100 bilhões de dólares? A Nissho ficou envergonhada e irritada.

– Podemos apresentá-lo a inúmeras empresas que fabricam tênis de qualidade no Japão – disse Sumeragi, sorrindo.

Ponderei. Ainda tinha alguma esperança de que a Onitsuka recuperasse o bom senso. E eu me preocupava com um parágrafo do nosso acordo que me proibia de importar tênis de atletismo de outras marcas.

– Talvez no futuro – respondi.

Sumeragi assentiu. Tudo na hora certa.

PREOCUPADO COM TODO ESSE DRAMA, eu me sentia profundamente cansado quando voltava para casa. Mas sempre melhorava depois da minha corrida de 10 quilômetros, seguida de um banho quente e um jantar rápido, sozinho. (Penny e Matthew comiam bem mais cedo.) Eu tentava arrumar tempo para contar a Matthew uma história antes de dormir e sempre buscava alguma que fosse educativa. Inventei um personagem chamado Matt History, que parecia e agia muito como Matthew Knight, e o inseria no centro de todas as aventuras. Matt History estava lá no Valley Forge com George Washington. Matt History estava em Massachusetts com John Adams. Matt History viu quando Paul Revere atravessou a escuridão da noite em um cavalo emprestado, alertando John Hancock de que os britânicos se aproximavam. *Bem atrás de Revere, estava um jovem e precoce cavaleiro dos arredores de Portland, Oregon...*

Matthew sempre achava graça, feliz por fazer parte dessas aventuras. Ele se sentava mais ereto na cama. E implorava por mais e mais.

Quando Matthew pegava no sono, Penny e eu conversávamos sobre os acontecimentos do dia. Ela costumava perguntar o que faríamos se tudo desse errado. Eu dizia:

– Eu sempre posso voltar para a contabilidade.

Mas não estava sendo sincero. Eu não ficava feliz quando me metia nessas aventuras.

Penny desviava o olhar, prestava atenção na TV, retomava o bordado ou lia e eu me retirava para minha poltrona, onde catequizava a mim mesmo.

O que você sabe?

Sei que não posso confiar na Onitsuka.

O que mais você sabe?

Sei que a minha relação com Kitami não pode ser recuperada.

O que o futuro nos reserva?

De um jeito ou de outro, a Blue Ribbon e a Onitsuka vão romper. Só preciso que fiquemos juntos o maior tempo possível, enquanto desenvolvo outros fornecedores, para que possa gerenciar o rompimento do contrato.

Qual é o Passo Número Um?

Preciso assustar todos os potenciais distribuidores que a Onitsuka selecionou para me substituir. Tenho que tirá-los do jogo, disparando cartas com ameaças de processo caso meu contrato seja descumprido.

Qual é o Passo Número Dois?

Encontrar meu substituto para a Onitsuka.

Pensei em uma fábrica da qual ouvira falar, em Guadalajara, a única que a Adidas usara para fabricar tênis durante os Jogos Olímpicos de 1968, supostamente para driblar as taxas alfandegárias mexicanas. Os calçados eram bons, segundo eu me lembrava. Então marquei uma reunião com os gerentes.

EMBORA FOSSE LOCALIZADA no centro do México, o nome da fábrica era Canadá. Imediatamente perguntei o motivo. Eles haviam escolhido o nome porque soava estranho e exótico. Eu ri. Canadá? Exótico? Era mais cômico do que exótico, para não dizer confuso. Uma fábrica na fronteira sul com o mesmo nome de um país da fronteira norte?

Tudo bem. Eu não me importava. Depois de observar o lugar com atenção, analisar a linha de calçados esportivos que ofereciam, inspecionar o couro utilizado, fiquei impressionado. A fábrica era grande, limpa, bem gerida. Além disso, fora aprovada pela Adidas. Disse a eles que gostaria de fazer um pedido. Três mil pares de chuteiras de couro, que eu planejava vender como tênis de futebol americano. Os proprietários da fábrica me perguntaram o nome da minha marca. Eu lhes disse que daria os detalhes da marca depois.

Eles me entregaram o contrato. Olhei para a linha pontilhada acima do meu nome. Com a caneta na mão, fiz uma pausa. A questão agora estava oficialmente sobre a mesa. Seria isso uma violação do meu contrato com a Onitsuka?

Tecnicamente, não. O meu contrato dizia que eu só poderia importar da Onitsuka tênis de atletismo, não os outros; não havia nada sobre a importação de *chuteiras* de outra empresa. Então eu sabia que esse contrato com a Canadá não violava meu contrato com a Onitsuka. Mas, e o espírito?

Seis meses antes, eu jamais faria isso. Só que as coisas eram diferentes agora. A Onitsuka já havia quebrado o espírito do nosso acordo e o meu espírito, então tirei a tampa da caneta e assinei o contrato com a fábrica Canadá. Em seguida, fui a um restaurante mexicano.

Agora faltava a logomarca. A minha nova chuteira que também servia para jogar futebol americano precisaria de algo para defini-la, algo diferente das listras da Adidas e da Onitsuka. Lembrei-me da jovem artista que conhecera na Universidade Estadual de Portland. Como era mesmo o nome dela? Ah, sim, Carolyn Davidson. Ela já estivera várias vezes no escritório para criar folhetos e anúncios. Quando voltei ao Oregon, convidei-a para ir de novo ao escritório e disse que precisava de uma logomarca.

– De que tipo? – ela indagou.

– Não sei – respondi.

– Isso me ajuda muito – reagiu ela.

– Algo que evoque a sensação de movimento.

– Movimento – repetiu, com expressão de dúvida.

Ela parecia confusa, é claro, já que eu não estava acrescentando nada. Não sabia exatamente o que queria. Eu não era artista. Mostrei a ela a chuteira e disse, sem ajudar muito:

– Isto aqui. Precisamos de algo para isto.

Ela disse que iria tentar.

Movimento, ela murmurou, deixando o escritório. Movimento.

Duas semanas depois, ela voltou com uma pasta cheia de esboços. Todos eram variações do mesmo tema e o tema parecia um... raio gordo? Um sinal de visto rechonchudo? Um rabisco curvo com obesidade mórbida? De certa maneira, os desenhos realmente evocavam movimento, mas não de um jeito atlético. Nenhum deles me emocionou. Separei alguns que prometiam mais e pedi a ela que trabalhasse neles.

Dias mais tarde – ou teriam sido semanas? –, Carolyn retornou, trazendo uma segunda série de desenhos, que espalhou na mesa de reunião. E pendurou alguns na parede. Ela havia feito várias dezenas de variações sobre o tema original, mas com mais liberdade. Esses ficaram melhores. Quase lá.

Woodell, eu e alguns outros olhamos para eles. Lembro-me de que Johnson também estava lá, embora não lembre o motivo de sua visita. Aos poucos, chegamos a um consenso. Nós gostamos... *deste*... um pouco mais do que dos outros.

– Parece uma asa – disse um de nós.
– Parece um sopro forte, uma lufada de ar – comentou outro.
– Parece algo que um corredor deixaria em seu rastro.
Todos concordamos que parecia inovador e, de certa maneira, clássico. Atemporal.
Por suas muitas horas de trabalho, oferecemos a Carolyn o nosso mais profundo agradecimento e um cheque de 35 dólares. Em seguida, ela foi embora.
Depois que saiu, continuamos sentados, olhando para a logomarca que havíamos selecionado e aceitado por falta de opção melhor.
– Alguma coisa nisso chama a atenção – comentou Johnson.
Woodell concordou.
Fiz uma careta e cocei o rosto.
– Vocês gostaram mais do que eu – comentei. – Mas não temos muito tempo. Vai ser esta mesmo.
– Você não gostou? – Woodell quis saber.
Suspirei.
– Não amei. Mas talvez me acostume e passe a gostar.
Enviamos a logo para a Canadá.
Agora só precisávamos de um nome para acompanhar a logomarca que eu não amava. Ao longo dos dias que se seguiram, apresentamos dezenas de ideias, até dois candidatos principais emergirem.
Falcon.
E Dimension Six.
Eu era suspeito em relação a esse último porque tinha sido ideia minha. Todos acharam horrível. Não era cativante, disseram, e não significava nada.
Fizemos uma pesquisa entre todos os nossos funcionários. Secretárias, contadores, representantes de vendas, funcionários de varejo, arquivistas, o pessoal do depósito... Pedimos que todos enviassem pelo menos uma sugestão. Anunciei a todos que a Ford acabara de pagar 2 milhões de dólares a uma importante empresa de consultoria para escolher o nome do seu novo Maverick.
– Não temos 2 milhões, mas temos 50 pessoas inteligentes e não podemos fazer pior do que... *Maverick*.
Além disso, ao contrário da Ford, tínhamos um prazo. A Canadá iniciaria a produção naquela sexta-feira.

Horas e horas foram gastas discutindo, gritando, debatendo a virtude desse ou daquele nome. Alguém gostou da sugestão de Bork, Bengal. Outra pessoa disse que o único nome possível era Condor. Bufei e reclamei:

– Nomes de *animais*! – exclamei. – Já pensamos em todos os animais na floresta. *Tem* que ser um animal?

Pressionei muitas e muitas vezes mais para que fosse Dimension Six. Os funcionários repetiram centenas de vezes que era um nome indescritivelmente ruim.

Alguém, não me lembro mais quem, resumiu a situação de forma clara:
– Todos esses nomes... são uma droga.

Acho que foi Johnson, mas os documentos provam que ele já havia voltado para Wellesley.

Naquela noite, já bem tarde, estávamos todos cansados, perdendo a paciência. Se eu ouvisse mais um nome de animal, me jogaria pela janela. Amanhã é outro dia, dissemos ao sair do escritório, caminhando na direção dos nossos carros.

Fui para casa e sentei na minha poltrona reclinável. Minha mente ia e voltava, ia e voltava. Falcon? Dimension Six? Outra coisa? Qualquer coisa?

O DIA DA DECISÃO CHEGOU. A Canadá já havia começado a produzir as chuteiras e as amostras estavam prontas, mas nada poderia ser enviado enquanto não escolhêssemos um nome. Além disso, tínhamos anúncios programados para serem publicados em revistas de forma a coincidirem com as remessas e deveríamos dizer aos artistas gráficos qual nome colocariam neles. Por fim, precisávamos apresentar a papelada no escritório de patentes.

Woodell foi até meu escritório.
– O tempo acabou – disse ele.

Esfreguei os olhos.
– Eu sei.
– E o que vai ser?
– Não sei.

Minha cabeça ia estourar. Naquele momento, os nomes estavam todos misturados em uma bolha que derretia a minha mente. *Falconbengaldimensionsix.*

– Temos mais... mais uma sugestão – disse Woodell.

– De quem?

– Johnson telefonou hoje de manhã bem cedo. Ao que tudo indica, um novo nome veio a ele em um sonho ontem à noite.

Revirei os olhos.

– Em um sonho?

– Ele estava falando sério – disse Woodell.

– Ele sempre fala sério.

– Ele disse que se sentou na cama no meio da noite e viu o nome diante dele – contou Woodell.

– E qual é? – perguntei, nervoso.

– Nike.

– Hã?

– Nike.

– Soletre isso.

– N-I-K-E – soletrou Woodell.

Escrevi o nome em um bloco amarelo.

A deusa grega da vitória. A Acrópole. O Partenon. O templo. Eu me lembrei. Na hora.

– Não temos mais tempo – declarei. – Nike. Falcon. Ou Dimension Six.

– Todo mundo *odeia* Dimension Six.

– Todo mundo, menos eu.

Ele franziu a testa.

– A decisão é sua.

Ele saiu. Fiz uns rabiscos no meu bloco. Fiz listas, risquei-as. Tique--taque, tique-taque.

Era preciso mandar um telex para a fábrica... Naquele momento.

Eu odiava tomar decisões com pressa, e, naqueles dias, não fazia outra coisa além disso. Olhei para o teto. Dei a mim mesmo mais dois minutos para meditar sobre as diferentes opções e, em seguida, caminhei pelo corredor até a máquina de telex. Sentei-me diante dela, dei-me mais três minutos.

Relutante, enviei a mensagem. *Nome da nova marca é...*

Um monte de coisas estava rodopiando na minha cabeça, conscientemente, inconscientemente. Em primeiro lugar, Johnson tinha observado que todas as marcas icônicas – Clorox, Kleenex, Xerox – tinham nomes curtos. Duas sílabas ou menos. E sempre tinham um som forte no nome, uma letra como "K" ou "X", que ficam gravadas na mente. Tudo isso fazia sentido. E tudo isso descrevia a palavra Nike.

Além disso, eu gostava do fato de Nike ser a deusa da vitória. O que existe de mais importante, pensei, do que a vitória?

Eu posso ter ouvido, nos recessos da minha mente, a voz de Churchill: *Você me pergunta qual é o seu objetivo? Posso responder em uma única palavra. Vitória.* Eu posso ter me lembrado da medalha da vitória concedida a todos os veteranos da Segunda Guerra Mundial, um medalhão de bronze com Atena Nike na frente, quebrando uma espada em dois pedaços. Talvez tivesse me lembrado. Às vezes, acredito mesmo que lembrei. Mas, no fim das contas, realmente não sei o que me levou a essa decisão. Sorte? Instinto? Algum espírito?

Sim.

– O que você decidiu? – perguntou-me Woodell no fim do dia.

– Nike – murmurei.

– Hum – disse ele.

– É, eu sei – comentei.

– Talvez nos acostumemos – disse ele.

Talvez.

O MEU NOVÍSSIMO RELACIONAMENTO com a Nissho era promissor, mas também muito recente, e quem se atreveria a prever a sua evolução? No passado, eu havia sentido que o relacionamento com a Onitsuka era promissor e veja a situação em que me encontrava. A Nissho estava injetando dinheiro no meu negócio, só que eu não podia me dar por satisfeito. Precisava desenvolver tantas fontes de dinheiro quantas fossem possíveis.

O que me trouxe de volta à ideia de fazer uma oferta pública. Não acho que poderia suportar a decepção de uma segunda oferta malsucedida, então eu e Hayes bolamos um esquema para garantir que dessa vez desse certo. Decidimos que a primeira oferta não havia sido suficientemente agressiva. Não tínhamos nos vendido direito. Dessa vez, contrataríamos um vendedor mais aguerrido.

Além disso, decidimos não vender ações, mas debêntures conversíveis.

Se os negócios são, realmente, uma guerra sem balas, então debêntures são bônus de guerra. O público empresta o dinheiro e, em troca, você lhes dá "quase ações" da sua... causa. São "quase ações" porque os titulares de debêntures são fortemente encorajados a mantê-las por cinco anos. Depois disso, podem convertê-las em ações ordinárias ou receber o dinheiro de volta com juros.

Com nosso novo plano e um vendedor entusiasmado, anunciamos, em junho de 1971, que a Blue Ribbon estava oferecendo 200 mil debêntures a 1 dólar cada, e, dessa vez, elas foram vendidas rapidamente. Um dos primeiros a comprar foi meu amigo Cale, que não hesitou em fazer um cheque de 10 mil dólares, uma soma magnífica.

– Buck – disse ele –, eu estava lá no início e estarei lá no amargo fim.

A CANADÁ FOI UMA DECEPÇÃO. A chuteira de couro era bonita, mas, no tempo frio, a sola se dividia e rachava. Ironia das ironias: um calçado feito em uma fábrica chamada Canadá que não aguentava o frio. Mais uma vez, talvez fosse culpa nossa. Usar uma chuteira para jogar futebol americano. Talvez estivéssemos pedindo por isso.

O quarterback do Notre Dame usou um par naquela temporada e foi uma emoção vê-lo pisar no campo sagrado de South Bend usando um Nike. Até que esse Nike se desintegrou. (Assim como os irlandeses naquele ano.) A Primeira Tarefa, portanto, era encontrar uma fábrica que produzisse calçados mais resistentes, sobretudo às intempéries.

A Nissho disse que poderia ajudar. Ficariam até satisfeitos em fazê-lo. Eles estavam sempre reforçando o seu departamento de commodities, de modo que Sumeragi tinha fartas informações sobre fábricas ao redor do mundo. Algum tempo antes, ele havia contratado um consultor, um verdadeiro conhecedor de calçados, que atuara como discípulo de Jonas Senter.

Eu nunca ouvira falar de Senter, mas Sumeragi assegurou-me que o homem era, dos pés à cabeça, um verdadeiro *shoe dog*. Eu já ouvira essa expressão algumas vezes. *Shoe dogs* eram pessoas que se dedicavam inteiramente à fabricação, à venda, à compra ou ao design de calçados. Os profissionais que dedicavam sua vida a esse trabalho usavam essa expressão alegremente para se descreverem – homens e mulheres que trabalhavam tão arduamente no negócio de calçados que não pensavam ou falavam sobre outro assunto. Preocupar-se tanto com palmilhas, solas, forros, viras, rebites e gáspeas era uma obsessão devoradora, um transtorno psicológico fácil de ser reconhecido. Mas eu a entendia. Em média, uma pessoa dá 7.500 passos por dia, somando 274 milhões de passos durante uma vida longa, o equivalente a seis voltas ao redor do globo – os *shoe dogs* queriam apenas fazer parte dessa jornada. Os sapatos eram a sua maneira de se conectar com a humanidade. E, pensavam eles, que maneira poderia ser melhor para nos conectarmos com a humanidade do que aperfeiçoar o ponto crítico que une cada ser humano à superfície do globo?

Senti uma afinidade incomum com esses casos. Perguntei-me quantos deles eu teria conhecido nas minhas viagens.

Naquela época, o mercado de calçados estava inundado de imitações da Adidas, e fora Senter quem abrira as comportas. Pelo visto, ele era o rei da imitação. O homem sabia tudo que valia a pena saber sobre o comércio legal de sapatos na Ásia: fábricas, importação, exportação. Ele ajudara a criar uma divisão de calçados para a Mitsubishi, a maior empresa do Japão. A Nissho não poderia contratar o próprio Senter, por diversas razões, então contratou o protegido dele, um homem chamado Sole, palavra inglesa para sola.

– Sério? – indaguei. – Um *shoe dog* chamado Sole?

Antes de me encontrar com Sole e de continuar a fazer negócios com a Nissho, refleti bem para ver se não estava caindo em outra armadilha. Se eu fizesse parceria com a Nissho, logo estaria devendo a eles muito dinheiro. Se eles também se tornassem a fonte de todos os nossos tênis, eu ficaria ainda mais vulnerável do que jamais fora à Onitsuka. E, se eles se tornassem tão agressivos quanto a Onitsuka, seria o meu fim.

Por sugestão de Bowerman, conversei sobre isso com Jaqua, e ele entendeu o dilema. Uma situação bastante difícil, concluiu. Não sabia o que me aconselhar. Mas conhecia alguém que o faria. O cunhado dele, Chuck Robinson, era o CEO da Marcona Mining, que tinha parcerias empresariais por todo o mundo. Todas as oito grandes *trading companies* japonesas eram parceiras da Marcona em pelo menos uma de suas minas, então Chuck era, indiscutivelmente, o maior especialista do Ocidente sobre como fazer negócios com esses caras.

Consegui uma reunião com Chuck no escritório dele, em São Francisco, e me senti violentamente intimidado no instante em que passei pela porta. Fiquei inquieto diante do tamanho daquele escritório – era maior do que a minha casa. E daquela vista – janelas com vista para toda a baía de São Francisco, com enormes cargueiros deslizando lentamente, chegando e partindo para os grandes portos ao redor do mundo. Nas paredes, havia maquetes de toda a frota da Marcona, que fornecia carvão e outros minerais para todos os cantos do globo. Somente um homem de enorme poder – e cérebro – poderia comandar tamanho reduto.

Gaguejei quando apresentei a minha situação, mas Chuck entendeu o cenário bem depressa. Ele simplificou a minha complexa posição em um resumo contundente.

– Se a empresa japonesa entender as regras desde o primeiro dia – explicou –, serão os melhores parceiros que você jamais poderá encontrar.

Tranquilizado, encorajado, voltei a conversar com Sumeragi e disse a ele quais seriam as regras.

– O controle acionário é meu. E continuará assim para sempre.

Ele saiu e consultou algumas pessoas em seu escritório. Ao retornar, disse:

– Não tem problema. Mas aqui está a nossa proposta: ficamos com 4% do lucro. Além das taxas de juros de mercado.

Balancei a cabeça, concordando.

Dias depois, Sumeragi enviou Sole para me encontrar. Por causa da reputação do homem, eu esperava algum tipo de figura divina com 15 braços, cada um deles com uma varinha de condão feita de fôrmas de sapatos. Mas Sole era um homem de negócios comum, de meia-idade, com sotaque nova-iorquino e terno lustroso. Não era o tipo de cara de que eu mais gostava, e eu também não era o tipo dele. Entretanto, não tivemos dificuldade em encontrar um denominador comum. Calçados, esportes – além de uma profunda aversão por Kitami. Quando mencionei o nome do homem, Sole zombou:

– Ele é um perfeito imbecil.

Vamos ser grandes amigos, pensei.

Sole prometeu me ajudar a vencer Kitami, a me livrar dele.

– Posso resolver todos os seus problemas – disse. – Conheço fábricas.

– Fábricas capazes de produzir Nikes? – perguntei, entregando-lhe o meu novo tênis de futebol americano.

– Posso enumerar cinco agora mesmo!

Ele era inflexível. Parecia ter dois estados mentais – inflexível e arrogante. Percebi que estava tentando me convencer, que queria a minha empresa, mas eu estava disposto a ser convencido, e a empresa, mais do que pronta para fazer negócio.

As cinco fábricas que Sole mencionou ficavam no Japão. Então, em setembro de 1971, Sumeragi e eu decidimos ir até lá e procurá-las. Sole aceitou ser o nosso guia.

* * *

UMA SEMANA ANTES DA PARTIDA, Sumeragi me telefonou.

– O Sr. Sole sofreu um infarto – informou.

– Ah, não – exclamei.

– Ele deve se recuperar – disse Sumeragi –, mas viajar neste momento é impossível. O filho dele, que é muito capaz, vai substituí-lo.

Sumeragi soava como se estivesse tentando convencer a si mesmo, mais do que a mim.

Voei sozinho para o Japão e me reuni com Sumeragi e Sole Jr. no escritório da Nissho em Tóquio. Fiquei surpreso quando Sole Jr. deu um passo adiante e estendeu a mão. Eu já esperava que fosse jovem, mas ele parecia um adolescente. Intuíra que ele estaria vestido com um terno lustroso, como o pai, e estava mesmo. Mas o terno dele era três tamanhos maior do que deveria. Seria do pai?

E, como tantos adolescentes, ele começava cada frase com "eu". Eu acho isso. Eu acho aquilo. Eu, eu, eu.

Lancei um olhar para Sumeragi. Ele parecia seriamente preocupado.

A PRIMEIRA DAS FÁBRICAS que queríamos visitar ficava nos arredores de Hiroshima. Nós três fomos de trem até lá e chegamos ao meio-dia. Uma tarde fria e nublada. Não éramos esperados na fábrica antes da manhã seguinte, então senti que era importante aproveitar o tempo extra para visitar o museu. E queria ir sozinho. Disse a Sumeragi e a Sole Jr. que os encontraria no saguão do hotel na manhã seguinte.

Eu não conseguia assimilar tudo que havia naquele museu. Não era capaz de processar tudo que via. Manequins vestidos com roupas chamuscadas. Restos de objetos queimados e irradiados. Joias? Utensílios de cozinha? Eu não saberia dizer. Fotos que me levaram a um lugar muito além da emoção. Fiquei horrorizado em frente a um triciclo de criança derretido. Boquiaberto diante do esqueleto enegrecido de um edifício, onde as pessoas tinham amado, trabalhado, se divertido. Tentei sentir e ouvir o momento do impacto.

Meu coração doeu quando virei a esquina e deparei com um sapato queimado, guardado sob uma redoma de vidro, a pegada do seu proprietário ainda visível.

Na manhã seguinte, com essas imagens pavorosas ainda frescas na memória, eu me sentia sombrio, fortemente subjugado, enquanto seguia pelo campo com Sumeragi e Sole Jr., e fiquei quase assustado com o bom humor dos diretores da fábrica. Eles ficaram encantados em nos conhecer, em nos mostrar as suas mercadorias. Além disso, disseram sem rodeios que estavam mais do que ansiosos para fechar negócio. Havia muito tempo esperavam por uma chance de entrar no mercado americano.

Mostrei a eles o Cortez e perguntei quanto tempo demorariam para produzir um pedido considerável daquele calçado.

Seis meses, disseram.

Sole Jr. deu um passo adiante.

– Você vai fazer em *três* – exigiu.

Engoli em seco. Com exceção de Kitami, sempre achei os japoneses invariavelmente gentis, mesmo no calor de um desacordo ou de uma intensa negociação, e eu me esforçava para agir da mesma forma. Mas, em Hiroshima, dentre todos os outros lugares, senti que polidez era muito mais do que essencial. Ali, como em nenhum outro lugar do planeta, os humanos deveriam ser gentis e amáveis uns com os outros. Sole Jr. foi tudo, menos isso. O pior dos americanos.

E a situação ainda piorou. À medida que íamos abrindo caminho pelo Japão, ele se mostrava áspero, grosseiro, arrogante e superior com todos os que íamos conhecendo. Ele me deixou constrangido, envergonhou todos os americanos. De vez em quando, Sumeragi e eu trocávamos olhares de pesar. Queríamos desesperadamente repreender Sole Jr., deixá-lo para trás, mas precisávamos dos contatos do pai dele. Precisávamos que aquele pirralho detestável nos mostrasse onde ficavam as fábricas.

Em Kurume, nos arredores de Beppu, nas ilhas do Sul, visitamos uma fábrica que fazia parte de um vasto complexo industrial gerido pela empresa de pneus Bridgestone. A empresa se chamava Nippon Rubber e era a maior fábrica de calçados que eu já vira, uma espécie de Mundo de Oz dos calçados, capaz de manufaturar qualquer pedido, por maior e mais complicado que fosse. Nós nos encontramos com os diretores em uma sala de reuniões logo após o desjejum e, dessa vez, quando Sole Jr. tentou falar, não permiti. Toda vez que ele abria a boca, eu falava também e o cortava.

Expliquei aos diretores como era o calçado que queríamos e lhes mostrei o Cortez. Eles assentiram, com uma expressão de gravidade. Eu não tinha certeza de que haviam entendido.

Depois do almoço, voltamos à sala de reuniões e ali, diante de mim, sobre a mesa, havia um Cortez novinho em folha, com o símbolo da Nike e tudo o mais, quentinho, saído do forno. Em um passe de mágica.

Passei o resto da tarde descrevendo os calçados esportivos que queria. Para tênis, basquete, com o cabedal alto, com o cabedal baixo, além de vários outros modelos de tênis de corrida. Os gerentes insistiram em que não teriam problemas para produzir nenhum daqueles modelos.

Tudo bem, eu disse, mas, antes de fazer um pedido, vou precisar ver amostras.

Eles me garantiram que poderiam fazê-las e enviá-las em poucos dias para os escritórios da Nissho em Tóquio. Fizemos reverências uns para os outros. Voltei para Tóquio e esperei.

Foram dias e dias de tempo fresco de outono. Caminhei pela cidade, bebi cerveja Sapporo e saquê, comi *yakitori* e sonhei com calçados. Revisitei os jardins de Meiji, sentei-me debaixo das ginkgos, ao lado do portão *torii*. O portal para o sagrado.

No domingo, recebi um aviso no hotel. Os calçados haviam chegado. Fui até os escritórios da Nissho, mas estavam fechados. Entretanto, eles confiavam em mim o suficiente para terem me dado uma chave. Assim que entrei e me sentei em uma grande sala, em meio a fileiras e fileiras de mesas vazias, comecei a inspecionar as amostras. Segurei-as contra a luz, virei-as de todo jeito. Passei os dedos pela sola, pelo logotipo em forma de sinal de visto, de asa ou fosse lá o que fosse nossa nova faixa lateral. Eles não estavam perfeitos. O logotipo de um modelo não estava na posição certa, a entressola de outro era um pouco fina demais. Deveria haver mais sustentação naquele outro.

Fiz anotações para o pessoal da fábrica.

Mas, afora essas pequenas imperfeições, eles eram muito bons.

Por fim, a única coisa a fazer era pensar em nomes para os diferentes modelos. Entrei em pânico. Meu desempenho em pensar no nome da minha nova marca já não tinha sido dos melhores...

Dimension Six? Todos na Blue Ribbon continuavam a zombar de mim. Eu só optara por Nike porque estava com muita pressa e porque confiei na natureza erudita de Johnson. Agora eu estava por conta própria, em um edifício de escritórios vazio no centro de Tóquio. Teria que confiar em mim mesmo.

Levantei o calçado próprio para jogar tênis. Decidi chamá-lo... de Wimbledon.

Bem. Essa foi fácil.

Levantei outro calçado, também para jogar tênis. Decidi chamá-lo de Forest Hill. Afinal de contas, esse fora o lugar do primeiro U.S. Open.

Levantei um calçado para jogar basquete. Chamei-o de Blazer, em homenagem ao time da NBA da minha cidade natal.

Levantei outro calçado de basquete. Chamei-o de Bruin, porque o melhor time de basquete universitário de todos os tempos tinha sido o Bruin, de John Wooden.

Pouco criativo, mas...

Agora, os tênis de corrida. Cortez, é claro. E Marathon. E Obori. E Boston e Finland. Eu estava pegando o jeito. Estava ligado. Comecei a dançar pela sala. Ouvia uma música secreta. Levantei um tênis de corrida. Chamei-o de Wet-Flyte. Bum!

Até hoje, não sei de onde veio esse nome.

Levei meia hora para escolher nomes para todos. Eu me senti como Coleridge, escrevendo "Kubla Khan" em um torpor de ópio. Então enviei os nomes para a fábrica.

Estava escuro quando deixei o prédio e segui para as apinhadas ruas de Tóquio. Um sentimento tomou conta de mim, diferente de tudo o que eu já havia experimentado. Estava exausto, mas orgulhoso. Sem forças, mas eufórico. Sentia tudo que gostaria de sentir depois de um dia de trabalho. Senti-me como um artista, um *criador*. Virei a cabeça para trás, para dar uma última olhada na sede da Nissho. Bem baixinho, eu disse:

– Nós fizemos isso.

ACABEI FICANDO TRÊS SEMANAS NO JAPÃO, bem mais do que esperava, o que provocou dois problemas. O mundo era grande, mas o mundo dos calçados era pequeno, e, se a Onitsuka ficasse sabendo que eu estava na "vizinhança" e que não havia passado para fazer uma visita, desconfiariam que eu estava tramando algo. Não demoraria muito para eles descobrirem, ou imaginarem, que eu estava buscando outro fornecedor para substituí-los. Então eu precisava ir até Kobe e aparecer nos escritórios da Onitsuka. No entanto, estender a viagem e ficar longe de casa por mais uma semana era inaceitável. Penny e eu nunca havíamos ficado separados por tanto tempo.

Liguei para ela e pedi que viesse se juntar a mim para essa última etapa da viagem.

Penny não perdeu a oportunidade. Ela nunca visitara a Ásia e aquela poderia ser a sua última chance antes de perdermos a empresa e ficarmos sem dinheiro. Também poderia ser a sua última chance de usar aquele conjunto de malas cor-de-rosa. E Dot estava disponível para tomar conta do nosso filho.

O voo foi longo e Penny não gostava de aviões. Quando fui buscá-la no aeroporto de Tóquio, sabia que veria diante de mim uma mulher frágil. No entanto, havia me esquecido de como o Aeroporto de Haneda podia ser intimidador. Era uma massa sólida de corpos e bagagens. Eu não conseguia me deslocar, não conseguia encontrar Penny. De repente, ela apareceu nas portas de vidro deslizantes da alfândega. Estava tentando empurrar as pessoas, tentando passar. Havia muita gente – e policiais armados – ao redor dela. Ela estava encurralada.

As portas se abriram, a multidão avançou e Penny caiu nos meus braços. Eu nunca a vira tão exausta, nem mesmo depois que dera à luz o nosso filho Matthew. Perguntei se o pneu do avião havia furado e se ela saíra para trocá-lo. *Piada? Kitami? Lembra-se?* Ela não riu. Disse que houve uma turbulência a duas horas de Tóquio e que o voo havia se transformado em um verdadeiro passeio de montanha-russa.

Ela estava usando o seu melhor conjunto de saia e terninho verde-limão, agora amassado e manchado, e a cor do seu rosto tinha o mesmo tom da roupa. Penny precisava de um banho quente, um longo descanso e algumas roupas limpas. Eu lhe disse que tinha uma suíte à nossa espera no maravilhoso Imperial Hotel, projetado por Frank Lloyd Wright.

Meia hora depois, quando chegamos ao hotel, ela disse que ia ao banheiro feminino enquanto eu nos registrava. Corri para a recepção, peguei as chaves do quarto e me sentei em um dos sofás do saguão para esperá-la.

Dez minutos.

Quinze minutos.

Fui até a porta do banheiro feminino e a empurrei um pouco.

– Penny?

– Estou paralisada – disse ela.

– O quê?

– Estou no chão do banheiro feminino... e estou paralisada.

Entrei e encontrei-a deitada de lado sobre os azulejos frios, senhoras passando por cima e em volta dela. Penny estava tendo um ataque de pânico. E fortes cãibras nas pernas. O longo voo, o caos no aeroporto, os meses de estresse por causa de Kitami... foram demais para minha mulher. Conversei com ela calmamente, disse que tudo ficaria bem e, aos poucos, ela relaxou. Eu a ajudei a se levantar, levei-a para o quarto e pedi à recepcionista do hotel que providenciasse uma massagista.

Enquanto Penny estava deitada na cama, com uma toalha fria na testa, fiquei preocupado, mas também um pouco grato. Eu tinha estado à beira do pânico por semanas. Meses. A visão de Penny nesse estado me injetou uma dose de adrenalina. Um de nós tinha que se controlar, pelo bem de Matthew. E, dessa vez, teria que ser eu.

NA MANHÃ SEGUINTE, telefonei para a Onitsuka e disse que minha esposa e eu estávamos no Japão. Venham até aqui, eles disseram. Em menos de uma hora, estávamos no trem para Kobe.

Todos vieram ao nosso encontro, incluindo Kitami, Fujimoto e o Sr. Onitsuka. *O que os trouxe ao Japão?* Eu disse a eles que estávamos de férias. A primeira ideia que me passou pela cabeça.

– Muito bom, muito bom – disse o Sr. Onitsuka.

Ele fez um grande alvoroço pela presença de Penny e nós nos sentamos para uma cerimônia do chá organizada às pressas. Por um momento, em meio a todas as conversas, risadas e brincadeiras, foi possível esquecer que estávamos à beira da guerra.

O Sr. Onitsuka ainda ofereceu um carro com motorista para nos levar pela cidade e nos mostrar Kobe. Eu aceitei. Então Kitami nos convidou para jantar naquela noite. Mais uma vez, relutante, eu disse sim.

Fujimoto veio junto, o que acrescentou uma camada extra de complexidade. Olhei ao redor da mesa e pensei: a minha mulher, o meu inimigo e o meu espião. Que vida. Embora o tom fosse amigável e cordial, eu podia perceber que havia algo nas entrelinhas de cada comentário. Era como um fio desencapado soltando faíscas. Fiquei esperando que Kitami dissesse alguma coisa, que me pressionasse por uma resposta à oferta de compra da Blue Ribbon. Estranhamente, ele não tocou no assunto.

Por volta das nove horas, ele avisou que precisava ir para casa. Fujimoto disse que iria ficar e beber um drinque conosco. No momento em que Kitami se foi, Fujimoto nos disse tudo o que sabia sobre o plano para liquidar a Blue Ribbon. Ele não contou muito mais do que eu já descobrira dentro da pasta na maleta de Kitami. Ainda assim, foi bom me sentar com um aliado, por isso bebemos vários drinques, demos umas boas risadas, até que Fujimoto olhou para o relógio e soltou um grito.

– Ah, não! Já passa das onze. O trem para de funcionar!

– Ah, não tem problema – comentei. – Fique conosco.

– Temos um grande tatame em nosso quarto – disse Penny. – O senhor pode dormir nele.

Fujimoto aceitou, com muitas reverências. Ele me agradeceu mais uma vez pela bicicleta.

Uma hora depois, lá estávamos nós, em um quarto pequeno, fingindo que não era nada esquisito dormirmos todos juntos.

Ao nascer do sol, ouvi Fujimoto se levantar, tossir e se alongar. Ele foi ao banheiro, abriu a água, escovou os dentes. Então vestiu as roupas da noite anterior e saiu. Caí no sono outra vez, mas, pouco depois, Penny foi ao banheiro e, quando voltou para a cama, ela estava... rindo? Eu me levantei. Não, ela estava chorando. Parecia estar à beira de outro ataque de pânico.

– Ele usou... – ela disse, num tom estridente.

– O quê? – indaguei.

Ela enterrou a cabeça nos travesseiros.

– Ele usou... a minha escova de dentes.

ASSIM QUE VOLTEI AO OREGON, convidei Bowerman para ir a Portland encontrar-se comigo e Woodell, para conversarmos sobre a situação da empresa.

Parecia uma daquelas antigas reuniões.

Em algum momento no decorrer da conversa, Woodell e eu chamamos atenção para o fato de que a sola externa dos tênis de corrida não mudava havia 50 anos. A base continuava sendo apenas ondas ou ranhuras na parte inferior do pé. O Cortez e o Boston haviam sido grandes inovações em termos de amortecimento e uso do náilon, o que foi revolucionário na construção do cabedal, mas não havia uma única inovação na sola externa desde antes da Grande Depressão. Bowerman assentiu. Ele fez uma anotação, mas não demonstrou grande interesse.

Pelo que me lembro, depois que terminamos de discutir toda a pauta da reunião, Bowerman nos disse que um aluno muito rico acabara de doar 1 milhão de dólares para a Oregon, destinado à construção de uma nova pista de corridas – a melhor do mundo. Elevando a voz, Bowerman descreveu a superfície que havia criado com aquele presente inesperado. Era feita de poliuretano, a mesma superfície esponjosa que seria utilizada em Munique, nos Jogos Olímpicos de 1972, quando Bowerman atuaria como treinador principal da equipe de atletismo.

Ele estava feliz. E, no entanto, disse que estava longe de se sentir satisfeito. Os atletas ainda não conseguiam usufruir dos benefícios da nova superfície. Os tênis deles ainda não apresentavam boa aderência à pista.

Nas duas horas de viagem de volta para Eugene, Bowerman refletiu sobre o que Woodell e eu havíamos dito e sobre o problema com a nova pista, e essas duas questões ficaram se misturando e tomando forma em seus pensamentos.

No domingo seguinte, durante o café da manhã com a esposa, o olhar de Bowerman se desviou para a máquina de fazer waffles. Ele observou que havia nela um padrão quadriculado. Isso combinava com certo padrão que ele tinha em mente, algo que vinha observando, ou procurando, havia meses, se não anos. Ele pediu à Sra. Bowerman que lhe emprestasse a máquina.

Ele havia guardado na garagem um barril de uretano, que sobrara da instalação da pista. Levou a máquina de waffles para a garagem, encheu-a de uretano, aqueceu-a – e estragou-a no mesmo instante. O uretano colou a tampa, pois Bowerman não tinha adicionado uma substância química para liberar o agente. Ele não sabia nada sobre agentes químicos.

Outra pessoa teria desistido ali mesmo. Mas o cérebro de Bowerman também não tinha nenhum agente de liberação. Ele comprou outra máquina de waffles e, dessa vez, encheu-a de gesso. Quando o gesso endureceu, a tampa da máquina se abriu sem problema. Levou o molde resultante daquela experiência para a Oregon Rubber Company e pagou para que despejassem borracha líquida dentro.

Outro fracasso. O modelo de borracha resultante era muito rígido, muito quebradiço. Ele se partiu na mesma hora.

Mas Bowerman sentiu que estava chegando perto.

Ele desistiu completamente da máquina de waffles. Em vez disso, pegou uma folha de aço inoxidável, perfurou-a, criando uma superfície parecida com um waffle, e voltou à empresa de borracha com a nova chapa. O modelo que eles fizeram a partir daquela chapa de aço ficou flexível, viável, e Bowerman tinha agora dois quadrados do tamanho de um pé, feitos de borracha dura e áspera, que levou para casa e costurou na sola de um par de tênis de corrida. Ele os deu para um dos seus atletas. O corredor os calçou e correu como um coelho.

Animado, Bowerman me telefonou e me contou sobre a experiência. Ele queria enviar uma amostra dos sapatos com solado waffle para uma das minhas novas fábricas. Claro, eu disse. Eu os enviaria imediatamente – para a Nippon Rubber.

Hoje, quando me lembro daquela época, posso vê-lo trabalhando em sua oficina, a Sra. Bowerman ajudando-o com todo o carinho, e isso me deixa arrepiado. Ele era Edison em Menlo Park, Da Vinci em Florença, Tesla em Wardenclyffe. Inspirado pelo divino. Eu me pergunto se ele sabia, se tinha alguma noção de que era o Dédalo dos tênis, que estava fazendo história, recriando toda uma indústria, transformando a maneira como os atletas correriam, parariam e saltariam durante várias gerações. Pergunto-me se ele podia compreender, naquele momento, tudo o que realizara. Tudo o que viria a seguir.

Eu sei que eu não podia.

1972

Tudo dependia de Chicago. No início de 1972, todos os nossos pensamentos, todas as nossas conversas começavam e terminavam com Chicago, porque Chicago era o local da exposição da National Sporting Goods Association, uma associação comercial sem fins lucrativos que apoia os esforços de crescimento da indústria de material esportivo e defende os seus interesses.

Era um evento anual importante. Era durante a exposição de artigos esportivos que os representantes de vendas do país davam a primeira olhada em todos os novos produtos de todas as empresas e os aprovavam ou não, de acordo com o tamanho das encomendas que realizavam. Só que a exposição de 1972 seria mais do que importante. Seria o nosso Super Bowl, os nossos Jogos Olímpicos, o nosso bar mitzvah, porque era onde havíamos decidido apresentar a Nike ao mundo. Se os representantes de vendas gostassem do nosso novo calçado, sobreviveríamos pelo menos até o ano seguinte. Se não gostassem, não participaríamos da exposição de 1973.

Enquanto isso, a Onitsuka também estava de olho em Chicago. Dias antes do início da exposição, sem me dizer uma única palavra, a Onitsuka fez um anúncio para a imprensa japonesa alardeando a "aquisição" da Blue Ribbon. O comunicado chocou a todos, sobretudo a Nissho. Sumeragi me escreveu perguntando, basicamente:

– Mas que m... é essa?

Na minha exaltada resposta de duas páginas, expliquei que eu não tinha nada a ver com o anúncio da Onitsuka. Assegurei-lhe que a Onitsuka estava tentando nos intimidar para que vendêssemos a empresa, mas eles eram o nosso passado e a Nissho, assim como a Nike, eram o nosso futuro. Para encerrar, confessei a Sumeragi que eu ainda não havia mencionado nada disso para a Onitsuka e, por isso, ele também não deveria dizer nada:

"Peço que você conserve essas informações sob estrito sigilo, por razões óbvias. A fim de manter o nosso atual sistema de distribuição para vendas futuras da Nike, é importante que recebamos mais um ou dois meses de remessas da Onitsuka; se essas remessas forem interrompidas, será muito prejudicial para o negócio."

Senti-me como um homem casado pego no flagra com outra. Estava assegurando à minha amante, a Nissho, que era apenas uma questão de tempo antes de eu me divorciar da minha esposa, a Onitsuka. Enquanto isso, eu estava encorajando a Onitsuka a pensar em mim como um marido amoroso e dedicado. "Não gosto dessa forma de fazer negócios", escrevi a Sumeragi, "mas a situação foi forçada por uma empresa com as piores intenções possíveis." *Ficaremos juntos em breve, querida. Apenas tenha um pouco de paciência.*

Pouco antes de todos partirmos para Chicago, recebi um telex de Kitami. Ele havia pensado em um nome para a "nossa" nova empresa: The Tiger Shoe Company. Queria que eu revelasse isso em Chicago. Respondi dizendo que o nome era lindo, lírico, poesia pura, mas, infelizmente, era muito tarde para revelar qualquer coisa na exposição. Todo o material promocional já havia sido impresso.

NO PRIMEIRO DIA DA EXPOSIÇÃO, entrei no centro de convenções e encontrei Johnson e Woodell já ocupados, organizando o nosso estande. Eles haviam enfileirado os novos Tigers e, agora, estavam empilhando os novos Nikes em pirâmides de caixas de sapatos alaranjadas. Naquela época, as caixas de sapatos eram brancas ou azuis, e só, mas eu queria algo que se destacasse nas prateleiras das lojas de artigos esportivos. Então pedi que a Nippon Rubber fizesse caixas laranja-neon brilhante, imaginando que seria a cor mais ousada do arco-íris. Johnson e Woodell amaram o laranja e eu amei a palavra "nike" escrita com todas as letras minúsculas e em branco na lateral da caixa. Entretanto, assim que eles abriram as caixas e examinaram os tênis de perto, ficaram abalados.

Aqueles tênis, a primeira leva produzida pela Nippon Rubber, não tinham a qualidade dos Tigers nem das amostras que tínhamos visto anteriormente. O couro era brilhante, e não no bom sentido. O Wet-Flyte parecia mesmo molhado, como se tivesse sido coberto por uma tinta barata ou uma laca que não havia secado. O cabedal estava revestido com poliuretano, mas, aparentemente, a Nippon Rubber não se mostrara mais eficiente do que Bowerman na hora de trabalhar com essa complicada substância volátil. O logotipo que ficava nas laterais, aquela coisa que era uma asa, lufada de vento ou vírgula criada por Carolyn, que nós passamos a chamar de *swoosh*, estava torto.

Sentei-me e apoiei a cabeça nas mãos. Olhei para a nossa pirâmide laranja. A minha mente viajou para as pirâmides de Gizé. Apenas 10 anos antes eu estivera lá, montado em um camelo, como Lawrence da Arábia, andando pelas areias, tão livre quanto um homem poderia ser. Agora eu estava em Chicago, montado em dívidas, chefe de uma oscilante empresa de calçados, lançando uma nova marca com produtos de má qualidade e *swooshes* tortos. Tudo é vaidade.

Olhei ao redor do centro de convenções, observando os milhares de representantes de vendas que enchiam os estandes, os *outros* estandes. Ouvi-os dar gritos de admiração por todos os outros calçados que estavam sendo apresentados pela primeira vez. Eu era aquele garoto na feira de ciências que não trabalhara duro o bastante em seu projeto, que não começara a fazê-lo até a noite anterior. As outras crianças tinham construído vulcões em erupção e máquinas de raios, mas tudo o que eu tinha era um móbile do sistema solar, feito com bolas de naftalina presas nos cabides de roupa da minha mãe.

Droga, aquele não era o momento de apresentar calçados defeituosos. Pior ainda, tínhamos que empurrar aqueles tênis ruins para pessoas que não eram o nosso tipo de gente. Eles eram *vendedores*. Falavam como vendedores, caminhavam como vendedores, vestiam-se como vendedores – camisas de poliéster justas e calças com elástico no cós. Eles eram extrovertidos; nós, introvertidos. Eles não nos entendiam; nós não os entendíamos, e, mesmo assim, o nosso futuro dependia deles. E agora teríamos que convencê-los, de alguma forma, de que valia a pena investir o seu tempo e a sua confiança naquele tal de Nike.

Eu estava à beira do descontrole. Então percebi que Johnson e Woodell já estavam perdendo a cabeça e que eu não podia me dar ao luxo de fazer o mesmo. Da mesma forma que aconteceu com Penny, eles me tiraram à força do ataque de pânico.

– Olha, gente – eu disse –, isto aqui é o que de pior um calçado pode ser. Eles vão melhorar. Então, se pudermos apenas vender estes... estaremos no caminho certo.

Os dois balançaram resignadamente a cabeça. *Que escolha* nós *temos?*

Olhamos para a frente e vimos uma multidão de vendedores andando como zumbis em direção ao nosso estande. Eles pegaram os Nikes, seguraram-nos contra a luz. Tocaram o *swoosh*. Um disse ao outro:

– Mas que diabo é isto?

– Não tenho a menor ideia – respondeu o sujeito.

Começaram a nos encher de perguntas:

– Ei, o que é ISTO?

– Isso é um Nike.

– Mas que diabo é um Nike?

– A deusa grega da vitória.

– Grega do quê?

– Deusa grega da vi...

– E o que é ISTO?

– Isso é um *swoosh*.

– Mas que diabo é um *swoosh*?

A resposta simplesmente saiu da minha boca:

– É o som de alguém ultrapassando você.

Eles gostaram. Ah, gostaram muito.

E quiseram fazer negócios. De verdade, fizeram *pedidos*. No fim do dia, tínhamos superado as nossas mais ambiciosas expectativas. Éramos um dos maiores sucessos da exposição. Pelo menos, era assim que eu via.

Johnson, como de costume, não estava feliz. Sempre perfeccionista. "As irregularidades de toda esta situação", disse ele, deixaram-no pasmo.

Essa foi a expressão que ele usou: *as irregularidades de toda esta situação*. Implorei a ele que levasse o seu estarrecimento e as suas irregularidades para outro lugar, que aceitasse o suficientemente bom. Mas ele não conseguia. Aproximou-se de um dos maiores compradores e exigiu que este lhe dissesse o que estava acontecendo.

– Como assim? – indagou o sujeito.

– Ora – disse Johnson –, nós aparecemos aqui com esse novo Nike, que não foi nem testado e, para falar a verdade, nem é tão bom assim, e vocês o estão comprando. O que está acontecendo?

O homem achou graça.

– Nós fazemos negócios com vocês, da Blue Ribbon, há anos – disse ele – e sabemos que dizem a verdade. Todos os outros tentam nos enganar, mas vocês são sempre honestos. Então, se dizem que esse tênis novo, esse tal de Nike, vale a aposta, nós acreditamos.

Johnson voltou para o estande coçando a cabeça.

– Falar a verdade – disse ele. – Quem diria?

Woodell riu. Johnson riu. Eu ri e tentei não pensar nas minhas muitas meias verdades e inverdades para com a Onitsuka.

AS BOAS NOTÍCIAS CORREM. As más notícias correm ainda mais depressa do que Grelle e Prefontaine. Como um foguete. Duas semanas depois de Chicago, Kitami entrou no meu escritório. Nenhum aviso prévio. Nenhuma notificação. E foi direto ao assunto:

– O que é isso, essa... coisa – exigiu saber –, esse... NEE-kay?

Fiz cara de paisagem.

– Nike? Ah. Não é nada. É uma linha lateral que desenvolvemos para cobrir as nossas apostas, caso a Onitsuka cumpra as ameaças e puxe o nosso tapete.

A resposta o desarmou. Como era de se esperar. Eu havia ensaiado durante semanas. Foi uma resposta tão sensata e lógica que Kitami não soube como reagir. Ele viera louco para comprar briga e eu havia colocado aquele touro para correr com um golpe certeiro.

Ele exigiu saber quem havia produzido os calçados novos. Respondi que tinham sido feitos em diferentes fábricas no Japão. Ele quis saber quantos pares de Nike havíamos encomendado. Alguns milhares, respondi.

Ele fez um "Ooh". Eu não sabia exatamente o que isso significava.

Não mencionei que dois jogadores do Portland Trail Blazers, da minha cidade natal, haviam usado Nikes quando venceram os New York Knicks por 133 a 86. O jornal *Oregonian* publicara recentemente uma foto de Geoff Petrie passando por um jogador dos Knicks (Phil Jackson), e, bem visíveis nos pés de Petrie, havia um *swoosh*. (Nós tínhamos acabado de fazer um acordo com dois outros Blazers para também abastecê-los de tênis.) Ainda bem que o nosso jornal não tinha ampla circulação em Kobe.

Kitami perguntou se o novo Nike já estava nas lojas. Claro que não, eu menti. Uma mentirinha. Ele perguntou quando eu ia assinar os papéis e vender a ele a minha empresa. Eu disse que o meu sócio ainda não havia decidido.

Fim da reunião. Ele abotoou e desabotoou o paletó do terno e disse que tinha outros negócios na Califórnia. Mas voltaria. Marchou para fora do meu escritório e eu imediatamente peguei o telefone. Liguei para a nossa loja em Los Angeles. Bork atendeu.

– John, o nosso velho amigo Kitami está indo aí! Tenho certeza de que ele vai aparecer na sua loja! Eu preciso que você faça uma coisa agora mesmo. Esconda os Nikes!

– Hã?

– Ele sabe sobre o Nike, mas eu disse que os tênis ainda não estavam nas lojas.

– Isso que você está me pedindo – disse Bork –, não sei, não.

Ele parecia assustado. E irritado. Não queria fazer nada que fosse desonesto, explicou.

– Eu estou lhe pedindo para guardar alguns pares de tênis – berrei, batendo o telefone na cara dele.

É claro que Kitami apareceu na loja naquela tarde. Ele confrontou Bork, atormentou-o com perguntas, sacudiu-o, como um policial faz com uma testemunha instável. Bork se fez de bobo – pelo menos foi o que me disse mais tarde.

Kitami pediu para usar o banheiro. Um estratagema, é claro. Ele sabia que o banheiro ficava em algum lugar na parte dos fundos e precisava de uma desculpa para ir até lá bisbilhotar. Bork não percebeu a manobra, ou não se importou. Momentos depois, Kitami estava parado no estoque, sob uma lâmpada que iluminava centenas de caixas de sapatos de cor laranja. Nikes, Nikes por toda parte.

Bork me ligou depois que Kitami saiu.

– Ele descobriu tudo.

– O que aconteceu? – indaguei.

– Kitami forçou a entrada no estoque. Acabou, Phil.

Desliguei e desabei na cadeira.

– Bem – eu disse, em voz alta, para ninguém. – Acho que vamos descobrir se podemos existir sem os Tigers.

Nós descobrimos outra coisa, também.

Logo depois desse dia, Bork foi embora. Na verdade, não me lembro se ele se demitiu ou se Woodell o despediu. De qualquer maneira, não muito tempo depois ouvimos dizer que Bork tinha um novo emprego.

Estava trabalhando para Kitami.

PASSEI DIAS E DIAS OLHANDO para o espaço, para fora das janelas, esperando Kitami fazer a próxima jogada. Eu também vi muita TV. A nação, o mundo, todos estavam ansiosos com a abertura repentina das relações diplomáticas entre os Estados Unidos e a China. O presidente Nixon estava em Pequim, apertando a mão de Mao Tsé-Tung, um evento quase tão importante quanto a aterrissagem na Lua. Jamais imaginei que veria um presidente dos Estados Unidos na Cidade Proibida ou tocando a Grande Muralha. Pensei no meu tempo em Hong Kong. Estivera tão perto da China e, ao mesmo tempo, tão longe. Pensei que nunca mais teria outra chance. Mas agora, imaginava, um dia? Talvez?

Talvez.

Enfim Kitami deu a sua cartada. Ele voltou para o Oregon e pediu uma reunião, na qual Bowerman deveria estar presente. De modo a facilitar para Bowerman, sugeri o escritório de Jaqua, em Eugene, como local do encontro.

No dia marcado, enquanto estávamos todos nos dirigindo para a sala de reuniões, Jaqua agarrou o meu braço e sussurrou:

– O que quer que ele diga, fique quieto.

Assenti.

De um lado da mesa de conferências ficamos Jaqua, Bowerman e eu. Do outro, sentaram-se Kitami e seu advogado, um sujeito da cidade que não parecia muito feliz por estar ali. Além disso, Iwano estava de volta. Achei que ele pudesse me lançar um meio sorriso, mas lembrei-me de que aquele não era um encontro social.

A sala de reuniões de Jaqua era maior do que a nossa, em Tigard, mas naquele dia parecia uma casa de bonecas. Kitami tinha pedido a reunião, então ele começou a falar. E foi logo soltando o verbo. Entregou uma carta a Jaqua. A partir daquele momento, o nosso contrato com a Onitsuka estava cancelado e sem efeito. Kitami olhou para mim, depois de volta para Jaqua.

– Vocês vão se arrepender muito, muito – disse ele.

Além disso, para piorar, ele estava nos cobrando 17 mil dólares que, segundo alegou, lhe devíamos pelos calçados entregues. Para ser exato, ele exigiu US$ 16.637,13.

Jaqua empurrou a carta para o lado e disse que, se Kitami se atrevesse a seguir por esse caminho imprudente, se insistisse em nos deixar na mão, nós o processaríamos.

– Vocês causaram isso – disse Kitami.

Afirmou ainda que a Blue Ribbon violara o contrato com a Onitsuka fazendo os tênis Nike e que ele não entendia por que havíamos arruinado uma relação tão rentável, por que havíamos lançado aquele, aquele... *Nike*. Isso era mais do que eu poderia suportar.

– Eu vou lhe dizer por quê – falei.

Jaqua virou-se para mim e gritou:

– Cale a boca, Buck!

Jaqua então disse a Kitami que esperava que algo ainda pudesse ser acertado. Um processo judicial seria altamente prejudicial para ambas as empresas. Paz era sinônimo de prosperidade. Mas Kitami não estava com disposição para a paz. Levantou-se e fez um sinal para o advogado e Iwano seguirem-no. Quando chegou à porta, parou. O rosto dele mudou. Estava prestes a dizer algo conciliador. Estava se preparando para oferecer um ramo de oliveira. Eu me senti amolecendo.

– A Onitsuka – disse ele – gostaria de continuar utilizando o Sr. Bowerman... como consultor.

Levantei as orelhas. Certamente não tinha ouvido direito. Bowerman balançou a cabeça e se voltou para Jaqua, que disse que, dali em diante, Bowerman passaria a considerar Kitami como um concorrente, um inimigo confesso, e não o ajudaria de maneira alguma.

Kitami meneou a cabeça. Perguntou se alguém faria a gentileza de levar a ele e Iwano ao aeroporto.

EU DISSE A JOHNSON para pegar um avião.

– Que avião? – indagou ele.

– O *próximo* – respondi.

Ele chegou na manhã seguinte. Saímos para uma corrida, durante a qual nenhum de nós disse nada. Em seguida, fomos até o escritório e juntamos toda a equipe na sala de reuniões. Havia cerca de 30 pessoas lá. Eu esperava ficar nervoso. Eles esperavam que eu ficasse nervoso. Em qualquer outro dia, em quaisquer outras circunstâncias, eu teria ficado. Por alguma razão, no entanto, eu me sentia estranhamente em paz.

Expliquei a situação que enfrentávamos:

– Chegamos, amigos, a uma encruzilhada. Ontem, o nosso principal fornecedor, a Onitsuka, nos abandonou.

Deixei que assimilassem a notícia. Vi todos ficarem de queixo caído.

– Ameaçamos processá-los por danos – expliquei – e, é claro, eles também ameaçaram abrir um processo contra nós. Violação de contrato. Se eles nos processarem primeiro, no Japão, não teremos escolha a não ser processá-los aqui nos Estados Unidos, e depressa. Não vamos vencer uma ação judicial no Japão, por isso teremos que vencê-los no tribunal e obter um veredito rápido aqui, para pressioná-los a retirar o processo deles lá.

Fiz uma breve pausa antes de continuar:

– Enquanto isso, até que tudo se resolva, estaremos por nossa conta. Fomos deixados à deriva. Temos essa nova linha, a Nike, que os representantes em Chicago pareceram aprovar. Mas, bem, francamente, isso é tudo o que temos. E, como sabemos, existem grandes problemas com a qualidade. Eles não saíram como esperávamos. A comunicação com a Nippon Rubber é boa e a Nissho está lá, na fábrica, pelo menos uma vez por semana, tentando resolver todas as pendências, mas não sabemos em quanto tempo poderão fazê-lo. É melhor que seja rápido, porque não temos tempo nem margem para erro.

Olhei ao redor da mesa. Todos estavam afundados nas cadeiras, caindo para a frente. Olhei para Johnson. Ele estava fitando os papéis diante dele e havia algo no seu belo rosto, alguma qualidade que eu não tinha visto antes. Capitulação. Como todos ali, ele estava desistindo. A economia do país estava estagnada, uma recessão se aproximava. Filas para comprar gasolina, impasses políticos, aumento do desemprego, Nixon sendo Nixon... Vietnã. Parecia o fim dos tempos. Todos na sala já andavam preocupados com o pagamento do aluguel, da conta de luz. E agora, isso.

Pigarreei.

– Portanto, em outras palavras – prossegui. Pigarreei novamente, empurrei para o lado o meu bloco amarelo –, o que estou tentando dizer é que eles estão exatamente onde queremos que estejam.

Johnson levantou os olhos. Todos ao redor da mesa levantaram os olhos e se endireitaram nas cadeiras.

– Este é "o" momento – eu disse. – Este é o momento pelo qual estivemos esperando. O nosso momento. Chega de vender a marca dos outros. Chega de trabalhar para os outros. A Onitsuka estava nos puxando para baixo há anos. As entregas atrasadas, as remessas cheias de erros, a recusa em ouvir e implementar as nossas ideias de novos modelos. Quem não está cansado de lidar com isso? É hora de enfrentar os fatos: se vamos ter sucesso ou não, devemos fazê-lo nos nossos termos, com as nossas ideias... a nossa *marca*. Alcançamos 2 milhões de dólares em vendas no ano passado... e nenhuma delas teve nada a ver com a Onitsuka. Esse número foi uma prova do nosso talento e do nosso trabalho duro. Não vamos ver isso como uma crise. Vamos ver como a nossa libertação. O nosso Dia da Independência.

Antes que dissessem qualquer coisa, continuei:

– Sim, vai ser difícil. Não vou mentir para vocês. Estamos, definitivamente, partindo para a guerra, amigos. Mas nós conhecemos o terreno. Agora, conhecemos o nosso caminho no Japão. E é por essa razão que sinto que essa é uma guerra que podemos vencer. E, se vencermos, quando vencermos, eu vejo grandes coisas para nós do outro lado da vitória. Ainda estamos vivos. Nós ainda estamos vivos. Vivos.

Quando parei de falar, pude ver uma onda de alívio percorrer a mesa, como uma brisa fresca. Todo mundo sentiu. Era tão real quanto o vento que havia no escritório perto do Pink Bucket. Houve acenos de cabeça, murmúrios, risinhos nervosos. Passamos a hora seguinte discutindo como proceder, como contratar fábricas, como fazer concorrências em busca de melhor qualidade e preço. E como vamos melhorar os novos Nikes? Alguém tinha alguma ideia?

Encerramos a reunião com uma agitada sensação de jovialidade e exaltação.

Johnson disse que queria me pagar um café.

– O seu melhor momento – declarou ele.

– Ah – eu disse. – Obrigado.

Mas lembrei-o de uma coisa: eu só dissera a verdade.

Como ele fizera em Chicago. Dizer a verdade, repeti. Quem diria?

* * *

JOHNSON VOLTOU PARA WELLESLEY e nós voltamos a nossa atenção para as seletivas de atletismo das Olimpíadas que, em 1972, estavam sendo realizadas, pela primeira vez, no nosso quintal: em Eugene. Precisávamos fazer sucesso nesses treinos, por isso enviamos até lá uma equipe, com antecedência, para distribuir tênis para qualquer competidor disposto a usá-los e criamos uma área de testes na nossa loja, que agora estava sendo habilmente gerida por Hollister. Quando os treinos começaram, fomos até Eugene e instalamos uma máquina de impressão em serigrafia nos fundos da loja. Imprimimos incontáveis camisetas da Nike, que Penny distribuiu como se fossem doces de Halloween.

Com todo esse trabalho, como poderíamos não fazer sucesso? E, realmente, Dave Davis, um atleta que praticava arremesso de peso na Universidade do Sul da Califórnia, apareceu na loja no primeiro dia para reclamar que não estava recebendo material gratuito nem da Adidas nem da Puma e, por isso, ficaria feliz em levar os nossos tênis e usá-los. E ele ficou em quarto lugar. *Viva*! Melhor ainda, ele não apenas estava usando os nossos tênis como também desfilou com uma das camisetas de Penny, com o nome dele estampado nas costas. (O problema era que Dave não era o modelo ideal. Ele tinha uma barriga um pouco avantajada. E nossas camisetas não eram grandes o suficiente. E isso realçou a barriga. Tomamos nota: subornar atletas menores ou fazer camisetas maiores.)

Tivemos também um par de semifinalistas usando nossos tênis com travas nas solas, inclusive um dos nossos funcionários, Jim Gorman, que competiu nos 1.500 metros. Eu disse a Gorman que ele estava levando a lealdade corporativa longe demais. Os nossos tênis com travas não eram tão bons assim. Mas ele insistiu que estava envolvido com a empresa "por inteiro". E então, na maratona, tivemos corredores usando Nikes que terminaram em quarto, quinto, sexto e sétimo lugares. Nenhum deles conseguiu entrar na equipe, mas foi um sucesso. Nada mau.

O principal evento dos treinos, é claro, viria no final do dia, com um duelo entre Prefontaine e o grande atleta olímpico George Young. Até então, Prefontaine, conhecido como Pre, era mais do que um fenômeno; era uma estrela absoluta. Era o maior corredor no mundo do atletismo americano desde Jesse Owens. Jornalistas esportivos costumavam compará-lo a James Dean e Mick Jagger e a revista *Runners's World* afirmara que a melhor comparação seria com Muhammad Ali. Ele era esse tipo de figura superior e transformadora.

Na minha opinião, porém, essas e todas as outras comparações eram fracas. Pre era diferente de qualquer atleta que o país já vira, embora fosse difícil explicar exatamente por quê. Passei muito tempo estudando-o, admirando-o, intrigado com o seu carisma. Eu me perguntava, muitas e muitas vezes, o que havia em Pre que desencadeava reações tão viscerais em tantas pessoas, inclusive em mim. Nunca cheguei a uma resposta totalmente satisfatória.

Era mais do que talento – havia outros corredores talentosos. E era mais do que arrogância – havia muitos corredores arrogantes.

Alguns diziam que era a aparência dele. Pre era tão fluido, tão poético, com aqueles cabelos esvoaçantes. E tinha o peitoral mais amplo e mais profundo que se pudesse imaginar, sobre pernas longas que eram puro músculo e nunca paravam de se mexer.

Além disso, a maioria dos corredores era introvertida, mas Pre era claramente alegre e extrovertido. Ele nunca corria apenas para si mesmo. Sempre fazia uma verdadeira exibição, plenamente consciente dos holofotes.

Às vezes eu achava que o segredo do magnetismo de Pre era a sua paixão. Ele não se importava se ia morrer ao cruzar a linha de chegada, desde que a atravessasse primeiro. Não importava o que Bowerman lhe dissesse ou o que o próprio corpo lhe dissesse, ele se recusava a desacelerar. Obrigava-se a ir ao limite e além. Muitas vezes essa estratégia se mostrava contraproducente; às vezes, era apenas estúpida e, ocasionalmente, suicida. Mas era sempre edificante para a multidão. Não importa o esporte – não importa o empenho do ser humano –, quando o esforço é total, ele conquista os corações.

Naturalmente, todos os moradores do Oregon amavam Pre porque ele era "nosso". Ele havia nascido no nosso meio, fora criado nas nossas florestas chuvosas, e nós o aplaudíamos desde que ele era criança. Nós o vimos quebrar o recorde nacional das 2 milhas quando era apenas um jovem de 18 anos e estávamos com ele, a cada passo, a cada glorioso campeonato da NCAA, a associação atlética das universidades americanas. Todos nos sentíamos emocionalmente envolvidos na carreira dele.

E na Blue Ribbon, é claro, estávamos nos preparando para colocar nosso dinheiro onde nossas emoções estivessem. Entendemos que Pre não podia trocar de tênis pouco antes das seletivas. Ele estava acostumado aos seus Adidas. Mas, em algum momento, ele seria um atleta Nike e, talvez, o paradigma dos atletas Nike.

Com esses pensamentos em mente, andando pela Agate Street na direção de Hayward Field, não fiquei surpreso ao perceber que o lugar estava balançando, tremendo e se agitando de tantos aplausos – o Coliseu de Roma não teria ouvido um barulho mais alto quando os gladiadores e leões eram soltos. Conseguimos encontrar nossos assentos bem a tempo de ver Pre fazendo o aquecimento. Cada movimento dele provocava uma nova onda de excitação. Toda vez que ele corria para um lado ou para outro da pista, os fãs ao longo do percurso se levantavam e iam à loucura. Metade deles usava camisetas em que se lia: LENDA.

De repente, ouvimos um coro de vaias profundas e guturais. Gerry Lindgren, indiscutivelmente o melhor corredor de longa distância do mundo naquele momento, apareceu na pista com uma camiseta que dizia: PARE PRE. Lindgren havia vencido Pre quando estava no último ano e Pre era um calouro, e ele queria que todos, especialmente Pre, se lembrassem desse feito. Mas, quando Pre viu Lindgren e a camiseta, apenas balançou a cabeça. E sorriu. Nada de pressão. Só mais incentivo.

Os corredores se posicionaram em suas marcas. Um silêncio sobrenatural tomou conta do ambiente. Então, *bang*! O tiro de partida soou como um canhão de Napoleão.

Pre assumiu a liderança imediatamente. Young se posicionou logo atrás dele. Em pouco tempo, estavam bem à frente do restante dos competidores e a corrida se tornou uma disputa entre dois homens. (Lindgren estava muito atrás, sem oferecer perigo.) A estratégia de cada um era clara. Young pretendia ficar com Pre até a última volta para, em seguida, dar a sua arrancada superior, ultrapassá-lo e vencer. Pre, por sua vez, pretendia definir um ritmo tão rápido no início que, no momento em que chegassem à última volta, as pernas de Young já não teriam tanta força.

Durante 11 voltas eles correram a meio passo de distância um do outro. Com a multidão agora rugindo, espumando, gritando, os dois homens entraram na última volta. Parecia uma luta de boxe. Parecia um combate. Parecia uma tourada, e havia chegado o momento da verdade – a morte pairava no ar. Pre entrou em outro nível – nós o vimos fazer isso. Ele abriu uma vantagem de quase um metro, depois dois, depois quase cinco. Vimos Young fazer uma careta e sabíamos que ele não conseguiria, não poderia, não alcançaria Pre. Eu disse a mim mesmo: "Não se esqueça disso. Não se esqueça." Disse a mim mesmo que havia muito a ser aprendido com tamanha demonstração de paixão, não importa se você está correndo 1 milha ou administrando uma empresa.

Quando cruzaram a linha de chegada, todos olhamos para o relógio e vimos que os dois haviam quebrado o recorde americano. Pre chegara na frente por uma diferença mínima. Mas não parou por aí. Ele viu alguém acenando com uma camiseta com os dizeres PARE PRE, aproximou-se, agarrou-a e rodou-a várias vezes acima da cabeça, como se fosse um troféu. O que se seguiu foi uma das maiores aclamações que já ouvi em toda a minha vida de frequentador de estádios.

Eu nunca tinha presenciado algo parecido com aquela corrida. Mas não apenas a testemunhei. Tomei parte nela. Dias depois, senti as pernas doloridas. Isso, decidi, *isso* é o esporte, o que ele pode fazer. Como os livros, os esportes dão às pessoas a sensação de ter vivido outras vidas, de tomar parte nas vitórias de outras pessoas. E nas derrotas. Quando o esporte está no seu melhor, o espírito do fã funde-se ao espírito do atleta, e essa convergência, essa transferência, é a unidade a que os místicos se referem.

Caminhando de volta pela Agate Street, tive certeza de que as corridas eram parte de mim, que o seriam para sempre, e jurei que também seriam parte da Blue Ribbon. Nas nossas próximas batalhas, com a Onitsuka ou com quem quer que fosse, eu seria como Pre. Competiríamos como se as nossas vidas dependessem disso.

Porque na verdade dependiam.

EM SEGUIDA, DE OLHOS ARREGALADOS, voltamos a nossa atenção para as Olimpíadas. Não somente o nosso homem, Bowerman, seria o treinador principal da equipe de atletismo, mas Pre, o nosso conterrâneo, seria a estrela. Depois daquele desempenho nas seletivas? Quem poderia duvidar?

Certamente não Pre.

– É claro que haverá muita pressão – disse ele à *Sports Illustrated*. – E muitos de nós enfrentarão atletas mais experientes e talvez não tenhamos o direito de ganhar. Mas só sei que, se eu sair e der o máximo de mim até desmaiar e ainda assim alguém me vencer, se eu tiver feito esse cara usar todas as suas forças, e até mais, então isso provará que, naquele dia, ele foi melhor do que eu.

Pouco antes de Pre e Bowerman partirem para a Alemanha, entrei com um pedido de patente do tênis de corrida com o solado waffle de Bowerman. Inscrição número 284.736, descrita como "sola aprimorada com pinos integrantes em forma de polígonos... com cortes transversais quadrados, retangulares ou triangulares... [e] uma pluralidade de partes planas, proporcionando bordas aderentes que oferecem uma tração fortemente melhorada".

Um momento de orgulho para nós dois.

Um momento de ouro na minha vida.

As vendas da Nike estavam firmes, o meu filho era saudável, eu era capaz de pagar a minha hipoteca em dia. Levando-se tudo isso em consideração, eu estava com um humor excelente naquele mês de agosto.

E, então, tudo começou. Na segunda semana dos Jogos Olímpicos, um grupo de oito homens armados e mascarados escalou um muro nos fundos da Vila Olímpica e sequestrou 11 atletas israelenses. No nosso escritório de Tigard, colocamos uma TV e ninguém conseguia trabalhar. Assistimos a tudo, dia após dia, falando pouco, muitas vezes tapando a boca com a mão. Quando o terrível desenlace aconteceu, quando saiu a notícia de que todos os atletas haviam sido mortos, os corpos espalhados no asfalto manchado de sangue no aeroporto me fizeram recordar das mortes dos dois Kennedys e de Martin Luther King, dos alunos da Universidade Estadual de Kent, em Ohio, e de todas as dezenas de milhares de rapazes no Vietnã. Esse foi um período difícil, encharcado de mortes, e, pelo menos uma vez a cada dia, você era forçado a se perguntar: para quê?

Quando Bowerman voltou, fui logo a Eugene para vê-lo. Ele parecia estar há uma década sem dormir. Contou que ele e Pre haviam estado a milímetros do ataque. Nos primeiros minutos, enquanto os terroristas tomavam o prédio, vários atletas israelenses conseguiram fugir, escapando pelas portas laterais, saltando pelas janelas. Um deles conseguiu chegar ao edifício ao lado, onde Bowerman e Pre estavam hospedados. Bowerman ouviu uma batida, abriu a porta do quarto e encontrou aquele rapaz da marcha atlética, tremendo de medo, contando sobre sujeitos armados e mascarados. Bowerman puxou-o para dentro e telefonou ao cônsul dos Estados Unidos.

– Mandem os fuzileiros! – gritou ao telefone.

E eles mandaram. Rapidamente, os fuzileiros cercaram o edifício em que Bowerman e a equipe dos Estados Unidos estavam alojados.

Por essa "reação exagerada", Bowerman foi severamente repreendido pela organização dos Jogos. Alegaram que ele havia excedido a sua autoridade. No calor da crise, tiveram tempo para convocar Bowerman ao seu quartel-general. Felizmente, Jesse Owens, o herói da última Olimpíada na Alemanha, o homem que "vencera" Hitler, ficou ao lado de Bowerman e expressou apoio às ações dele. Isso forçou os burocratas a recuarem.

Bowerman e eu nos sentamos e ficamos parados durante um longo tempo, olhando para o rio, quase sem falar. Então, com a voz áspera, Bowerman disse-me que aqueles Jogos Olímpicos de 1972 marcaram o pior momento da sua vida. Eu nunca o tinha ouvido dizer uma coisa dessas, nunca o vira com aquela aparência. Derrotado.

Eu não podia acreditar.

Os covardes nunca começaram, os fracos morreram ao longo do caminho – e nós estamos aqui.

Logo depois, Bowerman anunciou que se aposentaria da função de técnico.

TEMPOS SOMBRIOS. Os céus estavam mais cinzentos do que o habitual. Não houve outono. Acordamos e o inverno já estava sobre nós. De uma noite para outra, as árvores ficaram nuas. A chuva caía sem parar.

Finalmente, uma bênção bastante necessária. Tivemos notícia de que um pouco mais ao norte, em Seattle, na competição da Rainier International Classic, um tenista romeno estava destruindo todos os adversários no seu caminho usando um par novinho em folha do Nike Match Point. O romeno era Ilie Nastase, também conhecido como "Nasty", e toda vez que ele dava um *smash*, toda vez que se erguia na ponta dos pés e lançava mais um saque indefensável, o mundo via o nosso *swoosh*.

Há tempos já sabíamos que o endosso de um atleta conhecido era importante. Se quiséssemos competir com a Adidas – para não mencionar Puma, Gola, Diadora, Head, Wilson, Spalding, Karhu, Etonic, New Balance e todas as outras marcas que estavam surgindo na década de 1970 –, precisaríamos de grandes atletas usando e aprovando a nossa marca. Mas ainda não tínhamos dinheiro para pagar os melhores atletas. (Tínhamos menos dinheiro do que nunca.) Também não sabíamos nada sobre como chegar até eles e convencê-los de que o nosso calçado era bom, que ele logo seria melhor, que eles deveriam nos apoiar fazendo um preço melhor. De repente, ali estava um atleta famoso *já* calçando um Nike e vencendo as partidas. Quão difícil seria contratá-lo?

Descobri o número do agente de Nastase. Telefonei e ofereci a ele um acordo: 5 mil dólares – quase engasguei quando disse isso – se Nasty usasse o nosso material. Ele pediu 15 mil. Como eu *odiava* negociar.

Concordamos com 10 mil dólares. Senti que estava sendo roubado.

O agente disse que Nastase participaria de um torneio naquele fim de semana em Omaha. Ele sugeriu que eu voasse até lá para assinar o contrato.

Conheci Nasty e a esposa dele, Dominique, uma mulher deslumbrante, naquela sexta-feira à noite, em uma churrascaria no centro de Omaha. Depois que ele assinou na linha pontilhada e eu guardei os papéis na pasta, pedimos um jantar comemorativo. Uma garrafa de vinho, depois outra. Em algum momento, por alguma razão, comecei a falar com um sotaque romeno e, por algum motivo, Nasty começou a *me* chamar de Nasty, e, sem nenhum motivo aparente, a esposa supermodelo dele começou a lançar olhares lânguidos para todos, inclusive para mim, e, lá pelo fim da noite, tropeçando até o meu quarto, senti-me como um campeão de tênis, um magnata, um criador de reis. Deitei na cama e olhei para o contrato. Dez mil dólares, eu disse em voz alta. Dez. Mil. Dólares.

Era uma fortuna. Mas a Nike agora tinha uma celebridade do mundo do esporte como garoto-propaganda.

Fechei os olhos para fazer com que o quarto parasse de girar. Então abri os olhos, porque não queria que o quarto parasse de girar.

Tome essa, Kitami, eu disse para o teto, para toda Omaha. Tome *essa*.

NAQUELA ÉPOCA, a histórica rivalidade no futebol americano entre os Ducks, da Universidade do Oregon, e os temidos Beavers, da Universidade Estadual do Oregon, estava, no mínimo, desequilibrada. Os meus Ducks normalmente perdiam. E perdiam feio. E eles muitas vezes perdiam arriscando muito. Por exemplo: em 1957, com as duas equipes disputando o campeonato, Jim Shanley, da Universidade do Oregon, estava quase fazendo o *touchdown* da vitória quando se atrapalhou já perto da linha de 1 jarda. A Oregon perdeu de 10 a 7.

Em 1972, os Ducks haviam perdido para os Beavers oito vezes seguidas, deixando-me, oito vezes consecutivas, amargamente deprimido. Mas agora, naquele ano às avessas, os meus Ducks usariam Nikes. Hollister havia convencido o treinador principal da Universidade do Oregon, Dick

Enright, a usar o nosso tênis com solado waffle no Grande Jogo, a chamada Guerra Civil.

O cenário era a cidade deles, Corvallis. Chuvas esparsas haviam caído durante toda a manhã e, na hora do jogo, chovia torrencialmente. Penny e eu estávamos na arquibancada, tremendo dentro dos nossos ponchos encharcados, tentando enxergar alguma coisa, quando foi dado o pontapé inicial. Na primeira jogada na linha de *scrimmage*, o corpulento quarterback da Universidade do Oregon, um jogador com mira excepcional chamado Dan Fouts, passou a bola para Donny Reynolds, que fez um corte com seu Nike com solado waffle e... *marcou o gol*. Ducks 7, Nike 7, Beavers 0.

Fouts, encerrando uma carreira universitária brilhante, estava enlouquecido naquela noite. Passou pelas 300 jardas, incluindo um *touchdown* nas 60 jardas, uma bomba que pousou como uma pluma nas mãos do receptor. A derrota completa estava a caminho. Os *meus* Ducks estavam vencendo por 30 a 3. Eu sempre os chamava de *meus* Ducks, mas agora eles realmente o eram. Estavam usando os meus tênis. Cada passo que davam, cada ataque, era, em parte, meu também. Uma coisa é assistir a um evento esportivo e colocar-se no lugar dos jogadores. Todo fã faz isso. Outra é quando os atletas estão usando os seus calçados.

Eu ri no caminho para o carro. Ri como um louco. Ri enquanto voltávamos para Portland. Era assim, eu ficava dizendo a Penny, era *assim* que 1972 precisava terminar. Com uma vitória. Qualquer vitória teria servido, mas assim, meu Deus – assim.

1973

Assim como o seu treinador, Pre não se recuperou depois dos Jogos Olímpicos de 1972. Os ataques terroristas o assombravam e enraiveciam. E prejudicavam também o seu desempenho. Ele sentiu que decepcionara a todos. Havia terminado em quarto lugar.

Dissemos que não era nenhum demérito ser o quarto melhor do mundo na sua especialidade. Mas Pre sabia que podia ter feito melhor. E sabia que teria feito se não tivesse sido tão teimoso. Ele não fora paciente e não demonstrara astúcia. Poderia ter ficado atrás do corredor da frente, permanecido na sua esteira e garantido a prata. Isso, no entanto, teria ido contra os princípios de Pre. E ele resolveu correr fazendo todo o esforço, como sempre, sem se poupar, até que, nos últimos 100 metros, ficou exausto. Pior, o homem que ele considerava o seu arquirrival, Lasse Viren, da Finlândia, mais uma vez levou o ouro.

Tentamos levantar o ânimo de Pre. Asseguramos que o Oregon ainda o amava. As autoridades municipais em Eugene estavam até planejando colocar o nome dele em uma rua.

– Ótimo – disse Pre. – Do que eles irão chamá-la? De Rua *Quatro*?

Ele se trancou no seu trailer, às margens do Willamette, e não saiu dali por várias semanas.

Com o tempo, depois de andar muito, brincar com Lobo, o seu filhote de pastor-alemão, e de grandes quantidades de cerveja gelada, Pre emergiu. Um dia, ouvi dizer que ele tinha sido visto novamente pela cidade, de madrugada, fazendo os seus 16 quilômetros diários, com Lobo correndo nos seus calcanhares.

Levou seis meses, mas o fogo voltou a se acender no espírito de Pre. Ele brilhou nas corridas finais para a Oregon. Venceu as 3 milhas da NCAA pelo quarto ano consecutivo, registrando um vistoso tempo de 13:05.3. Ele também foi para a Escandinávia, para competir nos 5 mil metros, e estabeleceu o recorde americano da época: 13:22.4. Melhor ainda, fez isso usando Nikes. Bowerman, finalmente, o fez calçar nossos tênis. (Meses depois da aposentadoria, Bowerman ainda treinava Pre e ainda aprimorava o projeto final para o tênis com solado waffle, que estava prestes a ser lançado no varejo. Ele nunca estivera tão ocupado.) E nossos tênis, enfim, eram dignos de Pre. Foi uma perfeita combinação simbiótica. Ele gerava milhares de dólares de publicidade, tornando a nossa marca um símbolo de rebelião e iconoclastia, e nós estávamos ajudando na sua recuperação.

Pre começou a falar com Bowerman, com cautela, sobre os Jogos Olímpicos de 1976, em Montreal. Ele disse a Bowerman e a alguns amigos próximos que queria se redimir. Estava determinado a conquistar a medalha de ouro que lhe escapara em Munique.

Entretanto, vários obstáculos assustadores se apresentavam no caminho. Por exemplo, o Vietnã. Pre, cuja vida, como a minha, como a de todos, era regida por números, havia sido sorteado na loteria da guerra. Ninguém duvidava de que ele seria convocado assim que se formasse. Dali a um ano, estaria sentado em alguma selva fétida, sob uma chuva de balas de metralhadora. Ele poderia ter as pernas, as divinas pernas, totalmente destruídas.

Além disso, havia Bowerman. Pre e o treinador estavam sempre discordando, dois sujeitos teimosos, com ideias diferentes sobre métodos de treinamento e estilos de corrida. Bowerman tinha uma visão de longo prazo: um corredor de longa distância tem o melhor desempenho quando está na casa dos 20 e tantos anos. Portanto, ele queria que Pre descansasse e se preservasse para determinadas corridas selecionadas por ele. Guarde alguma coisa, Bowerman repetia, suplicante. Mas é claro que Pre se recusava. Vou dar tudo de mim o tempo todo, dizia ele. O relacionamento deles parecia o meu com os bancos. Pre não via sentido em ir devagar – jamais. Corra ou morra. Eu não poderia culpá-lo. Concordava com ele. Mesmo ficando contra o nosso treinador.

Acima de tudo, no entanto, pesava o fato de que Pre estava sem dinheiro. Os oligarcas ignorantes que regiam o esporte amador americano naquele momento haviam decretado que os atletas olímpicos não poderiam obter dinheiro de patrocínio de empresas nem do governo, o que significava que nossos melhores corredores, nadadores e pugilistas acabaram sem nenhum tostão. Para sobreviver, Pre trabalhava de vez em quando como garçom em um bar em Eugene e volta e meia corria na Europa, recebendo dinheiro ilícito dos promotores das corridas. É claro que essas corridas extras estavam começando a causar problemas. O corpo dele – em particular, as costas – não estava resistindo.

Na Blue Ribbon, estávamos preocupados com Pre. Conversávamos sobre ele muitas vezes, formal e informalmente, no escritório. Acabamos elaborando um plano. Para impedi-lo de se lesionar e evitar a vergonha de vê-lo passando o chapéu, nós o contratamos. Em 1973, lhe demos um "emprego" com um modesto salário de 5 mil dólares anuais e acesso a uma casa de praia que Cale possuía em Los Angeles. Também lhe demos um cartão de visita que dizia *Diretor Nacional de Relações Públicas*. Muitas vezes, as pessoas estreitavam os olhos e me perguntavam o que aquilo significava. Eu também estreitava os olhos e respondia:

– Significa que ele corre muito rápido.

E também significava que ele era o segundo atleta-celebridade a ser nosso garoto-propaganda.

A primeira coisa que Pre fez com o dinheiro inesperado foi comprar um MG caramelo. Ele o dirigia por toda parte – e rápido. Parecia o meu velho MG. Lembro-me de me sentir extremamente orgulhoso. Lembro-me de pensar: nós compramos isso. Lembro-me de pensar que Pre era a personificação do que estávamos tentando criar. Sempre que as pessoas o viam no seu ritmo vertiginoso – em uma pista de corridas ou no seu MG –, eu queria que eles vissem a Nike. E, quando elas compravam um par de Nikes, queria que vissem Pre.

Eu sentia isso fortemente em relação a Pre, embora só tivesse conversado com ele poucas vezes. E mal poderia chamar o que fizemos de conversas. Sempre que o via em uma pista, ou nos escritórios da Blue Ribbon, eu ficava mudo. Tentava me convencer de que Pre era apenas um garoto de Coos Bay, um atleta cabeludo com um bigode de ator de filme pornô. Mas eu sabia que não era bem assim. E alguns minutos na presença dele comprovavam isso. Poucos minutos, isso era tudo que eu podia suportar.

O cidadão mais famoso do Oregon naquela época era Ken Kesey, cujo romance de grande sucesso *Um estranho no ninho* foi escrito em 1962, no exato momento em que eu partia para minha viagem ao redor do mundo.

Eu conhecia Kesey da Universidade do Oregon. Ele lutava e eu corria, e, em dias de chuva, fazíamos exercícios no mesmo ginásio. Quando o primeiro romance dele saiu, fiquei espantado ao constatar como era bom, principalmente porque as peças que ele havia escrito na escola eram péssimas. De repente, ele se tornara um fenômeno literário, comentado em Nova York, e ainda assim nunca me senti intimidado na sua presença, como acontecia com Pre. Em 1973, decidi que Pre era tão artista quanto Kesey e muito mais. O próprio Pre dizia isso.

– Uma corrida é como uma obra de arte – explicou a um repórter. – As pessoas podem olhar e ser afetadas por ela de tantas maneiras quantas forem capazes de entendê-la.

Percebi que, toda vez que Pre entrava no escritório, eu não estava sozinho no meu êxtase. Todos ficavam tímidos e emudeciam. Homens, mulheres, não importava, todo mundo se transformava em Buck Knight. Até Penny. Se eu fui o primeiro a despertar nela o interesse pelo atletismo, foi Pre quem fez dela uma verdadeira fã.

Hollister era a exceção à regra. Ele e Pre ficavam relaxados na presença um do outro. Eram como irmãos. Nunca vi Hollister agir com Pre de um jeito diferente do que agia, digamos, comigo. Assim, fazia sentido pedir a Hollister, o Domador de Pre, que nos ajudasse a conhecê-lo melhor. Organizamos um almoço na sala de reuniões.

No dia marcado, fizemos algo que não foi inteligente, mas foi um comportamento típico meu e de Woodell: escolhemos *aquele* momento para dizer a Hollister que estávamos mudando as funções dele. Na verdade, lhe dissemos isso no instante em que ele pôs o traseiro na cadeira da sala de reuniões. A mudança afetaria a maneira como ele era pago. Não falamos quanto, apenas como. Antes de podermos explicar completamente, ele jogou o guardanapo na mesa e saiu. Agora não tínhamos ninguém para nos ajudar a quebrar o gelo com Pre. Ficamos todos olhando silenciosamente para nossos sanduíches.

Pre foi o primeiro a falar:

– O Geoff vai voltar?

– Acho que não – respondi.

Longa pausa.

– Nesse caso – disse Pre –, posso comer o sanduíche dele?

Todos rimos e, de repente, Pre parecia um mero mortal. Em última análise, aquele almoço provou ser inestimável.

Pouco depois daquele dia, acalmamos Hollister e mudamos de novo as tarefas dele. A partir de agora, dissemos, você será o contato, em tempo integral, com Pre. Você está no comando das relações com Pre, levando-o aos lugares, apresentando-o aos fãs. Na verdade, explicamos a Hollister, ele devia levar o garoto numa viagem pelo país. Participar de todos os encontros de corrida, feiras estaduais e visitar todas as escolas de ensino médio e faculdades que pudesse. Ir por toda parte e a lugar nenhum. Fazer tudo e nada.

Às vezes Pre conduzia um seminário sobre corridas, respondendo a perguntas sobre treinamento e lesões. Outras, apenas dava autógrafos e posava para fotos. Não importava o que fizesse, não importava aonde Hollister o levasse, multidões de adoradores apareciam para ver de perto o ídolo, em sua brilhante Kombi azul.

Embora o cargo de Pre fosse intencionalmente impreciso, o papel dele era real, assim como sua crença na Nike. Ele vestia camisetas da Nike aonde quer que fosse e permitia que Bowerman usasse seus pés como cobaias para novos experimentos. Pre falava sobre a Nike como se estivesse pregando o evangelho e trazia milhares de novas pessoas para a nossa tenda dos milagres. Ele exortava todos a experimentar essa nova e maravilhosa marca – até os concorrentes. Muitas vezes, ele enviava um par de Nikes lisos ou com pinos a um colega das pistas de corrida com um bilhete: "Experimente estes. Você vai amar."

Entre os que mais se inspiravam em Pre estava Johnson. No ano de 1972, enquanto dava continuidade a nossa operação na Costa Leste, Johnson dedicou-se a algo que ele batizou de Pre Montreal, um tênis que seria uma homenagem a Pre, aos próximos Jogos Olímpicos e ao American Bicentennial. Com a biqueira de camurça azul, a traseira de náilon vermelho e um *swoosh* branco, era o nosso calçado mais espalhafatoso e também o nosso melhor tênis com solado de travas. Sabíamos que seria um projeto arriscado, dependendo da qualidade, e até aquele momento a qualidade dos nossos tênis com travas tinha sido irregular. Johnson deveria consertar isso com esse projeto.

Mas decidi que ele o faria no Oregon, não em Boston.

Eu apresentara várias ideias a Johnson durante meses. Ele estava se transformando em um designer realmente bom e precisávamos aproveitar ao máximo o seu talento. A Costa Leste funcionava perfeitamente, mas precisava que ele fosse um administrador em tempo integral. Havia necessidade de organização e racionalização, e essa não era a melhor forma de usar o tempo e a criatividade de Johnson. Era um trabalho perfeito para alguém como... Woodell.

Noite após noite, durante minha corrida habitual de 10 quilômetros, eu pensava nessa situação. Tinha dois sujeitos nos empregos trocados, nas costas trocadas, e nenhum deles iria gostar da solução óbvia. Ambos amavam o lugar onde moravam. E não se gostavam, embora negassem. Quando promovi Woodell a gerente de operações, também lhe entreguei Johnson. Eu o encarregara de supervisionar Johnson e responder às cartas dele, e Woodell cometeu o erro de ler todas com cuidado e tentar manter a correspondência em dia. Por conseguinte, os dois desenvolveram um relacionamento seco e profundamente sarcástico.

Certo dia, Woodell foi até meu escritório e disse:

– Isso é deprimente. Jeff reclama *constantemente* de inventário, gastos, reembolsos e falta de comunicação. Diz que está trabalhando demais, enquanto nós ficamos sem fazer nada. Ele não ouve os argumentos, inclusive o de que nossas vendas estão dobrando a cada ano.

Woodell também me disse que queria usar uma abordagem diferente com Johnson.

– Fique à vontade – respondi. – Pode começar.

Então ele escreveu uma longa carta para Johnson "admitindo" que todos nós estávamos conspirando contra ele, tentando fazê-lo infeliz. Ele escreveu: "Tenho certeza de que percebe que não trabalhamos tão arduamente aqui quanto você; com uma jornada de trabalho de apenas três horas por dia é difícil conseguir fazer tudo. Ainda assim, pude encontrar tempo para colocá-lo em todos os tipos de situações embaraçosas com clientes e parceiros comerciais. Sempre que você precisa desesperadamente de dinheiro para pagar as contas, envio apenas uma pequena fração, só para que você tenha que lidar com cobradores e ações judiciais. A destruição da sua reputação tornou-se, para mim, uma questão de honra pessoal."

E assim por diante.

Johnson respondeu: "Finalmente alguém por aí me entendeu."

O que eu estava querendo propor não ajudaria muito.

Abordei Johnson primeiro. Escolhi o momento com cuidado – uma viagem que fizemos juntos ao Japão, para visitar a Nippon Rubber e discutir o Pre Montreal. Durante o jantar, expus tudo a ele. Estávamos em uma batalha feroz, um verdadeiro cerco. Dia após dia, fazíamos tudo que podíamos para manter as tropas alimentadas e o inimigo afastado. Por uma questão de sobrevivência e para garantir a vitória, tudo o mais precisava ser sacrificado, subjugado.

– E assim, neste momento crucial na evolução da Blue Ribbon, na implantação da Nike... sinto muito, mas, bem... vocês dois precisam trocar de cidades.

Ele gemeu. Claro. Era Santa Monica outra vez.

Mas, lentamente, dolorosamente, ele se recuperou.

Assim como Woodell.

No final de 1972, um entregou as chaves de casa para o outro e, no início de 1973, trocaram de posição. Foi mesmo um jogo em equipe. Um enorme sacrifício. E eu fiquei profundamente grato. Mas, de acordo com a minha personalidade e a tradição da Blue Ribbon, não expressei essa gratidão. Não disse uma única palavra de agradecimento ou elogio. Na verdade, em vários memorandos me referi à troca como "Operação Troca de Peças".

NO FINAL DA PRIMAVERA DE 1973, reuni-me com nossos investidores mais recentes – que haviam adquirido debêntures – pela segunda vez. Na primeira vez, eles me amaram. Como poderiam deixar de fazê-lo? As vendas estavam crescendo, os atletas-celebridades estavam anunciando nossos produtos. É claro que havíamos perdido a Onitsuka e iríamos enfrentar uma briga judicial em um futuro próximo, mas estávamos no caminho certo.

Dessa vez, no entanto, era meu dever informar aos investidores que, um ano depois do lançamento da Nike, pela primeira vez na história da Blue Ribbon... tínhamos perdido dinheiro.

A reunião aconteceu no Valley River Inn, em Eugene. Eram 30 homens e mulheres amontoados na sala de reuniões, comigo na cabeceira de uma mesa bem comprida. Eu usava um terno escuro e tentei projetar um ar de confiança quando dei a má notícia. Fiz para eles o mesmo discurso que fizera para os funcionários na Blue Ribbon um ano antes. *Eles estão exatamente onde queremos que estejam.* Mas esse grupo não estava disposto a aceitar discursos motivacionais. Eram viúvos e viúvas, aposentados e pensionistas. Além disso, no ano anterior eu estava ladeado por Jaqua e Bowerman; dessa vez, os dois estavam ocupados.

Eu estava sozinho.

Em meia hora de discurso, vi 30 rostos horrorizados me encarando e sugeri que fizéssemos um intervalo para o almoço. No ano anterior, eu havia distribuído os demonstrativos financeiros da Blue Ribbon antes do almoço. Dessa vez, decidi esperar até depois. Não ajudou. Mesmo com o estômago cheio, mesmo com um biscoito de chocolate, os números pareciam ruins. Apesar dos 3,2 milhões de dólares em vendas, tivemos um prejuízo líquido de 57 mil dólares.

Então vários grupos de investidores começaram conversas paralelas enquanto eu tentava falar. Eles estavam apontando para esse preocupante número – 57 mil dólares – e o repetiam sem parar. Em algum momento, mencionei que Anne Caris, uma jovem corredora, acabara de aparecer na capa da *Sports Illustrated* usando Nikes. *Estamos avançando, meus amigos!* Ninguém ouviu. Ninguém se importou. Eles só se preocupavam com o ponto principal. E nem era com o ponto principal *em si*, mas com o ponto principal *para eles*.

Cheguei ao fim da apresentação. Perguntei se alguém tinha alguma pergunta. Trinta mãos se levantaram.

– Estou muito decepcionado – disse um homem mais velho, levantando-se.

– Mais alguma pergunta?

Vinte e nove mãos se levantaram. Outro homem gritou:

– Não estou *satisfeito*.

Respondi que entendia. Isso só serviu para aborrecer a todos.

Eles tinham todo o direito. Haviam depositado sua confiança em Bowerman e em mim, e nós tínhamos falhado. Nunca poderíamos imaginar a traição da Tiger, mas, mesmo assim, aquelas pessoas estavam chateadas e eu via isso nos seus rostos e precisava assumir a responsabilidade. Consertar a situação. Decidi que seria justo oferecer-lhes uma concessão.

As debêntures deles tinham uma taxa de conversão, que subia anualmente. No primeiro ano, a taxa foi de 1 dólar por debênture, no segundo, de 1,50, e assim por diante. À luz de todas aquelas más notícias, eu disse a eles que manteria a taxa de conversão durante os cinco anos em que eles mantivessem suas debêntures.

Eles se acalmaram um pouco. Mas deixei Eugene naquele dia sabendo que eles tinham uma opinião ruim sobre mim e sobre a Nike. Também pensei que nunca, *jamais*, abriria o capital daquela empresa. Se 30 pessoas podiam me causar esse tipo de acidez no estômago, eu não poderia imaginar ter que responder perante milhares de acionistas.

Estávamos melhor conseguindo financiamento da Nissho e do banco.

ISTO É, SE HOUVESSE ALGUMA COISA PARA FINANCIAR. Como temíamos, a Onitsuka entrou com uma ação contra nós no Japão. Então agora tínhamos que processá-los rapidamente nos Estados Unidos, por quebra de contrato e violação de marca.

Coloquei o caso nas mãos do Primo Houser. Não foi uma decisão difícil. Havia o fator confiança, é claro. Parentesco, sangue, essas coisas. Além disso, havia o fator segurança. Embora fosse apenas dois anos mais velho do que eu, o Primo Houser parecia muito mais maduro. Ele se portava com notável firmeza. Especialmente diante de um juiz e um júri. O pai fora um vendedor, dos bons, e o Primo Houser aprendera com ele a vender os seus clientes.

Melhor ainda, ele era um competidor tenaz. Na infância, o Primo Houser e eu costumávamos jogar uma partida de badminton atrás da outra no quintal da casa dele. Em um verão, jogamos exatamente 116 partidas. Por que 116? Porque o Primo Houser havia vencido 115 seguidas. Eu me recusava a parar enquanto não ganhasse. E ele não teve dificuldade para entender a minha posição.

Mas a principal razão que me fez escolher o Primo Houser era a pobreza. Eu não tinha dinheiro para honorários legais e ele convenceu a firma na qual trabalhava a assumir o meu caso e receber honorários se a causa obtivesse êxito.

Passei boa parte do ano de 1973 no escritório do Primo Houser, lendo documentos, revisando memorandos, assustando-me com minhas palavras e atitudes. Meu memorando sobre a contratação de um espião – o tribunal teria uma visão bastante sombria disso, o Primo Houser me avisou. E o fato de eu ter tomado "emprestada" a pasta de Kitami de dentro da maleta dele? Como poderia um juiz enxergar isso como qualquer coisa que não fosse roubo? MacArthur me veio à mente. *Você é lembrado pelas regras que quebra.*

Eu pretendia esconder esses fatos dolorosos do tribunal. No final, entretanto, só havia uma coisa a fazer. Agir com honestidade. Era a única atitude inteligente, a coisa certa. Simplesmente teria que esperar que o tribunal considerasse o roubo da pasta de Kitami uma espécie de autodefesa.

Quando não estava com o Primo Houser, estudando o caso, estava sendo estudado. Em outras palavras, estava depondo. Com toda a minha crença de que negócios são uma guerra sem balas, eu jamais havia sentido a fúria do combate em uma sala de reuniões até que me vi sentado a uma mesa rodeado por cinco advogados. Eles tentaram de tudo para me fazer dizer que eu violara o contrato com a Onitsuka. Tentaram perguntas capciosas, hostis, irresponsáveis, explosivas. Quando as perguntas não funcionavam, distorciam as minhas respostas. Um depoimento é extenuante para qualquer um, mas, para uma pessoa tímida, é um calvário. Atormentado, ludibriado, acossado, escarnecido, no final eu era uma sombra de mim mesmo. O meu estado era agravado pela sensação de que não tinha me saído muito bem – uma sensação que o Primo Houser, com relutância, confirmou.

No final desses dias difíceis, a corrida noturna de 10 quilômetros salvou a minha vida e meus breves momentos com Mathew e Penny preservaram a minha sanidade. Eu sempre tentava encontrar tempo e energia para contar a Matthew uma história antes de dormir. *Thomas Jefferson estava se esforçando muito para escrever a Declaração de Independência, veja você, lutando para encontrar as palavras, quando o pequeno Matt History lhe trouxe uma nova pena de escrever e as palavras pareceram fluir magicamente...*

Matthew quase sempre ria das minhas histórias de ninar. Ele tinha uma risada fluida que eu gostava de ouvir, porque, em outros momentos, mostrava-se muito temperamental e mal-humorado. Motivo de preocupação. Ele aprendera a falar muito tardiamente e, agora, apresentava preocupantes sinais de rebeldia. Eu me culpava. Se ficasse mais tempo em casa, dizia a mim mesmo, ele seria menos rebelde.

Bowerman passava bastante tempo com Matthew e me dizia para não me preocupar. "Eu gosto do espírito dele", comentava. "O mundo precisa de mais rebeldes."

Naquela primavera, Penny e eu tivemos a preocupação adicional de nos perguntar como o nosso pequeno rebelde iria lidar com a chegada de um irmão. Ela estava grávida outra vez. Secretamente, eu pensava mais em como *nós* iríamos lidar com isso. No fim de 1973, pensei, é bem possível que eu tenha dois filhos e nenhum trabalho.

* * *

DEPOIS DE APAGAR A LUZ ao lado da cama de Matthew, em geral eu ia me sentar na sala de estar com Penny. Falávamos sobre o dia. O que significava o julgamento iminente. Quando pequena, Penny havia assistido a vários dos julgamentos de seu pai, o que despertou nela uma ávida predileção por dramas de tribunal. Ela nunca perdia um programa sobre advogados na TV. *Perry Mason* era o seu favorito, e às vezes eu a chamava de Della Street, nome da intrépida secretária de Mason. Eu brincava com ela sobre o seu entusiasmo, mas também gostava desses programas.

O último acontecimento todas as noites era o telefonema para o meu pai. Era a hora de ouvir a minha história de ninar. Nessa época, ele já não estava mais no jornal e, aposentado, tinha tempo de sobra para pesquisar casos antigos e precedentes, para conseguir argumentos que pudessem ser úteis para o Primo Houser. O envolvimento dele, combinado a um senso de jogo limpo e à fé incondicional na legitimidade da causa da Blue Ribbon, era restaurador.

Era sempre a mesma coisa. Meu pai perguntava sobre Matthew e Penny e eu perguntava sobre mamãe, e então ele me dizia o que havia descoberto nos livros de direito. Eu fazia anotações cuidadosas em um bloco amarelo. Antes de desligar, ele sempre dizia que tínhamos boas chances. *Nós vamos vencer, Buck*. Aquele pronome mágico, "nós", ele sempre o usava e sempre me fazia sentir melhor. É possível que nunca tivéssemos estado tão próximos, talvez porque a nossa relação estivesse reduzida à sua essência primordial. Ele era meu pai, eu era seu filho e estava na maior batalha da minha vida.

Pensando nisso agora, vejo que havia outra coisa acontecendo. Meu julgamento estava oferecendo ao meu pai uma saída saudável para o seu caos interior. Os meus problemas legais, os meus telefonemas noturnos o estavam mantendo em alerta, e em casa. Havia menos noites no bar do clube.

— ESTOU TRAZENDO ALGUÉM PARA A EQUIPE — disse-me um dia o Primo Houser. — Um jovem advogado. Rob Strasser. Você vai gostar dele.

O rapaz havia acabado de se formar na Faculdade de Direito da Universidade de Berkeley, segundo me disse o Primo Houser, e não sabia absolutamente nada. Ainda. Mas o Primo Houser tinha uma intuição sobre o rapaz. Achava que ele era uma grande promessa. Além disso, Strasser possuía uma personalidade que, sem dúvida, combinaria com a nossa empresa.

– No instante em que leu o nosso resumo dos fatos – explicou o Primo Houser –, Strasser viu este caso como uma guerra santa.

Bem, eu gostei do som daquelas palavras. Então, na primeira vez que voltei à firma do Primo Houser, atravessei o corredor e enfiei a cabeça na sala desse novo companheiro. Strasser não estava lá. A sala estava um breu. Cortinas fechadas, luzes apagadas. Virei-me para sair. Então ouvi... Olá? Voltei-me. Em algum lugar na escuridão, atrás de uma grande mesa de nogueira, um vulto se mexeu. O vulto foi crescendo, como uma montanha que nascia de um oceano escuro.

Ele deslizou na minha direção. Então eu vi os contornos irregulares de um homem. Cerca de 1,90 metro de altura, quase 130 quilos, ombros largos. E braços como troncos de árvore. Ele era metade o Pé-Grande, metade o Sr. Funga-Funga dos *Muppets*, embora ágil e leve. Ele avançou e lançou um dos seus braços-tronco na minha direção. Eu me aproximei, apertamos as mãos.

Agora eu podia enxergar o rosto dele: vermelho como um tijolo, totalmente coberto por uma barba loura avermelhada e brilhante de suor. (Daí a escuridão. Ele precisava de espaços pouco iluminados e frescos. E também não suportava usar terno.) Tudo naquele homem era diferente de mim, diferente de todo mundo que eu conhecia, e, ainda assim, senti uma estranha e instantânea afinidade com ele.

Strasser disse que estava muito animado por trabalhar no meu caso. Honrado. Acreditava que a Blue Ribbon fora vítima de uma terrível injustiça. A afinidade transformou-se em amor.

– Sim – eu disse. – Fomos mesmo.

DIAS DEPOIS, STRASSER FOI A TIGARD, para uma reunião. Penny estava no escritório naquele momento e, quando Strasser a viu caminhando pelo corredor, seus olhos se arregalaram. Ele puxou a barba.

– Meu Deus! – exclamou. – Aquela é Penny Park?

– Penny Knight agora – respondi.

– Ela namorou o meu melhor amigo!

– Mundo pequeno.

– Menor ainda quando você é do meu tamanho.

Ao longo dos dias e semanas que se seguiram, Strasser e eu descobrimos muitas outras maneiras pelas quais as nossas vidas e psiques se cruzavam. Ele nascera no Oregon e tinha orgulho de seu estado, naquela forma típica e truculenta. Crescera nutrindo certo preconceito contra Seattle, São Francisco e todos os lugares nas proximidades que o pessoal de fora via como superiores a nós. O complexo de inferioridade geográfica dele fora exacerbado por seu tamanho problemático e sua aparência simplória. Ele temia jamais encontrar o seu lugar no mundo, tinha medo de que estivesse condenado a ser um pária. Eu entendia bem isso. E, algumas vezes, ele compensava sendo barulhento e inconveniente, mas, na maioria das vezes, mantinha a boca fechada e minimizava a própria inteligência em vez de se arriscar a se indispor com as pessoas. Eu sabia o que era isso também.

Entretanto, uma inteligência como a de Strasser não podia ficar escondida por muito tempo. Ele era um dos maiores pensadores que eu conhecera. Debatedor, negociador, conversador, investigador – a mente dele estava sempre trabalhando, tentando entender. E vencer. Ele via a vida como uma batalha e encontrava a confirmação desse ponto de vista nos livros. Como eu, ele lia compulsivamente sobre a guerra.

Além disso, como eu, ele vivia e morria pelos times locais. Especialmente os Ducks. Demos boas gargalhadas ao saber que o técnico de basquete da Universidade Estadual do Oregon naquele ano seria Dick Harter, enquanto o treinador de futebol continuaria sendo Dick Enright. O grito popular nos jogos da universidade era: "Se não pode ter o seu Dick Enright, consiga o seu Dick Harter!" Depois que paramos de rir, Strasser recomeçou. Eu ficava espantado com o tom da gargalhada dele. Alta, risonha, agradável, era surpreendente para um homem daquele tamanho.

Mais do que qualquer outra coisa, nós nos identificamos por causa de nossos pais. Strasser era filho de um bem-sucedido homem de negócios e também temia jamais corresponder às expectativas dele. Entretanto, o pai de Strasser era um caso excepcionalmente difícil. Strasser me contou várias histórias. Uma delas ficou na minha memória. Quando ele tinha 17 anos, seus pais foram passar um fim de semana fora e ele aproveitou para dar uma festa, que se transformou em uma grande baderna. Os vizinhos chamaram a polícia e, bem na hora em que os carros dos policiais chegaram, os pais de Strasser também chegaram em casa. Eles voltaram mais cedo da viagem. Strasser me disse que o pai olhou ao redor – a casa destruída, o filho algemado – e disse friamente aos policiais:

– Podem levá-lo.

Perguntei a Strasser, logo no início, qual era sua estimativa sobre nossas chances contra a Onitsuka. Ele disse que iríamos vencer. Sem hesitação, como se eu tivesse perguntado o que comera no café da manhã. Falou como um fã de esportes falaria sobre o "próximo ano", com uma fé inabalável. Falou da mesma forma que meu pai falava todas as noites, e foi ali, naquele instante, que decidi que Strasser era um dos escolhidos, um dos confrades. Como Johnson, Woodell e Hayes. Como Bowerman, Hollister e Pre. Ele era parte da Blue Ribbon, dos pés à cabeça.

QUANDO EU NÃO ESTAVA PENSANDO no julgamento, estava focado nas vendas. Todos os dias recebia um telex dos nossos depósitos com uma "contagem de pares", ou seja, o número exato de pares enviados naquele dia a todos os clientes – escolas, varejistas, treinadores, clientes individuais por encomenda. Em princípios contábeis gerais, um par enviado era um par vendido, de modo que a contagem diária determinava o meu humor, a minha digestão, a minha pressão arterial, porque determinava, em grande parte, o destino da Blue Ribbon. Se não conseguíssemos vender todos os calçados do pedido mais recente e não convertêssemos isso em dinheiro em caixa rapidamente, teríamos grandes problemas. A contagem diária de pares me mostrava se estávamos no caminho certo.

– Então – eu diria a Woodell, em uma manhã típica –, Massachusetts está bem, em Eugene tudo parece estar certo. Como estamos em Memphis?

– Tempestade de gelo – ele poderia dizer. Ou: – O caminhão quebrou.

Ele tinha um enorme talento para minimizar o que fosse ruim e também o que fosse bom, pois focava apenas no presente. Por exemplo, depois da "Troca de Peças", Woodell ocupou um escritório que estava longe de ser luxuoso. Ele se instalou no último andar de uma antiga fábrica de sapatos, com uma caixa d'água bem acima coberta de sujeira de pombos acumulada havia séculos. Como as vigas do teto estavam afastadas e o edifício sacudia toda vez que as máquinas cortavam os cabedais dos calçados, o dia todo uma chuva constante de cocô de pombo caía no cabelo, nos ombros e na mesa de trabalho de Woodell. E ele simplesmente se sacudia, limpava tranquilamente a mesa com a mão e continuava a trabalhar.

Ele também mantinha uma folha de papel timbrado da empresa cuidadosamente dobrada sobre a sua xícara de café o tempo todo, para garantir que a bebida contivesse apenas creme.

Tentei, muitas vezes, copiar a atitude de monge zen de Woodell. Entretanto, quase sempre isso estava fora do meu alcance. Eu fervia de frustração, sabendo que nossa contagem de pares poderia ser muito maior se não fossem os constantes problemas de abastecimento. As pessoas estavam loucas para comparar os nossos tênis e nós simplesmente não conseguíamos trazê-los a tempo. Havíamos trocado os atrasos caprichosos da Onitsuka por outro tipo de atraso, o causado pela demanda. As fábricas e a Nissho faziam o trabalho delas, agora recebíamos o que encomendávamos no prazo certo, tudo de acordo com os pedidos, mas o mercado em expansão criava novas pressões, tornando cada vez mais difícil alocar corretamente o que já tínhamos em mãos.

Oferta e demanda, essa é *sempre* a raiz do problema nos negócios. Isso já acontecia quando os comerciantes fenícios corriam para levar a Roma a cobiçada tintura púrpura que coloria as roupas da realeza e dos ricos: nunca havia púrpura suficiente para todos. Já é difícil inventar, fabricar e comercializar um produto, mas ainda existe a logística, a mecânica, o sistema hidráulico necessário para levá-lo até as pessoas que o desejam, quando o desejam. É assim que as empresas morrem, é assim que as úlceras surgem.

Em 1973, os problemas de oferta e demanda que a indústria dos tênis de corrida enfrentava eram excepcionalmente complicados e aparentemente insolúveis. O mundo inteiro começou, de repente, a demandar esses calçados, e a oferta não era apenas inconsistente, mas estava cada vez mais lenta. Nunca havia tênis suficientes.

Muitas pessoas inteligentes tentavam resolver o problema, mas ninguém conseguia descobrir como aumentar a oferta de modo significativo sem assumir enormes riscos na hora de fazer o balanço. Havia *algum* consolo no fato de a Adidas e a Puma estarem tendo os mesmos problemas – mas não muito. Os *nossos* problemas poderiam nos levar à falência. Estávamos alavancados em excesso e, como a maioria das pessoas que vivem de salário, caminhando à beira de um precipício. Quando um carregamento de tênis chegava atrasado, nossa contagem de pares despencava. Quando a contagem de pares despencava, não éramos capazes de gerar receita suficiente para pagar a Nissho e o Bank of California no prazo devido. Quando não podíamos pagar a Nissho e o Bank of California no prazo, não podíamos pedir mais dinheiro emprestado. E, quando não podíamos pedir mais empréstimos, atrasávamos o pedido seguinte.

Caíamos em um círculo vicioso.

E então aconteceu a última coisa da qual precisávamos. Uma greve de estivadores. O nosso representante foi ao porto de Boston para pegar um carregamento e o encontrou fechado. Ele podia ver a encomenda do outro lado da cerca: caixas e caixas pelas quais o mundo clamava. E não havia como chegar até elas.

Nós nos mexemos e conseguimos um jeito de a Nippon enviar uma nova remessa: 110 mil pares, em um Boeing 707 fretado. Dividimos com eles o custo do frete aéreo. Qualquer coisa era preferível a não trazer o produto ao mercado a tempo.

Nossas vendas em 1973 aumentaram 50%, para 4,8 milhões de dólares, um número que me deixou de pernas bambas na primeira vez que o vi escrito em um pedaço de papel. Parecia que apenas um dia antes havíamos alcançado 8 mil dólares. E, mesmo assim, não houve comemoração. Com nossos problemas legais e de abastecimento, poderíamos estar fora do negócio a qualquer momento. Tarde da noite, eu me sentava com Penny e ela me perguntava, pela enésima vez, o que iríamos fazer se a Blue Ribbon acabasse. Qual era o plano? E, pela enésima vez, eu a tranquilizava com palavras otimistas nas quais nem eu acreditava inteiramente.

Então, naquele outono, tive uma ideia. Por que não ir a todos os nossos maiores varejistas e dizer a eles que, se assinassem compromissos rígidos, se fizessem pedidos grandes e não reembolsáveis, com seis meses de antecedência, daríamos descontos significativos de até 7%? Desse jeito, teríamos prazos mais longos, menos remessas, mais *certezas* e, portanto, melhores chances de manter um saldo de caixa no banco. Além disso, poderíamos usar esses compromissos de longo prazo, vindos de pesos pesados como Nordstrom, Kinney, Athlete's Foot, United Sporting Goods e outros, para conseguir mais crédito da Nissho e do Bank of California.

Especialmente da Nissho.

Os varejistas ficaram céticos, é claro. Mas eu implorei. E, quando implorar não funcionou, fiz previsões ousadas. Disse a eles que esse programa, que estávamos chamando de "Futures", era *o futuro*, para nós e para todos os outros, por isso era melhor embarcar nele. Quanto mais cedo, melhor.

Fui persuasivo porque estava desesperado. *Se pudéssemos apenas expandir os nossos limites de crescimento anual...* Mas os varejistas continuavam a resistir. Ouvimos muitas vezes: "Vocês, novatos da Nike, não entendem a indústria de calçados. Essa nova ideia jamais vai decolar."

Minha posição na negociação melhorou quando apresentamos vários modelos de tênis novos, de encher os olhos, que os clientes certamente iriam querer comprar. O Bruin já era popular, com a sola externa e o cabedal "cozidos" juntos a fim de permitir uma pisada mais estável. Agora estávamos apresentando uma versão aprimorada, com o cabedal verde-brilhante de camurça. (Paul Silas, do Boston Celtics, concordara em usar um par.) Além disso, tínhamos dois novos tênis Cortez, um de couro e um de náilon, que continuavam sendo os nossos campeões de vendas.

Por fim, alguns varejistas assinaram o contrato. O programa começou a ganhar força. Em pouco tempo os retardatários e os que não haviam assinado no início estavam desesperados para serem incluídos.

13 DE SETEMBRO DE 1973. O meu quinto aniversário de casamento. De novo Penny me acordou no meio da noite para dizer que não estava se sentindo bem. Mas, dessa vez, no caminho para o hospital, havia mais coisas na minha cabeça além do bebê. O programa Futures. A contagem de pares. O julgamento que se aproximava. Então, é claro que eu me perdi.

Fiz um retorno, refiz o caminho. Com a testa começando a se encher de suor, virei em uma rua e vi o hospital logo adiante. Obrigado, Senhor.

Mais uma vez, eles levaram Penny embora em uma cadeira de rodas e, mais uma vez, esperei e definhei na sala de espera. Dessa vez, tentei adiantar alguns papéis e, quando o médico apareceu e me disse que eu tinha outro filho, pensei: dois filhos. Um par de meninos.

A mais importante contagem de pares.

Fui para o quarto de Penny e conheci meu novo menino, a quem chamamos de Travis. Então fiz uma coisa terrível.

Sorrindo, Penny disse que, segundo os médicos, ela poderia ir para casa em apenas dois dias em vez dos três que eles haviam exigido quando Matthew nascera. Uau, exclamei, espere um pouquinho, o plano de saúde está disposto a pagar por mais um dia no hospital, então por que a pressa? Você pode muito bem ficar quietinha, relaxar. Aproveite.

Ela baixou a cabeça e levantou uma sobrancelha.
– Quem é que vai jogar e onde? – indagou.
– Oregon – sussurrei. – Estadual do Arizona.
Ela suspirou.
– Ok – disse ela. – Ok, Phil. Vá.

1974

Cheguei ao tribunal federal, no centro de Portland, me acomodei atrás de uma pequena mesa de madeira, ao lado de Strasser e do Primo Houser, e fiquei encarando o teto. Tentei respirar fundo. Tentei não olhar para a minha esquerda, para a mesa oposta, para os cinco advogados com olhos de águia que representavam a Onitsuka e quatro outros distribuidores, que queriam a minha ruína.

Era 14 de abril de 1974.

Tentamos uma última vez evitar o pesadelo. Momentos antes do início do julgamento, oferecemos um acordo. Dissemos à Onitsuka: "Vocês nos pagam 800 mil dólares em danos, retiram o processo no Japão, nós retiramos o nosso nos Estados Unidos e todos vamos embora." Eu não acreditava que houvesse alguma chance de eles aceitarem, mas o Primo Houser achou que valia a pena tentar.

A Onitsuka rejeitou a oferta de imediato. E não fez nenhuma contraproposta. Querem ver sangue.

Então o meirinho gritou:

– O tribunal está em sessão!

O juiz entrou na sala do tribunal, bateu o martelo e meu coração saltou. Chegou a hora, eu disse a mim mesmo.

O advogado principal da Onitsuka, Wayne Hilliard, fez as declarações iniciais. Ele era um homem que gostava do seu trabalho, sabia que era bom no que fazia.

– Esses homens... têm as mãos *sujas*! – gritou, apontando para a nossa mesa. – Mãos... *sujas* – repetiu.

Esse era um termo legal padrão, mas Hilliard o fez soar escabroso, quase pornográfico. (Tudo o que Hilliard disse soou um pouco sinistro para mim, porque ele era baixo, tinha um nariz pontudo e parecia o Pinguim, do Batman.) A Blue Ribbon "atraiu" a Onitsuka para essa parceria, ele berrou. Phil Knight foi para o Japão em 1962 e fingiu ser dono de uma empresa chamada Blue Ribbon. Posteriormente, empregou subterfúgios, roubo, espiões, o que quer que fosse necessário, para perpetuar esse golpe.

Quando Hilliard terminou e tomou o assento ao lado dos seus quatro colegas advogados, eu estava pronto para votar a favor da Onitsuka. Olhei para mim mesmo e me perguntei: como você pôde fazer coisas tão terríveis com esses pobres empresários japoneses?

O Primo Houser se levantou. Logo ficou claro que ele não tinha o ímpeto de Hilliard. Não era da sua natureza. Ele era organizado, preparado, mas não era inflamado. No começo, fiquei desapontado. Então prestei mais atenção no Primo Houser, ouvi o que ele estava dizendo e pensei na vida dele. Quando menino, ele sofria de um grave problema de fala. Cada "r" e "l" era um obstáculo que precisava ser transposto. Ainda na adolescência, ele soava como um personagem de desenho animado. Agora, embora mantivesse ligeiros vestígios daquelas dificuldades, ele as tinha superado e, naquele dia, enquanto se dirigia ao tribunal lotado, eu me enchi de admiração e de uma lealdade devotada. Que bela jornada ele havia feito. Nós havíamos feito. Eu estava orgulhoso dele, orgulhoso por ele estar do nosso lado.

Além disso, ele assumira o nosso caso aceitando receber apenas se houvesse vitória porque imaginara que o julgamento aconteceria em poucos meses. Dois anos depois, não tinha visto um centavo. E os custos eram astronômicos. Só a minha fatura de fotocópias estava na casa das dezenas de milhares de dólares. De vez em quando o Primo Houser mencionava que estava sofrendo intensa pressão dos colegas para se livrar de nós. Em dado ponto, ele chegou a pedir a Jaqua que assumisse o caso. (Não, obrigado, disse Jaqua.) Inflamado ou não, o Primo Houser era um verdadeiro herói. Ele terminou de falar, sentou-se à nossa mesa e olhou para mim e Strasser. Bati nas costas dele. O jogo havia começado.

COMO ÉRAMOS OS QUERELANTES, apresentamos a nossa versão dos fatos primeiro, e a primeira testemunha que chamamos foi o fundador e presidente da Blue Ribbon, Philip H. Knight. Caminhando para o banco, eu me sentia como se outro Philip Knight tivesse sido chamado e estivesse, agora, levantando a mão e jurando dizer a verdade, em um caso marcado por tantos enganos e rancores. Eu flutuava acima do meu corpo, observando a cena se desdobrar lá embaixo.

Quando me acomodei na barulhenta cadeira de madeira destinada às testemunhas e endireitei minha gravata, disse a mim mesmo que aquele era o relato mais importante que faria sobre mim mesmo. *Não estrague tudo.*

E então eu estraguei tudo. Fui tão mal quanto nos depoimentos. Na verdade, fui até um pouco pior.

O Primo Houser tentou me ajudar, conduzir as minhas palavras. Ele usou um tom encorajador e deu um sorriso amigável a cada pergunta, mas a minha mente passeava. Eu não conseguia me concentrar. Não dormira na noite anterior, não tinha comido naquela manhã e estava ali à base de adrenalina, só que a adrenalina não estava me dando energia extra nem clareza. Ela só estava nublando o meu cérebro. Eu me vi perdido em pensamentos estranhos, quase alucinatórios, como a semelhança física entre mim e o Primo Houser. Ele tinha a minha idade, a minha altura e muitas das minhas características. Até aquele momento, eu nunca tinha reparado nisso. Que idiossincrasia kafkiana, pensei, ser interrogado por mim mesmo.

No fim do interrogatório, consegui uma ligeira recuperação. A adrenalina se fora e eu estava começando a dizer coisas que faziam sentido. Mas agora era a vez de o outro lado vir para cima de mim.

Hilliard pisou fundo. Ele foi implacável e eu logo estava cambaleando. Pigarreei, hesitei, usei adjetivos estranhos. Eu parecia sombrio, evasivo, até para mim mesmo. Quando falei sobre abrir a maleta de Kitami, quando tentei explicar que o Sr. Fujimoto não era *realmente* um espião corporativo, vi nos espectadores da sala do tribunal e no juiz um olhar cético. Até eu estava cético. Várias vezes olhei para o nada, apertei os olhos e pensei: eu *realmente* fiz isso?

Olhei ao redor da sala, procurando ajuda, e não vi nada além de rostos hostis. O mais hostil de todos era o de Bork. Ele estava sentado logo atrás da mesa da Onitsuka, olhando para mim com cara de poucos amigos. De vez em quando, inclinava-se para os advogados da Onitsuka, sussurrava, entregava a eles algumas anotações. Traidor, pensei. Um verdadeiro Benedict Arnold. Presumivelmente, alertado por Bork, Hilliard veio para cima de mim com novos pontos de vista, novas perguntas, e perdi a noção do enredo. Muitas vezes eu não tinha ideia do que estava dizendo.

Em determinado momento, o juiz, me repreendeu por não falar coisa com coisa, por estar complicando as respostas.

– Apenas responda às perguntas de forma concisa – disse ele.

– Concisa como? – indaguei.

– Vinte palavras, ou menos – respondeu ele.

Hilliard fez a pergunta seguinte.

Passei a mão no rosto.

– Não tem como eu responder a essa pergunta com 20 palavras ou menos – declarei.

O juiz então mandou os advogados de ambos os lados ficarem atrás de suas mesas enquanto questionavam as testemunhas, e, até hoje, acho que aqueles 10 metros podem ter me salvado. Acredito que, se Hilliard pudesse chegar mais perto, teria me quebrado, teria me levado às lágrimas.

Quase no fim daqueles dois dias de tortura, eu estava anestesiado. Chegara ao fundo do poço. Agora só podia ir para o alto. Pude ver Hilliard decidir que era melhor me liberar antes que eu começasse a dar a volta por cima. Assim que deslizei para fora do barco, dei a mim mesmo um D menos. O Primo Houser e Strasser não discordaram.

O JUIZ DA CAUSA ERA o Meritíssimo Juiz James Burns, uma figura notória do mundo jurídico do Oregon. Ele tinha um rosto comprido, sisudo e olhos acinzentados, que surgiam abaixo de duas salientes sobrancelhas pretas. Cada olho tinha o próprio telhadinho de sapê. Talvez porque as fábricas estivessem sempre na minha mente naquela época, muitas vezes pensei que o Juiz Burns parecia ter sido construído em alguma fábrica distante, que manufaturava magistrados implacáveis. E achei que ele também sabia disso. E se orgulhava. O homem chamava a si mesmo, com toda a seriedade, de James, o Justo. Na sua operística voz de baixo, ele anunciava:

– Vocês estão agora no tribunal de James, o Justo!

E que Deus tivesse misericórdia daquele que, pensando que James, o Justo, estava brincando, se atrevesse a rir.

Portland ainda era uma cidade pequena – na verdade, minúscula – e dizia-se à boca pequena que alguém teria se encontrado com James, o Justo, recentemente no clube. O juiz estava bebendo um martíni e reclamando do nosso caso.

– Um caso nefasto – dizia para o barman e qualquer um que quisesse ouvir –, absolutamente nefasto.

Então percebemos que ele queria estar lá tanto quanto nós e, muitas vezes, descontava a sua insatisfação na gente, repreendendo-nos por ínfimos pontos de ordem e decoro.

Ainda assim, apesar do meu terrível desempenho no banco das testemunhas, Primo Houser, Strasser e eu tínhamos a sensação de que James, o Justo, estava inclinando para o nosso lado. Era algo no seu comportamento: ele fora ligeiramente menos belicoso conosco. Baseado nessa sensação, o Primo Houser disse aos advogados da outra parte que, se ainda estivessem pensando no nosso acordo inicial, que esquecessem, pois a oferta não estava mais de pé.

Nesse mesmo dia, James, o Justo, determinou a suspensão do julgamento e admoestou ambos os lados. Ele estava perturbado, explicou, por tudo o que havia lido sobre o caso nos jornais. E disse que jamais presidiria um circo midiático. Mandou que parássemos de discutir o caso fora do tribunal.

Nós assentimos. Sim, Meritíssimo.

Johnson ficava sentado bem atrás da nossa mesa, muitas vezes tomando notas para o Primo Houser, e, durante os intervalos e pausas, ele lia algum romance. Depois de cada dia de julgamento, ele relaxava caminhando pelas ruas do centro da cidade, visitando diferentes lojas de artigos esportivos, verificando as nossas vendas. (Ele também fazia isso toda vez que estava em uma nova cidade.)

Logo no início, relatou que os Nikes estavam vendendo como pão quente graças ao solado waffle de Bowerman. O calçado acabara de ser lançado no mercado e já havia esgotado em todos os lugares, o que significava que estávamos ultrapassando a Onitsuka, até mesmo a Puma. O tênis era um sucesso tão grande que poderíamos imaginar, pela primeira vez, que um dia nos aproximaríamos do número de vendas da Adidas.

Johnson chegou a conversar com um gerente de loja, um velho amigo, que sabia sobre o julgamento.

– Como vão as coisas por lá? – indagou ele.

– Bem – respondeu Johnson. – Tão bem, na verdade, que retiramos a oferta de acordo.

Na manhã seguinte, quando nos reunimos na sala do tribunal, cada um tomando o seu café, reparamos em um rosto desconhecido na mesa da defesa. Havia cinco advogados... e um cara novo? Johnson virou-se, viu e ficou branco.

– Ah... droga – disse ele.

Em um sussurro frenético, ele nos disse que o sujeito era o gerente da loja... *com quem ele, inadvertidamente, discutira o julgamento.*

O Primo Houser e Strasser também ficaram brancos.

Nós três nos entreolhamos, olhamos para Johnson e, em conjunto, nos viramos para James, o Justo. Ele estava batendo o martelo e parecia prestes a explodir.

Ele parou de bater. O silêncio tomou conta do tribunal. Então ele começou a berrar. Passou um total de 20 minutos acabando conosco. Um dia após a ordem de silêncio, disse ele, *um único dia*, e alguém na equipe da Blue Ribbon havia entrado em uma loja local e aberto a boca. Ficamos olhando para a frente, como crianças travessas, imaginando se ele iria anular o julgamento. Mas, depois de colocar para fora todo aquele discurso, pensei ter detectado um ligeiríssimo brilho em seu olhar. Talvez, pensei, apenas talvez, James, o Justo, fosse mais ator do que ogro.

Johnson se redimiu com seu testemunho. Articulado e incrivelmente meticuloso sobre os detalhes mais ínfimos, ele descreveu o Boston e o Cortez melhor do que qualquer outra pessoa no mundo poderia fazer, inclusive eu. Hilliard tentou, o tempo todo, fazê-lo perder o controle, mas não conseguiu. Que prazer foi assistir a Hilliard batendo cabeça ante a serenidade rígida de Johnson. Stretch, o polvo bebê, contra o caranguejo: uma luta desigual.

O seguinte a ser chamado a depor foi Bowerman. Eu confiava no meu antigo treinador, mas, naquele dia, ele não era o Bowerman de sempre. Pela primeira vez, eu o vi perturbado, até um pouco intimidado, e as razões logo ficaram óbvias. Ele não havia se preparado. Em razão do desprezo que sentia pela Onitsuka e do desdém por qualquer negócio sórdido, decidira falar de improviso. Fiquei triste. O Primo Houser estava irritado. O testemunho de Bowerman poderia ter nos colocado por cima.

Ah, fazer o quê? Nós nos consolamos porque, pelo menos, ele não fizera nada que pudesse nos prejudicar.

Em seguida, o Primo Houser leu o depoimento de Iwano, o jovem assistente que havia acompanhado Kitami nas duas viagens que fizera aos Estados Unidos. Felizmente, Iwano provou ser tão inocente e puro de coração quanto parecera a mim e a Penny. Ele disse a verdade, somente a verdade, e ela contradizia categoricamente Kitami. Iwano testemunhou que havia, na sua empresa, um plano estabelecido para quebrar o contrato conosco, para nos abandonar, para nos substituir, e que Kitami o discutira abertamente muitas vezes.

Então chamamos um ortopedista renomado, um especialista no impacto dos tênis sobre pés, articulações e coluna vertebral. Ele explicou as diferenças entre os diversos modelos e marcas disponíveis no mercado, descrevendo como o Cortez e o Boston se distinguiam de tudo o que a Onitsuka já fizera. Basicamente, explicou, o Cortez era o primeiro tênis do mundo a retirar a pressão exercida sobre o tendão de aquiles. Revolucionário, disse ele. Inovador. Enquanto testemunhava, o ortopedista espalhou dezenas de pares de tênis, separou-os e misturou-os, o que deixou James, o Justo, agitado. O juiz parecia sofrer de TOC. Ele gostava do seu tribunal arrumado, sempre. Pediu, inúmeras vezes, que a testemunha parasse de fazer bagunça, que mantivesse os calçados em pares ordenados, e, em todas essas vezes, nosso ortopedista o ignorou. Comecei a hiperventilar, pensando que James, o Justo, iria punir o nosso perito por desobediência.

Por último, chamamos Woodell. Eu o observei enquanto ele seguia na cadeira de rodas lentamente até o local do depoimento. Foi a primeira vez que o vi de terno e gravata. Pouco tempo antes, ele havia conhecido uma mulher e se casado, e, agora, quando me dizia que era feliz, eu acreditava. Reservei um momento para desfrutar do pensamento de como ele fora longe desde que nos conhecemos naquela lanchonete em Beaverton. Então logo me senti péssimo, porque eu era o culpado por ele estar sendo arrastado para toda aquela sujeira. Ele parecia mais nervoso lá em cima do que eu quando estivera ali, mais intimidado do que Bowerman. James, o Justo, pediu-lhe que soletrasse o seu nome e Woodell fez uma pausa, como se não conseguisse se lembrar.

– É... W..., dois Os... dois Ds...

De repente, ele começou a rir. O nome dele não tinha dois Ds. Ele não conseguia soletrar o próprio nome. Ai, meu Deus. Agora ele estava rindo de verdade. Rindo de nervoso, é claro. Mas James, o Justo, achou que Woodell estava zombando do processo. Ele lembrou a Woodell que ali era o tribunal de James, o Justo. O que só fez Woodell rir ainda mais.

Tapei os olhos com as mãos.

* * *

PARA APRESENTAR A SUA VERSÃO dos fatos, o pessoal da Onitsuka chamou como primeira testemunha o próprio Sr. Onitsuka. O testemunho dele não foi longo. Ele disse que não sabia nada sobre o meu conflito com Kitami nem sobre o plano de Kitami de nos apunhalar pelas costas. Kitami entrevistando outros distribuidores?

– Nunca fui informado – afirmou o Sr. Onitsuka.

Kitami planejando nos tirar do negócio?

– Nunca soube de nada.

Em seguida, foi a vez de Kitami. Enquanto caminhava até o banco das testemunhas, os advogados da Onitsuka se levantaram e disseram ao juiz que seria necessário um tradutor. Eu logo pensei: *um o quê?* Kitami falava um inglês perfeito. Lembrei-me de quando ele se gabou de ter aprendido a língua por meio de gravações. Virei-me para o Primo Houser, com os olhos arregalados, mas ele apenas ergueu as mãos pedindo que eu tivesse calma.

Em dois dias no banco das testemunhas, Kitami mentiu muitas e muitas vezes por meio de seu tradutor, por entre os dentes. Ele insistiu que nunca havia planejado quebrar o contrato conosco. Disse que decidiu fazê-lo apenas quando descobriu que nós o tínhamos violado ao produzir os Nikes. Sim, confirmou, ele mantivera contato com outros distribuidores antes da fabricação do primeiro Nike, mas estava apenas fazendo pesquisa de mercado. Sim, disse ele, houve alguma discussão sobre a compra da Blue Ribbon pela Onitsuka, mas a ideia *fora iniciada por Phil Knight*.

Depois que Hilliard e o Primo Houser apresentaram a argumentação final, eu me virei e agradeci às pessoas que tinham comparecido para assistir. Em seguida, o Primo Houser, Strasser e eu fomos a um bar na esquina, soltamos nossas gravatas e bebemos várias cervejas geladas. E mais outras tantas. Discutimos sobre os rumos alternativos que poderiam ter sido tomados, o que deveríamos ter feito de diferente. Ah, as coisas que poderíamos ter feito, dissemos.

E então voltamos ao trabalho.

SEMANAS SE PASSARAM. Certa manhã bem cedo, o Primo Houser telefonou para meu escritório.

– James, o Justo, dará o veredito às 11 horas – avisou.

Corri para o tribunal e me encontrei com ele e Strasser na nossa velha mesa. Estranhamente, o tribunal estava vazio. Não havia espectadores.

Nem os outros advogados, exceto por Hilliard. Os colegas dele não conseguiram chegar em um prazo tão curto.

James, o Justo, entrou pela porta lateral e tomou seu lugar. Mexeu em alguns papéis e começou a falar em tom baixo e monótono, como se falasse consigo mesmo. Disse coisas favoráveis sobre ambos os lados. Balancei a cabeça. Como ele podia ter coisas favoráveis a dizer sobre a Onitsuka? Mau sinal. Mau, mau, mau. Se Bowerman tivesse se preparado melhor. Se eu não houvesse sucumbido à pressão. Se pelo menos o ortopedista tivesse mantido os sapatos em ordem!

O juiz olhou para nós, as sobrancelhas salientes ainda mais longas e peludas do que no início do julgamento. Ele não iria se pronunciar sobre a questão do contrato entre a Onitsuka e a Blue Ribbon, afirmou.

Caí para a frente.

Em vez disso, ele se pronunciaria somente sobre a questão das marcas registradas. Pareceu claro para ele que aquele era um caso de "disse me disse".

– Temos aqui duas histórias conflitantes – disse ele –, e é a opinião deste tribunal que a da Blue Ribbon é a mais convincente.

A Blue Ribbon fora mais verdadeira, ele disse, não só ao longo da disputa, conforme comprovado por documentos, mas no tribunal.

– A verdade – afirmou – é, em última análise, tudo o que eu tenho em que me basear para avaliar este caso.

Mencionou o testemunho de Iwano. Convincente, disse o juiz. Mostrava que Kitami havia mentido. Em seguida, mencionou o uso do tradutor por Kitami: no decorrer do depoimento, mais de uma vez o Sr. Kitami interrompeu o tradutor para corrigi-lo. Todas as vezes, o Sr. Kitami o fez em um inglês perfeito.

Pausa. James, o Justo, olhou para seus papéis. Em seguida, declarou:

– Decido, portanto, que a Blue Ribbon mantenha todos os direitos sobre os nomes Boston e Cortez. Além disso – prosseguiu –, há claros danos aqui. Perda de negócios. Apropriação indevida de marca registrada. A questão é como atribuir uma cifra em dólares para esses danos. O habitual é que seja nomeado um especialista para determinar quais foram esses danos. Farei isso nos próximos dias.

E bateu com o martelo na mesa. Virei-me para o Primo Houser e para Strasser.

Nós ganhamos?

Meu Deus... *nós ganhamos.*

Apertei a mão do Primo Houser e de Strasser, dei tapinhas nos ombros deles, depois abracei os dois. Eu me permiti um delicioso olhar de soslaio para Hilliard. Mas, para minha decepção, ele não esboçou qualquer reação. Estava olhando para a frente, perfeitamente imóvel. Aquela nunca fora uma luta dele. Ele era apenas um mercenário. Com frieza, fechou a maleta e, sem olhar na nossa direção, levantou-se e caminhou para fora da sala do tribunal.

FOMOS DIRETO PARA O LONDON GRILL, no Benson Hotel, não muito longe do tribunal. Pedimos doses duplas e fizemos um brinde a James, o Justo. E a Iwano. E a nós mesmos. Então liguei para Penny do telefone público.

– Ganhamos! – gritei, sem me importar se poderia ser ouvido em todos os quartos do hotel. – Dá para acreditar? Nós vencemos!

Liguei para meu pai e gritei a mesma coisa.

Ambos, Penny e meu pai, me perguntaram *quanto* eu ganhara. Eu não podia dizer a eles. Ainda não sabíamos, expliquei. Um dólar? Um milhão? Isso era um problema para amanhã. Hoje era dia de saborear a vitória.

De volta ao bar, o Primo Houser, Strasser e eu tínhamos mais uma situação difícil a ser resolvida. Então telefonei para o escritório para saber qual era a contagem diária de pares.

UMA SEMANA DEPOIS, recebemos uma oferta de acordo: 400 mil dólares. A Onitsuka sabia muito bem que um especialista poderia chegar a qualquer número, de modo que tentaram agir de maneira preventiva, contendo as suas perdas. Mas 400 mil dólares parecia pouco dinheiro para mim. Discutimos durante vários dias. Hilliard não cedia.

Todos queríamos ficar livres, para sempre. Sobretudo os sujeitos do escritório do Primo Houser, que o autorizaram a receber o dinheiro, do qual ele ficaria com a metade, o maior pagamento da história da firma.

Perguntei-lhe o que ia fazer com toda aquela grana. Já não me lembro da resposta. A Blue Ribbon iria simplesmente conseguir mais empréstimos do Bank of California. Mais pares de tênis em alto-mar.

* * *

A ASSINATURA FORMAL foi agendada para acontecer em São Francisco, nos escritórios de uma empresa líder no mercado financeiro, uma das muitas que apoiavam a Onitsuka. O escritório ficava no último andar de um edifício no centro da cidade, e o nosso grupo chegou naquele dia com excelente estado de espírito. Éramos quatro – eu, o Primo Houser, Strasser e Cale, que disse que queria estar presente em todos os grandes momentos da história da Blue Ribbon. Presente na Criação, ele disse, e presente agora, na Libertação.

Talvez Strasser e eu tivéssemos lido muitos livros sobre guerras, mas, a caminho de São Francisco, falamos sobre famosas rendições da história. Appomattox. Yorktown. Reims. Era sempre muito dramático, concordamos. Os generais adversários reunidos em um vagão de trem ou uma casa de campo abandonada, ou no convés de um porta-aviões. Um lado contrito, o outro, severo porém benevolente. Em seguida, as canetas-tinteiro passando pelo "instrumento de rendição". Conversamos sobre MacArthur aceitando a rendição dos japoneses no USS *Missouri*, fazendo o discurso de uma vida. Sem dúvida, fomos nos deixando levar, mas o nosso sentimento de triunfo marcial era sublinhado pela data. Era 4 de julho.

Uma secretária nos levou a uma sala de reunião repleta de advogados. O nosso humor mudou abruptamente. O meu, pelo menos, mudou. No centro da sala estava Kitami. Uma surpresa.

Não sei por que fiquei surpreso ao vê-lo. Afinal, ele precisava assinar os papéis, fazer o cheque. Ele estendeu a mão. Uma surpresa ainda maior.

Eu a apertei.

Todos nos sentamos ao redor da mesa. Diante de cada um de nós havia uma pilha com 20 documentos e todos traziam dezenas de linhas pontilhadas. Assinamos até sentirmos os dedos dormentes. Foi necessária pelo menos uma hora. O clima era tenso, o silêncio, profundo, com exceção de um momento. Lembro-me de que Strasser deu um enorme espirro. Como o de um elefante. E também me lembro de que ele estava usando, com certa relutância, um terno azul-marinho novinho em folha, feito pela sogra, que colocara todo o material extra no bolso do paletó. Strasser, afirmando a sua posição como o maior inimigo das roupas feitas sob medida, estava, agora, enfiando a mão no bolso e tirando uma longa tira de gabardine extra e usando-a para assoar o nariz.

Por fim, um funcionário recolheu os documentos, todos tampamos as nossas canetas e Hilliard instruiu Kitami a nos entregar o cheque.

Kitami olhou para cima, atordoado.

– Eu não tenho nenhum cheque.

O que vi no rosto dele naquele momento? Rancor? Derrota? Não sei. Desviei o olhar, examinei os outros rostos ao redor da mesa. Eles eram mais fáceis de ler. Os advogados estavam em estado de choque total. O homem chega para fazer uma quitação sem um cheque?

Ninguém disse nada. Agora, Kitami parecia envergonhado; ele sabia que tinha cometido um erro.

– Vou enviar o cheque quando voltar ao Japão – disse.

Hilliard foi brusco:

– Providencie para que seja enviado o mais rapidamente possível – disse a seu cliente.

Peguei a minha maleta e segui o Primo Houser e Strasser para fora da sala de reunião. Atrás de mim vieram Kitami e os outros advogados. Todos esperamos juntos pelo elevador. Quando as portas se abriram, entramos e ficamos ali, com Strasser ocupando metade do espaço. Ninguém disse nada ao chegarmos à rua. Ninguém respirava. A palavra "estranho" não chegava nem perto de uma boa descrição para aquele clima. Certamente, pensei, Washington e Cornwallis não foram forçados a montar o mesmo cavalo para ir embora de Yorktown.

STRASSER VEIO AO ESCRITÓRIO alguns dias depois do veredito para resolver pequenas pendências e se despedir. Nós o levamos à sala de reunião, onde todos fizemos uma estrondosa ovação. Os olhos dele estavam marejados de lágrimas quando levantou a mão e se mostrou sensível aos nossos elogios e agradecimentos.

– Discurso! – alguém gritou.

– Eu fiz tantos amigos aqui... – disse ele, com um nó na garganta. – Vou sentir falta de todos vocês. E vou ter saudade de trabalhar neste caso. Trabalhar do lado *certo*.

Aplausos.

– Vou sentir falta de defender esta maravilhosa empresa.

Woodell, Hayes e eu nos entreolhamos. Um de nós disse:

– Então, por que não vem trabalhar aqui?

Strasser ficou vermelho e riu. Aquela risada – fiquei comovido outra vez pelo falsete incongruente. Ele acenou com a mão, "Imagina!", como se estivéssemos brincando.

Não estávamos brincando. Pouco depois, convidei Strasser para almoçar no Stockpot, em Beaverton. Levei Hayes, que agora trabalhava em tempo integral para a Blue Ribbon comigo, e fizemos um belo discurso. De todos os que fiz na vida, aquele deve ter sido o mais cuidadosamente preparado e ensaiado, porque eu queria Strasser e sabia que ele não aceitaria com facilidade. Strasser tinha diante de si um caminho claro para chegar ao topo na firma do Primo Houser, ou em qualquer outro escritório que escolhesse. Sem muito esforço, ele poderia se tornar sócio, conquistar uma vida com dinheiro, privilégios e prestígio. Isso era o concreto e nós estávamos lhe oferecendo o desconhecido. Então Hayes e eu passamos dias ensaiando, polindo os argumentos e possíveis contra-argumentos, antecipando as objeções que Strasser pudesse nos apresentar.

Abri a conversa dizendo a Strasser que era tudo uma conclusão inevitável.

– Você é um de nós – afirmei.

Um de nós. Ele sabia o que essas palavras significavam. Éramos pessoas que simplesmente não conseguiam suportar a loucura do mundo corporativo. Éramos pessoas que queriam ter prazer no trabalho. Mas um prazer significativo. Estávamos tentando matar Golias, e, embora Strasser fosse maior do que dois Golias, no fundo ele era um perfeito Davi. Estávamos tentando criar uma marca, eu disse, mas também uma cultura. Estávamos lutando contra o conformismo, contra o tédio, contra o trabalho penoso. Mais do que um produto, estávamos tentando vender uma ideia – um espírito. Não sei se eu mesmo havia compreendido quem nós éramos e o que estávamos fazendo, até que me ouvi dizer tudo isso, naquele dia, a Strasser.

Ele continuou balançando a cabeça. Não parou de comer nem por um segundo, mas continuou balançando a cabeça. Concordou comigo. Disse que tinha saído diretamente da nossa batalha real contra a Onitsuka para trabalhar em vários casos enfadonhos relacionados a seguros e, todas as manhãs, sentia vontade de cortar os pulsos com um clipe de papel.

– Sinto falta da Blue Ribbon – disse ele. – Sinto falta da clareza. Sinto falta, todos os dias, daquela sensação de conseguir uma vitória. Então, agradeço a oferta.

No entanto, ele não estava dizendo sim.

– O que foi? – indaguei.

– Eu preciso... perguntar... ao meu pai – respondeu ele.

Olhei para Hayes. Gargalhamos.

– Seu pai! – exclamou Hayes.

O mesmo pai que dissera aos policiais para levarem Strasser embora? Balancei a cabeça. O único argumento para o qual Hayes e eu não estávamos preparados. A eterna influência do velho pai.

– Ok – disse eu. – Fale com seu pai. E entre em contato conosco.

Dias mais tarde, com a bênção do pai, Strasser concordou em se tornar o primeiro advogado interno da equipe da Blue Ribbon.

TIVEMOS CERCA DE DUAS SEMANAS para relaxar e desfrutar da nossa vitória judicial. Então olhamos para o alto e vimos uma nova ameaça no horizonte. O iene. Ele estava flutuando descontroladamente e, se continuasse assim, seria morte certa.

Antes de 1972, a taxa do iene em relação ao dólar era indexada, constante, invariável. Um dólar valia sempre 360 ienes. Você podia contar com essa taxa, dia após dia; era tão certo quanto o nascer do sol. No entanto, o presidente Nixon sentiu que o iene estava desvalorizado. Ele temia que os Estados Unidos estivessem "enviando todo o seu ouro para o Japão", então resolveu desindexar o iene, deixá-lo flutuante, e agora a cotação era como o clima. Mudava todo dia. Sendo assim, quem fazia negócios no Japão não podia fazer planos. O chefe da Sony fez uma queixa que ficou famosa: "É como jogar golfe e o seu handicap mudar a cada buraco."

Ao mesmo tempo, os custos da mão de obra japonesa estavam em ascensão. Combinado à flutuação do iene, isso tornou ameaçadora a vida de qualquer empresa que tivesse seus produtos feitos no Japão. Eu não podia mais imaginar um futuro no qual a maioria dos nossos tênis fosse fabricada lá. Precisávamos de novas fábricas, em novos países, e depressa.

Para mim, Taiwan parecia o próximo passo lógico. Sentindo o colapso do Japão, as autoridades taiwanesas se mobilizavam rapidamente para preencher o vazio que se desenhava. Estavam construindo fábricas em grande velocidade. E, mesmo assim, ainda não eram capazes de lidar com o nosso volume de pedidos. Além disso, o controle de qualidade deles era ruim.

Até podermos contar com Taiwan, precisávamos encontrar uma ponte, algo em que nos escorarmos.

Pensei em Porto Rico. Já fazíamos alguns calçados no país. Infelizmente, eles não eram muito bons. Além disso, em 1973 Johnson havia viajado até lá para verificar as fábricas, trazendo a informação de que não eram muito melhores do que as ruínas que ele vira por toda a Nova Inglaterra. Então conversamos sobre algum tipo de solução híbrida: comprar matérias-primas de Porto Rico e enviá-las para a Nova Inglaterra, onde seriam feitas a montagem e a colocação do solado.

No final de 1974, o ano que não queria acabar, esse se tornou o nosso plano. E eu estava bem preparado para colocá-lo em prática. Tinha feito o meu dever de casa. Viajei para a Costa Leste a fim de estabelecer as bases, conhecer possíveis fábricas que pudéssemos alugar. Fui duas vezes, primeiro com Cale, depois com Johnson.

Na primeira vez, o funcionário da empresa de aluguel de automóveis recusou o meu cartão de crédito. Em seguida, ele o confiscou. Quando Cale tentou resolver a questão oferecendo o cartão de crédito dele, o funcionário disse que também não iria aceitá-lo porque Cale estava comigo. Culpado por associação.

Phil Knight, um caloteiro. Eu mal conseguia olhar nos olhos de Cale. Ali estávamos nós, formados em Stanford havia mais de 10 anos, e, enquanto ele era um homem de negócios respeitado e bem-sucedido, eu ainda estava lutando para manter a cabeça acima da superfície da água. Ele sabia que eu estava lutando, mas, agora, tinha a noção exata de quanto. Fiquei mortificado. Ele estava sempre presente, nos momentos importantes, nos momentos triunfantes, mas eu temia que aquele momento humilhante me definisse perante os olhos dele.

Então, quando chegamos à fábrica, o proprietário riu na minha cara. Disse que não consideraria fazer negócios com uma empresa qualquer, da qual nunca ouvira falar – *ainda mais com sede no Oregon*.

Na segunda viagem, encontrei-me com Johnson em Boston. Eu o peguei na sede do periódico *Footwear News*, aonde ele tinha ido para investigar potenciais fornecedores, e fomos juntos para Exeter, em New Hampshire, visitar uma antiga fábrica fechada. Construída na época da Revolução Americana, o lugar estava em ruínas. O local já havia abrigado a Exeter Boot and Shoe Company, mas, agora, alojava apenas ratos. À medida que íamos arrombando as portas e afastando teias de aranha do tamanho de redes de pesca, todos os tipos de criatura corriam e passavam pelos nossos pés, ou voavam perto dos nossos ouvidos. Pior, havia buracos no piso; um passo errado podia significar uma viagem ao centro da Terra.

O proprietário levou-nos até o terceiro andar, que era aproveitável. Ele disse que poderia nos alugar aquele andar, com opção para comprar o lugar todo. Disse também que precisaríamos de ajuda para deixar a fábrica adequadamente limpa e para contratar funcionários, por isso nos deu o nome de um sujeito de lá, que poderia ajudar. Bill Giampietro.

Fomos conhecer Giampietro no dia seguinte, em um bar de Exeter. Em poucos minutos, pude ver que aquele era o nosso homem. Um verdadeiro *shoe dog*. Era um sujeito na casa dos 50 anos, cujo cabelo não era grisalho. Parecia pintado com cera preta. Tinha um forte sotaque de Boston e, além de sapatos, o único assunto que abordou foi a família: a amada esposa e os filhos. Os pais vieram da Itália, onde o pai (é claro) fora sapateiro. Tinha a expressão serena e as mãos calejadas de um artesão e usava, orgulhosamente, o uniforme-padrão: calças jeans manchadas, camisa jeans manchada com as mangas enroladas até os cotovelos também manchados. Disse que trabalhara a vida inteira com sapatos e que jamais pensara em fazer outra coisa.

– Pergunte a qualquer um – sugeriu. – Eles vão dizer.

Todos na região da Nova Inglaterra o chamavam de Gepeto, acrescentou, porque pensavam (e continuavam pensando) que o pai de Pinóquio era um sapateiro. (Ele era, na verdade, carpinteiro.)

Pedimos filés e umas cervejas e então tirei da minha maleta um par de tênis Cortez.

– Você consegue equipar a fábrica de Exeter para criar estas belezuras? – perguntei.

Ele pegou os calçados, examinou-os, separou as partes, retirou as linguetas. Analisou-os como se fosse um médico.

– Sem problema – respondeu, soltando-os sobre a mesa.

O custo? Ele fez as contas de cabeça. Alugar e arrumar a fábrica de Exeter, mais trabalhadores, materiais, artigos diversos... Calculou 250 mil dólares.

Vamos fazer, eu disse.

Mais tarde, enquanto Johnson e eu corríamos, ele me perguntou como iríamos gastar um quarto de milhão de dólares em uma fábrica quando mal podíamos pagar o filé de Giampietro. Respondi, com toda a calma

– na verdade, a calma dos loucos –, que eu ia fazer com que a Nissho pagasse.

– E por que diabo a Nissho vai lhe dar dinheiro para montar uma fábrica? – perguntou ele.

– Simples – respondi. – Não vou dizer nada a eles.

Parei de correr, coloquei as mãos nos joelhos e disse a Johnson que, além disso, eu iria precisar *dele* para administrar a tal fábrica.

Ele abriu a boca, depois fechou. Apenas um ano antes, eu havia pedido a ele que atravessasse o país e se mudasse para o Oregon. Agora, queria que ele se mudasse de volta para o Leste? Para trabalhar em estreita proximidade com Giampietro? E Woodell? Com quem tinha uma relação... muito... complicada?

– Isso é a coisa mais maluca que eu já ouvi – disse ele. – Deixando de lado o inconveniente e a insanidade de fazer todo o caminho de volta para a Costa Leste, o que é que eu sei sobre o funcionamento de uma fábrica? Eu ficaria completamente perdido.

Eu ri. Não parei de rir.

– Completamente perdido? – repeti. – Completamente *perdido*! Estamos *todos* completamente perdidos! *Muito* perdidos!

Ele gemeu. Parecia o som de um carro tentando dar a partida em uma manhã bem fria.

Esperei. Basta dar a ele um segundo, pensei.

Ele negou, esbravejou, tentou barganhar, ficou deprimido e, então, aceitou. Os Cinco Estágios de Jeff. Por fim, deixou escapar um longo suspiro e disse que sabia que era uma grande responsabilidade e que, como eu, ele não confiava em mais ninguém para lidar com a situação. Comentou que sabia que, ao começar a trabalhar para a Blue Ribbon, cada um de nós estava disposto a fazer o que fosse necessário para ganhar e se "o que quer que fosse necessário" estivesse fora da nossa área de conhecimento, ora, como diria Giampietro: "Sem problema." Ele não sabia nada sobre a administração de uma fábrica, mas estava disposto a tentar. A aprender.

O medo de fracassar, pensei, nunca será motivo para que a nossa empresa não dê certo. Não que qualquer um de nós pensasse que *não* iria fracassar; na verdade, todos nós tínhamos a *expectativa* de que fracassaríamos em algum momento. Mas, quando isso acontecesse de fato, torcíamos para que fosse rápido, para que aprendêssemos com a experiência e nos tornássemos melhores.

Johnson franziu a testa e concordou.

– Ok – disse ele. – Fechado.

E assim, quando entramos nos últimos dias de 1974, Johnson estava bem instalado em Exeter e, muitas vezes, tarde da noite, pensando nele naquele lugar, eu sorria e dizia em voz baixa: boa sorte, velho amigo.

Você agora é problema de Giampietro.

O NOSSO CONTATO NO Bank of California, um homem chamado Perry Holland, era bastante parecido com Harry White, do First National. Agradável, amigável, fiel, mas absolutamente impotente, porque havia rígidos limites para empréstimo, que sempre estavam bem abaixo dos nossos pedidos. E os chefes dele, como os de White, estavam sempre nos pressionando a desacelerar.

Em 1974, a nossa resposta foi pisar fundo no acelerador. Estávamos caminhando para 8 milhões de dólares em vendas e nada, mas nada mesmo, nos impediria de bater esse número. Desafiando o banco, fizemos acordos com mais lojas e abrimos várias lojas próprias – e continuamos a assinar contratos com garotos-propaganda famosos, os quais não podíamos pagar.

Pre estava quebrando recordes nacionais com Nikes nos pés e o melhor jogador de tênis do mundo também. O nome dele era Jimmy Connors e seu maior fã era Jeff Johnson. Connors, disse-me Johnson, era a versão de Pre no tênis: rebelde, iconoclasta. Ele me pediu para chegar até Connors e assinar com ele, sem demora, um contrato de patrocínio. Assim, no verão de 1974, telefonei para o agente de Connors e fiz o meu discurso. Tínhamos assinado com Nastase por 10 mil dólares, eu disse, e estávamos dispostos a oferecer ao representado dele a metade disso.

O agente aceitou na hora.

Antes que Connors pudesse assinar os papéis, porém, ele deixou o país para jogar em Wimbledon. Então, contra todas as probabilidades, ele *venceu* o torneio. Usando os nossos calçados. Em seguida, voltou para casa e chocou o mundo ao vencer o U.S. Open. Eu estava atordoado. Liguei para o agente e perguntei se Connors havia assinado os papéis. Queríamos começar a promovê-lo.

– Que papéis? – indagou o agente.

– Ora, os papéis. Tínhamos um acordo, lembra?

– Não, eu não me lembro de nenhum acordo. Já temos um contrato três vezes melhor do que o seu, do qual eu não me lembro.

Decepcionante, concordamos todos. Mas tudo bem.

Além disso, dissemos, ainda temos Pre.

Nós sempre teremos Pre.

1975

PAGAR À NISSHO PRIMEIRO. Esse era o meu mantra matinal, a minha oração de todas as noites, a minha prioridade número um. E era a minha instrução diária ao homem que fazia o papel de Sundance Kid para o meu Butch Cassidy – Hayes. Antes de pagar ao banco, eu dizia, antes de pagar a quem quer que fosse... pague à Nissho.

Não era tanto uma estratégia, mas uma necessidade. A Nissho era como um patrimônio. A nossa linha de crédito do banco era de 1 milhão de dólares, mas tínhamos outro milhão de crédito com a Nissho, que, voluntariamente, tomou a segunda posição nas garantias, o que fez o banco se sentir mais seguro. Só que tudo isso iria desandar se a Nissho não estivesse ali. Portanto, precisávamos mantê-la feliz. Sempre, sempre, pagar à Nissho primeiro.

Não era fácil, porém, fazer esse pagamento prioritário. Na verdade, não era fácil pagar a ninguém. Estávamos passando por uma explosão de ativos e estoque, o que colocava enorme tensão sobre as nossas reservas de caixa. Em qualquer empresa em crescimento, esse é um problema típico. Mas nós estávamos crescendo mais depressa do que as empresas típicas ou qualquer empresa em crescimento que eu conhecesse. Os nossos problemas não tinham precedentes. Ou assim pareciam.

A culpa também era parcialmente minha, é claro. Recusei-me a sequer considerar a possibilidade de encomendar menos produtos. Crescer ou morrer, era nisso que eu acreditava, não importava a situação. Por que cortar um pedido de 3 milhões de dólares para 2 milhões, se você acreditava piamente que a demanda lá fora era por 5 milhões de dólares? Então eu estava sempre empurrando meus banqueiros conservadores ao limite, forçando-os em um cabo de guerra. Eu encomendava um número de calçados que lhes parecia absurdo, um número que tínhamos dificuldades para pagar, e só conseguíamos fazê-lo no último minuto, assim como acontecia com as outras despesas mensais, fazendo apenas o suficiente, e não mais que isso, para evitar que os banqueiros nos chutassem de vez. E então, no final do mês, eu esvaziava as nossas contas para pagar à Nissho e começava do zero outra vez.

Para a maioria dos observadores, esse estilo de fazer negócios era descaradamente imprudente e perigoso, mas eu acreditava que a demanda pelos nossos calçados era sempre maior do que as nossas vendas anuais. Além disso, oito em cada 10 pedidos eram tão valiosos quanto ouro maciço, pois as vendas eram garantidas graças ao nosso programa Futures. E seguíamos em frente, a toda velocidade.

Outros poderiam argumentar que não precisávamos temer a Nissho. Afinal, a empresa era uma aliada. Estávamos fazendo dinheiro para eles, que não seriam loucos de nos abandonar. Além disso, eu tinha uma relação pessoal forte com Sumeragi.

No entanto, de repente, em 1975, Sumeragi não estava mais administrando as coisas. A nossa conta tinha crescido muito; o nosso crédito não dependia mais somente dele. Agora estávamos sendo supervisionados pelo gerente de crédito da Costa Oeste, Chio Suzuki, baseado em Los Angeles, e ainda mais diretamente pelo gerente financeiro do escritório de Portland, Tadayuki Ito.

Enquanto Sumeragi era caloroso e acessível, Ito tinha uma natureza fria. A luz parecia ricochetear nele de um jeito diferente. Não, nada disso. Ele absorvia a luz como se fosse um buraco negro. Todo mundo na Blue Ribbon gostava de Sumeragi – nós o convidávamos para todas as festas do escritório. Mas acho que nunca convidamos Ito para nada.

Na minha cabeça, eu o chamava de Homem de Gelo.

Eu ainda tinha dificuldades para fazer contato visual com as pessoas, mas Ito não me permitiria desviar o olhar. Ele olhava dentro dos meus olhos, dentro da minha alma, e era algo hipnótico. Sobretudo quando ele sentia que tinha o controle da situação. O que ocorria quase sempre. Eu já tinha jogado golfe com ele uma ou duas vezes e ficava impressionado ao ver como, mesmo depois de uma tacada terrível, ele se virava e olhava diretamente para mim enquanto se afastava do *tee*. Ele não era um bom jogador, mas era tão seguro, tão autoconfiante, que sempre dava a impressão de que a sua bola estava a 300 metros de distância, no topo de um montinho de grama, no centro do gramado.

Afora a maneira dele de se vestir para o golfe, e também para o trabalho, que era meticulosa. A minha, é claro, não era. Em uma das nossas partidas, o tempo estava frio e eu usava um suéter felpudo de lã. Quando me aproximei do primeiro *tee*, Ito perguntou em voz baixa se eu planejava esquiar mais tarde. Parei de repente. Ele me deu um meio sorriso. Foi a primeira vez que vi o Homem de Gelo demonstrar algum tipo de humor. E a última.

Era esse o homem que eu precisava manter feliz. Não seria fácil. Mas pensei: faça sempre as coisas certas aos olhos dele e o crédito vai continuar a crescer, permitindo que a Blue Ribbon também cresça. Mantenha-se nas boas graças dele e tudo ficará bem. Caso contrário...

A minha obsessão em manter a Nissho e Ito felizes, combinada à minha recusa em diminuir o crescimento, criou uma atmosfera frenética no escritório. Lutávamos para fazer cada pagamento ao Bank of California e a todos os outros credores, mas o pagamento da Nissho no fim do mês era como expelir um cálculo renal. Começávamos a transpirar quando chegava o momento de juntar o dinheiro disponível e fazer os cheques tendo na conta apenas o estritamente necessário para cobri-los. O pagamento à Nissho, muitas vezes, era tão grande que ficávamos quebrados por um ou dois dias. E então todos os outros credores tinham que esperar.

Sinto muito por eles, eu dizia a Hayes.

Eu sei, eu sei, ele respondia. *Pague primeiro à Nissho.*

Hayes não gostava desse cenário. Ele ficava irritado. E eu perguntava:

– O que você quer fazer? Desacelerar?

Isso sempre provocava um sorriso culpado. Pergunta tola.

Ocasionalmente, quando as necessidades de caixa ficavam realmente avassaladoras, a conta no banco não ficava apenas vazia, mas no vermelho. Então Hayes e eu tínhamos que ir até lá procurar Holland e explicar a situação. Apresentávamos os demonstrativos financeiros, salientando que as vendas estavam duplicando, que o estoque estava vendendo que nem pão quente. A nossa "situação" com o fluxo de caixa, dizíamos, era meramente temporária.

Nós sabíamos, é claro, que manter as contas descobertas não era o modo correto de agir. Mas sempre nos dizíamos: é temporário. Além disso, todo mundo fazia assim. Algumas das maiores empresas dos Estados Unidos viviam fazendo isso. Os próprios bancos também faziam. O próprio Holland reconhecia esse fato.

– Claro, eu entendo – dizia ele com um aceno de cabeça.

Desde que fôssemos honestos com ele, desde que fôssemos transparentes, ele continuaria trabalhando conosco.

E então veio aquele fatídico dia chuvoso. Uma tarde de quarta-feira. Primavera de 1975. Hayes e eu nos vimos olhando para o abismo. Devíamos 1 milhão de dólares à Nissho, o nosso primeiro pagamento na casa do milhão, e simplesmente não tínhamos essa quantia. Ainda nos faltavam cerca de 75 mil dólares.

Lembro-me de estarmos sentados na minha sala, observando os pingos de chuva escorrendo pela vidraça. De vez em quando, procurávamos nos registros, amaldiçoávamos os números e, em seguida, voltávamos a fitar as gotas de chuva.

– Temos que pagar à Nissho – eu disse.

– Sim, sim, sim – concordou Hayes. – Mas cobrir um cheque desse porte? Teríamos que drenar *todas* as outras contas bancárias. Todas. E sacar tudo.

– Sim.

Nós tínhamos lojas de varejo em Berkeley, Los Angeles, Portland, Nova Inglaterra, cada uma com a própria conta bancária. Teríamos que esvaziar tudo, desviar todo o dinheiro para a conta do escritório por um ou dois dias – talvez três. E pegar cada centavo da fábrica de Johnson, em Exeter. Teríamos que prender a respiração e aguentar firme até conseguirmos repor o dinheiro dessas contas. E, mesmo assim, talvez não conseguíssemos cobrir o gigantesco cheque da Nissho. E ainda precisaríamos de um pouco de sorte para que um ou dois pagamentos entrassem nas contas vindos de um dos muitos varejistas que nos deviam.

– Financiamento circular – disse Hayes.

– Mágica bancária – retruquei.

– Que droga! – disse Hayes. – Se você olhar para o nosso fluxo de caixa ao longo dos próximos seis meses, estamos bem. É só *esse único pagamento* para a Nissho que está estragando tudo.

– Sim – eu disse –, se nós pudéssemos transpor esse único pagamento, ficaríamos numa boa.

– Mas esse pagamento é de matar.

– Nós sempre cobrimos os cheques para a Nissho em um ou dois dias. Mas, desta vez, podemos demorar... três? Quatro?

– Não sei – disse Hayes. – Honestamente, não sei.

Segui com os olhos o caminho de dois pingos de chuva que disputavam uma corrida na vidraça. Cabeça a cabeça. *Você é lembrado pelas regras que quebra.*

– Que se dane! – exclamei. – Pague à Nissho.

Hayes concordou. Levantou-se. Olhamos um para o outro por um longo segundo. Ele disse que ia contar a Carole Fields, a nossa contadora-chefe, o que havíamos decidido. Ele pediria a ela que começasse a movimentar o dinheiro.

E, na sexta-feira seguinte, ela enviaria o cheque para a Nissho.

Estes são os grandes momentos, pensei.

DOIS DIAS DEPOIS, Johnson estava no seu novo escritório, na fábrica de Exeter, cuidando da burocracia, quando, de repente, uma multidão de trabalhadores irritados apareceu à sua porta. Os cheques de pagamento não tinham fundos. Eles queriam respostas.

Johnson, é claro, não tinha respostas. Ele implorou a todos que esperassem, que deveria estar havendo algum engano. Ligou para o Oregon, conseguiu falar com Carole Fields e contou a ela o que estava acontecendo. Ele esperava ouvir dela que aquilo era um grande mal-entendido, um erro de contabilidade. Em vez disso, ela sussurrou:

– Ai, droga!

Em seguida, desligou na cara dele.

APENAS UMA DIVISÓRIA separava o escritório de Fields do meu. Ela contornou a parede e foi até a minha mesa.

– É melhor você se sentar – sugeriu ela, agitada.

– Já *estou* sentado.

– Todo mundo já sabe – disse ela.

– O quê?

– Os cheques. Todos os cheques.

Liguei para Hayes. Ele pesava 150 quilos, mas parecia encolher diante de mim enquanto Carole Fields descrevia os detalhes do telefonema de Johnson.

– Desta vez podemos realmente estar ferrados – disse ele.

– O que vamos fazer? – perguntei.

– Vou ligar para Holland – respondeu Hayes.

Minutos depois, Hayes voltou ao meu escritório, com as mãos para cima.

– Holland diz que está tudo bem, não se preocupe, ele vai acalmar as coisas com os chefes.

Suspirei. Desastre evitado.

Nesse meio-tempo, porém, Johnson não esperou que ligássemos de volta. Ele telefonou para a agência do banco em Exeter e descobriu que a conta dele, por algum motivo, estava zerada. Chamou Giampietro, que foi imediatamente procurar um velho amigo, um sujeito que era dono de uma fábrica de caixas na região. Giampietro pediu a ele um empréstimo de 5 mil dólares em espécie. Um pedido escandaloso. Mas a fábrica de caixas do tal homem dependia da Blue Ribbon para sobreviver. Se saíssemos do negócio, havia uma grande chance de que ela também tivesse que sair. Assim, o homem das caixas tornou-se o nosso homem da mala, passando para as nossas mãos mais de 50 notas novinhas de 100 dólares.

Em seguida, Giampietro correu de volta para a fábrica e pagou a todos, em dinheiro, como Jimmy Stewart mantendo a salvo a Bailey Bros. Building & Loan no clássico *A felicidade não se compra*.

HAYES ENTROU PESADAMENTE no meu escritório.

– Holland disse que precisamos ir ao banco agora. Já.

Em pouco tempo, estávamos todos sentados em uma sala de reuniões no Bank of California. De um lado da mesa estavam Holland e dois desconhecidos, que usavam ternos. Pareciam agentes funerários. Do outro, Hayes e eu. Holland, sombrio, começou a conversa:

– Senhores...

Isto não vai ser nada bom, pensei.

– Senhores? – repeti. – Senhores? Perry, somos nós.

– Senhores, decidimos que não queremos mais sua empresa neste banco.

Hayes e eu ficamos atordoados.

– Isso significa que você está nos rejeitando? – indagou Hayes.

– É isso mesmo – disse Holland.

– Você não pode fazer isso – retrucou Hayes.

– Podemos e vamos fazer – respondeu Holland. – Estamos congelando os seus fundos e não vamos mais honrar nenhum novo cheque vinculado a essa conta.

– Congelando os nossos... Não acredito nisso! – exclamou Hayes.

– Pois pode acreditar – disse Holland.

Eu não disse nada. Passei os braços em volta do tronco e pensei: "Isso não é bom, não é bom, não é nada bom."

Não me importavam o constrangimento, os aborrecimentos, a sucessão de problemas que se seguiriam depois de Holland nos dispensar. Tudo em que eu pensava era na Nissho. Como eles iriam reagir? Como Ito iria reagir? Imaginei-me dizendo ao Homem de Gelo que não poderia lhe pagar o seu milhão de dólares. Gelei até a medula.

Não me lembro do fim daquela reunião. Não me lembro de sair do banco, andar na rua, atravessá-la, ficar esperando o elevador, subir até o último andar. Só me lembro de tremer, de me sacudir violentamente quando pedi para falar com o Sr. Ito.

Depois disso, o que me recordo é de Hayes e eu sendo conduzidos à sala de reuniões por Ito e Sumeragi. Eles podiam sentir a nossa fragilidade. Indicaram duas cadeiras e ambos olharam para o chão enquanto eu falava. *Kei*. Muito *kei*.

– Bem – comecei a falar –, tenho algumas notícias ruins. O nosso banco... nos rejeitou.

Ito levantou o olhar.

– Por quê?

Os olhos de Ito endureceram. Mas a voz dele era surpreendentemente suave. Eu me lembrei do vento no topo do monte Fuji. Pensei na suave brisa agitando as folhas de ginkgo nos jardins de Meiji. E disse:

– Sr. Ito, o senhor sabe como as grandes *trading companies* e os grandes bancos vivem equilibrando as finanças com contas descobertas, certo? Então, nós da Blue Ribbon também fazemos isso, de tempos em tempos, e isso aconteceu no mês passado. E o fato é, bem, nós nos desequilibramos. E agora o Bank of California decidiu que não nos quer mais.

Sumeragi acendeu um Lucky Strike. Uma tragada. Duas.

Ito fez o mesmo. Uma tragada. Duas. Mas, ao exalar a fumaça, ela não parecia vir de sua boca. Era como se emanasse das profundezas, de dentro dele, acumulando-se em torno dos seus punhos e do colarinho. Ele olhou nos meus olhos. Um olhar que me deixou nervoso.

– Eles não deveriam ter feito isso – disse ele.

Meu coração parou no meio de uma batida. Era quase simpático da parte dele dizer aquilo. Olhei para Hayes. Olhei de novo para Ito. Permiti-me pensar: nós talvez consigamos... sair dessa.

Então percebi que eu ainda não tinha contado a ele a pior parte.

– Seja como for, foi o que eles fizeram, Sr. Ito, e agora eu não tenho nenhum banco. E, assim, não tenho dinheiro. Preciso honrar a folha de pagamento. Preciso pagar os meus outros credores. E, se eu não puder cumprir essas obrigações, estarei fora do negócio. Hoje. Sendo assim, eu não apenas não posso pagar o milhão de dólares que lhe devo, Sr. Ito... como preciso pedir emprestado outro milhão de dólares.

Ito e Sumeragi se entreolharam por meio segundo e, então, voltaram a olhar para mim. Tudo na sala ficou paralisado. As partículas de poeira e as moléculas de ar pararam em pleno voo.

– Sr. Knight – disse Ito –, antes de lhe dar mais um centavo que seja... vou precisar analisar os seus livros.

QUANDO CHEGUEI EM CASA vindo da Nissho, eram cerca de nove da noite. Penny disse que Holland havia telefonado.

– Holland? – perguntei.

– Sim – disse ela. – Ele me pediu que lhe dissesse para ligar para ele assim que chegasse, qualquer que fosse o horário. Deixou o número de telefone da casa dele.

Ele respondeu ao primeiro toque. A voz dele era... distante. Ele tinha sido todo rígido durante o dia, executando as ordens dos seus chefes, mas, agora, soava mais como um ser humano. Um ser humano triste e estressado.

– Phil – disse ele –, eu sinto que deveria lhe dizer que... tivemos que notificar o FBI.

Segurei o telefone com mais força.

– Diga de novo – sussurrei. – Repita isso, Perry.

– Não tivemos escolha.

– O que você está me dizendo?

– É que... bem, para nós, parece uma fraude.

FUI PARA A COZINHA e desabei em uma cadeira.

– O que foi? – indagou Penny.

Contei a ela. Falência, escândalo, ruína – e tudo o mais.

– Não há nenhuma esperança? – perguntou ela.

– Está tudo nas mãos da Nissho.

– Tom Sumeragi?
– E os chefes dele.
– Não tem problema, então. Sumeragi ama você.
Ela se levantou. Penny tinha fé. Estava completamente pronta para o que quer que acontecesse. Conseguiu até dormir.

Eu não. Passei a noite inteira sentado, imaginando uma centena de cenários diferentes, acusando a mim mesmo por ter assumido tamanho risco.

Enfim me arrastei para a cama, minha mente não parava. Deitado no escuro, não parava de pensar: será que vou para a cadeia?

Eu? Cadeia?

Levantei-me, bebi um copo d'água, verifiquei se estava tudo bem com os meninos. Ambos estavam esparramados na cama, mortos para o mundo. O que eles fariam? O que seria deles? Fui para o escritório e pesquisei as leis de propriedade. Fiquei aliviado ao saber que os federais não podiam tomar a nossa casa. Eles poderiam levar todo o resto, mas não esse pequeno santuário de 150 metros quadrados.

Suspirei, mas o alívio não durou muito. Comecei a pensar sobre a minha vida. Voltei anos no tempo, questionei cada decisão que me levara àquele ponto. Se ao menos eu tivesse sido melhor em vender enciclopédias, pensei, tudo seria diferente.

Tentei me controlar.

O que você sabe?

Mas eu não sabia nada.

Sentado na minha poltrona reclinável, eu queria gritar: *Eu não sei nada!*

Eu sempre tinha uma resposta, algum tipo de solução, para todos os problemas. Mas naquele momento, naquela noite, não tinha respostas. Levantei-me, peguei um bloco de notas e comecei a fazer listas. Só que a minha mente continuava à deriva; quando olhei para o bloco, havia apenas rabiscos. Sinais de visto, rabiscos, relâmpagos.

No brilho misterioso da lua, todos eles pareciam *swooshes* zangados e desafiadores.

CONSEGUI DORMIR por uma ou duas horas e passei a maior parte daquela nebulosa manhã de sábado falando ao telefone, pedindo conselhos às pessoas. Todo mundo me disse que segunda-feira seria o dia crítico. Possivelmente, o mais crítico da minha vida. Eu precisaria agir com rapidez e ousadia. Assim, para me preparar, convoquei uma reunião de cúpula no domingo à tarde.

Todos nos encontramos na sala de reuniões da Blue Ribbon. Lá estavam Woodell, que devia ter embarcado no primeiro voo de Boston, Hayes, Strasser e Cale, que voara de Los Angeles. Um trouxe rosquinhas. Outro pediu pizzas. Alguém ligou para Johnson e o colocou no viva-voz. O clima na sala, a princípio, era sombrio, porque esse era o meu sentimento. Mas ter os meus amigos ali, a minha equipe, fez com que eu me sentisse melhor, e, quando me animei, eles também se animaram.

Conversamos até tarde da noite e, se houve algo com que todos concordamos, foi que não havia solução fácil. Normalmente não há quando o FBI é notificado. Ou quando você é rejeitado por um banco, pela segunda vez em cinco anos.

Quando a reunião chegou ao fim, o humor mudou novamente. O ar na sala ficou pesado. A pizza parecia veneno. Um consenso se formou: a resolução da crise, qualquer que fosse, estava nas mãos de terceiros.

E, entre todos os terceiros, a Nissho era a nossa grande esperança.

Discutimos táticas para a manhã de segunda-feira, quando o pessoal da Nissho chegasse. Ito e Sumeragi iriam vasculhar cada detalhe dos nossos livros e, embora não fosse possível saber o que eles achariam das nossas finanças, uma coisa era certa: eles veriam, na mesma hora, que havíamos usado uma grande fatia do seu financiamento não para comprar calçados no exterior, mas para montar uma fábrica secreta em Exeter. Na melhor das hipóteses, ficariam com raiva. Na pior, se considerassem o nosso truque contábil uma completa traição, eles nos abandonariam ainda mais depressa do que o banco o fizera, e, nesse caso, estaríamos fora do negócio. Simples assim.

Conversamos sobre como ocultar a fábrica do escrutínio deles. Mas todos ao redor da mesa concordaram que era necessário sermos claros e honestos. Como no julgamento da Onitsuka, a divulgação completa, a total transparência, era o único caminho. Fazia todo o sentido, estratégica e moralmente.

Durante a reunião, os telefones tocaram várias vezes. Eram credores de costa a costa tentando entender o que estava acontecendo, por que os nossos cheques estavam sendo devolvidos. Dois credores em particular estavam furiosos. Um deles era Bill Shesky, presidente da Bostonian

Shoes. Nós lhe devíamos meio milhão de dólares e ele queria nos deixar cientes de que embarcaria em um avião e chegaria ao Oregon para pegar o dinheiro. O segundo era Bill Manowitz, presidente da Mano International, uma *trading* de Nova York. Nós lhe devíamos 100 mil dólares e ele também estava chegando ao Oregon para forçar um confronto. E para receber.

No fim da reunião, fui o último a sair. Sozinho, fui me arrastando até o carro. Durante a minha vida, eu havia terminado inúmeras corridas com dores nas pernas, joelhos bambos e energia zerada, mas naquela noite não tinha certeza se teria forças para dirigir até em casa.

ITO E SUMERAGI FORAM PONTUAIS. Na segunda-feira, exatamente às nove da manhã, eles estacionaram na porta do prédio, os dois de terno e gravata escuros, carregando cada um uma maleta preta. Pensei em todos os filmes de samurai a que já assistira, todos os livros sobre ninjas que havia lido. Era assim que eles se vestiam antes do ritual de assassinato do xógum mau.

Eles atravessaram o corredor, entraram na nossa sala de reuniões e se sentaram. Sem uma palavra de conversa fiada, empilhamos os nossos livros diante deles. Sumeragi acendeu um cigarro, Ito destampou uma caneta-tinteiro. E eles começaram. Usando calculadoras, rabiscando anotações, bebendo xícaras e mais xícaras de café e chá verde, foram verificando todas as camadas da nossa operação, vasculhando-as.

Eu entrava e saía da sala a cada 15 minutos mais ou menos, para perguntar se eles precisavam de alguma coisa. Nunca precisavam.

O auditor do banco chegou logo depois, para recolher todas as nossas receitas de caixa. Um cheque de 50 mil dólares da United Sporting Goods *estivera* no meio da correspondência. Nós o mostramos: estava bem em cima da mesa de Carole Field. Era o cheque atrasado, aquele que colocava em movimento todos os dominós. Isso, somado aos recebimentos de um dia normal, cobria o nosso déficit. O auditor telefonou para o banco da United Sporting Goods, em Los Angeles, e pediu que o cheque fosse compensado imediatamente e os fundos transferidos para nossa conta no Bank of California. O banco de Los Angeles se recusou. Não havia saldo suficiente na conta da United Sporting Goods.

A United Sporting Goods também estava mantendo contas descobertas.

Já sentindo uma dor de cabeça chegando, voltei para a sala de reuniões. Podia sentir o cheiro no ar. O momento fatídico chegara. Inclinando-se sobre os livros, Ito percebeu o que havia diante dos seus olhos e fez uma pausa, surpreso. Exeter. A fábrica secreta. Então vi que ele compreendera quem era o otário que pagara por ela.

Ele olhou para mim e projetou a cabeça para a frente, como se dissesse: "Sério?"

Eu assenti.

E então... ele sorriu. Foi apenas um meio sorriso, um sorriso do tipo suéter felpudo de lã, mas significava tudo.

Retribuí com um fraco meio sorriso e, naquela breve comunicação sem palavras, inúmeros destinos e futuros foram decididos.

DEPOIS DA MEIA-NOITE, Ito e Sumeragi ainda estavam lá, ocupados com as calculadoras e seus blocos de anotações. Quando enfim foram embora, prometeram que voltariam bem cedo na manhã seguinte. Fui para casa e encontrei Penny me esperando. Sentamos na sala de jantar e conversamos. Fiz um resumo dos acontecimentos do dia. Concordamos que a Nissho já deveria ter terminado a auditoria; eles já sabiam de tudo o que precisavam saber antes do almoço. O que se seguiu e o que ainda estava por acontecer eram apenas punições.

– Não deixe que eles fiquem lhe dizendo o que fazer! – disse Penny.

– Você está brincando? – respondi. – Agora eles podem me empurrar tudo o que quiserem. Eles são a minha única esperança.

– Pelo menos não há mais surpresas – disse ela.

– Sim. Agora é só esperar.

ITO E SUMERAGI VOLTARAM na manhã seguinte e se acomodaram nos seus lugares na sala de reuniões. Andei por todo o escritório, avisando a todos:

– Está quase no fim. Esperem. Só mais um pouquinho. Não há mais nada a ser encontrado.

Não muito tempo depois, Sumeragi levantou-se, espreguiçou-se e pareceu que iria sair para fumar um cigarro. Ele me fez um sinal. *Uma palavra?* Fomos até meu escritório.

– Temo que esta auditoria seja pior do que você imagina – disse ele.
– O quê... por quê? – perguntei.
– Porque atrasei... Muitas vezes não apresentei as faturas de imediato.
– Você fez o quê?! – exclamei.

Com uma expressão de culpa, Sumeragi explicou que andava preocupado conosco e que tentara nos ajudar a gerir os nossos problemas de crédito guardando as faturas da Nissho em uma gaveta. Em vez de enviá-las ao pessoal da contabilidade assim que as recebia, ele as segurava até sentir que tínhamos dinheiro suficiente para quitá-las, o que fez com que, nos livros da Nissho, a exposição de crédito deles em relação a nós fosse muito menor do que de fato era. Em outras palavras: durante todo o tempo em que nos esforçamos ao máximo para pagar à Nissho pontualmente, nós *nunca* pagamos pontualmente, porque Sumeragi não estava faturando os pagamentos, pensando que estava nos *ajudando*.

– Isso não é nada bom – comentei.
– Sim – disse Sumeragi, acendendo mais um Lucky Strike –, é ruim. Buck. Muito, muito ruim.

Levei-o de volta à sala de reuniões e, juntos, contamos a Ito, que, é claro, ficou chocado. No começo, ele suspeitou de que Sumeragi estivesse agindo a mando nosso. Eu não podia culpá-lo. Uma conspiração era a explicação mais lógica. No lugar dele, eu teria pensado o mesmo. Mas Sumeragi, que parecia prestes a se ajoelhar diante de Ito, jurou pela própria vida que estava atuando de forma independente e incorreta.

– Por que você faria uma coisa dessas? – Ito exigiu saber.
– Porque eu acho que a Blue Ribbon pode ser um grande sucesso – explicou Sumeragi –, talvez uma conta de 20 milhões de dólares. Apertei muitas vezes a mão do Sr. Steve Prefontaine. Apertei a mão do Sr. Bill Bowerman. Eu vou muitas vezes aos jogos dos Trail Blazers com o Sr. Phil Knight. Até ajudo a embalar encomendas no depósito. A Nike é a minha *menina dos olhos*. É sempre bom ver a nossa *menina dos olhos* prosperar.

– Então – continuou Ito – você escondeu as faturas porque... você... *gosta desses homens?*

Profundamente envergonhado, Sumeragi baixou a cabeça.
– *Hai* – disse ele. – *Hai.*

* * *

eu não tinha ideia do que Ito seria capaz de fazer. Mas não podia ficar ali para descobrir. De repente, surgiu outro problema. Os meus dois credores virulentos tinham desembarcado. Shesky, da Bostonian, e Manowitz, da Mano, estavam em Portland, vindo para o escritório.

Rapidamente, reuni todos em meu escritório e dei as ordens finais:

– Amigos, estamos entrando em Código Vermelho. Estes escritórios, estes 420 metros quadrados, estão prestes a ser invadidos por homens a quem devemos. O que quer que façamos hoje, não podemos deixar que eles se esbarrem. Já é ruim o suficiente que estejamos lhes devendo. Se os dois se cruzarem no corredor, se um credor insatisfeito encontrar outro credor insatisfeito e eles tiverem a chance de comparar as notas de débito, vão pirar. Eles poderiam se juntar e decidir sobre algum tipo de cronograma de pagamento colaborativo! Isso seria o fim do mundo.

Elaboramos um plano. Designamos uma pessoa para cada credor; elas ficariam de olho neles em todos os momentos, incluindo escoltas até o banheiro. Então encarregamos outra pessoa de coordenar tudo, como se fosse um controlador de tráfego aéreo, certificando-se de que os credores e seus respectivos acompanhantes ficassem sempre em um espaço separado. Enquanto isso, eu iria a cada sala me ajoelhar e pedir desculpas.

Em alguns momentos a tensão era insuportável. Em outros, parecia um filme ruim dos Irmãos Marx. No fim, de algum jeito, deu certo. Os credores não se encontraram. Tanto Shesky quanto Manowitz deixaram o edifício naquela noite sentindo-se seguros, até murmurando palavras agradáveis sobre a Blue Ribbon.

A Nissho foi embora duas horas depois. Ito já havia entendido que Sumeragi agira de forma unilateral, escondendo as faturas por iniciativa própria, sem que eu soubesse. E perdoou os meus pecados, inclusive a fábrica secreta.

– Existem coisas piores – disse ele – do que a ambição.

só restou um problema. E era O Problema. Tudo o mais parecia insignificante quando comparado a ele. O FBI.

No final da manhã seguinte, Hayes e eu fomos até o centro. Falamos muito pouco no carro, muito pouco na viagem de elevador até a Nissho. Nós nos encontramos na antessala do escritório de Ito, que não disse nada. Ele se curvou. Nós nos curvamos. Em seguida, os três entramos no elevador, em silêncio, descemos ao térreo e atravessamos a rua. Pela segunda vez em uma semana, eu vi Ito como um samurai mítico, empunhando uma espada. Só que dessa vez ele estava se preparando para *me* defender.

Se pelo menos eu pudesse contar com a proteção dele quando fosse para a cadeia.

Caminhamos até o Bank of California, ombro a ombro, e pedimos para falar com Holland. A recepcionista nos pediu que sentássemos e aguardássemos.

Cinco minutos se passaram.

Dez.

Holland apareceu. Apertou a mão de Ito. Acenou com a cabeça para mim e para Hayes e nos conduziu à sala de reuniões, nos fundos do andar, o mesmo local onde, dias antes, pisara no freio da nossa empresa. Holland disse que seríamos acompanhados pelo Sr. Fulano de Tal e pelo Sr. Sicrano Não Sei das Quantas. Nós nos sentamos em silêncio e esperamos até que os vampiros de Holland fossem liberados da cripta onde eram mantidos. Finalmente, eles chegaram e se sentaram um de cada lado dele. Ninguém tinha certeza de quem deveria começar. Era a última rodada de um jogo de apostas muito altas. Apenas ases, ou coisa melhor.

Ito tocou o próprio queixo e decidiu que abriria a conversa. Sem rodeios, ele foi com tudo. Entrou. De. Sola.

– Cavalheiros – disse ele, embora estivesse se dirigindo apenas a Holland –, é do meu entendimento que vocês se recusam a lidar com a conta da Blue Ribbon por mais tempo.

Holland assentiu.

– Sim, é isso mesmo, Sr. Ito.

– Nesse caso – disse Ito –, a Nissho gostaria de quitar a dívida da Blue Ribbon. Integralmente.

Holland arregalou os olhos.

– *Integralmente...?*

Ito grunhiu. Eu encarei Holland. Queria explicar que aquilo era a versão em japonês para: *Por acaso eu não fui claro?*

– Sim – prosseguiu Ito. – Qual é o valor?

Holland escreveu um número no seu bloco de anotações e deslizou o papel em direção a Ito, que o olhou de relance.

– Sim – disse Ito. – Foi isso mesmo que o seu pessoal informou ao meu. – Dito isso, ele abriu a maleta, retirou dali um envelope e o deslizou por cima da mesa para Holland. – Aqui está um cheque no valor integral.

– A primeira coisa que faremos amanhã de manhã será depositá-lo – declarou Holland.

– A primeira coisa que vai fazer *hoje*! – retrucou Ito.

Holland gaguejou.

– Ok, certo, hoje.

Os vampiros pareciam confusos, apavorados.

Ito girou na sua cadeira e lançou a todos um olhar congelante.

– Há mais uma coisa – disse ele. – Creio que o seu banco está negociando em São Francisco para se tornar um dos bancos da Nissho.

– É verdade – confirmou Holland.

– Ah. Devo avisar que vai ser uma perda de tempo prosseguir com essas negociações.

– Tem certeza? – indagou Holland.

– Absoluta.

Surgiu o Homem de Gelo.

Olhei para Hayes. Tentei não sorrir. Tentei muito. Não consegui.

Então encarei Holland. Estava tudo ali, nos olhos fixos dele, que nem piscava. Ele sabia que o banco tinha exagerado. Sabia que os gerentes haviam reagido de maneira exagerada. Pude ver, naquele momento, que não haveria mais nenhuma investigação do FBI. Ele e o banco queriam encerrar o assunto o mais depressa possível. Eles haviam tratado um bom cliente de maneira ofensiva e não queriam ter que responder pelos seus atos.

Nós nunca mais ouviríamos falar deles, ou dele.

Olhei para os ternos, de ambos os lados de Holland.

– Cavalheiros – eu disse, levantando-me.

Cavalheiros. Às vezes, isso é um jargão de negócios para: *Pegue o seu FBI e enfie-o onde bem entender.*

APÓS SAIRMOS DO BANCO, fiz uma reverência para Ito. Eu queria beijá--lo, mas só me curvei. Hayes também se curvou, embora, por um momento, eu tivesse pensado que aquilo era resultado do estresse dos últimos três dias.

– Obrigado – eu disse a Ito. – Você não vai se arrepender por ter nos defendido.

Ele ajeitou a gravata.

– É muita ignorância – comentou ele. No começo, pensei que ele estava falando de mim. Então percebi que estava se referindo ao banco. – Não gosto de gente ignorante – continuou. – As pessoas dão valor demais aos números.

SEGUNDA PARTE

"Nenhuma ideia brilhante nasceu em uma sala de conferências", ele assegurou ao dinamarquês. "Mas inúmeras ideias tolas morreram ali", disse Stahr.

– F. Scott Fitzgerald, *O último magnata*

1975

Não houve festa da vitória. Não houve dança da vitória. Não houve sequer pulinhos rápidos da vitória nos corredores. Não havia tempo. Ainda não tínhamos conseguido um novo banco e toda empresa precisa de um banco.

Hayes fez uma lista de bancos que tinham a maioria dos depósitos no Oregon. Eram todos bem menores do que o First National ou o Bank of California, mas tudo bem. Para a fome não existe pão duro.

Os seis primeiros desligaram na nossa cara. O sétimo, o First State Bank of Oregon, não o fez. O banco ficava em Milwaukie, uma cidadezinha a meia hora de distância de Beaverton.

– Venha até aqui – disse o presidente do banco quando enfim consegui falar com ele ao telefone.

Ele me prometeu 1 milhão de dólares em crédito, que era o limite da instituição.

Mudamos a nossa conta para lá no mesmo dia.

Naquela noite, pela primeira vez em cerca de duas semanas, coloquei a cabeça no travesseiro e dormi.

NO DIA SEGUINTE, tomei um café da manhã demorado com Penny e falamos sobre a semana seguinte, quando haveria o feriado do Memorial Day. Eu lhe disse que não me lembrava de ter ficado tão ansioso por um feriado. Precisava de descanso, sono e boa comida – e não podia perder a corrida de Pre. Ela me lançou um sorriso irônico. Sempre misturando negócios com prazer.

Culpado.

Pre estava organizando um evento naquele fim de semana em Eugene e convidara os melhores corredores do mundo, inclusive Viren, o seu arqui-inimigo finlandês. Embora Viren tivesse furado no último minuto, havia um grupo de corredores incríveis competindo, dentre eles um maratonista impetuoso chamado Frank Shorter, que tinha ficado com o ouro nos Jogos Olímpicos de 1972, em Munique, a sua cidade natal. Resistente e inteligente, Shorter era um advogado que agora vivia no Colorado e estava ficando tão conhecido quanto Pre. Os dois eram bons amigos. Secretamente, eu tinha planos de assinar um contrato de patrocínio com Shorter também.

Na sexta-feira à noite, Penny e eu fomos até Eugene e tomamos os nossos lugares junto a 7 mil fãs que gritavam e torciam estrondosamente por Pre. A corrida dos 5 mil metros foi cruel, tempestuosa, e todos notaram que Pre não estava em sua melhor forma. Shorter liderava na última volta. Entretanto, no último instante possível, nos últimos 200 metros, Pre fez o que sempre fazia. Foi fundo. Com o público de Hayward vibrando e se agitando, ele abriu distância e venceu com 13:23.8, o que representou 1,6 segundo a menos do que o melhor tempo dele.

Pre era famoso por dizer: "Alguém pode me vencer – mas terá que sangrar para fazê-lo." Observando-o correr naquele fim de semana de maio de 1975, nunca senti tanta admiração por ele, ou me identifiquei tanto com ele. Alguém pode me vencer, eu disse a mim mesmo, algum banqueiro, credor ou concorrente pode me parar, mas, por Deus, eles vão ter que sangrar para fazê-lo.

Houve uma festa na casa de Hollister depois da corrida. Penny e eu queríamos ir, mas tínhamos que dirigir duas horas de volta para Portland. As crianças, as crianças, dissemos, enquanto nos despedíamos de Pre, Shorter e Hollister.

No dia seguinte, antes do amanhecer, o telefone tocou. No escuro, procurei pelo aparelho.

– *Alô?*
– Buck?
– Quem é?
– Buck, é Ed Campbell... do Bank of California.
– Bank of Cal...?

Ligando no meio da noite? Certamente, eu estava tendo um pesadelo.
– Droga, não fazemos mais negócios com vocês. Vocês nos rejeitaram.

Ele não estava ligando para falar de dinheiro. Estava ligando, disse, porque ouvira dizer que Pre estava morto.

– Morto? Isso é impossível. Acabamos de vê-lo correr. Na noite passada.

Morto. Campbell ficou repetindo a palavra, agredindo-me com ela. Morto, morto... *morto*. Algum tipo de acidente, ele murmurou.

– Buck, você está me ouvindo? Buck?

Tateei para encontrar o interruptor e acendi a luz. Liguei para Hollister. Ele reagiu exatamente como eu.

Não, não pode ser.

– Pre estava *aqui* agora mesmo – disse ele. – Saiu feliz e animado. Eu ligo para você daqui a pouco.

Quando o fez, minutos depois, ele estava soluçando.

PELO QUE FICOU ENTENDIDO, Pre levou Shorter para casa depois da festa e, minutos depois de deixá-lo, perdeu o controle do carro. Aquele lindo MG caramelo, comprado com o primeiro salário da Blue Ribbon, atingiu algum tipo de pedregulho na estrada. O veículo voou e Pre foi lançado para fora. Ele caiu de costas e o MG desabou sobre o peito dele.

Pre havia tomado uma ou duas cervejas na festa, mas todos que o viram sair juraram que ele estava sóbrio.

Pre tinha 24 anos. A mesma idade que eu quando parti com Carter para o Havaí. Em outras palavras, quando a minha vida começou. Aos 24 anos eu ainda nem sabia quem era, e Pre não só sabia quem era, mas o mundo também sabia. Ele morreu tendo estabelecido todos os recordes americanos de distância, dos 2 mil aos 10 mil metros, das 2 às 6 milhas.

Nas homenagens durante o funeral, Bowerman falou sobre os feitos atléticos de Pre, é claro, mas ressaltou que a vida e a lenda do jovem atleta relacionavam-se a coisas maiores, mais elevadas. Sim, Bowerman afirmou, Pre estava determinado a tornar-se o melhor corredor do mundo, mas ele queria ser muito mais. Queria quebrar as correntes que burocratas mesquinhos e ignóbeis haviam colocado em todos os corredores. Queria quebrar as regras tolas que controlavam os atletas amadores e os mantinham sempre pobres, impedindo-os de alcançar todo o seu potencial. Quando Bowerman terminou, quando desceu do púlpito, achei que parecia muito mais velho, quase frágil. Observando-o cambalear de volta para o seu assento, eu não podia conceber como ele encontrara forças para dizer aquelas palavras.

Penny e eu não seguimos o cortejo até o cemitério. Não conseguimos. Estávamos arrasados. Nós nem falamos com Bowerman e não sei se, algum dia, conversamos sobre a morte de Pre. Nenhum de nós suportaria.

Mais tarde, eu soube que alguma coisa estava acontecendo no local onde Pre morrera. Havia se tornado um santuário. As pessoas iam visitá-lo todos os dias, deixando flores, cartas, mensagens, presentes – Nikes. Alguém deveria recolher tudo, pensei, manter essas homenagens em um lugar seguro. Lembrei-me dos muitos locais sagrados que visitara em 1962. Alguém precisava organizar o legado de Pre, e decidi que essa função caberia a nós. Não tínhamos dinheiro, mas conversei com Johnson e Woodell e concordamos que, enquanto estivéssemos no negócio, *encontraríamos* dinheiro para coisas assim.

1976

Agora que tínhamos conseguido superar a questão da crise bancária e que eu estava razoavelmente certo de que não seria preso, podia voltar a me fazer perguntas mais profundas. O que estamos tentando construir aqui? Que tipo de empresa queremos ser?

Como a maioria das empresas, também tínhamos os nossos exemplos. A Sony, por exemplo. A Sony era a Apple daquela época. Rentável, inovadora, eficiente – e tratava bem os funcionários. Quando pressionado, muitas vezes eu disse que queria ser como a Sony. Entretanto, no fundo, eu ainda desejava algo maior... e mais vago.

Eu procurava na minha mente e no meu coração e a única coisa que surgia era a seguinte palavra: "vencer". Não era muito, mas era bem melhor do que a outra hipótese. O que quer que acontecesse, eu só não queria perder. Perder era a morte. A Blue Ribbon era o meu terceiro filho, a minha menina dos olhos, como dissera Sumeragi, e eu simplesmente não podia suportar a ideia de vê-la morrer. Ela tem que viver, disse a mim mesmo. Tem que viver. Isso é tudo o que sei.

Várias vezes, nos primeiros meses de 1976, reuni-me com Hayes, Woodell e Strasser e, comendo sanduíches e bebendo refrigerantes, discutimos os objetivos primordiais. A questão de ganhar e perder. Dinheiro não era o nosso objetivo, concordamos. Dinheiro não era a nossa meta. Mas, qualquer que fosse o nosso sonho ou finalidade, o dinheiro era o único meio de chegar lá. Mais dinheiro do que tínhamos em mãos.

A Nissho estava nos emprestando milhões, e essa relação era sadia e havia se consolidado com a crise recente. *Os melhores parceiros que alguém poderia desejar*. Chuck Robinson estava certo. Mas, para acompanhar a demanda, para continuar crescendo, precisávamos de muitos outros milhões.

Nosso novo banco estava nos emprestando dinheiro, o que era bom, mas, como era um banco pequeno, já havíamos atingido o seu limite legal. Em algum momento, naquele ano de 1976, nas conversas com Woodell, Strasser e Hayes, começamos a falar sobre a mais lógica solução aritmética, que também era, emocionalmente, a mais difícil.

Abrir o capital.

Em um nível, é claro, a ideia fazia sentido. Abrir o capital da empresa geraria uma tonelada de dinheiro em um segundo. Mas também seria altamente perigoso, pois a abertura de capital muitas vezes significava a perda do controle. Isso poderia nos fazer trabalhar para terceiros e, de repente, seríamos obrigados a responder a acionistas, centenas ou talvez milhares de estranhos, muitos dos quais seriam grandes empresas de investimento.

Uma abertura de capital poderia nos transformar, da noite para o dia, naquilo que detestávamos e do qual passáramos a vida inteira fugindo.

Para mim, havia uma questão adicional, uma questão semântica. Sendo uma pessoa marcada pela timidez, profundamente reservada, descobri que a própria expressão me deixava nervoso: *abertura* de capital. Não, obrigado.

E, no entanto, durante minha corrida noturna habitual às vezes me perguntava: minha vida não tem sido uma espécie de busca por conexão? Correndo por Bowerman, viajando pelo mundo como mochileiro, começando uma empresa, casando com Penny, juntando esse grupo de irmãos no núcleo da Blue Ribbon – tudo isso, de alguma forma, não tinha a ver com me abrir para o mundo?

Por fim, no entanto, eu decidi, *nós* decidimos, que abrir o capital não era a melhor escolha. Simplesmente, não era para nós, eu disse, nós dissemos. De jeito nenhum. Nunca.

Fim de reunião.

E assim começamos a pensar em outras maneiras de levantar dinheiro.

Uma forma de fazê-lo veio ao nosso encontro. O First State Bank pediu-nos que pegássemos um empréstimo de 1 milhão de dólares que seria garantido pela U.S. Small Business Administration, uma agência do governo que dava apoio a pequenas empresas. Era uma brecha, um caminho legal para um pequeno banco expandir sua linha de crédito, já que seus limites de empréstimo garantido eram maiores do que seus limites de empréstimo direto. Então, foi o que fizemos, principalmente para facilitar a vida deles.

Como sempre, o processo revelou-se mais complicado do que parecia no início. O First State Bank e a Small Business Administration exigiram que Bowerman e eu, como acionistas majoritários, garantíssemos o empréstimo pessoalmente. Já havíamos feito isso no First National e no Bank of California, então não vi problema. Eu estava atolado até o pescoço, que diferença faria uma garantia a mais?

Bowerman, no entanto, recusou-se. Aposentado, vivendo com uma renda fixa, desanimado após os traumas dos últimos anos e muito enfraquecido pela morte de Pre, não queria mais correr nenhum risco. Temia perder a sua montanha.

Em vez de dar sua garantia pessoal, Bowerman me ofereceu dois terços da sua participação na Blue Ribbon, a um preço mais baixo. Ele estava se afastando.

Eu não queria isso. O problema era maior do que o fato de eu não ter dinheiro para comprar a parte dele: eu não queria perder a pedra angular da minha empresa, a âncora da minha psique. Mas Bowerman estava decidido e eu sabia que não adiantava discutir. Por isso, ambos fomos até Jaqua e pedimos a ele que nos ajudasse a intermediar o negócio. Jaqua ainda era o melhor amigo de Bowerman, mas eu também pensava nele como um amigo próximo. Continuava a confiar cegamente nele.

Não vamos dissolver por completo a parceria, disse a ele. Embora, relutantemente, eu tivesse concordado em comprar a participação de Bowerman (pagamentos de baixo valor, realizados em cinco anos), pedi-lhe que retivesse uma percentagem, permanecesse como vice-presidente e membro do nosso pequeno conselho.

Combinado, disse ele. Apertamos as mãos.

ENQUANTO ESTÁVAMOS OCUPADOS reposicionando as participações e os dólares, a moeda em si começou a sofrer uma desvalorização hemorrágica. Aconteceu de uma só vez, em uma espiral mortal contra o iene japonês. Somada ao aumento do preço da mão de obra japonesa, agora essa era a ameaça mais iminente para a nossa existência. Tínhamos aumentado e diversificado nossas fontes de produção, havíamos contratado novas fábricas na Nova Inglaterra e em Porto Rico, mas ainda concentrávamos quase toda a produção no volátil Japão, sobretudo na Nippon Rubber. Uma escassez repentina e incapacitante de oferta era uma possibilidade real. Especialmente levando-se em conta o aumento da procura dos tênis com solas waffle de Bowerman.

Com a exclusiva sola externa, a entressola acolchoada e o preço abaixo da média de mercado (24,95 dólares), o tênis com solado waffle continuava a capturar a imaginação popular como nenhum calçado anteriormente lançado o fizera. Ele não só tinha uma pisada diferente e calçava diferente – ele parecia diferente. Radicalmente diferente. Com o cabedal vermelho brilhante e um *swoosh* branco largo, era uma revolução na estética. A aparência dos tênis estava atraindo centenas de milhares de novos clientes para a Nike e o desempenho dos calçados estava selando essa lealdade. Ele tinha tração e amortecimento melhores do que qualquer outro produto do mercado.

Observando aquele tênis evoluir, em 1976, de um acessório popular para um artefato cultural, tive uma ideia. *As pessoas podiam começar a usar esse negócio para ir à escola.*

E ao escritório.

E ao supermercado.

E no dia a dia.

Era uma ideia bastante grandiosa. A Adidas tivera sucesso limitado convertendo tênis em sapatos para uso diário, com o Stan Smith, um calçado para jogar tênis, e o Country, de corrida. Só que nenhum deles era tão diferente, ou popular, como o tênis waffle. Por isso solicitei que nossas fábricas começassem a produzir o tênis com solado waffle em azul, que combinaria melhor com calças jeans, e foi aí que ele realmente decolou.

Não conseguíamos produzir o suficiente. Varejistas e representantes de vendas ficavam de joelhos, implorando para comprar todos os tênis com solado waffle que pudéssemos enviar. O crescimento violento da contagem de pares estava transformando a nossa empresa – isso sem falar na transformação da indústria como um todo. Víamos números que redefiniam os nossos objetivos de longo prazo, porque nos davam algo que sempre nos faltara: uma identidade. Mais do que uma marca, a Nike estava agora se transformando em um conceito familiar, a tal ponto que precisaríamos trocar o nome da empresa. A Blue Ribbon, decidimos, chegara ao fim do seu percurso. Teríamos que ser a Nike, Inc.

E, para que essa entidade recém-nomeada permanecesse vibrante, para que continuasse crescendo, para que sobrevivesse à queda do dólar, precisaríamos, como sempre, aumentar a produção. Representantes de vendas implorando – isso não era sustentável. Precisaríamos encontrar mais centros de manufatura, mas fora do Japão. Nossas fábricas nos Estados Unidos e em Porto Rico ajudavam, mas estavam longe de ser suficientes. Muito velhas, poucas, caras. Então, na primavera de 1976, chegou o momento de nos voltarmos para Taiwan.

Para ser o nosso ponta de lança em Taiwan, pensei em Jim Gorman, um excelente funcionário, muito conhecido pela lealdade quase fanática à Nike. Educado em uma série de lares adotivos, Gorman parecia ter encontrado na Nike a família que nunca tivera e, assim, ele sempre demonstrava espírito esportivo, sempre fazia um bom trabalho em equipe. Fora Gorman, por exemplo, quem ficara com a desagradável tarefa de levar Kitami ao aeroporto em 1972, depois daquele confronto final na sala de reuniões de Jaqua. E ele a cumpriu sem reclamar. Fora Gorman quem assumira a loja de Eugene, no lugar de Woodell, uma das tarefas mais difíceis por causa do sucesso de Woodell. Também fora Gorman quem usara o Nike com travas, ainda de má qualidade, nas eliminatórias dos Jogos Olímpicos de 1972. Em todas essas situações, Gorman fizera um bom trabalho, sem jamais ter pronunciado uma única palavra amarga. Ele parecia o candidato perfeito para assumir a nossa mais recente missão impossível: Taiwan. Mas, primeiro, eu precisaria lhe dar um curso intensivo sobre a Ásia. Então agendei uma viagem só para nós dois.

Durante o voo, Gorman provou ser um aluno ávido, quase uma esponja. Ele me perguntou sobre as minhas experiências, opiniões, percepções e anotou cada palavra. Eu me senti como se tivesse voltado a ensinar na Universidade Estadual de Portland, e gostei. Lembrei-me de que a melhor maneira de reforçar o conhecimento de um assunto é compartilhá-lo, por isso nós dois nos beneficiamos enquanto eu transferia todo o meu conhecimento sobre Japão, Coreia, China e Taiwan para o cérebro de Gorman.

Os fabricantes de calçados, expliquei-lhe, estão abandonando o Japão em massa. E todos estão pousando em dois lugares: Coreia e Taiwan. Ambos os países se especializaram em calçados de baixo custo, mas a Coreia optara por seguir um modelo com fábricas gigantes, ao passo que Taiwan estava construindo uma centena de fábricas menores. Portanto, era por esse motivo que estávamos escolhendo Taiwan: a nossa demanda era muito alta, mas o nosso volume era muito baixo para fábricas maiores. Em fábricas menores, teríamos uma posição dominante. Estaríamos no comando.

Naturalmente, o desafio mais difícil seria fazer a fábrica que escolhêssemos melhorar a qualidade dos seus produtos.

E também havia a constante ameaça de instabilidade política. Revelei a Gorman que o presidente Chiang Kai-shek acabara de morrer e, após 25 anos no comando, tinha deixado um sórdido vácuo de poder.

E também é uma boa ideia sempre levar em consideração as antigas tensões entre Taiwan e China.

Continuei discorrendo sobre o tema enquanto sobrevoávamos o Pacífico. Além de fazer longas anotações, Gorman também apresentava ideias novas e interessantes, que me traziam novas perspectivas, coisas em que pensar. Ao sair do avião em Taichung, a nossa primeira parada, eu estava muito satisfeito. O sujeito era intenso, cheio de energia e estava ansioso para começar. Eu tinha orgulho de ser o mentor dele.

Boa escolha, disse a mim mesmo.

No momento em que chegamos ao hotel, porém, Gorman já estava perdendo o vigor. Taichung tinha a aparência e o cheiro de algum lugar do outro lado da galáxia. Uma megalópole de fábricas que soltavam fumaça no ar, com milhares de pessoas por metro quadrado. Aquilo era diferente de tudo o que eu já vira, e eu já estivera em toda a Ásia, então, é claro que tudo isso sufocou o pobre Gorman. Vi nos olhos dele aquela reação típica de quem chega à Ásia pela primeira vez: um olhar de alienação e de sobrecarga. Ele estava exatamente como Penny quando ela foi me encontrar no Japão.

Calma, eu disse a ele. Um dia de cada vez, uma fábrica de cada vez. Siga o conselho do seu mentor.

Durante a semana que se seguiu, visitamos e percorremos cerca de duas dezenas de fábricas. A maioria era ruim. Escura, suja, com empregados de cabeças inclinadas e olhares vagos. No entanto, saindo um pouco de Taichung, na pequena cidade de Douliou encontramos uma fábrica que se mostrou promissora. O nome era Feng Tay e era gerida por um jovem chamado C. H. Wong. Era pequena mas limpa, com uma vibração positiva, assim como Wong, um *shoe dog* que vivia para o trabalho. Quando percebemos que uma pequena sala fora da fábrica era restrita, perguntei o que havia lá. Minha casa, ele disse.

– É ali que minha esposa, eu e nossos três filhos moramos.

Tudo isso me fez lembrar de Johnson. Decidi fazer da Feng Tay a pedra angular do nosso trabalho em Taiwan.

Quando não estávamos visitando fábricas, Gorman e eu estávamos sendo cortejados pelos proprietários. Eles nos entupiam de iguarias típicas e nos encheram de uma coisa chamada mao-tai, que era igual a um mai tai, só que com um creme que parecia ter sido feito com hidratantes de couro no lugar do rum. Em virtude da diferença de fuso horário, Gorman e eu havíamos perdido a resistência. Depois de dois mao-tais estávamos tontos. Tentávamos desacelerar, mas nossos anfitriões não paravam de levantar as taças.

À Nike!

Aos Estados Unidos!

No último jantar da nossa visita a Taichung, Gorman pedia licença repetidamente e corria para o banheiro, para jogar água fria no rosto. Toda vez que ele saía da mesa, eu me livrava do meu mao-tai entornando-o no copo de água dele. Cada vez que ele voltava do banheiro, mais um brinde era feito e Gorman acreditava que estava seguro levantando o copo de água.

Aos nossos amigos americanos!

Aos nossos amigos de Taiwan!

Depois de mais um grande gole de água "batizada", Gorman me olhou em pânico.

— Acho que vou desmaiar – disse ele.

— Tome um pouco d'água – sugeri.

— Ela está com um gosto esquisito.

— Que nada!

Apesar de descarregar a minha bebida em Gorman, eu também estava tonto quando voltei para o quarto. Tive dificuldades para me preparar para dormir, para encontrar a cama. Adormeci enquanto escovava os dentes.

Acordei algum tempo depois e tentei encontrar minhas lentes de contato. Eu as achei. Em seguida, deixei-as cair no chão.

Alguém bateu à porta. Gorman. Ele entrou e me perguntou algo sobre o itinerário do dia seguinte. Encontrou-me de quatro, procurando minhas lentes de contato em uma poça do meu vômito.

— Phil, você está bem?

— Siga o conselho do seu mentor – murmurei.

* * *

NAQUELA MANHÃ, VOAMOS para a capital, Taipei, e visitamos mais duas fábricas. À noite, fizemos um passeio pela Xinsheng South Road, tomada por dezenas de santuários e templos, igrejas e mesquitas. "Estrada para o Céu" era como os moradores da região a chamavam. Na verdade, eu disse a Gorman, Xinsheng significa "Vida Nova". Quando voltamos ao hotel, recebi um telefonema estranho e inesperado. Jerry Hsieh (pronuncia-se Shay) queria "nos cumprimentar".

Eu já conhecia Hsieh. Eu o vira em uma das fábricas de calçados visitadas no ano anterior. Ele estava trabalhando para a Mitsubishi e para o grande Jonas Senter. Impressionou-me com sua intensidade e sua ética de trabalho. E com a jovialidade. Ao contrário de todos os outros *shoe dogs* que conheci, ele era jovem: tinha 20 e poucos anos e parecia ainda mais jovem. Como uma criança grande.

Ele disse que ficara sabendo da nossa presença no país. Então, como um agente secreto, acrescentou:

– Eu sei por que vocês estão aqui...

Convidou-nos para visitá-lo no seu escritório, um convite que parecia indicar que agora ele trabalhava para si mesmo, não para a Mitsubishi.

Anotei o endereço do escritório de Hsieh e chamei Gorman. O recepcionista do nosso hotel desenhou um mapa – que se provou inútil. O escritório de Hsieh ficava em uma parte não mapeada da cidade. Na pior parte. Gorman e eu andamos por uma série de ruas sem placas e vários becos sem números. Se dava para ver alguma placa de rua? Eu mal podia ver a rua.

Acho que nos perdemos umas 10 vezes. Finalmente, lá estava ela. Uma construção robusta, com tijolos vermelhos antigos. No interior, encontramos uma escadaria precária. O corrimão soltou-se nas nossas mãos enquanto subíamos até o terceiro andar e cada degrau tinha um vão profundo, causado pelo contato com milhões de sapatos.

– Entrem! – gritou Hsieh quando batemos à porta.

Nós o encontramos sentado no meio de uma sala que parecia o ninho de um rato gigante. Para onde quer que olhássemos víamos sapatos, e mais sapatos e pilhas de partes de sapatos – solas, cadarços e linguetas. Hsieh levantou-se e abriu um espaço para nos sentarmos. Ele nos ofereceu chá. Então, enquanto a água fervia, começou a nos instruir. *Você sabia que todos os países do mundo têm muitos costumes e superstições sobre sapatos?* Pegou um sapato de uma prateleira, segurou-o diante dos nossos rostos. *Você sabia que na China, quando o homem se casa com uma mulher, eles atiram sapatos vermelhos no telhado para garantir que tudo corra bem na noite de núpcias?*

Hsieh girou um sapato na escassa luz do dia que conseguia passar através das janelas sujas. Ele nos contou em que fábrica o tal sapato fora feito, por que ele o considerava bem-feito, como ele poderia ser melhor. *Você sabia que, em muitos países, quando uma pessoa começa uma viagem, é sinal de boa sorte jogar um sapato nela?* Pegou outro sapato e estendeu-o como Hamlet segurando o crânio de Yorick. Identificou a sua procedência, disse-nos por que ele era malfeito, por que não demoraria para se desfazer e, em seguida, jogou-o para o lado com desdém. A diferença entre dois calçados, disse ele, nove em cada 10 vezes, está na fábrica. Esqueça o modelo, a cor e todas as outras coisas que fazem parte de um sapato, o importante é a fábrica.

Ouvi atentamente e tomei notas, como Gorman no avião, embora pensasse o tempo todo: "Isso é uma performance. Ele está fazendo um show, tentando nos conquistar. Ele não percebe que precisamos dele mais do que ele precisa de nós."

Em seguida, Hsieh veio com seu discurso. Ele nos disse que, em troca de uma pequena taxa, ele ficaria feliz em nos colocar em contato com as melhores fábricas de Taiwan.

Isso tinha potencial para ser ótimo. Poderíamos usar alguém dali para pavimentar o caminho, fazer apresentações, ajudar Gorman a se aclimatar. Um Giampietro asiático. Discutimos sobre a comissão por par durante alguns minutos, mas foi uma conversa amigável. Em seguida, apertamos as mãos.

Fechado?

Fechado.

Nós nos sentamos novamente e elaboramos um acordo para estabelecer uma subsidiária sediada em Taiwan. Como a chamaríamos? Eu não queria usar Nike. Se algum dia quisesse fazer negócios com a República Popular da China, não poderia estar associado ao seu maior inimigo. Era uma leve esperança; na melhor das hipóteses, um sonho impossível. Mas, mesmo assim... Então escolhi Atena. A deusa grega que traz *nike*. Athena Corp. E, assim, resguardei a não mapeada e não numerada Estrada para o Céu. Ou a ideia que um *shoe dog* fazia do céu.

Um país com 2 bilhões de pés.

* * *

MANDEI GORMAN para casa. Antes de deixar a Ásia, disse a ele que precisava fazer uma rápida parada em Manila. Uma missão pessoal, expliquei vagamente.

Fui a Manila visitar uma fábrica de sapatos, uma fábrica muito boa. Então, fechando um velho ciclo, passei a noite na suíte de MacArthur.
Você é lembrado pelas regras que quebra.
Talvez.
Talvez não.

ERA O ANO DO BICENTENÁRIO, aquele estranho momento da história cultural dos Estados Unidos, aqueles 365 dias de grandes celebrações, autoavaliação, aulas de educação cívica e fogos de artifício. De 1º de janeiro a 31 de dezembro daquele ano, era impossível mudar o canal da TV sem dar de cara com um filme ou documentário sobre George Washington, Ben Franklin, Lexington ou Concord. E, incorporado à programação patriótica, havia ainda um "Minuto Bicentenário", em que Dick Van Dyke, Lucille Ball ou Gabe Kaplan contavam algum episódio que havia acontecido naquela data durante a era revolucionária. Uma noite, aparecia Jessica Tandy falando sobre a derrubada da Árvore da Liberdade. Na noite seguinte, o presidente Gerald Ford exortava todos os americanos a "manterem vivo o Espírito de 76". Foi tudo um pouco piegas, um pouco sentimental – e imensamente tocante. Um ano inteiro de patriotismo fez crescer em mim o amor pelo meu país, que já era grande. Navios altos circulavam no porto de Nova York, recitações da Carta dos Direitos e da Declaração de Independência, conversas fervorosas sobre liberdade e justiça – tudo isso renovou a minha gratidão por ser americano. E por ser livre. E por não estar na cadeia.

NAS SELETIVAS OLÍMPICAS DE 1976, realizadas em junho, mais uma vez em Eugene, a Nike teve uma chance, uma chance fantástica, de fazer bonito. Nunca havíamos tido essa chance com os Tigers, cujas travas não eram de alto calibre. Nem com a primeira geração de produtos da Nike. Agora, finalmente, tínhamos material próprio, e ele era realmente bom:

tênis de maratona e com travas, todos da melhor qualidade. Estávamos tomados de emoção quando deixamos Portland. Enfim, dissemos, vamos ver um atleta da Nike entrar para a equipe olímpica.

Isso ia acontecer.

Precisava acontecer.

Penny e eu fomos até Eugene, onde nos encontramos com Johnson, que estava fotografando o evento. Apesar do nosso entusiasmo pelas seletivas, quando nos sentamos na arquibancada lotada o assunto era Pre. Ficou bem claro que ele estava na cabeça de todos os presentes. Ouvimos o nome dele vindo de todas as direções e seu espírito parecia pairar como as nuvens baixas acima da pista. Se alguém se sentisse tentado a esquecê-lo, mesmo que só por um momento, era só olhar para os pés dos atletas participantes. Muitos estavam usando Pre Montreals. (Outros tantos estavam usando produtos feitos em Exeter, como o Triumph e o Vainqueur. Naquele dia, Hayward parecia um showroom da Nike.) Todos sabiam que as seletivas seriam o começo do retorno épico de Pre. Depois de ter sido abatido em Munique, ele iria se reerguer, sem dúvida, e a sua volta ao topo iria ter início bem ali, naquele instante. Cada uma das corridas provocava os mesmos pensamentos, a mesma imagem: Pre saindo na frente de todo o grupo. Pre cruzando a linha de chegada. Podíamos *ver a cena*. Podíamos *vê*-lo pujante com a vitória.

Se ao menos..., não parávamos de repetir, as vozes asfixiadas, se ao menos...

Com o pôr do sol, o céu ficou vermelho, branco e depois adquiriu um azul-escuro profundo. Mas ainda estava claro o suficiente para enxergar quando os competidores dos 10 mil metros se reuniram na linha de partida. Penny e eu tentamos limpar nossas mentes quando nos levantamos, as mãos juntas como em oração. Contávamos com Shorter, é claro. Ele era extremamente talentoso e fora a última pessoa a ver Pre com vida – fazia sentido que seguisse os passos de Pre. Mas também tínhamos Nikes nos pés de Craig Virgin, um jovem e brilhante corredor da Universidade de Illinois, e de Garry Bjorklund, um adorável veterano de Minnesota que tentava retornar depois de uma cirurgia para remover um osso solto no pé.

O tiro de partida foi dado, os corredores dispararam, todos agrupados e apertados, e Penny e eu também nos apertamos, gritando e torcendo a cada passada. Não havia 3 milímetros separando os integrantes do grupo, até que, na metade do percurso, Shorter e Virgin se distanciaram. No meio da aglomeração, Virgin pisou, acidentalmente, em Bjorklund e fez seu Nike voar. Agora, o pé delicado e cirurgicamente reparado de Bjorklund estava nu, exposto, batendo na pista dura a cada passo. Mesmo assim, Bjorklund não parou. Não vacilou. Nem sequer desacelerou. Apenas continuou a correr, cada vez mais depressa, e aquela demonstração de coragem ganhou o coração da multidão. Acho que torcemos para ele tão alto quanto havíamos torcido para Pre no ano anterior.

Entrando na última volta, Shorter e Virgin estavam na frente. Penny e eu não parávamos de pular.

– Vamos conseguir dois, vamos conseguir dois!

E, então, conseguimos três. Shorter e Virgin ficaram em primeiro e segundo lugares e Bjorklund mergulhou à frente de Bill Rodgers já na linha de chegada e terminou em terceiro. Eu estava coberto de suor. Três atletas olímpicos... usando Nikes!

Na manhã seguinte, em vez de dar a volta da vitória em Hayward, montamos acampamento na loja da Nike. Enquanto Johnson e eu nos misturávamos aos clientes, Penny ficou à frente da máquina de silkscreen produzindo, rapidamente, camisetas Nike. Sua habilidade era requintada; o dia inteiro, pessoas vinham dizer que tinham visto alguém usando uma camiseta Nike na rua e que precisavam de uma também. Apesar da contínua melancolia por causa de Pre, nós nos permitimos ficar alegres, pois era evidente que a Nike estava fazendo mais do que um bom show. A Nike estava dominando as seletivas. Virgin ganhou os 5 mil metros usando Nikes. Shorter ganhou a maratona usando Nikes. Lentamente, na loja, na cidade, ouvíamos as pessoas sussurrando *Nike, Nike, Nike*. Ouvimos o nosso nome mais do que o de qualquer atleta. Exceto Pre.

No sábado à tarde, andando por Hayward para encontrar Bowerman, ouvi alguém atrás de mim dizer:

– Puxa, a Nike está *realmente* dando um banho na Adidas.

Aquelas palavras poderiam ter sido o destaque do fim de semana, do ano, seguidas de perto pelo representante de vendas da Puma que avistei momentos depois, apoiando-se em uma árvore, com olhar triste.

Bowerman estava lá estritamente como espectador, o que era estranho para ele e para nós. Ainda assim, estava usando o seu uniforme padrão: suéter surrado e boné baixo. Em determinado momento, ele pediu formalmente uma reunião em um pequeno escritório sob a arquibancada leste. O local não era um escritório, estava mais para um armário, no qual os funcionários armazenavam ancinhos e vassouras e algumas cadeiras de lona. Mal havia espaço para nós três – o treinador, Johnson e eu –, sem mencionar os outros que haviam sido convidados pelo treinador: Hollister e Dennis Vixie, um podólogo que trabalhava com Bowerman como consultor de calçados. Assim que fechamos a porta, percebi que Bowerman estava diferente. No funeral de Pre, ele parecia velho. Agora, parecia perdido. Depois de um minuto de conversa fiada, ele começou a berrar. Reclamou que não era mais "respeitado" pela Nike. Nós havíamos construído um laboratório para ele na sua casa, além de termos fornecido uma máquina de montar calçados, mas ele disse que estava constantemente pedindo materiais de Exeter e não era atendido.

Johnson parecia horrorizado.

– Que materiais? – indagou.

– Eu peço cabedais de calçados e meus pedidos são ignorados! – gritou Bowerman.

Johnson virou-se para Vixie.

– Eu mandei os cabedais para vocês! Vixie, você não os recebeu?

Vixie parecia perplexo.

– Sim, recebi.

Bowerman tirou o boné, colocou-o de volta, tirou-o.

– Sim, bem – resmungou –, mas você não enviou as *solas externas*.

O rosto de Johnson ficou avermelhado.

– Mandei as solas também! Vixie?

– Sim – disse Vixie –, nós as recebemos.

Todos nos voltamos para Bowerman, que estava andando de um lado para outro, ou tentando. Não havia espaço. O local estava escuro, mas eu ainda podia afirmar que o rosto do meu velho treinador estava ficando vermelho.

– Bem... nós não os recebemos a tempo! – gritou, e os dentes dos ancinhos tremeram. Aquilo não tinha nada a ver com cabedais e solas. Tinha a ver com aposentadoria. E tempo. Como Pre, o tempo não *ouvia* Bowerman. O tempo não *desacelerava*. – Não vou mais aturar essa droga – ele bufou e saiu, deixando a porta aberta.

Olhei para Johnson, Vixie e Hollister. Todos olharam para mim. Não fazia diferença se Bowerman estava certo ou errado, nós só precisávamos encontrar uma forma de fazê-lo sentir-se necessário e útil. Se Bowerman não estivesse feliz, afirmei, a Nike não ficaria feliz.

* * *

ALGUNS MESES DEPOIS, a mormacenta Montreal foi o cenário da grande estreia da Nike, a nossa festa de debutante olímpica. Quando os Jogos de 1976 foram declarados abertos, tínhamos atletas em diversas modalidades importantes usando Nikes. Mas as nossas maiores esperanças, e grande parte do nosso dinheiro, estavam em Shorter. Ele era o favorito para ganhar o ouro na maratona, o que significava que, pela primeira vez, a Nike cruzaria uma linha de chegada olímpica à frente de todos os outros calçados esportivos. Esse era um enorme rito de passagem para uma empresa de calçados de corrida. Uma empresa não era realmente reconhecida enquanto um atleta olímpico não conquistasse a principal medalha de ouro usando o seu produto.

Acordei cedo naquele sábado – dia 31 de julho de 1976. Logo depois do café da manhã, acomodei-me na minha poltrona reclinável. Tinha um sanduíche ao meu alcance e refrigerantes na geladeira. Perguntei-me se Kitami estaria assistindo. Perguntei-me se meus ex-banqueiros estariam assistindo. Perguntei-me se meus pais e minhas irmãs estariam assistindo. Perguntei-me se o FBI estaria assistindo.

Os corredores se aproximaram da linha de partida. Como eles, eu me agachei para a frente. Devia ter tanta adrenalina circulando no meu corpo quanto Shorter. Esperei o tiro de largada e o inevitável close dos pés de Shorter. A câmera aproximou a imagem. Parei de respirar. Deslizei para fora da poltrona, caí no chão e me arrastei em direção à tela da TV. Não, eu disse. Não, eu gritei de angústia.

– Não. NÃO!

Ele estava usando... *Tigers*.

Horrorizado, assisti à grande esperança da Nike ir embora com os tênis do inimigo.

Eu me levantei, voltei para a poltrona e assisti à corrida se desenrolar, falando sozinho, resmungando para mim mesmo. Lentamente, a casa ficou escura. Mas não o suficiente para mim. Em algum momento, fechei as cortinas, desliguei as luzes. Mas não a TV. Eu assistiria, durante as duas horas e 10 minutos, até o amargo fim.

Ainda não tenho certeza do que aconteceu exatamente. Pelo visto, Shorter se convenceu de que os Nikes dele eram frágeis e não aguentariam os 42 quilômetros. (Apesar de terem se mostrado perfeitos nas seletivas.)

Talvez fosse por nervosismo. Talvez fosse por superstição. Ele queria usar o que usava sempre. Os corredores têm essas manias. De qualquer forma, no último instante ele voltou para os tênis que havia usado quando ganhou o ouro em 1972.

E eu mudei de refrigerante para vodca. Sentado no escuro, segurando um drinque, disse a mim mesmo que aquilo não era assim tão importante de um ponto de vista mais amplo. Shorter nem venceu. Um alemão oriental o surpreendeu e levou o ouro. É claro que eu estava tentando me enganar, aquilo era muito importante, mas não por causa da decepção ou da oportunidade de marketing perdida. Se assistir a Shorter correr com outro tênis que não o meu tinha o poder de me afetar tão profundamente, só havia uma conclusão: a Nike era mais do que um calçado. Eu já não fazia Nikes; os Nikes é que me faziam. Se eu visse um atleta escolher outro tênis, se visse qualquer um escolher outro tênis, não era apenas uma rejeição à marca, mas a mim. Disse a mim mesmo para ser razoável, nem todas as pessoas do mundo iriam usar Nikes. E nem vou mencionar que eu ficava chateado toda vez que via alguém andando pela rua com tênis de corrida que não fossem os meus.

Mas aquilo, definitivamente, mexia comigo.

E eu não me importava com esse fato.

Em algum momento naquela noite, liguei para Hollister. Ele também estava arrasado. Havia um tom de raiva na voz dele. Fiquei feliz. Queria que as pessoas trabalhando para mim sentissem a mesma chama, aquela mesma sensação de rejeição, como um soco no estômago.

Felizmente, havia menos dessas rejeições na maior parte do tempo. No fim do ano fiscal de 1976, dobramos as vendas – 14 milhões de dólares. Um número surpreendente, que chamou a atenção dos analistas financeiros e os fez escrever artigos sobre a Nike. Entretanto, continuávamos sem caixa. Continuei a tomar emprestado cada centavo que podia, aplicando-o em crescimento, com a bênção explícita ou tácita das pessoas em quem eu confiava: Woodell, Strasser, Hayes.

No início de 1976, nós quatro havíamos conversado, hesitantes, sobre abrir o capital e acabamos adiando mais uma vez a discussão. Agora, no final do mesmo ano, retiramos a ideia da gaveta, estudando-a mais a sério. Analisamos os riscos, pesamos os contras, consideramos os prós. Mais uma vez, decidimos: não.

Claro, dissemos, adoraríamos ter essa rápida injeção de capital. Ah, as coisas que poderíamos fazer com esse dinheiro! As fábricas que poderíamos alugar! Os talentos que poderíamos contratar! Mas a abertura de capital mudaria a nossa cultura, nos tornaria devedores dos acionistas, nos transformaria em uma corporação. Esse não é o nosso negócio, todos concordamos.

Semanas mais tarde, precisando de dinheiro novamente, com as contas bancárias no zero, lançamos outro olhar para a ideia.

E a rejeitamos outra vez.

Com a intenção de resolver a questão de uma vez por todas, coloquei o assunto no topo da agenda para o nosso encontro bianual, um retiro que começamos a chamar de Buttface, algo equivalente a "Bundão".

JOHNSON CUNHOU A EXPRESSÃO, EU ACHO. Em um dos nossos primeiros retiros, ele murmurou:

– Em quantas empresas multimilionárias você grita "Ei, Buttface!" e toda a diretoria se vira na mesma hora?

Todos riram. E o nome pegou. Acabou se tornando parte fundamental do nosso jargão interno. Buttface referia-se tanto ao retiro quanto aos que dele participavam. A expressão não apenas capturava o clima informal daqueles encontros, nos quais nenhuma ideia era demasiado sagrada para não ser escarnecida e nenhuma pessoa era importante demais para não ser ridicularizada, mas também resumia o espírito, a missão e o caráter distintos da empresa.

Os primeiros Buttfaces aconteceram em vários resorts no Oregon. Otter Crest. Salishan. Acabamos preferindo o Sunriver, um local idílico, na ensolarada área central do Oregon. Em geral, Woodell e Johnson vinham de avião da Costa Leste e íamos todos de carro para Sunriver na sexta-feira. Reservávamos alguns chalés, aproveitávamos o salão de convenções e passávamos dois ou três dias gritando até ficarmos roucos.

Ainda posso me ver claramente à cabeceira da mesa de conferências, berrando com todos e todos berrando comigo – e rindo até ficar sem voz. Os problemas que precisávamos enfrentar eram graves, complexos, aparentemente intransponíveis, ainda mais pelo fato de estarmos separados uns dos outros por quase 5 mil quilômetros, em uma época na qual a comunicação não era fácil ou instantânea. E, no entanto, estávamos sempre rindo. Às vezes, depois de uma gargalhada realmente catártica, eu olhava ao redor da mesa e me sentia tomado pela emoção. Camaradagem, lealdade, gratidão. Até amor. Sem dúvida, amor. Mas também me lembro de ficar chocado por *aqueles* serem os homens da equipe que eu havia montado. Eles eram os fundadores de uma empresa multimilionária, que vendia calçados *esportivos*? Um paralítico, dois caras com obesidade mórbida, um sujeito que fumava um cigarro atrás do outro? Era interessante perceber que, naquele grupo, a pessoa com quem eu tinha mais em comum era... Johnson. E isso era um fato inegável. Enquanto todo mundo estava rindo, fazendo algazarra, ele era sempre o mais sensato, permanecendo sentado tranquilamente no meio da mesa, lendo um livro.

A voz mais alta em cada Buttface era sempre a de Hayes. Ele era também o mais maluco. Assim como a sua circunferência, a personalidade de Hayes estava sempre em expansão, adquirindo novas fobias e entusiasmos. Por exemplo, nessa época ele havia desenvolvido uma obsessão curiosa por equipamentos pesados. Retroescavadeiras, escavadeiras, plataformas elevadas, guindastes, tudo isso o fascinava. Essas máquinas o... excitavam, não há outra maneira de explicar. Uma vez, logo no início de um Buttface, estávamos saindo de um bar quando Hayes avistou uma escavadeira no campo atrás dos chalés. Ele descobriu, para seu espanto, que as chaves haviam sido deixadas no interior e, então, pulou lá dentro e moveu a terra ao redor do campo e no estacionamento, parando apenas quando, por pouco, quase esmagou vários carros. Ao ver Hayes na escavadeira, pensei: tanto quanto o *swoosh*, *esse* poderia ser o nosso logotipo.

Eu sempre dizia que Woodell mantinha o trem nos trilhos, mas era Hayes quem os construía. Hayes configurou todo aquele esotérico sistema de contabilidade, sem o qual a empresa teria chegado a um impasse. Quando passamos da contabilidade manual para a automatizada, Hayes adquiriu as primeiras máquinas primitivas e estava sempre modificando-as, consertando-as ou dando socos nelas com os punhos poderosos, mantendo-as estranhamente precisas. Quando começamos a fazer negócios fora dos Estados Unidos, as moedas estrangeiras tornaram-se um problema diabolicamente complicado, e Hayes configurou um engenhoso sistema de cálculo para contratos de câmbio futuro, que permitiu que a margem de lucro fosse estabelecida de maneira mais confiável, mais previsível.

Apesar das nossas brincadeiras, das nossas excentricidades e das nossas limitações físicas, cheguei à conclusão, em 1976, de que éramos uma equipe realmente formidável. (Anos mais tarde, um famoso professor de negócios de Harvard estudou a Nike e chegou à mesma conclusão. "Normalmente", disse ele, "se um gerente de uma empresa é capaz de pensar tática *e* estrategicamente, a empresa já tem um bom futuro. Mas, cara, você tem sorte: mais da metade dos Buttfaces pensa desse jeito!")

Sem dúvida, aos olhos de qualquer observador casual, parecíamos um grupo desolador, heterogêneo e irremediavelmente incompatível. Mas, na verdade, éramos mais parecidos do que diferentes, e isso dava coerência às nossas metas e aos nossos esforços. Éramos, sobretudo, caras do Oregon, o que era importante. Tínhamos uma necessidade inata de provar o nosso valor, de mostrar ao mundo que não éramos caipiras ignorantes. E que éramos impiedosos ao nos autovaliarmos, sempre questionando os nossos egos. Não havia aquela bobagem de saber quem era o mais inteligente. Hayes, Strasser, Woodell, Johnson, cada um teria sido o cara mais inteligente em qualquer equipe, mas nenhum acreditava nisso sobre si mesmo ou sobre os outros. As nossas reuniões eram definidas por desacato, desdém e muita provocação.

Ah, e quanta provocação! Chamávamos uns aos outros de nomes horrorosos. Não poupávamos ninguém dos nossos ataques verbais. Enquanto lançávamos várias ideias, derrubávamos outras tantas e discutíamos ameaças à empresa, a última coisa que levávamos em conta eram os sentimentos de alguém. Inclusive os meus. Especialmente os meus. Os meus companheiros Buttfaces, meus funcionários, sempre me chamavam de Bucky, o Guarda-Livros. Nunca pedi que parassem. Sabia que, se mostrasse qualquer fraqueza, qualquer sentimentalismo, estaria acabado.

Lembro-me de um Buttface em que Strasser decidiu que não estávamos sendo suficientemente "agressivos" na nossa abordagem. Disse que os contadores na empresa eram obcecados pelos centavos.

– Então, antes de esta reunião começar, quero dizer uma coisa. Eu preparei aqui um *contra*orçamento. – Ele levantou um grande fichário. – Isto aqui é o que deveríamos estar fazendo com o nosso dinheiro.

É claro que todo mundo queria ver os números dele, mas não mais do que o cara dos números, Hayes. Quando descobrimos que a soma dos números não batia em nenhuma das colunas, começamos a uivar.

Strasser levou para o lado pessoal.

– É à essência que eu quero chegar – disse –, não aos detalhes. À *essência*.

O uivo ficou mais alto. Então Strasser pegou a pasta e jogou-a contra a parede.

– Danem-se todos vocês – vociferou.

O fichário se abriu, páginas voaram por toda parte e o riso foi ensurdecedor. Nem o próprio Strasser se conteve. Ele teve que participar da brincadeira.

Não admira que o apelido de Strasser fosse Rolling Thunder (algo como Trovão Retumbante). Hayes, por sua vez, era Doomsday (Dia do Juízo Final). Woodell era Weight, como em "Dead Weight" (Peso Morto). Johnson era Four Factor (Fator Quatro), porque costumava exagerar e, portanto, tudo o que dizia precisava ser dividido por quatro. Ninguém levava para o lado pessoal. A única coisa que realmente não era tolerada em um Buttface era excesso de sensibilidade.

E sobriedade. No final do dia, quando todos já estavam com a garganta arranhando de tanto achincalhar, rir e resolver problemas, quando os nossos blocos de anotações estavam cheios de ideias, soluções, cotações, listas e mais listas, nós nos mudávamos para o bar e continuávamos a reunião bebendo. Muito.

O bar foi apelidado de Ninho da Coruja. Gosto de fechar os olhos e me lembrar de quando invadíamos o local, espantando todos os outros clientes. Ou fazendo amizade com eles. Pagávamos bebidas para todos e, em seguida, sentávamos em um canto e continuávamos lançando uns para os outros algum problema, ideia ou esquema, sem qualquer planejamento. Digamos que o problema fosse o fato de as entressolas não estarem chegando do Ponto A ao Ponto B. Discutíamos a questão, todos falando ao mesmo tempo, um coral de xingamentos e dedos apontados, tudo cada vez mais alto, mais engraçado e, de alguma forma, mais claro por causa da bebida. Para qualquer um no Ninho da Coruja, para qualquer um do mundo corporativo, aquilo pareceria ineficiente, inadequado. Até escandaloso. Mas, antes que o garçom avisasse que estava na hora de fechar, já sabíamos direitinho *por que* as tais entressolas não estavam saindo do Ponto A e chegando ao Ponto B e o responsável demonstraria pesar, já estaria alertado e teríamos a nossa solução criativa.

O único que não participava desses festejos de fim de noite era Johnson. Normalmente, ele corria para clarear a mente e, em seguida, retirava-se para o quarto e lia na cama. Acho que ele nunca pôs os pés no Ninho da Coruja. Acho que nem sabia onde ficava. Sempre tínhamos que passar a primeira parte da manhã seguinte informando-o sobre o que fora decidido na sua ausência.

No Ano do Bicentenário, estávamos enfrentando uma quantidade de problemas extraordinariamente estressantes. Precisávamos encontrar um depósito maior na Costa Leste. Seria necessário transferir o centro de vendas e distribuição de Holliston, em Massachusetts, para um novo espaço de quase 4 mil metros quadrados em Greenland, New Hampshire, o que seria um verdadeiro pesadelo logístico. Precisávamos contratar uma agência de publicidade para lidar com o crescente volume de anúncios impressos. Precisávamos corrigir ou nos livrar das fábricas com baixo desempenho. Precisávamos corrigir as falhas do programa Futures. Precisávamos contratar um diretor de promoções. Precisávamos criar um Pro Club, uma espécie de sistema de recompensa para as nossas principais estrelas da NBA, para cimentar a lealdade delas e mantê-las na equipe da Nike. Precisávamos aprovar novos produtos, como o Arsenal, uma chuteira para futebol e beisebol, com cabedal de couro e lingueta de vinil com espuma de poliuretano, e o Striker, um calçado multiuso com travas, bom para futebol, beisebol, futebol americano, softball e hóquei na grama. E precisávamos nos decidir sobre um novo logotipo. Além do *swoosh*, tínhamos a palavra *nike* escrita em letras minúsculas, na fonte script, que era problemática – muita gente pensava que era *like* ou *mike*. Como era tarde demais para mudar o nome da empresa, tornar as letras mais legíveis parecia uma boa ideia. Denny Strickland, diretor de criação da nossa agência de publicidade, havia desenhado NIKE em letras maiúsculas, aninhada no *swoosh*. Passamos dias fazendo considerações e debatendo sobre essa solução.

Acima de tudo, precisávamos decidir, de uma vez por todas, a questão da "abertura de capital". Naqueles primeiros Buttfaces, um consenso começou a se formar. Se não pudéssemos sustentar o crescimento, não sobreviveríamos. E, apesar dos nossos medos, apesar dos riscos e das desvantagens, a abertura de capital era a melhor maneira de sustentar o crescimento.

E, ainda assim, em meio a tantas discussões intensas, durante um dos anos mais difíceis da história da empresa, aquelas reuniões dos Buttfaces eram pura diversão. De todas aquelas horas passadas no Sunriver, nenhum minuto parecia trabalho. Éramos nós contra o mundo e tínhamos pena do mundo. Isto é, quando não estávamos, com razão, com raiva do mundo. Todos nós tínhamos sido mal interpretados, injustiçados, rejeitados. Ignorados por chefes, desprezados pela sorte, rejeitados pela sociedade, enganados pelo destino quando a aparência e outras dádivas naturais foram distribuídas. Nós tínhamos sido forjados pelo fracasso precoce. Tínhamos nos dedicado a algumas buscas, algumas tentativas de validação ou significado, e nos déramos mal.

Hayes não pôde se tornar sócio porque era muito gordo.

Johnson não conseguia lidar com o chamado mundo normal de trabalho, que ia de 9h às 17h.

Strasser era um advogado da área de seguros que odiava seguros – e advogados.

Woodell perdera todos os sonhos da juventude em um acidente.

Eu fora cortado do time de beisebol. E tivera o coração partido.

Eu me identificava com o perdedor que havia em cada Buttface, e vice-versa, e sabia que, juntos, poderíamos nos tornar vencedores. E ainda não sabia exatamente o que significava vencer – além de não perder –, mas nós parecíamos estar nos aproximando de um momento decisivo, quando essa pergunta seria respondida ou pelo menos se tornaria mais bem definida. Talvez a abertura de capital fosse esse momento.

Talvez abrir o capital pudesse, finalmente, nos dar a certeza de que a Nike continuaria existindo.

Se eu tinha alguma dúvida sobre a equipe de gestão da Blue Ribbon em 1976, ela era principalmente sobre mim mesmo. Estaria eu agindo certo com os Buttfaces ao lhes dar tão pouca orientação? Quando eles se saíam bem, eu dava de ombros e fazia o meu maior elogio: "Nada mau." Quando eles erravam, eu gritava por um ou dois minutos e deixava para lá. Nenhum dos Buttfaces se sentia, em nenhum momento, ameaçado por mim – seria isso uma coisa boa? *Não diga às pessoas como fazer as coisas, diga a elas o que fazer e permita que elas o surpreendam com os resultados.* Esse foi o rumo certo para Patton e seus soldados. Mas daria certo com um bando de Buttfaces? Fiquei preocupado. Talvez eu devesse ser mais proativo. Talvez devêssemos ser mais estruturados.

Mas, então, eu pensava: o que quer que eu esteja fazendo, deve estar funcionando, porque os motins são poucos. Na verdade, desde Bork, ninguém havia tido nenhum verdadeiro acesso de raiva sobre nada, nem mesmo os salários, algo inédito em qualquer empresa, grande ou pequena. Os Buttfaces sabiam que eu não estava pagando muito a mim mesmo e tinham certeza de que eu estava pagando a eles o máximo que podia.

Claramente, os Buttfaces gostavam da cultura que eu criara. Eu confiava neles integralmente e não os espionava ou ameaçava, o que gerou uma poderosa relação de lealdade recíproca. Meu estilo de gestão não teria funcionado com pessoas que desejassem ser guiadas a cada passo, mas esse grupo o considerava libertador, empoderador. Eu os deixava em paz, deixava que cometessem os próprios erros, porque era assim que gostava de ser tratado.

Depois de um fim de semana Buttface, consumido com esses e outros pensamentos, eu voltava a Portland em completo transe. No meio do caminho, tinha que sair desse estado e começar a pensar em Penny e nos meninos. Os Buttfaces eram como uma família, mas cada minuto que eu passava com eles era à custa da minha outra família, a minha verdadeira família. O sentimento de culpa era palpável. Muitas vezes, eu entrava em casa e Matthew e Travis iam me encontrar na porta.

– Onde você estava? – perguntavam.

– Papai estava com alguns amigos – respondia enquanto os pegava no colo.

Eles me olhavam, confusos.

– Mas a mamãe disse que você estava trabalhando.

Foi por volta dessa época, quando a Nike lançou os primeiros calçados infantis, Wally Waffle e Robbie Road Racer, que Matthew anunciou que jamais usaria Nikes enquanto vivesse. Era a sua maneira de expressar a raiva que sentia das minhas ausências, bem como outras frustrações. Penny tentou fazê-lo entender que o papai não estava ausente por opção. Papai queria construir alguma coisa. Papai queria garantir que ele e Travis, um dia, pudessem frequentar a universidade.

Eu nem sequer me preocupava em explicar. Dizia a mim mesmo que não importaria o que dissesse. Matthew nunca entenderia e Travis entendia sempre – era como se tivessem nascido com posições definidas e invariáveis. Matthew parecia abrigar algum ressentimento em relação a mim, enquanto Travis parecia congenitamente dedicado. Que diferença fariam mais algumas palavras? Que diferença fariam mais algumas horas?

O meu estilo de paternidade, o meu estilo de gestão. Eu estava sempre me questionando: é bom ou apenas suficiente?

Muitas vezes prometi que ia mudar. Muitas vezes disse a mim mesmo: *Vou passar mais tempo com os meninos.* Muitas vezes mantive a promessa – por algum tempo. Então, caía de novo na velha rotina, a única que eu conhecia. Não era uma abordagem de não intervenção. Mas também não era proativa.

Talvez esse fosse o único problema que eu não podia resolver discutindo com meus companheiros Buttfaces. Muito mais complicado do que fazer as entressolas chegarem do Ponto A ao Ponto B era a questão do Filho A e do Filho B: como mantê-los felizes enquanto mantinha o Filho C, a Nike, respirando.

1977

O nome dele era M. Frank Rudy, ele era um ex-engenheiro aeroespacial e um verdadeiro excêntrico. Um só olhar bastava para revelar que era um professor aloprado, embora somente anos mais tarde eu tenha entendido a real extensão da sua maluquice. (Ele mantinha um diário meticuloso da sua vida sexual e dos seus movimentos intestinais.) Rudy tinha um sócio, Bob Bogert, outro gênio, e ambos tiveram uma Ideia Maluca. Juntos, foram apresentá-la à Nike – esse é o resumo do que eu sabia naquela manhã de março de 1977, quando nos sentamos ao redor da mesa de conferências. Eu nem sabia ao certo como esses caras haviam chegado até nós ou como haviam arranjado aquele encontro.

– Muito bem, rapazes – eu disse. – O que vocês têm para nos mostrar?

Era um belo dia, eu me lembro. A luz do lado de fora da sala era de um tom de amarelo claro e amanteigado e o céu estava azul, pela primeira vez em vários meses, por isso eu estava distraído, um pouco tomado pela primavera, quando Rudy apoiou o peso na beirada da mesa e sorriu.

– Sr. Knight, nós descobrimos uma forma de injetar... *ar*... em um tênis de corrida.

Fiz uma careta e deixei cair o lápis.

– Para quê? – indaguei.

– Para obter um amortecimento melhor – explicou. – Para fornecer maior estabilidade. Para a melhor corrida da sua vida.

Encarei-o.

– Você está brincando, certo?

Eu tinha ouvido um monte de bobagens de um monte de pessoas diferentes no ramo dos calçados, mas essa... Ai, meu Deus.

Rudy me entregou um par de solas que pareciam ter sido teletransportadas do século XXII. Grandes e desajeitadas, eram feitas de um plástico grosso e claro e, no interior, havia... bolhas? Examinei-as por todos os ângulos.

– Bolhas? – indaguei.
– Bolsas de ar pressurizado – explicou ele.

Coloquei-as sobre a mesa e olhei para Rudy com mais atenção, da cabeça aos pés. Um metro e noventa de altura, magro, cabelos escuros despenteados, óculos com lentes de fundo de garrafa, sorriso torto e grave deficiência de vitamina D, pensei. Não pegava sol o bastante. Ou então era um membro há muito perdido da Família Addams.

Ele percebeu que eu o estava avaliando, viu o meu ceticismo, mas não se mostrou nem um pouco perturbado. Dirigiu-se ao quadro-negro, pegou um pedaço de giz e começou a escrever números, símbolos, equações. Explicou em detalhes por que um calçado com ar funcionaria, por que ele nunca iria achatar, por que seria a Novidade da Vez. Quando terminou, examinei o quadro-negro. Sendo um contador treinado, passei boa parte da vida olhando para quadros-negros, mas os rabiscos daquele tal de Rudy eram algo mais. Eram indecifráveis.

Os seres humanos usam calçados desde a Idade do Gelo, eu disse, e a concepção subjacente não mudou tanto assim em 40 mil anos. Não houve nenhum grande avanço real desde o final dos anos 1800, quando os sapateiros começaram a fazer fôrmas diferentes para calçar os pés esquerdo e direito e as empresas que lidavam com borracha começaram a produzir solas. Não parecia muito provável que, a essa altura da história, algo tão novo, tão revolucionário, pudesse ser criado. "Sapatos com ar" soava mais como mochilas voadoras e calçadas rolantes. Coisas de revistas em quadrinhos.

Rudy não desanimou. Imperturbável, sério, manteve o discurso. Por fim, deu de ombros e disse que entendia. Ele havia tentado mostrar a sola para a Adidas e lá também todos demonstraram ceticismo. Abracadabra. Isso era tudo o que eu precisava ouvir.

Perguntei se eu poderia enfiar aquelas solas de ar nos meus tênis de corrida e experimentar.

– Elas não têm um moderador – disse ele. – Ficarão soltas e instáveis.
– Eu não me importo – respondi.

Apertei as solas nos meus tênis, coloquei-os de volta e os amarrei.

– Nada mau – disse, após dar alguns pulos.

Saí para uma corrida de 10 quilômetros. Eram, de fato, instáveis. Mas foi uma corrida inesquecível.

Voltei correndo para o escritório. Ainda coberto de suor, procurei Strasser e lhe disse:

– Acho que pode haver algo bem bacana aqui.

NAQUELA NOITE, Strasser e eu fomos jantar com Rudy e Bogert. Rudy explicou mais sobre a ciência por trás das solas de ar e, nessa segunda vez, tudo começou a fazer sentido. Eu disse a ele que havia uma possibilidade de fazermos negócio. Então, deixei nas mãos de Strasser a negociação para fechar o acordo.

Eu tinha contratado Strasser por seus conhecimentos legais, mas, em 1977, descobri o verdadeiro talento dele. Negociar. Nas primeiras vezes que lhe pedi que fechasse um contrato com os agentes desportivos, os negociadores mais difíceis do mundo, ele se saiu mais do que bem. Fiquei impressionado. E os agentes também. Todas as vezes, Strasser saía com mais do que esperávamos. Ninguém o assustava, ninguém o acompanhava em um confronto de vontades. Por volta de 1977, eu o enviava a todas as negociações com total confiança, como se estivesse enviando uma divisão de infantaria.

Acho que seu segredo era que ele simplesmente não se importava com o que ia dizer, ou como ia dizer, ou o que ia acontecer depois. Ele era totalmente honesto, uma tática radical em qualquer negociação. Lembro-me de um verdadeiro cabo de guerra entre Strasser e Elvin Hayes, a grande estrela dos Washington Bullets, com quem queríamos muito renovar o contrato de patrocínio. O agente de Elvin disse a Strasser:

– Você devia dar ao Elvin a droga da empresa inteira!

Strasser bocejou.

– Você quer? Fique à vontade. Temos mil dólares na conta bancária. Oferta final: é pegar ou largar.

O agente pegou.

Agora, vendo um grande potencial nas "solas de ar", Strasser ofereceu a Rudy 10 centavos por cada par de solas que vendêssemos. Rudy exigiu 20, e, depois de semanas de discussões, eles concordaram com algum meio-termo. Enviamos então Rudy e o parceiro dele para Exeter, que estava se tornando o nosso verdadeiro Departamento de Pesquisas e Desenvolvimento.

É claro que, quando Johnson encontrou Rudy, ele fez exatamente o mesmo que eu. Meteu as solas de ar nos seus tênis de corrida e saiu para correr 10 quilômetros. Ligou para mim logo depois.

– Isso pode ser grande – disse ele.

– Foi o que pensei – retruquei.

Mas Johnson temia que a bolha de ar causasse atrito. Disse-me que o pé dele ficara quente. Uma bolha estava querendo se formar. Sugeriu colocar ar na entressola também, para nivelar o passo.

– Não fale comigo – respondi. – Fale com seu novo colega, o Sr. Rudy.

LOGO DEPOIS DA BEM-SUCEDIDA negociação com Rudy, demos a Strasser outra missão crítica: fechar contratos com treinadores de basquete das faculdades. A Nike tinha um sólido e estável leque de jogadores da NBA e as vendas de tênis de basquete subiam rapidamente, mas não tínhamos nenhuma equipe universitária. Nem mesmo a da Universidade do Oregon. Impensável.

O treinador de lá, Dick Harter, nos disse, em 1975, que havia deixado a decisão com os jogadores e a votação da equipe empatara. Assim, a equipe permanecera com o Converse.

No ano seguinte, a equipe votou pela Nike por 9 a 3, mas Harter disse que a diferença ainda era muito pequena e, por isso, ficaria com o Converse.

Como é que é?

Eu disse a Hollister para abordar os jogadores de forma constante ao longo dos 12 meses seguintes. E foi o que ele fez. E a votação, em 1977, foi de 12 a 0 para a Nike.

No dia seguinte, encontrei-me com Harter no escritório de Jaqua e ele nos disse que ainda não estava pronto para assinar.

Por que não?

– Onde estão os meus 2.500 dólares? – perguntou.

– Ah! – exclamei. – Agora entendi.

Enviei um cheque para Harter. Finalmente os meus Ducks usariam Nikes nos jogos.

Quase no mesmo estranho momento, um segundo inventor de sapatos desconhecido surgiu à nossa porta. O nome dele era Sonny Vaccaro e era tão singular quanto Frank Rudy. Baixo, gordo, com olhos inquisidores e voz pastosa, tinha um sotaque italiano americanizado, ou americano italianizado, eu não saberia dizer. Ele era um *shoe dog*, com certeza, mas um que parecia ter saído do filme *O poderoso chefão*. Quando chegou à Nike pela primeira vez, levou consigo vários calçados que inventara e que arrancaram muitas gargalhadas na sala de reuniões. O cara não era nenhum Rudy. Entretanto, no decorrer da conversa ele alegou ser íntimo de todos os técnicos de basquete universitário do país. De alguma forma, anos antes ele havia criado um torneio entre times de ensino médio, o Dapper Dan Classic, que se tornou um sucesso, e, por meio do evento, Vaccaro conheceu toda a realeza dos treinadores.

– Ok – eu lhe disse –, está contratado. Você e Strasser pegarão a estrada e tentarão penetrar no mercado do basquete universitário.

Todas as grandes equipes de basquete – UCLA, Indiana, Carolina do Norte e assim por diante – tinham acordos de longa data com a Adidas ou a Converse. Assim, quem restava? E o que poderíamos oferecer? Às pressas, inventamos um "Conselho Consultivo", outra versão do nosso Pro Club, o sistema de recompensas para astros da NBA – mas era coisa pequena. Eu tinha quase certeza de que Strasser e Vaccaro não conseguiriam nada. Não esperava ver nenhum deles por um ano, no mínimo.

Um mês depois, Strasser entrava na minha sala, radiante. E gritando. E fazendo sinal de visto em vários nomes. Eddie Sutton, Arkansas! Abe Lemmons, Texas! Jerry Tarkanian, UNLV! Frank McGuire, Carolina do Sul! (Saltei da cadeira. McGuire era uma lenda: ele derrotara a equipe de Wilt Chamberlain, do Kansas, vencendo o campeonato nacional pela Carolina do Norte.) Conseguimos o que queríamos, disse Strasser.

Além disso, quase como um bônus, ele mencionou dois jovens promissores: Jim Valvano, da Iona, e John Thompson, da Georgetown.

(Um ou dois anos mais tarde, ele fez o mesmo com os treinadores de futebol americano, conseguindo todos os grandes nomes, inclusive Vince Dooley e sua equipe campeã nacional, os Georgia Bulldogs. Herschel Walker usando Nikes – viva!)

Enviamos um comunicado à imprensa anunciando que a Nike tinha contrato com essas equipes. Entretanto, o comunicado continha um erro de digitação. Em vez de Iona, estava escrito "Iowa". Lute Olson, o treinador do Iowa, telefonou imediatamente. Estava furioso. Pedimos desculpas e dissemos que faríamos uma correção no dia seguinte.

Ele ficou em silêncio.

– Ok, mas espere aí – disse ele –, que diabo é esse tal de *Conselho Consultivo*...?

A Lei de Harter, a todo vapor.

OUTROS ENDOSSOS PRECISARAM de uma luta mais agressiva. A campanha no tênis profissional começara de forma muito promissora, com Nastase, mas havíamos perdido Connors por pouco e, agora, Nastase estava nos abandonando. A Adidas havia oferecido a ele 100 mil dólares por ano, incluindo calçados, roupas e raquetes. Nós tínhamos o direito de igualar a oferta, mas estava fora de questão.

– É fiscalmente irresponsável – eu disse ao agente de Nasty e a todos os que quisessem ouvir. – Ninguém jamais verá outro contrato de patrocínio desse tamanho!

Então, lá estávamos nós, em 1977, sem um representante no tênis. Rapidamente contratamos um profissional como consultor e, naquele verão, fui com ele a Wimbledon. Em nosso primeiro dia em Londres, encontramos um grupo de pessoas ligadas ao tênis americano.

– Temos alguns excelentes jogadores jovens – disseram. – Elliot Telscher pode ser o melhor. Gottfried também é excelente. O que quer que você faça, fique longe do garoto que está jogando na Quadra 14.

– Por quê?

– Ele é um esquentadinho.

Fui direto para a Quadra 14. E me apaixonei, louca e perdidamente, por um garoto do ensino médio de cabelos crespos, da cidade de Nova York, chamado John McEnroe.

AO MESMO TEMPO QUE ESTÁVAMOS assinando acordos com atletas, treinadores e professores aloprados, estávamos lançando o LD 1000, um tênis de corrida que contava com um solado protuberante para trás do calçado. O calcanhar se alongava tanto além do contraforte que, de certos ângulos, parecia um esqui aquático. A teoria era que um calcanhar protuberante diminuiria o torque na perna e a pressão no joelho, reduzindo, assim, o risco de tendinite ou outros problemas relacionados à corrida. Ele fora desenhado por Bowerman, com grande contribuição do podólogo Vixie. Os clientes adoraram.

No início. Depois, vieram os problemas. Se um corredor não aterrissasse da maneira correta, o calcanhar protuberante poderia causar pronação, problemas no joelho ou pior. Anunciamos um recall e nos preparamos para a reação ruim do público – só que ela não veio. Pelo contrário, não ouvimos nada além de gratidão. Nenhuma outra empresa de calçados estava tentando coisas novas, por isso os nossos esforços, bem-sucedidos ou não, eram vistos como nobres. Toda inovação era saudada como algo progressista, com visão de futuro. Assim como o fracasso não nos impedia de atuar, ele também não parecia diminuir a lealdade dos nossos clientes.

Bowerman, no entanto, ficou muito aborrecido consigo mesmo. Tentei consolá-lo, lembrando-lhe que sem ele não haveria a Nike, então ele precisava continuar a inventar, a criar, sem medo. O LD 1000 era como um romance de um gênio literário cujos capítulos reunidos não resultaram em um bom livro. Aconteceu para o bem. Não havia razão para parar de escrever.

Minhas conversas motivacionais não funcionaram. E então cometi o erro de mencionar a sola de ar que estávamos desenvolvendo. Contei a Bowerman sobre a inovação oxigenada de Rudy e Bowerman zombou:

– Puff... calçados com ar. Isso nunca vai funcionar, Buck.

Ele parecia um pouco... enciumado?

Considerei um bom sinal. Os humores competitivos dele já estavam fluindo novamente.

EM MUITAS TARDES, eu me sentava no escritório com Strasser tentando descobrir por que algumas linhas estavam vendendo e outras não, o que levava a discussões mais amplas sobre o que as pessoas esperavam de nós, e por quê. Não fazíamos pesquisa com grupos focais nem pesquisa de mercado – não podíamos pagar por elas –, então tentávamos intuir, adivinhar, ler as folhas de chá. Claramente, as pessoas gostavam da aparência dos nossos tênis. Claramente, gostavam da nossa história: uma empresa do Oregon, fundada por apaixonados por corridas. Claramente, gostavam do que o ato de usar um par de Nikes dizia sobre elas. Éramos mais do que uma marca; éramos um manifesto.

Parte do crédito era de Hollywood. Tínhamos um cara lá fora distribuindo Nikes para estrelas de todos os tipos: grandes, pequenas, em ascensão, em queda. Cada vez que eu ligava a TV, os nossos calçados estavam em algum personagem de algum programa de sucesso – *Starsky & Hutch, O homem de seis milhões de dólares, O incrível Hulk*. De alguma forma, o nosso homem em Hollywood colocou um par de Señorita Cortez nas mãos de Farrah Fawcett, que o usou em um episódio de 1977 de *As panteras*. Não precisamos de mais nada. Uma imagem rápida de Farrah usando Nikes e o estoque de tênis Señorita Cortez se esgotou em todas as lojas do país até o meio-dia do dia seguinte. Logo as líderes de torcida da UCLA e da USC estavam pulando e saltando no que ficou comumente conhecido como o Tênis de Farrah.

Tudo isso significou mais demanda... e mais problemas para atendê-la. A nossa base de produção naquele momento era mais ampla. Além do Japão, agora tínhamos várias fábricas em Taiwan e duas menores na Coreia, além de Porto Rico e Exeter, mas ainda não conseguíamos atender a demanda. Além disso, quanto mais fábricas contratávamos, maior pressão colocávamos no nosso caixa.

Às vezes os imbróglios não tinham nada a ver com dinheiro. Na Coreia, por exemplo, as cinco maiores fábricas eram tão grandes e a concorrência entre elas era tão implacável que sabíamos que não demoraria muito para que tivéssemos problemas. Então, um dia, recebi pelo correio uma perfeita réplica do nosso Nike Bruin, incluindo o logotipo do *swoosh*. A imitação é um tipo de louvor, mas também é roubo, e esse roubo era diabólico. Os detalhes, a mão de obra, sem qualquer participação do nosso pessoal, eram surpreendentemente bons. Escrevi para o presidente da fábrica e exigi que parasse e desistisse, caso contrário eu o colocaria na cadeia por 100 anos.

A propósito, acrescentei, você gostaria de trabalhar conosco?

Assinei um contrato com essa fábrica no verão de 1977, o que acabou com o nosso problema de pirataria naquele momento. E o mais importante: esse contrato nos deu a capacidade de deslocar a produção de uma forma muito significativa, caso fosse necessário.

E também terminou, de uma vez por todas, com a nossa dependência do Japão.

OS PROBLEMAS NUNCA TERIAM FIM, percebi, mas, por enquanto, nós tínhamos mais energia do que conflitos. Para aproveitar toda essa energia, lançamos uma nova campanha publicitária, com um slogan novo e excitante:

"Não há linha de chegada." Foi ideia da nova agência de publicidade e de seu CEO, John Brown. Ele tinha acabado de abrir a própria agência em Seattle, era jovem, brilhante e, claro, o oposto de um atleta. Só parecíamos contratar esse tipo de pessoa naquele tempo. Além de Johnson e de mim mesmo, a Nike era o paraíso dos sedentários. Ainda assim, atleta ou não, Brown conseguiu criar uma campanha e um slogan que captavam perfeitamente a filosofia da Nike. O anúncio mostra a foto de um corredor solitário em uma estrada secundária vazia, cercado por coníferas típicas do Oregon. Na foto, as palavras: "Vencer a competição é relativamente fácil. Vencer a si mesmo é um compromisso sem fim."

Todos ao meu redor acharam que o anúncio era corajoso, forte. Ele não colocava o foco no produto, mas no espírito por trás dele, algo inédito nos anos 1970. As pessoas me parabenizaram pelo anúncio como se tivéssemos alcançado algo arrasador. Eu dava de ombros. Não estava sendo modesto. É que ainda não acreditava no poder da publicidade. Não mesmo. Um produto, eu pensava, fala por si, ou não. No final, o que conta é a qualidade. Jamais poderia imaginar que uma campanha publicitária provasse que eu estava errado ou me fizesse mudar de ideia.

A equipe de publicitários, é claro, dizia que eu estava errado, 1.000% errado. Mas eu continuava a lhes perguntar: vocês podem afirmar, categoricamente, que as pessoas estão comprando Nikes por causa do anúncio? Vocês podem me demonstrar isso em números, preto no branco?

Silêncio.

Não, eles diziam... não podemos afirmar *categoricamente*.

Então, é um pouco difícil ficar entusiasmado, eu dizia, não é?

Silêncio.

MUITAS VEZES DESEJEI ter mais tempo para relaxar e debater as sutilezas da publicidade. Mas as crises quase diárias eram sempre maiores e mais prementes do que a escolha do slogan que imprimiríamos sob uma fotografia dos nossos calçados. No segundo semestre de 1977, a crise ficou por conta dos detentores das nossas debêntures. De repente, eles começaram a clamar por uma forma de receber o dinheiro de volta. De longe, a melhor forma para eles fazerem isso seria uma oferta pública de ações que, tentamos explicar, não era uma opção para nós. Não era isso que eles queriam ouvir.

Voltei-me, mais uma vez, para Chuck Robinson. Ele havia servido com distinção como tenente-comandante em um navio de guerra na Segunda Guerra Mundial. Havia construído a primeira usina de aço da Arábia Saudita. Havia ajudado a negociar com os soviéticos. Chuck conhecia o mundo dos negócios melhor do que qualquer um e eu já estava pensando em me aconselhar com ele havia algum tempo. Porém, nos últimos anos, ele estava atuando como o segundo homem do Departamento de Estado, abaixo apenas de Henry Kissinger, e, assim, estava "fora de alcance" para mim, de acordo com Jaqua. Agora, com Jimmy Carter recém-eleito, Chuck estava em Wall Street e, mais uma vez, disponível para consultas. Convidei-o para nos visitar no Oregon.

Nunca vou me esquecer do primeiro dia dele no escritório. Conversamos sobre os desenvolvimentos dos últimos anos e lhe agradeci pelos inestimáveis conselhos sobre empresas japonesas de *trading*. Então mostrei a ele as nossas demonstrações financeiras. Ele as folheou e começou a rir. E não parou.

– Em termos de composição – disse ele –, vocês *são* uma empresa japonesa de *trading*: 90% de débito!

– Eu sei.

– Vocês não podem viver assim – afirmou.

– Bem... acho que é por isso que você está aqui.

Como primeira ordem do dia, convidei-o a participar do conselho de diretores. Para minha surpresa, ele concordou. Então perguntei a opinião dele sobre abrir o capital.

Ele disse que a abertura de capital não era uma opção. Era obrigatória. Eu tinha que resolver aquele problema de fluxo de caixa, disse ele, atacá-lo, lutar contra ele até derrubá-lo, caso contrário, poderia perder a empresa. Ouvir a avaliação dele foi assustador, mas necessário.

Pela primeira vez, percebi que abrir o capital era inevitável e eu não poderia deixar de fazê-lo, o que me deixou triste. É claro que ganharíamos muito dinheiro. Mas o desejo de ficar rico nunca havia comandado as minhas decisões e isso era ainda menos importante para os Buttfaces. Então, quando toquei no assunto na reunião seguinte, repetindo as palavras de Chuck, não propus outro debate. Apenas coloquei em votação.

Hayes foi a favor.

Johnson foi contra.

Strasser também.

– Isso vai estragar a nossa cultura – repetiu ele muitas vezes.

Woodell ficou em cima do muro.

Entretanto, se havia uma coisa sobre a qual todos estávamos de acordo, era a falta de barreiras. Nada nos impedia de fazer a abertura de capital. As vendas eram extraordinárias, a propaganda boca a boca era positiva, as disputas judiciais haviam ficado para trás. Tínhamos dívidas, mas, no momento, elas eram administráveis. No início da temporada de Natal de 1977, com as luzes coloridas aparecendo sobre as casas do bairro, lembro de pensar, durante uma de minhas corridas noturnas: "Tudo está prestes a mudar. É só uma questão de tempo."

E, então, veio a carta.

UMA COISINHA PEQUENA. Um envelope padrão, branco. Com endereço de resposta em relevo: *U.S. Customs Service, Washington, DC*. Abri o envelope e minhas mãos começaram a tremer. Era uma conta. De 25 milhões de dólares.

Eu li e reli. Não entendi nada. A única coisa que consegui entender era que o governo federal estava dizendo que a Nike devia impostos aduaneiros acumulados de três anos, em virtude de algo chamado "Preço de Venda Americano", um antigo método de apuração de impostos. Preço de venda... do quê? Pedi a Strasser que viesse ao meu escritório e mostrei a carta. Ele a leu e riu.

– Isso não pode ser verdade – declarou, coçando a barba.

– Essa foi exatamente a minha reação – expliquei.

Relemos tudo, com todo o cuidado, e chegamos à conclusão de que só podia ser algum engano. Porque, se fosse verdade, se nós realmente devêssemos 25 milhões de dólares ao governo, estávamos liquidados. Simples assim. Toda aquela conversa de abrir o capital havia sido uma perda de tempo colossal. Tudo o que fizéramos desde 1962 fora uma perda de tempo. Não há nenhuma linha de chegada? Há, sim. *Essa* é a nossa linha de chegada.

Strasser deu alguns telefonemas e voltou a falar comigo no dia seguinte. Dessa vez, ele não estava rindo.

– Pode ser verdade – explicou.

E a origem do problema era perversa. Nossos concorrentes diretos, Converse e Keds, além de algumas pequenas fábricas – em outras palavras, o restante da indústria americana de calçados –, estavam por trás daquilo. Eles haviam pressionado Washington, em um esforço para diminuir o nosso ritmo, e a pressão funcionou, muito mais do que eles se atreviam a esperar. Eles haviam convencido os funcionários da Alfândega a nos criar embaraços, de uma forma bem eficaz, por meio da aplicação do Preço de Venda Americano, uma lei arcaica que remontava aos dias protecionistas que precederam – alguns dizem que provocaram – a Grande Depressão.

Essencialmente, a lei do Preço de Venda Americano afirmava que o imposto de importação sobre calçados de náilon deveria ser de 20% do custo de produção – a menos que existisse um "calçado similar", fabricado por um concorrente nos Estados Unidos. Nesse caso, o imposto deveria ser de 20% sobre o *preço de venda* do concorrente. Assim, tudo o que os concorrentes precisavam fazer era produzir alguns tênis nos Estados Unidos, levá-los para serem declarados "similares", colocar o preço nas alturas... e BUM! Eles poderiam fazer nosso imposto de importação também chegar às alturas.

E foi justamente o que fizeram. Um pequeno truque sujo e conseguiram aumentar nosso imposto de importação em 40% – e com efeito retroativo. A Alfândega estava alegando que nós devíamos impostos de importação que datavam de anos atrás, chegando à quantia de 25 milhões de dólares. Truque sujo ou não, Strasser me disse que eles não estavam brincando. Nós lhes devíamos 25 milhões de dólares e eles os queriam. Agora.

Apoiei a cabeça na mesa. Alguns anos antes, quando a minha luta era contra a Onitsuka, disse a mim mesmo que o problema estava enraizado nas diferenças culturais. Não me surpreendia que parte de mim, moldada pela Segunda Guerra Mundial, estivesse em desacordo com um antigo inimigo. Agora, eu estava na posição dos japoneses, em guerra contra os Estados Unidos da América. Contra o meu próprio governo.

Esse era um conflito que eu jamais poderia prever e que realmente não desejava, embora não pudesse evitá-lo. Se perdêssemos, estaríamos acabados. O que o governo estava exigindo, 25 milhões de dólares, era quase o valor das vendas de todo o ano de 1977. E mesmo que pudéssemos, de alguma forma, dar a eles o valor de um ano de receita, não poderíamos *continuar* a pagar imposto de importação 40% mais alto.

Então, só havia uma coisa a fazer, eu disse a Strasser, com um suspiro.

– Vamos ter que lutar contra isso com tudo o que temos.

* * *

NÃO SEI DIZER POR QUE essa crise me abateu com mais força, mentalmente, do que todas as outras. Tentei me convencer de que já havíamos passado por tempos difíceis mais de uma vez e que iríamos superar esse também.

Mas dessa vez era diferente.

Tentei conversar com Penny sobre isso, porém ela disse que eu não estava falando, apenas grunhia e em seguida ficava alheio a tudo.

– Lá vem o muro – dizia ela, exasperada e um pouco assustada.

Eu deveria ter dito a ela que é assim que os homens agem quando lutam. Eles constroem muros. Levantam a ponte levadiça. Enchem o fosso ao redor do castelo.

No entanto, atrás do meu muro, eu não sabia o que fazer. Perdi a capacidade de falar naquele ano de 1977. Comigo, ou era silêncio, ou era raiva. Tarde da noite, depois de conversar ao telefone com Strasser, Hayes, Woodell ou meu pai, eu não conseguia enxergar nenhuma saída. Tudo o que conseguia ver era a mim mesmo colocando um ponto final na empresa que tinha construído com tanto esforço. Então eu descontava toda a minha raiva – no telefone. Em vez de desligar, batia o fone na base, e então batia de novo, cada vez com mais força, até o aparelho se quebrar. Várias vezes. Fiz do telefone o meu saco de pancadas.

Depois de fazer isso três vezes, talvez quatro, percebi que o rapaz da companhia telefônica estava me encarando. Ele substituiu o telefone, verificou se havia tom de discagem e, enquanto guardava as ferramentas, disse, muito suavemente:

– Isso é... realmente... imaturo.

Eu assenti.

– O senhor deveria agir como adulto – disse ele.

Assenti outra vez.

Se um cara que conserta telefones sente necessidade de me repreender, disse a mim mesmo, eu provavelmente preciso mudar o meu comportamento. Fiz grandes promessas naquele dia. Jurei que, dali em diante, meditaria, contaria de trás para a frente, correria 20 quilômetros por noite, faria o que fosse preciso para me controlar.

* * *

MANTER O CONTROLE não era o mesmo que ser um bom pai. Eu sempre prometi a mim mesmo que seria um pai melhor para meus filhos do que meu pai fora para mim – o que queria dizer que eu pretendia lhes dar mais aprovação explícita, mais atenção. Mas, no final de 1977, quando me avaliei com honestidade, quando calculei quanto tempo passava longe dos meninos, quando me dei conta de quanto estava distante deles, mesmo quando estava em casa, eu me dei notas bem baixas. Com base estrita em números, eu podia afirmar que era apenas 10% melhor do que meu pai fora comigo.

Pelo menos, sou melhor provedor, disse a mim mesmo.

E pelo menos continuo contando a eles histórias antes de dormir.

Boston, abril de 1773. Com dezenas de colonos irritados, protestando contra o aumento do imposto de importação sobre o seu amado chá, Matt e Travis History escaparam a bordo de três navios no porto de Boston e jogaram todo o chá ao mar...

No minuto em que os olhos deles se fechavam, eu saía do quarto, acomodava-me na minha poltrona reclinável e alcançava o telefone. *Oi, pai. Sim. Como você está?... Eu? Não muito bem.*

Nos últimos 10 anos, esse ritual fora como a derradeira bebida antes de dormir, a minha salvação. Só que agora, mais do que nunca, eu vivia para esse momento. Desejava coisas que só poderia obter do meu velho, embora tivesse dificuldades para dizer o que eram.

Certezas?

Confirmações?

Consolo?

Em 9 de dezembro de 1977, recebi tudo isso em uma única explosão. O esporte, é claro, foi a origem.

Os Houston Rockets estavam jogando contra os Los Angeles Lakers naquela noite. No início do segundo tempo, Norm Nixon, dos Lakers, perdeu um arremesso e seu companheiro de equipe, Kevin Kunnert, um varapau de 2,13 metros de altura vindo de Iowa, lutou pelo rebote com Kermit Washington, do Houston. Na disputa, Washington puxou o calção de Kunnert para baixo e Kunnert retaliou com uma cotovelada. Washington, então, golpeou Kunnert na cabeça. Começou uma briga generalizada. Quando Rudy Tomjanovich, do Houston, correu para defender os companheiros de equipe, Washington se virou e deu um golpe arrasador em Tomjanovich, fraturando o nariz e a mandíbula dele, a ponto de separar o crânio e os ossos faciais. Tomjanovich caiu no chão, como se tivesse sido atingido por um tiro. O corpo enorme bateu no chão com um estalo nauseante. O som ecoou até os assentos mais altos do L.A. Forum e, por alguns segundos, Tomjanovich ficou ali, imóvel, em uma poça cada vez maior do próprio sangue.

Eu não tinha ouvido nada sobre isso até que conversei com meu pai, à noite. Ele estava sem fôlego. Fiquei surpreso por ele ter assistido ao jogo, mas todos em Portland estavam apaixonados por basquetebol naquele ano, porque os nossos Trail Blazers eram os campeões da NBA e defendiam o título. Ainda assim, não era o jogo, por si só, que o deixava sem fôlego. Depois de me contar sobre a briga, ele exclamou:

– Ah, Buck, Buck, foi uma das coisas mais incríveis que já vi. – Em seguida, depois de uma longa pausa, ele acrescentou: – A câmera aumentando a imagem e dava para ver muito claramente... nos tênis de Tomjanovich... o *swoosh*! Ficaram fazendo zoom com a câmera sobre *o swoosh*.

Eu nunca tinha ouvido tal orgulho na voz do meu pai. Claro, Tomjanovich estava lutando pela própria vida no hospital e os ossos dele estavam soltos na cabeça – mas o logotipo de Buck Knight estava sob os holofotes nacionais.

Essa pode ter sido a noite em que o *swoosh* tornou-se real para o meu pai. Respeitável. Ele não chegou a usar a palavra "orgulhoso". Mas desliguei o telefone sentindo-me como se ele a houvesse dito.

Isso quase faz isso tudo valer a pena, disse a mim mesmo.

Quase.

AS VENDAS ESTAVAM SUBINDO em progressão geométrica, ano após ano, desde as primeiras centenas de pares que eu vendia no meu Valiant. Mas, quando fechamos o ano de 1977, as vendas estavam disparando. Quase 70 milhões de dólares. Então Penny e eu decidimos comprar uma casa maior.

Era uma coisa estranha a se fazer, no meio de uma luta apocalíptica contra o governo. Mas gostei da ideia de agir *como se* as coisas fossem dar certo.

A sorte favorece os bravos, esse tipo de coisa.

Também gostei da ideia de uma mudança de ares.

Talvez, pensei, isso também mude a minha sorte.

Ficamos tristes por deixar a casa antiga, é claro. Os meninos tinham dado os primeiros passos lá e Matthew vivia em função daquela piscina.

Ele nunca ficava tão em paz como quando brincava na água. Lembro-me de Penny balançando a cabeça e dizendo:

– Uma coisa é certa. Esse menino nunca vai se afogar.

Mas os dois garotos estavam crescendo e precisavam, desesperadamente, de espaço, o que havia de sobra na casa nova. Ficava em meio a um terreno de 20 mil metros quadrados, no alto de Hillsboro, e todos os cômodos eram espaçosos e arejados. Desde a primeira noite, já sabíamos que havíamos encontrado o nosso lar. Havia até um nicho para a minha poltrona reclinável.

Para celebrar o novo endereço, o novo começo, tentei manter um novo cronograma. A menos que estivesse fora da cidade, tentaria assistir a todos os jogos de basquete e de futebol juvenis, além dos da Little League de beisebol. Passei fins de semana inteiros ensinando Matthew a usar um bastão, embora nós dois não soubéssemos o porquê. Ele se recusava a deixar imóvel o pé que ficava para trás. E se recusava a me ouvir. Discutia comigo o tempo todo.

A bola está se movendo, dizia ele, então por que não posso me mexer?

Porque é mais difícil bater dessa maneira.

Nunca havia uma explicação razoável para ele.

Matthew era mais do que um rebelde. Era, descobri, mais do que do contra. Ele, definitivamente, não suportava autoridade e sentia que ela estava à espreita em cada sombra. Qualquer oposição à sua vontade era vista como opressão e, portanto, uma chamada às armas. No futebol, por exemplo, ele jogava como um anarquista. Não competia contra o adversário tanto quanto competia contra as regras. Se o melhor jogador do outro time viesse na sua direção em um contra-ataque, Matthew se esquecia do jogo, se esquecia da bola e partia para as canelas do garoto. O menino ia ao chão, os pais entravam em campo, um pandemônio se seguia. Durante um tumulto desencadeado por Matthew, olhei para ele e percebi que ele não queria estar lá mais do que eu mesmo. Ele não gostava de futebol. Na verdade, não gostava de esportes. Ele estava jogando, e eu o via jogar, por causa de algum senso de obrigação.

Com o passar do tempo, o comportamento dele teve um efeito supressor sobre o irmão mais novo. Apesar de Travis ser um atleta talentoso e adorar esportes, Matthew o desestimulava. Um dia, o pequeno Travis simplesmente se aposentou. Ele não participaria mais de nenhuma equipe. Pedi a ele que reconsiderasse, mas a única coisa que ele tinha em comum com Matthew, e talvez com o pai, era a teimosia. De todas as negociações da minha vida, as que fiz com meus filhos foram as mais difíceis.

Na véspera do ano-novo de 1977, eu estava andando ao redor da casa nova, instalando as luzinhas que iriam enfeitá-la, quando senti uma fenda profunda no interior da minha existência. A minha vida era sobre esportes, o meu negócio era sobre esportes, o meu vínculo com meu pai era sobre esportes e nenhum dos meus dois filhos queria ter nada a ver com esportes.

Assim como o Preço de Venda Americano, tudo isso me pareceu muito injusto.

1978

Strasser era o nosso general de cinco estrelas e eu estava pronto para segui-lo em qualquer combate, qualquer fuzilaria. Na nossa luta contra a Onitsuka, a indignação dele havia me confortado e sustentado, e a mente dele fora uma arma poderosa. Nessa nova luta, contra o governo, ele se sentia duplamente indignado. Bom, pensei. Ele marchava pelos escritórios como um viking enfurecido, e aquelas passadas barulhentas eram música para os meus ouvidos.

Entretanto, nós dois sabíamos que aquela raiva não seria suficiente. E nem Strasser sozinho. Estávamos lutando contra os Estados Unidos da América. Precisávamos de *alguns* bons soldados. Então Strasser procurou um jovem advogado de Portland, um amigo dele chamado Richard Werschkul.

Não me lembro de ter sido apresentado a Werschkul. Não me lembro de ninguém me pedindo para encontrá-lo ou contratá-lo. Só me lembro que, de repente, eu estava *consciente* da presença de Werschkul, extremamente consciente, o tempo todo. Da mesma forma que você tem consciência de um grande pica-pau no seu jardim. Ou na sua cabeça.

Na maior parte do tempo, a presença de Werschkul era bem-vinda. Ele era do tipo que corria atrás, como nós gostávamos, e tinha as credenciais que sempre buscamos. Bacharelado em Stanford, formado em direito pela Universidade do Oregon. Além disso, era dono de uma personalidade atraente, uma presença. Moreno, magro, sarcástico, usando óculos, a voz extraordinariamente profunda, formal, como a de um barítono ou um Darth Vader resfriado. No geral, ele dava a impressão de ser um homem que sabia o que fazia, e os seus planos não incluíam render-se ou dormir.

Por outro lado, também tinha alguns traços excêntricos. Todos nós tínhamos, mas Werschkul possuía algo que Mamãe Hatfield teria chamado de "cabelo selvagem". Havia sempre algo nele que não... combinava. Por exemplo, embora fosse do Oregon, ele tinha um desconcertante ar da Costa Leste. Blazers azuis, camisas cor-de-rosa, gravatas-borboleta. Às vezes, o sotaque dele sugeria verões em Newport, remadores de Yale. Mais estranho ainda em um homem que conhecia bem o vale do Willamette. E, ao mesmo tempo que sabia ser muito espirituoso, até bobo, ele mudava em um segundo e se tornava assustadoramente sério.

Nada o deixava mais sério do que o tema Nike *versus* Alfândega dos Estados Unidos.

Muitas pessoas na Nike se preocupavam com a seriedade de Werschkul, temendo que beirasse a obsessão. Por mim tudo bem, pensei. Os obsessivos eram os melhores para aquela tarefa. Os únicos para mim. Alguns questionavam a estabilidade dele. Mas, quando se trata de estabilidade, eu perguntava, quem de nós pode atirar a primeira pedra?

Além disso, Strasser gostava dele, e eu confiava em Strasser. Então, quando ele sugeriu que promovêssemos Werschkul e o mandássemos para Washington, DC, onde ele estaria mais próximo dos políticos que precisaríamos que estivessem do nosso lado, não hesitei. Nem, é claro, Werschkul.

MAIS OU MENOS NA MESMA ÉPOCA em que despachei Werschkul para Washington, enviei Hayes para Exeter, para verificar as coisas na fábrica e ver como Woodell e Johnson estavam se relacionando. Também pedi que comprasse algo chamado triturador de borracha. Supostamente, isso nos ajudaria a melhorar a qualidade dos solados e das entressolas. Além disso, Bowerman precisava dessa máquina para os seus experimentos e a minha política ainda era TQBQ: Tudo Que Bowerman Quiser. Se Bowerman requisitar um tanque de guerra Sherman, eu disse a Woodell, não faça perguntas. Apenas ligue para o Pentágono.

Mas, quando Hayes perguntou a Woodell sobre "esses aparelhos de moer borracha" e onde poderia encontrar um, Woodell deu de ombros. Nunca ouvira falar deles. Woodell pediu a Hayes que perguntasse a Giampietro, que sabia tudo o que valia a pena saber sobre trituradores de borracha, e, dias depois, Hayes se viu caminhando com Giampietro por regiões de mata do Maine, até a pequena cidade de Saco, onde havia um leilão de equipamentos industriais.

Hayes não conseguiu encontrar um único triturador de borracha no leilão, mas apaixonou-se pelo lugar onde o evento aconteceu, uma antiga fábrica, toda de tijolos vermelhos, localizada em uma ilha do rio Saco. A fábrica parecia ter saído de uma história de Stephen King, mas isso não assustou Hayes. Mexeu com a sensibilidade dele. Eu acho que já seria esperado que um homem com um fetiche por escavadeiras se enamorasse de uma fábrica enferrujada. A parte surpreendente era que a fábrica estava à venda. Preço: 500 mil dólares. Hayes ofereceu 100 mil ao proprietário e eles fecharam o negócio por 200 mil dólares.

– Parabéns – Hayes e Woodell disseram quando me telefonaram naquela tarde.

– Por quê?

– Por apenas um pouco mais do que o custo de um triturador de borracha, você é dono de uma fábrica inteirinha – disseram.

– De que diabo vocês estão falando?

Eles me contaram. Como João contando à mãe sobre os feijões mágicos, eles balbuciaram quando chegaram à parte do preço. E ao fato de a fábrica precisar de dezenas de milhares de dólares em reparos.

Eu podia jurar que tinham bebido, e, mais tarde, Woodell me confessou que, depois de parar em uma enorme loja de bebidas em New Hampshire, Hayes gritou:

– A preços tão baratos? Um homem não poderia se dar ao luxo de *não* beber!

Levantei-me da cadeira e gritei ao telefone:

– Seus idiotas! Para que eu preciso de uma fábrica *desativada* em *Saco, no Maine*?

– Armazenamento? – disseram eles. – E um dia ela pode ser um complemento para a nossa fábrica em Exeter.

Como John McEnroe durante os ataques em que jogava a sua raquete no chão, gritei:

– Vocês não podem estar falando *sério*! Não se atrevam!

– Tarde demais. Já compramos.

E desligaram.

Sentei-me. Nem sequer senti raiva. Estava preocupado demais para isso. O governo estava me cobrando 25 milhões de dólares, que eu não tinha, e os meus homens estavam correndo pelo país distribuindo cheques de centenas de milhares de dólares sem nem sequer me consultar. De repente, fiquei calmo. Quase em estado de coma. Perguntei a mim mesmo: e daí? Quando o governo chegar, quando tomar posse de tudo, até das telhas, deixe que *eles* descubram o que fazer com uma fábrica desativada em Saco, no Maine.

Mais tarde, Hayes e Woodell ligaram de volta e disseram que só estavam brincando sobre a compra da fábrica.

– Brincando com você – disseram. – Mas você precisa comprá-la. Precisa.

Ok, eu disse, cansado. Ok. O que vocês idiotas acharem melhor.

EM 1979, ESTÁVAMOS A CAMINHO de alcançar 140 milhões de dólares em vendas. Melhor ainda, a qualidade dos nossos produtos melhorava em ritmo acelerado. As pessoas mais bem informadas da área estavam escrevendo artigos, elogiando-nos por "finalmente" produzir calçados melhores do que os da Adidas. Eu achava que essas tais pessoas bem informadas estavam atrasadas para a festa. Fora alguns tropeços iniciais, a nossa qualidade já era melhor havia anos. Nunca havíamos ficado para trás em termos de inovação. (Além disso, tínhamos a sola de ar de Rudy em produção.)

Fora a nossa guerra contra o governo, estávamos em grande forma.

Que era o mesmo que dizer: "Fora o fato de estar no corredor da morte, a vida é boa."

Outro bom sinal: continuávamos a crescer mais do que a nossa sede. Naquele ano, nós nos mudamos novamente, dessa vez para um edifício de cerca de 3.800 metros quadrados, todo nosso, em Beaverton. A minha sala era elegante e enorme, maior do que a nossa primeira sede inteira ao lado do Pink Bucket.

E totalmente vazia. A decoradora optou pelo minimalismo japonês – com um toque de absurdo, que todos acharam hilariante. Ela pensou que seria o máximo colocar ao lado da minha mesa uma cadeira de couro em forma de luva de beisebol.

– Agora – disse ela – você pode se sentar ali todos os dias e pensar sobre as suas... coisas de esporte.

Sentei-me na luva, como se fosse uma bola, e olhei pela janela. Eu deveria ter me sentido feliz naquele momento, deveria ter saboreado o humor e a ironia. Ter sido cortado da equipe de beisebol colegial tinha sido um dos grandes traumas da minha vida e, agora, eu estava sentado em uma luva gigante, em um escritório novo e elegante, presidindo uma empresa que vendia "coisas de esporte" para jogadores de beisebol profissionais. Mas, em vez de me regozijar por ver quão longe tínhamos chegado, eu só enxergava a distância que ainda precisávamos percorrer. A janela dava para belos pinheiros, e eu, definitivamente, não conseguia admirá-los.

Naquele momento, eu não entendia o que estava acontecendo. Agora entendo. Os anos de estresse estavam cobrando a conta. Quando você só enxerga problemas, é porque não está vendo claramente. Bem no momento em que eu precisava de todo o meu equilíbrio e sensatez, um esgotamento atrapalhava tudo.

ABRI O ÚLTIMO BUTTFACE DE 1978 com um discurso entusiasmado, tentando levantar o moral das tropas, mas sobretudo o meu.

– Senhores – eu disse –, a nossa indústria é composta de Branca de Neve e os Sete Anões! E no próximo ano, finalmente, um dos anões vai traçar a Branca de Neve!

Como se a metáfora necessitasse de mais explicações, eu disse que a Adidas era a Branca de Neve. E o nosso momento, bradei, estava chegando!

Mas, primeiro, precisávamos começar a vender roupas. Além do simples fato numérico de que a Adidas vendia mais roupas do que calçados, o vestuário oferecia à empresa uma vantagem psicológica. Ajudava a atrair um número maior de atletas para fazer melhores contratos publicitários. Olhem para tudo o que podemos oferecer, diria a Adidas a um atleta, apontando para camisas, calças e outras peças. E poderia dizer o mesmo às lojas de artigos esportivos.

Além disso, se algum dia resolvêssemos a nossa questão com o governo, se algum dia decidíssemos abrir o capital, Wall Street não nos daria o devido respeito se fôssemos apenas uma empresa de calçados. Precisávamos diversificar, o que significava desenvolver uma sólida linha de vestuário – o que significava encontrar alguém incrivelmente competente para colocar no comando desse departamento. No Buttface, anunciei que esse alguém seria Ron Nelson.

– Por que ele? – Hayes quis saber.

– Hum, bem – respondi –, para começar, ele é um contador público certificado...

Hayes agitou os braços sobre a cabeça.

– Era só o que nos faltava – disse ele –, mais um contador.

Ele tinha razão. Eu parecia mesmo contratar apenas contadores. E advogados. Não que eu tivesse alguma afeição bizarra por contadores e advogados, só não sabia onde mais procurar talentos. Lembrei a Hayes, não pela primeira vez, que não existia nenhuma escola de calçados, nenhuma Universidade do Tênis, onde eu pudesse recrutar pessoal. Precisávamos contratar pessoas com mentes afiadas, essa era a nossa prioridade, e contadores e advogados haviam pelo menos se provado capazes de dominar essas áreas tão difíceis. E de passar em grandes testes.

A maioria também havia demonstrado competência básica. Quando você contratava um contador, sabia que ele ou ela seria capaz de fazer contas. Quando você contratava um advogado, sabia que ele ou ela seria capaz de se expressar bem. Quando você contratava um especialista em marketing ou um desenvolvedor de produtos, o que você sabia? Nada. Você não podia prever o que ele ou ela seria capaz de fazer, ou se ele ou ela sabia de fato fazer alguma coisa. E o típico graduado da escola de negócios? Ele ou ela não iria querer começar a vida profissional andando por aí com calçados debaixo do braço. Além disso, nenhum tinha experiência, então você estava jogando com a sorte, baseando-se apenas em quão bem eles se saíram em uma entrevista. Não tínhamos margem suficiente para errar ou simplesmente apostar em alguém.

Além disso, quando se tratava de contadores, Nelson era um destaque. Ele se tornara gerente em apenas cinco anos, o que era ridiculamente rápido. E fora o orador da turma no ensino médio. (Só depois descobrimos que ele havia se formado no leste de Montana e a turma dele tinha apenas cinco pessoas.)

O lado negativo de ele ter se tornado contador com tamanha rapidez era o fato de que era muito jovem. Talvez jovem demais para lidar com algo tão grande quanto o lançamento de uma linha de vestuário. Mas convenci a mim mesmo de que a juventude não seria um fator crítico, porque dar início a uma linha de roupas era algo relativamente fácil. Afinal de contas, não havia qualquer tecnologia e nenhuma física envolvidas. Como Strasser dissera uma vez: "Não existem coisas como shorts de ar."

Então, durante um dos meus primeiros encontros com Nelson, logo após tê-lo contratado, percebi que... ele não tinha nenhuma noção de estilo. Quanto mais eu o examinava, de cima a baixo, de lado a lado, mais claro ficava que ele talvez fosse a pessoa mais malvestida que eu já conhecera. Pior do que Strasser. Até o automóvel dele, como percebi um dia no estacionamento, era de um tom medonho de marrom. Quando comentei isso com Nelson, ele riu. E teve a coragem de se gabar de que todos os carros que já possuíra eram sempre daquele mesmo tom de marrom.

– Posso ter cometido um erro com Nelson – confidenciei a Hayes.

EU NÃO ERA DO TIPO que tentava andar na moda, mas sabia escolher um terno decente. E, como a minha empresa estava lançando uma linha de vestuário, comecei a prestar mais atenção no que eu usava, e também no modo como as pessoas se vestiam. No segundo caso, fiquei chocado. Banqueiros e investidores, representantes da Nissho, todo o tipo de gente que precisávamos impressionar, passavam pelos nossos novos corredores e, sempre que viam Strasser em suas camisas havaianas, ou Hayes com roupas de operador de retroescavadeira, davam uma segunda olhada, só para ver se estavam enxergando direito. Às vezes a nossa excentricidade era engraçada. (Um alto executivo da Foot Locker disse: "Nós pensamos em vocês como deuses – até vermos os seus carros.") Mas, na maioria das vezes, era embaraçosa. E potencialmente prejudicial. Assim, perto do Dia de Ação de Graças de 1978, instituí um rigoroso código de vestimenta para a empresa.

A reação não foi exatamente entusiasmada. Besteira corporativa, muitos resmungaram. Fui ridicularizado. Acima de tudo, fui ignorado. Até para um observador casual, ficava claro que Strasser começara a se vestir de forma ainda *pior*. Um dia, quando ele apareceu para trabalhar usando uma bermuda larga, como se estivesse andando na praia com um contador Geiger, não pude suportar. Isso era insubordinação.

Eu o interceptei no corredor e o repreendi.

– Você tem que usar paletó e gravata! – ordenei.

– Nós não somos uma empresa do tipo paletó e gravata! – ele disparou de volta.

– Agora somos.

Ele me virou as costas e seguiu adiante.

Nos dias que se seguiram, Strasser continuou a se vestir com uma informalidade estudada, para me desafiar. Então eu o multei. Instruí a contadora a deduzir 75 dólares do salário seguinte de Strasser.

Ele fez um escândalo, é claro. E bolou um plano. Dias depois, ele e Hayes vieram trabalhar usando paletós e gravatas. Mas as peças eram absurdas. Listras, xadrezes, bolinhas, tudo em rayon, poliéster – e juta? Eles queriam fazer disso uma comédia, mas também um protesto, um gesto de desobediência civil, só que eu não estava com disposição para idiotas fantasiados. Desconvidei ambos para o Buttface seguinte. Então mandei os dois para casa, dizendo que não voltassem enquanto não fossem capazes de se comportar, e se vestir, como adultos.

– E... você está multado novamente! – gritei para Strasser.

– Então você está ferrado! – gritou ele de volta.

Só então, naquele exato momento, eu me virei. Nelson vinha na minha direção, ainda mais malvestido do que eles. Calças boca de sino de poliéster e uma camisa de seda cor-de-rosa, aberta até o umbigo. Strasser e Hayes eram uma coisa, mas que diabo aquele novato estava fazendo, protestando contra o meu código de vestimenta? Sendo que eu *tinha acabado de contratá-lo*? Apontei para a porta e mandei-o para casa também. O olhar confuso e horrorizado dele me fez perceber que não era um protesto. Ele era apenas um caso irremediável de falta de estilo.

O novo chefe do Departamento de Vestuário.

Naquele dia, busquei refúgio na minha poltrona de luva de beisebol e fiquei olhando pela janela durante um longo, longo tempo. Coisas de esporte.

Eu sabia o que estava por vir. Ah, e veio mesmo.

Poucas semanas depois, Nelson apareceu diante de nós e fez a apresentação formal da primeira linha de vestuário da Nike. Radiante de orgulho, sorrindo com entusiasmo, colocou todas as roupas novas sobre a mesa de reunião. Shorts de treino manchados, camisetas esfarrapadas, casacos de capuz enrugados – cada um dos horrorosos itens parecia ter sido destinado a, ou retirado de, uma lixeira. A melhor de todas: Nelson tirou todos os itens de um saco de papel pardo sujo, que parecia ter sido o mesmo usado para carregar o seu almoço.

A princípio, ficamos em estado de choque. Nenhum de nós sabia o que dizer. Finalmente, alguém riu. Strasser, provavelmente. Então alguém assoviou. Woodell, talvez. Em seguida, a barragem estourou. Todo mundo estava rindo descontroladamente, balançando o corpo para a frente e para trás, caindo das cadeiras. Nelson viu que tinha dado uma mancada e, em pânico, começou a enfiar as roupas de volta no saco de papel, que se rasgou, o que fez todos rirem ainda mais. Eu também estava rindo, mais do que qualquer um, mas sentia que, a qualquer momento, poderia estar aos prantos.

Pouco depois, transferi Nelson para o recém-formado Departamento de Produção, onde os consideráveis talentos de contabilidade o ajudaram a fazer um ótimo trabalho. Então, sem alarde, transferi Woodell para o Departamento de Vestuário. Ele fez o trabalho impecável de sempre, criando uma linha que ganhou atenção e respeito imediatos na indústria. Perguntei-me por que simplesmente não deixava Woodell fazer tudo.

Inclusive o meu trabalho. Talvez ele pudesse voar de volta para o Leste e tirar o governo do meu pé.

EM MEIO A TODA ESSA AGITAÇÃO, toda essa incerteza sobre o futuro, precisávamos de um reforço moral, e nós o recebemos no final de 1978 quando lançamos o Tailwind. Desenvolvida em Exeter, fabricada no Japão, a criação de M. Frank Rudy era mais do que um calçado. Era uma obra de arte pós-moderna. Grande, brilhante, prateado, recheado com a sola de ar patenteada de Rudy, o tênis apresentava 12 inovações. Fizemos um lançamento grandioso, com uma campanha publicitária espetacular, e associamos o lançamento à Maratona de Honolulu, na qual muitos corredores estariam usando um par.

Todo mundo voou para o lançamento no Havaí, que se transformou em uma bebedeira e em uma debochada coroação de Strasser. Eu o estava transferindo do Departamento Jurídico para o de Marketing, retirando-o da sua zona de conforto como gostava de fazer com todo mundo de vez em quando, a fim de impedir que perdessem o ânimo. O Tailwind era o primeiro grande projeto de Strasser, então ele se sentia o próprio rei Midas.

– Acertei em cheio – repetia ele.

E quem não lhe daria o direito de se exibir? Após a estreia de enorme sucesso, o Tailwind tornou-se um monstro de vendas. Em 10 dias, pensamos que poderia eclipsar os tênis com solado waffle.

Em seguida, os relatórios começaram a pingar. Em massa, os clientes estavam devolvendo o calçado para as lojas, reclamando que o tênis explodia, se desmanchava. Os exames nas peças devolvidas revelaram uma falha fatal de projeto: pedacinhos de metal da pintura prateada estavam fazendo atrito contra o cabedal, agindo como lâminas de barbear microscópicas que cortavam e rasgavam o tecido. Anunciamos um recall, oferecendo reembolso total, e metade da primeira geração dos Tailwinds terminou em latões de reciclagem.

O que começou como um reforço moral acabou sendo um golpe na confiança de todos. Cada um reagiu a seu modo. Hayes dirigia uma retroescavadeira em círculos frenéticos. Woodell passava ainda mais tempo no escritório. Eu alternava entre ficar perdido na luva de beisebol do escritório e na poltrona reclinável de casa.

Com o tempo, todos concordamos em fingir que aquilo não era tão importante. Havíamos aprendido uma lição valiosa: não colocar 12 inovações em um só calçado. É pedir demais do produto e, mais ainda, da equipe de projeto. Lembramos uns aos outros que uma postura "de volta à prancheta" era honrada. E recordamos as muitas máquinas de fazer waffle que Bowerman arruinara.

"No ano que vem", todos dissemos, "vocês vão ver. No ano que vem, o anão vai pegar a Branca de Neve."

Mas Strasser não conseguia superar. Ele começou a beber e a chegar tarde ao escritório. Agora, o modo como ele se vestia era o menor dos meus problemas. Aquele deve ter sido o seu primeiro fracasso verdadeiro e eu sempre vou me lembrar das terríveis manhãs de inverno em que ele entrava na minha sala, cambaleante, com a mais recente má notícia sobre o seu Tailwind. Eu reconhecia os sinais. Ele também estava se aproximando do esgotamento.

A única pessoa que não estava deprimida por causa do Tailwind era Bowerman. Na verdade, a estreia catastrófica do novo modelo ajudou a tirá-lo da tristeza na qual *ele* estava mergulhado desde que se aposentara. Como ele adorava dizer para mim, para todos nós: "Eu avisei."

AS NOSSAS FÁBRICAS EM Taiwan e na Coreia iam bem e, naquele ano, resolvemos abrir novas fábricas na Inglaterra, mais precisamente em Heckmondwike, e também na Irlanda. Os observadores da indústria comentaram sobre as novas instalações e as vendas, afirmando que nada nos faria parar. Poucos imaginavam que estávamos quebrados. Ou que o nosso chefe de marketing estava chafurdando em uma depressão. Ou que o nosso fundador e presidente estava sentado em uma luva de beisebol gigante, com cara de tristeza.

O esgotamento espalhou-se por todo o escritório, como se fosse mononucleose. E, enquanto todos nós estávamos sem energia, o nosso homem em Washington estava a mil por hora.

Werschkul tinha feito tudo o que lhe havíamos pedido. Ele tinha conversado com políticos. Havia apresentado petições, feito lobby, defendido a nossa causa com paixão – mas nem sempre com bom senso. Dia após dia, ele andava de um lado para outro nos corredores do Congresso, distribuindo pares de Nikes. Brindes, com um *swoosh* lateral. (Sabendo que os congressistas eram obrigados a reportar presentes cujo valor ultrapassasse 35 dólares, Werschkul sempre incluía uma nota fiscal de US$ 34,99.) Mas todos os políticos lhe diziam a mesma coisa:

– Dê-me algo por escrito, filho, algo que eu possa estudar. Traga-me uma análise com o ponto crítico do seu caso.

Então Werschkul passou meses escrevendo sobre o ponto crítico do caso – e, no processo, ele é que ficou em estado crítico. O que era para ser um resumo dos fatos havia se transformado em uma história exaustiva, "Ascensão e queda do império da Nike", que continha *centenas* de páginas. Era mais longo do que Proust, do que Tolstói, mas de leitura insuportável. Tinha até título. Sem um pingo de ironia, Werschkul chamou-o de *Werschkul sobre o Preço de Venda Americano, Volume I*.

Quando você pensava sobre isso, quando realmente pensava sobre isso, o que mais assustava era aquele *Volume I*.

Mandei Strasser para o Leste, para conter Werschkul, interná-lo em um hospício, se necessário. Apenas acalme o garoto, eu disse. Naquela primeira noite, eles foram a um pub em Georgetown para um coquetel, ou três, e, no final da noite, Werschkul não estava nem um pouco mais calmo. Pelo contrário. Ele subiu em uma mesa e fez um comício para os clientes. Ao estilo do herói da Revolução Americana Patrick Henry, ele bradou:

– Dê-me a Nike ou dê-me a morte! – Os clientes estavam prontos para votar pela segunda opção. Strasser tentou convencer Werschkul a descer, mas ele estava apenas começando. – Vocês não percebem – berrou – que a liberdade está em julgamento aqui? A LIBERDADE! Vocês sabiam que o pai de Hitler era inspetor da Alfândega?

Pelo lado positivo, acho que Werschkul apavorou tanto Strasser que ele recuperou o ânimo. Quando voltou e me contou sobre a condição mental de Werschkul, era de novo o antigo Strasser.

Rimos muito, um riso capaz de curar. Então ele me entregou uma cópia de *Werschkul sobre o Preço de Venda Americano, Volume I*. Werschkul havia mandado encaderná-lo. Em couro.

– Você vai ler? – indagou Strasser.

– Vou esperar a versão em filme – respondi, estatelando o *Volume I* na mesa.

Soube, naquele instante, que teria que ir para Washington, DC, e assumir a minha luta. Não havia outro jeito.

E talvez isso curasse o meu esgotamento nervoso. Talvez a cura para qualquer esgotamento, pensei, estivesse em trabalhar mais.

1979

Ele ocupava um escritório pequenino no Departamento do Tesouro, um espaço mais ou menos do tamanho do armário de roupa de cama da minha mãe. Comportava apenas a mesa de metal cinza fornecida pelo governo e uma cadeira do mesmo material, para os raros visitantes.

Apontou para a cadeira.

– Sente-se – disse ele.

Sentei-me. Olhei em volta, incrédulo. Aquela era a sala do homem que continuava a nos enviar contas de 25 milhões de dólares? Olhei bem para ele, um burocrata com olhar malicioso. Que criatura ele me fazia lembrar? Não uma minhoca. Não, ele era maior do que isso. Não uma serpente. Ele era mais simples do que isso. Então percebi. O bicho de estimação de Johnson, o polvo bebê. Lembrei-me de Stretch arrastando o caranguejo impotente para seu covil. Sim, o burocrata era o Kraken, o famigerado polvo gigante. Um micro-kraken. Um buro-kraken.

Sufocando esses pensamentos, enterrando toda a hostilidade e o medo que eu sentia, colei um sorriso falso no rosto e tentei, em tom amigável, explicar que aquela coisa toda era um tremendo mal-entendido. Até os colegas do buro-kraken dentro do Departamento do Tesouro alinharam-se à nossa posição. Entreguei a ele um documento.

– Está bem aqui – declarei –, um memorando afirmando que o Preço de Venda Americano não se aplica ao tênis Nike. O memorando vem do Tesouro.

– Humm – disse o buro-kraken. Olhou para o papel e o passou de volta para mim. – Isso não tem efeito vinculante sobre a Alfândega.

Não tem efeito vinculante? Cerrei os dentes.

– Mas esse caso inteiro – expliquei – nada mais é que o resultado de um truque sujo aplicado pelos nossos concorrentes. Estamos sendo penalizados pelo nosso sucesso.

– Nós não enxergamos dessa forma.

– Por nós... a quem o senhor se refere?

– Ao governo dos Estados Unidos.

Achei difícil acreditar que aquele homem estava falando em nome do governo dos Estados Unidos da América, mas não falei nada.

– Acho difícil acreditar que o governo dos Estados Unidos queira sufocar a livre-iniciativa – eu disse. – Que o governo dos Estados Unidos queira fazer parte desse tipo de enganação e embuste. Que o governo dos Estados Unidos, o meu governo, queira intimidar uma pequena empresa do Oregon. Senhor, com todo o respeito, eu já estive no mundo todo, já vi governos corruptos de países subdesenvolvidos agirem dessa forma. Vi bandidos explorarem empresas, com arrogância, com impunidade, e não posso acreditar que meu próprio governo queria se comportar dessa forma.

O buro-kraken não disse nada. Um sorriso fraco formou-se nos seus lábios finos. Na mesma hora, entendi que ele era grotescamente infeliz, como todo funcionário público. Quando voltei a falar, a infelicidade dele se manifestou em uma energia inquieta, meio louca. Ele se levantou e deu alguns passos. Andando de um lado para outro, fez uma espécie de dança atrás da mesa. Depois, sentou-se. Então repetiu tudo. Não era o caminhar de quem estava raciocinando, mas a agitação de um animal enjaulado. Três passos afetados para a esquerda, três indecisos para a direita.

Sentado novamente, ele me interrompeu no meio da frase. Explicou que não se importava com o que eu dizia ou pensava, ou se aquilo era "justo" ou "americano". (Ele fez aspas no ar com os "dedos" ossudos.) Ele só queria o dinheiro dele. O dinheiro *dele*?

Passei os braços ao redor do meu corpo. Desde o início do meu esgotamento nervoso, esse velho tique estava se tornando cada vez mais frequente. Muitas vezes, em 1979, eu parecia tentar evitar me despedaçar, impedir que o meu conteúdo se derramasse. Queria fazer outra observação, para refutar algo que o buro-kraken tinha acabado de dizer, mas não confiava em mim para falar. Temia que minhas pernas ficassem bambas e eu começasse a gritar. Que eu destruísse o telefone da mesa dele. Nós fazíamos uma dupla e tanto, ele com o ritmo frenético, eu com o autoabraço desvairado.

Tornou-se claro que estávamos em um impasse. Eu tinha que fazer alguma coisa. Então comecei a bajulação. Disse ao buro-kraken que respeitava a posição dele. Ele tinha um trabalho a fazer. Era um trabalho muito importante. Não devia ser fácil impor tributos onerosos, lidar com reclamações o tempo todo. Olhei ao redor do seu escritório-cela, demonstrando solidariedade. Contudo, eu disse, se a Nike fosse forçada a pagar aquela quantia exorbitante, a verdade era uma só: teríamos que fechar a empresa.

– Então? – disse ele.

– Então?! – repeti.

– Sim – disse ele. – Então... o quê? Sr. Knight, a minha responsabilidade é cobrar impostos de importação para o Tesouro dos Estados Unidos. Para mim, é simples assim. O que quer que aconteça... aconteceu.

Abracei-me tão apertado que devo ter parecido alguém usando uma camisa de força invisível.

Então me soltei e me levantei. Cautelosamente, peguei minha pasta. Disse ao buro-kraken que não iria aceitar aquela decisão, que não desistiria. Se necessário, visitaria cada um dos deputados e senadores, defendendo a minha causa. De repente, tive a maior simpatia por Werschkul. Não era de admirar que ele tivesse perdido o equilíbrio. *Vocês sabiam que o pai de Hitler era um inspetor da alfândega?*

– Faça o que tiver que fazer – disse o buro-kraken. – Tenha um bom dia.

Ele se voltou para seus arquivos. Olhou para o relógio. Quase cinco horas. Não faltava muito para que o seu dia de trabalho terminasse de arruinar a vida de outras pessoas.

COMECEI A VIAJAR COM FREQUÊNCIA para Washington. Todo mês, eu me reunia com políticos, lobistas, consultores, burocratas, qualquer um que pudesse me ajudar. Mergulhei naquele estranho submundo da política e li tudo que podia sobre as leis alfandegárias.

Até dei uma olhada no tal *Volume I*.

Nada disso funcionou.

No final do verão de 1979, Werschkul conseguiu uma entrevista com um dos senadores do Oregon, Mark O. Hatfield. Respeitado, com boas conexões, Hatfield era presidente do Comitê de Dotações Orçamentárias do Senado. Com um telefonema, ele poderia fazer os chefes dos buro-

-krakens acabarem com aquela conta absurda de 25 milhões de dólares. Então, passei dias me preparando, estudando para a reunião e me encontrando várias vezes com Woodell e Hayes.

– Hatfield tem que ver a situação sob a nossa perspectiva – disse Hayes. – Ele é respeitado por todos os partidos. Alguns o chamam de São Marcos. Não tem nenhum histórico de abuso de poder. Confrontou Nixon em Watergate. E lutou como um tigre para obter financiamento para as barragens no rio Columbia.

– Parece que ele é a nossa melhor chance – disse Woodell.

– Talvez a nossa última chance – refleti.

Na noite em que cheguei a Washington, Werschkul e eu fomos jantar e ensaiar. Como dois atores lendo roteiros, repassamos todos os argumentos que Hatfield poderia usar contra nós. A todo instante, Werschkul se referia ao *Volume I*. Às vezes até mencionava o *Volume II*.

– Esqueça isso – eu disse. – Vamos simplificar as coisas.

Na manhã seguinte, subimos lentamente os degraus do prédio anexo do Senado dos Estados Unidos. Olhei para aquela magnífica fachada, todas aquelas colunas, o mármore brilhante, a grande bandeira no alto, e tive que fazer uma pausa. Pensei no Partenon, o Templo de Nike. Eu sabia que aquele também seria um dos momentos cruciais da minha vida. Não importava o que acontecesse, não queria deixá-lo passar sem abraçá-lo, sem reconhecê-lo. Então olhei para as colunas. Admirei a luz do sol batendo no mármore. Fiquei lá por um bom tempo...

– Você vem? – disse Werschkul.

Era um dia de verão escaldante. A mão que segurava a pasta estava toda suada. Meu terno estava ensopado. Eu parecia alguém que acabara de atravessar uma tempestade. Como poderia me encontrar com um senador nessas condições? Como poderia apertar a mão dele assim?

Como poderia raciocinar direito?

Entramos na antessala do escritório de Hatfield e uma das assessoras nos conduziu a uma sala de espera. Pensei no nascimento dos meus dois filhos. Pensei em Penny. Pensei nos meus pais. Pensei em Bowerman. Pensei em Grelle. Pensei em Pre. Pensei em Kitami. Pensei em James, o Justo.

– O senador vai vê-los agora – informou a assessora.

Ela nos levou a uma sala ampla, agradável e fresca. Hatfield saiu de trás da mesa e nos recebeu informalmente, como conterrâneos do Oregon. Levou-nos a um canto perto da janela, onde havia sofás destinados a receber os visitantes. Nós nos sentamos. Hatfield sorriu, Werschkul sorriu. Mencionei a Hatfield que éramos parentes distantes. Minha mãe, eu acreditava, era prima em terceiro grau dele. Falamos um pouco sobre Roseburg.

Então todos pigarreamos e o ar-condicionado fez um barulho.

– Ah, bem, senador – comecei –, a razão pela qual viemos aqui hoje...

Ele levantou a mão.

– Eu sei tudo sobre a situação. A minha equipe leu *Werschkul sobre o Preço de Venda Americano* e me informou. O que posso fazer para ajudar?

Parei, atordoado. Virei-me para Werschkul, cujo rosto estava do mesmo tom da sua gravata-borboleta cor-de-rosa. Tínhamos passado tanto tempo ensaiando aquela negociação, preparando-nos para convencer Hatfield de quão justa era a nossa causa, que não estávamos preparados para a possibilidade de... sucesso. Nós nos aproximamos. Em sussurros, falamos sobre as diferentes maneiras que Hatfield poderia nos ajudar. Werschkul achou que ele poderia escrever uma carta ao presidente dos Estados Unidos, ou talvez ao diretor da Alfândega. Eu queria que ele pegasse o telefone. Não chegávamos a um acordo. Começamos a discutir. O ar-condicionado parecia rir de nós. Finalmente, pedi a Werschul que fizesse silêncio, pedi ao ar-condicionado que fizesse silêncio e me virei para Hatfield.

– Senador, nós não estávamos preparados para ser recebidos com tamanha simpatia hoje. A verdade é que não sabemos o que queremos. Vamos ter que voltar a falar com o senhor.

Saí da sala sem olhar para trás, nem para ver se Werschkul estava me seguindo.

VOLTEI PARA CASA A TEMPO de presidir dois marcos da nossa empresa. No centro de Portland, abrimos uma loja de 325 metros quadrados, um palácio que foi imediatamente cercado. As filas nas caixas registradoras eram infinitas. As pessoas clamavam para experimentar... tudo. Tive que entrar em campo e ajudar. Por um momento, eu estava de volta à sala de estar dos meus pais, medindo pés, encontrando os tênis certos para os corredores. Foi uma festa, uma explosão, e um lembrete oportuno do motivo que nos havia colocado nesse ramo.

Em seguida, mudei de escritórios novamente. Precisávamos de ainda mais espaço e o encontramos em um edifício de 4.300 metros quadrados, com todas as facilidades – sauna, biblioteca, academia de ginástica e mais salas de reuniões do que eu podia contar. Na assinatura do contrato, lembrei-me daquelas noites dirigindo por todos os lados com Woodell. Balancei a cabeça. Mas eu não tinha uma sensação de vitória.

– Tudo isso pode desaparecer amanhã – sussurrei.

Éramos grandes, não havia como negar. Para ter certeza de que não éramos *soberbos*, como diria Mamãe Hatfield, nós nos mudamos da maneira como sempre fizemos: as três centenas de funcionários vieram no fim de semana, empacotaram seus pertences e os levaram nos próprios carros. Fornecemos pizza e cerveja, e alguns dos caras do depósito puseram o material mais pesado em vans, para, em seguida, seguirmos em caravana até o novo prédio.

Eu disse aos caras do depósito para deixarem a cadeira de luva de beisebol para trás.

NO OUTONO DE 1979, voei para Washington, para uma segunda reunião com o buro-kraken. Dessa vez, ele não estava tão resoluto. Hatfield havia entrado em contato. Como fizera também outro senador do Oregon, Bob Packwood, presidente da Comissão de Finanças do Senado, que tinha autoridade de revisão sobre o Tesouro.

– Eu estou *de saco cheio* – disse o buro-kraken, apontando um dos seus tentáculos para mim – de ouvir os seus *amigos* importantes.

– Ah, eu sinto muito – respondi. – Isso não deve ser divertido. Mas você ainda vai ouvi-los muitas vezes até que esta situação esteja resolvida.

– O senhor sabia – sussurrou ele – que eu não preciso deste emprego? O senhor sabia que a minha mulher tem *dinheiro*? Eu nem preciso trabalhar, sabia?

– Bom para o senhor. E para ela – respondi, mas pensei: *e quanto mais cedo você se aposentar, melhor.*

Só que o buro-kraken nunca iria se aposentar. Nos anos seguintes, ao longo de administrações tanto republicanas quanto democratas, ele permaneceria. Como a morte e os impostos. Na verdade, um dia, em um futuro distante, ele estaria entre o pequeno círculo de burocratas que deram o desastroso sinal verde ao envio de agentes do governo para realizar o Cerco de Waco.

* * *

COM O BURO-KRAKEN DESNORTEADO, eu me senti momentaneamente capaz de voltar a minha atenção para a nossa outra ameaça existencial: a produção. As mesmas condições que derrubaram o Japão – câmbio flutuante, aumento dos custos trabalhistas, instabilidade do governo – estavam começando a acontecer em Taiwan e na Coreia. Havia chegado a hora de, mais uma vez, procurar novas fábricas, novos países. Havia chegado a hora de pensar na China.

O problema não era como entrar na China. Uma ou outra empresa de calçados acabaria entrando e, então, todas as outras fariam o mesmo. A questão era como ser o primeiro a entrar. O primeiro a chegar teria uma vantagem competitiva que poderia durar décadas, não só no setor de produção da China, mas também no mercado chinês e nas relações com os líderes políticos daquele país. Que grande golpe seria. Nas primeiras reuniões sobre o tema da China, sempre dizíamos: um bilhão de pessoas. Dois. Bilhões. De. Pés.

Tínhamos um verdadeiro especialista em China na equipe: Chuck. Além de ter trabalhado ao lado do diplomata Henry Kissinger, ele fazia parte do conselho do Allen Group, um fabricante de autopeças com projetos no mercado chinês. O CEO era Walter Kissinger, irmão de Henry. Chuck nos disse que Allen, em sua exaustiva pesquisa na China, havia descoberto um sujeito muito impressionante chamado David Chang. Chuck conhecia a China e pessoas que conheciam a China, mas ninguém a conhecia como David Chang.

– Pense no seguinte – disse Chuck. – Quando Walter Kissinger quis entrar na China e não conseguiu, ele não ligou para Henry. Ligou para Chang.

Corri para o telefone.

A DINASTIA CHANG NA NIKE não começou bem. Ele era um verdadeiro "engomadinho". Eu achava que Werschkul era o exemplo do jovem metido a besta, até conhecer Chang. Blazer azul, botões dourados, camisa xadrez dura de tão engomada e gravata – e usava tudo com a maior naturalidade. Descaradamente. Ele era o filho ilegítimo de Ralph Lauren e Laura Ashley.

Levei-o para conhecer o escritório, apresentei-o a todo mundo e ele demonstrou um notável talento para ser inconveniente. Ele conheceu Hayes, que pesava 150 quilos, Strasser, que pesava 145, Jim Manns, o novo diretor financeiro, que estava à beira dos 160 quilos. Chang fez uma piada sobre a nossa "meia tonelada de executivos".

Tanto peso, disse ele, *em uma empresa de artigos esportivos?*

Ninguém riu.

– Talvez seja seu jeito de falar – eu disse a ele, levando-o para outro lugar.

Caminhamos pelo corredor e esbarramos em Woodell, que eu tinha recentemente chamado de volta da Costa Leste. Chang estendeu a mão para cumprimentar Woodell.

– Acidente de esqui? – indagou.

– O quê? – exclamou Woodell.

– Quando você sai dessa cadeira? – perguntou Chang.

– Nunca, seu merdinha idiota.

Suspirei.

– Bem – eu disse a Chang –, não há outro lugar para irmos agora, a não ser para cima.

1980

Nós todos nos dirigimos à sala de reuniões e Chang nos contou sobre sua vida. Nascera em Xangai e crescera na opulência. O avô era o terceiro maior fabricante de molho de soja do norte da China, o pai era o terceiro membro mais importante do Ministério de Relações Exteriores chinês. Quando Chang era adolescente, porém, veio a revolução. Os Chang fugiram para os Estados Unidos e radicaram-se em Los Angeles, onde Chang cursou o ensino médio na Hollywood High. Ele sempre pensou que voltaria, bem como os pais. Mantiveram contato estreito com amigos e familiares na China e sua mãe continuou muito próxima de Soong Ching-ling, a madrinha da revolução.

Enquanto isso, Chang foi para Princeton, onde estudou arquitetura, e mudou-se para Nova York. Conseguiu emprego em uma boa firma de arquitetura, na qual trabalhou no projeto Levittown. Depois montou a própria empresa. Estava ganhando dinheiro, fazendo um bom trabalho, mas vivia entediado. Não estava se divertindo e sentia que o trabalho não lhe proporcionava algo real.

Um dia, um amigo de Princeton reclamou sobre não conseguir tirar um visto para Xangai. Chang ajudou o rapaz a tirar o visto, a marcar entrevistas com contatos de negócios e descobriu que gostava de fazer isso. Ser um emissário, um intermediário: dessa forma fazia melhor uso do seu tempo e dos seus talentos.

Mas Chang nos alertou que, mesmo com a sua ajuda, entrar na China seria extremamente difícil. O processo era trabalhoso.

– Você não pode simplesmente pedir permissão para visitar a China – explicou. – É preciso solicitar formalmente que o governo chinês o convide. A palavra burocracia está longe de descrever o processo.

Fechei os olhos e imaginei, em algum lugar do outro lado do mundo, uma versão chinesa do buro-kraken.

Também pensei nos ex-soldados que haviam me explicado as práticas empresariais japonesas quando eu tinha 24 anos. Eu seguira os conselhos recebidos ao pé da letra, sem nunca me arrepender. Então, sob a direção de Chang, montamos uma apresentação escrita.

Era longa. Quase tão longa quanto *Werschkul sobre o Preço de Venda Americano, Volume I*. Também mandamos encaderná-la.

Muitas vezes, perguntamos uns aos outros: alguém vai realmente ler esse troço?

Ah, sim, respondíamos. Chang diz que é assim que se faz.

Enviamos a apresentação até Pequim, mas sem esperanças.

NA PRIMEIRA BUTTFACE DE 1980, anunciei que, embora estivéssemos por cima em relação à situação da Alfândega, ela poderia continuar para sempre se não fizéssemos algo ousado, destemido.

– Eu tenho pensado muito nisso e acho que o que precisamos fazer é... o *nosso* Preço de Venda Americano.

Os Buttfaces riram.

Em seguida, pararam de rir e se entreolharam.

Passamos o resto do fim de semana pensando no assunto. Seria possível? Não, não seria. Poderíamos? Ah, de jeito nenhum. Mas... quem sabe?

Decidimos tentar. Lançamos um calçado, um tênis de corrida com a parte superior de náilon, e o chamamos de One Line. Era uma imitação barata, com um logotipo simples, e nós o manufaturamos em Saco, na antiga fábrica de Hayes. Colocamos um preço baixo, ligeiramente acima do custo. Agora, os funcionários da Alfândega teriam que usar esse "concorrente" como um novo ponto de referência para decidir sobre o nosso direito de importação.

Esse era o soco. Nada além de uma forma de obter a atenção deles. Então demos um gancho de esquerda. Produzimos um comercial de TV contando a história de uma pequena empresa no Oregon que lutava contra o grande e cruel governo. O comercial abria com um sujeito correndo sozinho pela estrada, enquanto uma voz profunda exaltava os ideais de patriotismo, de liberdade e do modo de vida americano. E o combate à tirania. A mensagem causou grande agitação.

Em seguida, demos o golpe arrasador. Em 29 de fevereiro de 1980, entramos com um processo antitruste de 25 milhões de dólares na Corte Distrital dos Estados Unidos do Distrito Sul de Nova York com base na Lei Antitruste, alegando que os nossos concorrentes, e várias empresas de borracha, por meio de práticas comerciais desleais, haviam conspirado para nos tirar do mercado.

Então nos sentamos e esperamos. Sabíamos que não levaria muito tempo e, de fato, não levou. O buro-kraken ficou doido. Ameaçou levar a situação ao extremo, seja lá o que isso fosse. Não importava. Ele não importava. Os chefes dele e os chefes dos chefes dele não queriam mais essa luta. Os nossos concorrentes, com seus cúmplices no governo, perceberam que haviam subestimado a nossa força.

Imediatamente deram início a conversações para acordos.

DIA SIM, DIA NÃO, os nossos advogados recebiam telefonemas. De algum escritório do governo, de algum importante escritório de advocacia, de alguma sala de reuniões na Costa Leste, em algum encontro com o outro lado, eu era informado sobre a mais recente proposta de acordo e a rejeitava na hora.

Um dia, os advogados disseram que poderiam resolver a coisa toda, sem barulho, sem drama de tribunal, pela soma de 20 milhões de dólares.

Sem chance, respondi.

No outro dia, eles telefonaram e disseram que poderíamos acertar tudo por 15 milhões de dólares.

Não me façam rir, respondi.

À medida que o número diminuía, tive várias conversas acaloradas com Hayes, Strasser e meu pai. Eles queriam que eu resolvesse e colocasse um ponto final no problema.

– Qual é o seu número ideal? – indagavam.

– Zero – eu respondia.

Eu não queria pagar um centavo. Mesmo um centavo seria injusto.

Mas Jaqua, Primo Houser e Chuck, que estavam me aconselhando sobre o caso, me explicaram que o governo precisava de algo para manter a própria reputação. Eles não podiam sair dessa batalha de mãos vazias. Como as negociações haviam chegado a um impasse, encontrei-me pessoalmente com Chuck. Ele me lembrou que, até essa luta ficar no passado, não poderíamos nem pensar em abrir o capital, e, se não abríssemos o capital, continuaríamos correndo o risco de perder tudo.

Comecei a agir com petulância. Reclamava da injustiça. Falava sobre continuar a me defender. Eu disse que talvez não *quisesse* abrir o capital – jamais. E expressei, mais uma vez, o medo de que a abertura de capital mudasse a Nike, que a arruinasse, por passar o controle para outros. O que aconteceria com a cultura do Oregon Track, por exemplo, se ela estivesse sujeita a votos de acionistas ou exigências corporativas? Já havíamos experimentado um pouco o gosto desse cenário com o pequeno grupo de debenturistas. Intensificar e permitir a entrada de *milhares* de acionistas seria mil vezes pior. Acima de tudo, eu não podia suportar a ideia de uma grande empresa comprar ações e se tornar um gigante no conselho.

– Não quero perder o controle – expliquei a Chuck. – Esse é o meu maior medo.

– Bem... pode haver um jeito de ir a público sem perder o controle – disse ele.

– Como?

– Você pode emitir dois tipos de ações: classe A e classe B. O público ficaria com as classe B, o que significaria um voto por ação. Os fundadores, o círculo interno e os que possuem debêntures conversíveis obteriam as classe A, que lhes conferiria o direito de nomear três quartos do conselho de administração. Em outras palavras, você levantaria enormes somas de dinheiro, turbinaria o seu crescimento, mas garantiria o controle.

Olhei para ele, estupefato.

– Será que podemos realmente fazer isso?

– Não é fácil. Mas o *The New York Times*, o *The Washington Post* e duas outras empresas fizeram isso. Acho que você pode fazer também.

Talvez não fosse *satori*, ou *kensho*, mas foi uma iluminação instantânea. Em um flash. O avanço que eu esperava havia anos.

– Chuck, isso parece ser... a resposta.

Na Buttface seguinte, expliquei o conceito de classe A e classe B e todos tiveram a mesma reação. Finalmente. Mas adverti os Buttfaces:

– Seja ou não essa a solução, precisamos fazer alguma coisa, agora mesmo, para corrigir o problema de fluxo de caixa de uma vez por todas, pois a nossa janela está se fechando.

Eu poderia, de repente, ver uma recessão no horizonte. Seis meses, um ano, no máximo. Se esperássemos, se tentássemos abrir o capital nesse período, o mercado nos daria muito menos do que realmente valíamos.

Pedi que votassem levantando as mãos. Abrir o capital... todos a favor?

Foi uma decisão unânime.

No momento em que resolvêssemos a longa guerra fria contra os concorrentes e o governo, faríamos uma oferta pública de ações.

AS FLORES DA PRIMAVERA já haviam surgido quando os nossos advogados e os funcionários do governo chegaram a um número: 9 milhões de dólares. Ainda parecia muito alto, mas todos me disseram para pagar. Aceite, eles repetiam. Passei uma hora olhando pela janela, ponderando. As flores e o calendário diziam que era primavera, mas, naquele dia, as nuvens estavam baixas e cinzentas, e o vento era frio.

Gemi. Peguei o telefone e liguei para Werschkul, que tinha assumido o papel de negociador principal.

– Vamos aceitar.

Eu disse a Carole Fields para preencher o cheque. Ela o trouxe para que eu o assinasse. Nós nos olhamos e, claro, nos lembramos do dia em que eu havia feito aquele cheque sem fundos de 1 milhão de dólares. Agora, eu estava assinando um cheque de 9 milhões, e não havia a mínima possibilidade de ele não ter fundos. Fitei a linha da assinatura.

– Nove milhões – sussurrei.

Ainda podia me lembrar de quando vendi o meu MG de 1960, de cor escura, com pneus de corrida e motor *twin cam*, por 1.100 dólares. Parecia ontem. *Conduza-me do irreal para o real.*

A CARTA CHEGOU NO INÍCIO DO VERÃO. O governo chinês solicita o prazer de uma visita...

Demorei um mês para decidir quem iria. Tinha que ser a equipe A, pensei, então sentei-me com um bloco amarelo no colo, fiz listas de nomes, rabisquei alguns, fiz novas listas.

Chang, é claro.

Strasser, naturalmente.

Hayes, com certeza.

Notifiquei a todos que fariam a viagem para que obtivessem os seus papéis e passaportes e organizassem as coisas. Então passei os dias que antecederam a nossa partida lendo e aprendendo tudo o que era possível sobre a história chinesa. O Levante dos Boxers. A Grande Muralha. Guerras do Ópio. Dinastia Ming. Confúcio. Mao.

E recusei-me a ser o único aluno. Fiz um plano de estudos para todos os membros do grupo de viagem.

Em julho de 1980, embarcamos em um avião. Pequim, aqui vamos nós. Mas, primeiro, Tóquio. Pensei que seria uma boa ideia fazer uma parada lá antes. Só para dar uma olhada. As vendas estavam começando a crescer novamente no mercado japonês. Além disso, o Japão seria uma boa maneira de nos trazer alguma calma antes de chegarmos à China, que seria um desafio para todos nós. Um passo de cada vez. Penny e Gorman – eu havia aprendido a minha lição.

Doze horas depois, andando sozinho pelas ruas de Tóquio, a minha mente não parava de voltar ao ano de 1962. À minha Ideia Maluca. Agora, eu estava de volta, prestes a levar essa ideia a um novo mercado gigantesco. Pensei em Marco Polo. Pensei em Confúcio. Mas também pensei em todos os jogos aos quais assistira ao longo dos anos – futebol, basquete, beisebol –, quando uma equipe tinha uma grande vantagem nos segundos finais e relaxava. Ou sentia a pressão. E, portanto, perdia.

Disse a mim mesmo para parar de olhar para trás e manter o olhar voltado para a frente.

Saboreamos jantares japoneses maravilhosos, visitamos alguns velhos amigos, e, depois de dois ou três dias, descansados e preparados, estávamos prontos para partir. O voo para Pequim estava marcado para a manhã seguinte.

Fizemos uma última refeição juntos em Ginza, regada a coquetéis, e fomos dormir cedo. Tomei um banho quente, telefonei para casa e mergulhei na cama. Poucas horas depois, acordei com alguém batendo freneticamente à porta. Olhei para o relógio na mesa de cabeceira. Duas da manhã.

– Quem é?

– David Chang! Deixe-me entrar!

Fui até a porta e encontrei Chang com uma aparência muito diferente da usual. Amarrotado, atormentado, a gravata torta.

– Hayes não vai! – disse ele.

– Do que você está falando?
– Hayes está lá embaixo, no bar, dizendo que não pode ir, que não consegue entrar no avião.
– E por que não?
– Ele está tendo algum tipo de ataque de pânico.
– É verdade. Ele tem algumas fobias.
– Que tipo de fobias?
– Ele tem... todas as fobias.

Comecei a me vestir para ir ao bar. Então me lembrei de quem era a pessoa com quem estávamos lidando.

– Vá para a cama – eu disse a Chang. – Hayes estará lá de manhã.
– Mas...
– Ele vai estar lá.

A primeira pessoa que vi de manhã foi Hayes, os olhos sem brilho, pálido, parado no saguão.

Obviamente, ele fez questão de embalar "remédios" suficientes para o próximo ataque. Horas depois, ao passar pela alfândega em Pequim, ouvi uma grande comoção atrás de mim. A sala, com divisórias de madeira compensada, estava vazia e, do outro lado de uma divisória, vários agentes chineses gritavam. Fui até lá e encontrei dois oficiais agitados, apontando para Hayes e a mala dele aberta.

Eu me aproximei. Strasser e Chang se aproximaram. Colocados por cima de uma cueca gigante de Hayes estavam 12 litros de vodca.

Ninguém disse nada por um longo tempo. Então Hayes soltou um longo suspiro.

– Isso é para mim – disse ele. – Vocês estão por sua conta.

AO LONGO DOS 12 DIAS SEGUINTES, viajamos por toda a China, na companhia de agentes do governo. Eles nos levaram à praça da Paz Celestial e nos fizeram permanecer durante um longo tempo diante do retrato gigantesco do presidente Mao, que morrera quatro anos antes. Eles nos levaram à Cidade Proibida. E aos túmulos dos membros da Dinastia Ming. Ficamos fascinados, é claro, e curiosos – curiosos demais. Causamos enorme desconforto aos agentes com todas as nossas perguntas.

Durante uma parada, olhei ao redor e vi centenas de pessoas usando túnicas Mao e sapatos pretos frágeis, que pareciam feitos de papel.

Mas algumas crianças estavam usando tênis de lona. Aquilo me deu esperança.

O que queríamos ver, é claro, eram fábricas. Os nossos acompanhantes concordaram, com alguma relutância. Eles nos levaram de trem para cidades remotas, longe de Pequim, onde vimos enormes e aterrorizantes complexos industriais, pequenas metrópoles de fábricas, cada uma mais ultrapassada do que a anterior. Velhas, enferrujadas, decrépitas, essas fábricas faziam a antiga ruína de Saco, descoberta por Hayes, parecer uma fábrica com tecnologia de ponta.

Acima de tudo, eram imundas. Se um calçado saísse da linha de montagem com uma mancha ou uma faixa de sujeira, nada era feito. Não havia nenhum sentido geral de limpeza, nenhum controle de qualidade verdadeiro. Quando chamávamos a atenção para um sapato defeituoso, os funcionários que administravam as fábricas davam de ombros e diziam:

– Funciona perfeitamente.

Para que se preocupar com estética? Os chineses não entendiam por que o náilon ou a lona de um par de tênis precisava ser do mesmo tom no pé esquerdo e no direito. Era uma prática comum que o pé esquerdo fosse azul-claro e o direito, azul-escuro.

Reunimo-nos com dezenas de funcionários de fábricas, políticos e diversos dignitários. Fomos brindados, festejados, consultados, monitorados e, quase sempre, recebidos calorosamente. Comemos quilos de ouriço-do-mar, pato assado e, em várias paradas, fomos brindados com ovos centenários. Dava para sentir o gosto de cada um daqueles anos.

Claro que foram servidos muitos mao-tais. Depois de todas as minhas viagens a Taiwan, eu já estava preparado. O meu fígado havia se acostumado. O que eu não esperava era ver quanto Hayes gostou deles. A cada gole, ele estalava os lábios e pedia mais.

Perto do final da nossa visita, pegamos um trem, no qual viajamos por 19 horas até chegar a Xangai. Poderíamos ter voado, mas insisti em ir de trem. Queria ver, experimentar a vida no campo. Na primeira hora, todos já estavam me xingando. O dia estava escaldante e o trem não tinha ar condicionado.

Havia um ventilador velho no canto do nosso vagão, com pás que mal conseguiam fazer a poeira quente ao redor se mexer. Para se refrescar, os passageiros chineses não achavam nada de mais ficar apenas com a roupa de baixo, e Hayes e Strasser pensaram que isso lhes dava licença para fazer o mesmo. Nem se eu viver até os 200 anos vou me esquecer da visão daqueles caras enormes andando para cima e para baixo do vagão de camiseta e cueca. Tenho certeza de que todos os chineses ali naquele dia também não se esquecerão.

Antes de deixar a China, tínhamos ainda uma ou duas tarefas a realizar em Xangai. A primeira era garantir um acordo com a Federação Chinesa de Atletismo. Isso significava assegurar um acordo com o Ministério dos Esportes. Ao contrário do mundo ocidental, onde cada atleta fazia os próprios acordos, a China negociava os endossos para todos os atletas. Então, em uma velha escola de Xangai, em uma sala de aula com móveis de 75 anos e um enorme retrato de presidente Mao, Strasser e eu nos encontramos com o representante do ministério. Durante os longos primeiros minutos, o representante nos falou sobre as belezas do comunismo. Dizia, a todo instante, que os chineses gostavam de fazer negócios com "pessoas afins". Strasser e eu nos olhamos. Pessoas afins? Como assim? Em seguida, o discurso foi abruptamente interrompido. O representante inclinou-se e, em voz baixa, no que me pareceu uma versão chinesa do famoso agente esportivo Leigh Steinberg, perguntou:

– Quanto você está oferecendo?

Em duas horas, tínhamos fechado um acordo. Quatro anos depois, em Los Angeles, a equipe de atletismo chinesa entraria no Estádio Olímpico, pela primeira vez em quase duas gerações, usando calçados e uniformes olímpicos americanos.

Calçados e uniformes da *Nike*.

Nosso último encontro foi com funcionários do Ministério do Comércio Exterior. Como em todas as reuniões anteriores, houve várias rodadas de longos discursos, feitos principalmente por representantes do governo. Hayes ficou entediado durante a primeira rodada. Na terceira, ele já queria se matar. Começou a brincar com os fios soltos da parte da frente da camisa de poliéster. De repente, ele se irritou com os fios. Pegou o isqueiro. O representante do ministro do Comércio Exterior, que nos saudava como parceiros dignos, parou ao ver que Hayes havia posto fogo em si mesmo. Hayes bateu na chama com as mãos e conseguiu apagá-la, mas só depois de ter arruinado o momento e a força mágica das palavras do representante.

Isso não causou maiores problemas. Pouco antes de entrar no avião de volta para casa, assinamos acordos com duas fábricas chinesas e nos tornamos, oficialmente, os primeiros fabricantes americanos de calçados em 25 anos a ter autorização para fazer negócios na China.

Parece-me errado chamar tudo isso de "negócios". Parece errado rotular aqueles dias agitados, as noites sem dormir, todos aqueles triunfos magníficos e as lutas desesperadas dessa forma branda e genérica: negócios. O que estávamos fazendo era muito maior do que isso. Cada novo dia nos trazia 50 novos problemas, 50 decisões difíceis, que precisavam ser tomadas na hora, e sempre tínhamos a aguda consciência de que um movimento ruim, uma decisão errada, poderia ser o fim. A margem de erro ia ficando cada vez mais apertada, enquanto as apostas estavam sempre aumentando – e nenhum de nós vacilava na crença de que "apostas" não significavam "dinheiro".

Para alguns, os negócios se resumem à busca por lucro e ponto final, mas, para nós, os negócios serviam para ganhar dinheiro tanto quanto o ser humano serve para produzir sangue. Sim, o corpo humano precisa de sangue. Ele precisa fabricar plaquetas e glóbulos brancos e vermelhos, além de distribuí-los de maneira uniforme às áreas adequadas, na hora certa, sem cessar. Só que essa tarefa diária do corpo não é a nossa missão como seres humanos. É apenas um processo básico que nos permite alcançar objetivos mais elevados. A vida sempre se esforça para transcender os processos básicos do viver – e, em algum momento no final de 1970, eu fiz o mesmo. Redefini o que era vencer, expandi esse conceito para muito além da minha definição original de não perder, de simplesmente permanecer vivo. Isso não era mais suficiente para mim ou para minha empresa. Queríamos, como todas as grandes empresas, ser capazes de criar, de contribuir, e ousamos dizer isso em voz alta.

Quando você faz alguma coisa, quando melhora alguma coisa, quando entrega algo, quando acrescenta um produto ou serviço novo à vida de estranhos, tornando-os mais felizes, ou mais saudáveis, ou mais seguros, ou melhores, e quando você faz tudo isso de maneira eficiente, inteligente, da forma como deve ser feito, mas tão raramente o é, você está participando mais completamente de todo o grande teatro humano. Mais do que simplesmente vivo, você está ajudando outras pessoas a viverem de forma mais plena, e, se isso é um negócio, tudo bem, pode me chamar de homem de negócios.

Talvez eu me acostume.

* * *

NÃO HAVIA TEMPO para desfazer as malas. Não havia tempo para superar os efeitos do jet leg pós-China, que eram profundos. Quando voltamos para o Oregon, o processo de abertura de capital estava em pleno andamento. Grandes decisões precisavam ser tomadas. Em especial: quem iria gerir a oferta.

Ofertas públicas de ações nem sempre têm êxito. Pelo contrário, quando mal geridas, transformam-se em verdadeiras catástrofes. Portanto, essa foi uma decisão crítica desde o começo. Chuck, tendo trabalhado na Kuhn, Loeb & Co., ainda mantinha um forte relacionamento com o pessoal de lá e imaginei que eles seriam os melhores. Entrevistamos quatro ou cinco outras empresas, mas acabamos nos decidindo por seguir os instintos de Chuck. Ele nunca havia errado nas suas orientações.

Em seguida, tínhamos que criar um prospecto. Fizemos pelo menos umas 50 versões até que o texto e o design conseguissem transmitir o que queríamos.

No final do verão, entregamos toda a documentação à Comissão de Valores Mobiliários e, no início do mês de setembro, lançamos o anúncio formal. A Nike estava emitindo 20 milhões de ações classe A e 30 milhões de ações classe B. Anunciamos que o preço seria algo entre 18 e 22 dólares por ação. A ser confirmado.

Do total de 50 milhões de ações, quase 30 milhões seriam mantidas em reserva e cerca de 2 milhões de ações classe B seriam vendidas ao público. Dos cerca de 17 milhões restantes de ações classe A, os acionistas preexistentes, ou *insiders* – ou seja, eu, Bowerman, os titulares de debêntures e os Buttfaces –, seriam donos de 56%.

Eu, pessoalmente, ficaria com cerca de 46%. Esse valor tinha que ser alto, todos concordamos, porque a empresa precisava ser gerida por uma pessoa que falasse com voz firme e segura – em qualquer situação. Não haveria nenhuma possibilidade de alianças ou dissidências, nenhuma briga pelo controle. Para um observador externo, a divisão das ações poderia parecer desproporcional, desequilibrada, injusta. Para os Buttfaces, era uma necessidade. Não houve uma palavra de discordância ou reclamação. Jamais.

PEGAMOS A ESTRADA. Dias antes da oferta, saímos para demonstrar a potenciais investidores a dignidade do nosso produto, da nossa empresa, da nossa marca. De nós mesmos. Depois da China, não estávamos com vontade de viajar, mas não havia outro jeito. Tivemos que fazer uma turnê promocional. Doze cidades, sete dias.

Primeira parada: Manhattan. Um café da manhã em uma sala cheia de banqueiros de olhares frios que representavam milhares de potenciais investidores. Hayes levantou-se e começou com algumas palavras introdutórias. Ele apresentou os números de forma sucinta. Saiu-se muito bem. Vigoroso, sóbrio. Em seguida, Johnson levantou-se e falou sobre os tênis, o que os fazia diferentes e especiais, como se tornaram tão inovadores. Ele nunca havia falado tão bem.

Encerrei o encontro. Falei sobre as origens da empresa, sua alma, seu espírito. Eu tinha um cartão de anotações com algumas palavras rabiscadas, mas não o consultei nem uma única vez. Não tinha dúvidas sobre o que queria dizer. Não sei se saberia explicar a mim mesmo para uma sala cheia de estranhos, mas não tinha nenhum problema para explicar a Nike.

Comecei com Bowerman. Falei sobre ter corrido para ele na Universidade do Oregon, depois sobre como formamos uma sociedade quando eu era jovem, aos 20 e poucos anos. Falei sobre a inteligência dele, a coragem, a máquina mágica de waffle. Contei sobre a bomba na caixa de correio. Era uma história engraçada que nunca deixava de provocar risos, mas eu tinha um motivo maior para contá-la. Queria que aqueles nova-iorquinos soubessem que, embora viéssemos do Oregon, não estávamos ali para brincadeira.

Os covardes nunca começaram, os fracos morreram ao longo do caminho. E nós estamos aqui, senhoras e senhores. Nós.

Na primeira noite, fizemos a mesma apresentação em um jantar formal em Midtown, diante do dobro de banqueiros. Coquetéis foram servidos antes da abertura. Hayes bebeu mais do que devia. Dessa vez, quando se levantou para falar, decidiu improvisar.

– Estou convivendo com esses caras há um *longo* tempo – disse ele, rindo –, o núcleo da empresa, poderíamos assim dizer, e estou aqui para dizer a vocês que, há-há-há, eles são todos imprestáveis crônicos.

Tosse seca.

Alguém lá atrás pigarreou.

Um silêncio constrangedor.

Em algum lugar, lá longe, uma pessoa deu uma boa gargalhada. Até hoje, acho que foi Johnson.

Dinheiro não era motivo de riso para aquelas pessoas e uma oferta pública tão grande não era a melhor ocasião para piadas. Suspirei, olhei para o meu cartão de anotações. Se Hayes tivesse dirigido uma escavadeira pelo salão, dificilmente teria sido pior. Mais tarde, naquela noite, eu o chamei em um canto e disse que achava melhor ele não falar mais. Johnson e eu lidaríamos com as apresentações formais. Mas ainda precisaríamos dele para a sessão de perguntas e respostas.

Hayes olhou para mim e piscou uma vez. Ele entendeu.

– Achei que você ia me mandar para casa – disse ele.

– Não – respondi. – Você precisa fazer parte disto.

Continuamos até Chicago, em seguida, Dallas, depois Houston e São Francisco. Fomos para Los Angeles e então Seattle. Em cada parada, ficávamos mais cansados, quase chorosos de fadiga. Principalmente Johnson e eu. Um sentimentalismo estranho ia tomando conta de nós. Nos aviões, nos bares dos hotéis, falávamos sobre nossos dias de juventude e inexperiência. As intermináveis cartas que ele me enviava. *Por favor, envie palavras de incentivo.* O meu silêncio. Falamos sobre o nome Nike aparecer para ele em um sonho. Falamos sobre Stretch, Giampietro, o Homem de Marlboro e todos os diferentes momentos em que eu o joguei de um lado para outro do país. Falamos sobre o dia em que ele quase foi degolado pelos funcionários de Exeter, quando viram que os cheques de pagamento não tinham fundos.

– Depois de tudo isso – disse Johnson um dia, no banco traseiro de um automóvel com motorista, enquanto seguíamos para a reunião seguinte –, agora somos os queridinhos de Wall Street.

Olhei para ele. As coisas haviam mudado. Mas ele, não. Naquele momento, enfiou a mão na bolsa, tirou um livro e começou a ler.

As nossas palestras itinerantes terminaram no Dia de Ação de Graças. Lembro-me vagamente de um peru, algumas frutas, a família ao meu redor. Lembro-me vagamente de ter consciência de que era o aniversário de alguma coisa. Eu havia voado para o Japão no Dia de Ação de Graças de 1962.

Durante o jantar, meu pai fez mil perguntas sobre a oferta pública. Minha mãe não fez nenhuma. Ela disse que sempre soube que isso iria acontecer, desde aquele dia em que comprou um par de Limber Ups por 7 dólares. Eles estavam, compreensivelmente, pensativos, fazendo elogios, mas logo os silenciei, pedindo que não antecipassem as coisas. O jogo ainda não havia acabado. A corrida ainda estava em curso.

* * *

ESCOLHEMOS UMA DATA PARA A OFERTA. Dia 2 de dezembro de 1980. O último obstáculo era decidir qual seria o preço.

Na noite anterior à oferta, Hayes entrou no meu escritório.

– Os caras da Kuhn, Loeb & Co. estão recomendando 20 dólares por ação – disse ele.

– Muito baixo – respondi. – É um insulto.

– Bem, não pode ser muito alto – ele avisou. – Queremos que venda.

Todo o processo era enlouquecedor, porque era impreciso. Não *havia* um número *certo*. Era tudo uma questão de opinião, sentimento, convencimento. *Vender* – isso era o que eu vinha fazendo na maior parte dos últimos 18 anos, e estava cansado. Não queria mais vender. Cada ação nossa valia 22 dólares. Esse era o número. Havíamos trabalhado para esse número. Merecíamos estar na parte alta da faixa de preço. Uma empresa chamada Apple também estava abrindo o capital naquela semana e venderia cada ação por 22 dólares, e nós valíamos tanto quanto eles, eu disse a Hayes. Se um bando de caras de Wall Street não enxergasse isso, eu estava pronto para desistir do acordo.

Olhei para Hayes. Sabia o que ele estava pensando. Aqui vamos nós novamente. *Pague primeiro à Nissho.*

NA MANHÃ SEGUINTE, Hayes e eu fomos até o centro, onde ficava o nosso escritório de advocacia. Um funcionário nos conduziu à sala do sócio sênior. Um assistente jurídico ligou para a Kuhn, Loeb & Co., em Nova York, e apertou o botão de um viva-voz que ficava no centro da grande escrivaninha de nogueira. Hayes e eu ficamos olhando para o aparelho. Vozes sem corpo encheram a sala. Uma das vozes ficou mais alta, mais clara:

– Senhores... bom dia.

– Bom dia – respondemos.

A voz assumiu a liderança. Ela nos deu uma explicação longa e cuidadosa sobre o raciocínio da Kuhn, Loeb & Co. relativo ao preço das ações, uma conversa completamente dispensável. E assim, nos disse a voz, não podemos ir além de 21 dólares.

– Não – respondi. – O nosso número é 22.

Ouvimos outras vozes sussurrarem. Eles foram até 21,50.

– Temo – disse a voz alta – que esta seja a nossa oferta final.

– Senhores, 22 é o nosso número.

Hayes olhou para mim. Eu olhei para o viva-voz.

Um silêncio ensurdecedor. Podíamos ouvir a respiração pesada, alguns ruídos, anotações. Papéis sendo embaralhados. Fechei os olhos e deixei que todos aqueles sons tomassem conta de mim. Revivi cada negociação que fizera na vida até aquele momento.

E aí, pai, você se lembra daquela Ideia Maluca que eu tive em Stanford...?

Senhores, eu represento a Blue Ribbon Sports, de Portland, no Oregon.

Dot, eu amo Penny. E Penny me ama. E, se as coisas continuarem por esse caminho, eu nos vejo construindo uma vida juntos.

– Sinto muito – disse a voz, demonstrando raiva. – Vamos ter que ligar para vocês de novo.

Clique.

Ficamos sentados. Não dissemos nada. Respirei longa e profundamente. O rosto do assistente ficava cada vez mais tenso.

Cinco minutos se passaram.

Quinze minutos.

O suor escorria pela testa e pelo pescoço de Hayes.

O telefone tocou. O assistente olhou para nós, para garantir que estávamos prontos. Nós assentimos. Ele apertou o botão do viva-voz.

– Senhores – disse a voz alta. – Estamos acertados. Vamos enviar ao mercado nesta sexta-feira.

Fui para casa. Lembro-me de que os meninos brincavam do lado de fora. Penny estava de pé na cozinha.

– Como foi o seu dia? – perguntou ela.

– Hum. Ok.

– Que bom.

– Conseguimos o nosso preço.

Ela sorriu.

– É claro que conseguiram.

Saí para uma longa corrida.

Depois, tomei um banho quente.

Em seguida, jantei.

Então coloquei os meninos na cama e contei a eles uma história.

O ano era 1773. Os soldados Matt e Travis estavam lutando sob o comando do general Washington. Com frio, cansados, famintos, os uniformes em frangalhos, eles acamparam durante o inverno em Valley Forge, na Pensilvânia. Dormiram em cabanas, erguidas entre duas montanhas: monte Alegria e monte Aflição. Da manhã até a noite, ventos frios e cortantes atravessavam o caminho entre as montanhas e penetravam pelas frestas das cabanas. A comida era escassa; apenas um terço dos homens tinha sapatos.

Sempre que caminhavam do lado de fora, deixavam pegadas de sangue na neve. Milhares morreram. Mas Matt e Travis conseguiram se manter vivos.

Finalmente, a primavera chegou. As tropas receberam a notícia de que os britânicos haviam recuado e os franceses estavam a caminho para ajudar os colonos. Os soldados Matt e Travis sabiam que, dali em diante, poderiam sobreviver a qualquer coisa. Ao monte Alegria e ao monte Aflição.

Fim.

Boa noite, meninos.

Boa noite, papai.

Apaguei a luz e fui me sentar na frente da televisão, com Penny. Nenhum de nós estava realmente assistindo. Ela lia um livro e eu fazia cálculos na cabeça.

Na próxima semana, Bowerman valeria 9 milhões de dólares.

Cale, 6,6 milhões de dólares.

Woodell, Johnson, Hayes, Strasser, cerca de 6 milhões de dólares cada.

Números de fantasia. Números que não significavam nada. Eu nunca imaginei que números poderiam significar tanto e tão pouco ao mesmo tempo.

– Vamos dormir? – disse Penny.

Fiz que sim com a cabeça.

Andei pela casa, desliguei as luzes, verifiquei todas as portas. Então, juntei-me a ela. Durante muito tempo, ficamos deitados no escuro. Ainda não havia acabado. Faltava muito. A primeira parte, disse a mim mesmo, já tinha passado. Mas fora apenas a primeira parte.

Perguntei-me: o que você está sentindo?

Não era alegria. Não era alívio. Se sentisse *alguma coisa*, seria... pesar?

Meu Deus, pensei. Sim. Pesar.

Porque eu queria, sinceramente, poder fazer tudo de novo.

Dormi por algumas horas. Quando acordei, o tempo estava frio e chuvoso. Fui até a janela. A água escorria pelas árvores. Tudo era névoa e nuvens. O mundo estava igual ao dia anterior, como sempre fora. Nada havia mudado, muito menos eu. Entretanto, eu valia 178 milhões de dólares.

Tomei banho, depois o café da manhã e segui para o trabalho. Fui o primeiro a chegar.

NOITE

Nós adoramos ir ao cinema. Sempre gostamos. Mas, hoje à noite, temos um dilema. Já assistimos a todos os filmes violentos, os favoritos de Penny, então vamos ter que nos aventurar, sair da nossa zona de conforto e tentar algo diferente. Uma comédia, talvez.

Folheio o jornal.

– Que tal *Antes de partir*, no Century? Com Jack Nicholson e Morgan Freeman?

Ela franze a testa.

– Pode ser.

É Natal de 2007.

DESCOBRIMOS QUE O FILME pode ser qualquer coisa, menos uma comédia. *Antes de partir* fala sobre a mortalidade. Dois homens, Nicholson e Freeman, ambos com câncer terminal, decidem passar os dias que ainda lhes restam fazendo todo tipo de coisas divertidas, todas as loucuras que sempre quiseram fazer, aproveitando ao máximo o seu tempo antes de baterem as botas. Depois de uma hora de filme, não se ouvia nenhuma risada.

Há também muitos paralelos estranhos e perturbadores entre esse filme e a minha vida. Em primeiro lugar, Nicholson sempre me faz pensar em *Um estranho no ninho*, que me lembra Ken Kesey, que me leva de volta aos meus dias na Universidade do Oregon. Em segundo, no topo da lista de últimos desejos do personagem de Nicholson está visitar a cordilheira do Himalaia, o que me transporta para o Nepal.

Acima de tudo, o personagem de Nicholson emprega um assistente pessoal – uma espécie de suplente de filho – chamado Matthew. Ele até se parece um pouco com o meu filho. O mesmo cavanhaque desalinhado.

Quando o filme termina e as luzes se acendem, Penny e eu estamos aliviados por podermos nos levantar e retornar ao clarão luminoso da vida real.

O cinema é um novo colosso de 16 salas, no coração de Cathedral City, pertinho de Palm Springs. Nos últimos tempos, temos passado grande parte do inverno na região, escondendo-nos das chuvas frias do Oregon. Caminhando pelo saguão, esperando que os nossos olhos se ajustem à claridade, avistamos dois rostos familiares. No início, não os identificamos. Ainda estávamos com Nicholson e Freeman na cabeça. Mas esses caras são igualmente familiares – e famosos. Então nos damos conta: são Bill e Warren. Gates e Buffett.

Continuamos andando.

Nenhum dos dois é o que se poderia chamar de um amigo *próximo*, mas já havíamos nos encontrado várias vezes, em eventos sociais e conferências. E tínhamos causas comuns, interesses comuns, alguns conhecidos em comum.

– Que surpresa encontrá-los aqui! – digo.

Então eu me encolho. Será que realmente disse isso? É possível que eu *ainda* me sinta tímido e constrangido na presença de celebridades?

– Eu estava pensando justamente em você – diz um deles.

Nós apertamos as mãos e conversamos principalmente sobre Palm Springs.

– Este lugar não é lindo? Não é maravilhoso para fugir do frio?

Falamos sobre as nossas famílias, os negócios, esportes. Ouço alguém atrás de nós sussurrar:

– Olha só, Buffett e Gates. Quem é o outro cara?

Eu sorrio. É assim que deve ser.

Na minha cabeça, não posso deixar de fazer uma conta rápida. No momento, estou valendo 10 bilhões de dólares e cada um desses homens vale cinco ou seis vezes mais. *Conduza-me do irreal para o real*.

Penny pergunta se eles gostaram do filme. Sim, ambos dizem, olhando para baixo, embora fosse um pouco deprimente. O que está na lista de últimos desejos de vocês?, eu quase pergunto, mas não o faço. Gates e Buffett parecem ter feito tudo o que sempre quiseram na vida. Eles não têm listas de desejos, com certeza.

O que me leva a outra pergunta: eu tenho?

EM CASA, PENNY PEGA O SEU BORDADO e eu me sirvo de uma taça de vinho. Pego o meu bloco amarelo para dar uma olhada nas minha anotações e listas de afazeres para amanhã. Pela primeira vez nos últimos tempos... está em branco.

Nós nos sentamos diante da TV ligada no noticiário das 11 da noite, mas a minha mente está longe, muito distante. À deriva, flutuando, viajando no tempo. Uma sensação comum ultimamente.

Tenho passado longos períodos do dia vagando pela minha infância. Por alguma razão, penso muito no meu avô, Bump Knight. Ele não tinha nada, menos do que nada. E, ainda assim, conseguiu economizar, poupar e comprar um Ford Modelo T novinho, no qual levou a esposa e os cinco filhos de Winnebago, no Minnesota, até o Colorado e, em seguida, para o Oregon. Ele me disse que nem se preocupou em tirar carteira de motorista, apenas pegou o carro e foi embora. Descendo as montanhas Rochosas naquele pedaço de lata chacoalhante, ele o insultava repetidamente:

– Para, PARA, seu filho da puta!

Eu ouvi essa história tantas vezes, dele próprio e de tias, tios e primos, que me sinto como se também tivesse estado lá. De certa forma, eu estava.

Mais tarde, Bump comprou uma caminhonete; ele adorava colocar os netos na carroceria quando ia à cidade cuidar de alguma coisa. Pelo caminho, sempre parava na padaria Sutherlin e comprava uma dúzia de rosquinhas com cobertura – para cada um. Só preciso olhar para o céu azul ou o teto branco (qualquer tela em branco) e logo me vejo, os pés descalços balançando naquela carroceria, sentindo o vento fresco no rosto, lambendo a cobertura de uma rosquinha quente. Será que eu teria sido capaz de arriscar tanto, ousar tanto, andar sobre o fio da navalha do empreendedorismo, entre a segurança e a catástrofe, se não tivesse a base sólida daquele sentimento, daquela maravilhosa sensação de proteção e júbilo? Acho que não.

Depois de 40 anos, retirei-me do cargo de CEO da Nike, deixando a empresa em boas mãos, eu acho, e em boa forma, eu creio. As vendas em 2006 alcançaram 16 bilhões de dólares. (As da Adidas somaram 10 bilhões, mas quem está contando?) Os nossos calçados e as nossas roupas estão presentes em 5 mil lojas em todo o mundo. (E a China, o nosso segundo maior mercado, é agora o nosso maior produtor de sapatos. Acho que aquela viagem de 1980 valeu a pena.)

Os 5 mil funcionários da sede mundial em Beaverton estão alojados em um paradisíaco campus, semelhante aos universitários, com mais de 80 hectares de mata selvagem, cercado por riachos, pontilhado de imaculados gramados esportivos. Os edifícios receberam os nomes de homens e mulheres que fizeram muito mais do que nos emprestar os seus nomes e endossar a nossa marca. Joan Benoit Samuelson, Ken Griffey Jr., Mia Hamm, Tiger Woods, Dan Fouts, Jerry Rice, Steve Prefontaine – eles compuseram a nossa identidade.

Como presidente, ainda estou quase todos os dias no escritório. Olho ao redor, para todas aquelas construções, e não vejo edifícios, vejo templos. Qualquer edifício é um templo, se você o faz ser assim. Muitas vezes, penso naquela viagem marcante quando tinha 24 anos. Penso em mim mesmo, olhando de cima para Atenas, admirando o Partenon, e nunca deixo de experimentar a sensação do desenrolar do tempo.

Em meio aos prédios do campus, ao longo das calçadas, há enormes banners: fotos dos superatletas em ação, as lendas, os gigantes e titãs que elevaram a Nike tornando-a mais do que uma marca.

Jordan.

Kobe.

Tiger.

Mais uma vez, não posso deixar de pensar na minha viagem ao redor do mundo.

O rio *Jordão*.

A mística *Kobe*, no Japão.

Aquela primeira reunião na Onitsuka, implorando aos executivos o direito de vender *Tigers*...

Será que é tudo coincidência?

Penso nos inúmeros escritórios da Nike pelo mundo. Em vários deles, o número de telefone termina em 6453, algarismos que formam a palavra Nike no teclado. Mas, por puro acaso, da direita para a esquerda também é o melhor tempo de Pre na milha, até o décimo de segundo: 3:54.6.

Eu uso a expressão "por puro acaso", mas seria mesmo? Poderia eu pensar que algumas coincidências são mais do que coincidências? Poderia eu ser perdoado por pensar, ou esperar, que o universo, ou um guia espiritual, tenha me empurrado, sussurrado ao meu ouvido? Ou apenas brincado comigo? Poderia realmente não ser nada além de um acaso da geografia o fato de que os sapatos mais antigos já descobertos até hoje são um par de sandálias de 9 mil anos... recuperadas em uma caverna no Oregon?

Não haveria nada de especial no fato de essas sandálias terem sido descobertas em 1938, o ano em que eu nasci?

SEMPRE SINTO UMA EMOÇÃO, uma injeção de adrenalina, quando dirijo pelo cruzamento das duas ruas principais do campus, cada uma com o nome de um dos fundadores da Nike. Durante o dia inteiro, todos os dias, o guarda de segurança do portão da frente dá aos visitantes as mesmas instruções. *Você deve pegar a Bowerman Drive e seguir em frente até a Del Hayes Way...* Também me dá enorme prazer passear pelo oásis que existe no centro do campus, os Jardins Japoneses da Nissho Iwai. Em certo sentido, o campus é um mapa topográfico da história e do crescimento da Nike; em outro, é um diorama da minha vida. Em outro sentido ainda, é uma expressão viva daquela emoção humana que talvez seja a mais importante de todas, depois do amor. Gratidão.

Os funcionários mais jovens da Nike parecem tê-la. Em abundância. Eles valorizam profundamente os nomes das ruas e dos edifícios e também o passado. Como Matthew implorando pela sua história antes de dormir, eles clamam pelas antigas histórias. Lotam a sala de reuniões sempre que Woodell ou Johnson fazem visitas. Eles até criaram um grupo de discussão, um grupo informal de reflexão para preservar o sentido original de inovação. Chamam a si mesmos de O Espírito de 72, o que enche o meu coração de alegria.

Mas não são apenas os jovens no interior da empresa que honram a história. Eu me lembro de julho de 2005. No meio de algum evento, não me lembro de qual, LeBron James pediu para conversar comigo em particular.

– Phil, eu posso falar com você por um momento?
– Claro.
– Quando assinei com você pela primeira vez – disse ele –, eu não sabia muita coisa sobre a história da Nike. Então, resolvi estudá-la.

– Ah, é?

– Você é o fundador.

– Bem, cofundador. Sim. Isso surpreende muita gente.

– E a Nike nasceu em 1972.

– Bem. Nasceu...? Sim. Suponho que sim.

– Certo. Então, eu fui ao meu joalheiro e pedi que encontrasse um relógio Rolex de 1972.

Ele me entregou o relógio. Estava gravado: *Obrigado por apostar em mim*.

Como de costume, eu não disse nada. Eu nunca sei o que dizer.

Não foi bem uma aposta. Ele estava muito perto de algo certeiro. Mas quanto a apostar nas pessoas – ele tem razão. Você pode argumentar que tudo tem se baseado nisso.

VOU PARA A COZINHA E ME SIRVO de mais uma taça de vinho. Voltando à minha poltrona reclinável, assisto a Penny bordar durante algum tempo e as imagens mentais vão chegando mais e mais rápido. Como se eu estivesse bordando lembranças.

Eu assisto a Pete Sampras esmagar todos os adversários em um dos seus muitos torneios de Wimbledon. Após fechar o jogo, ele atira a raquete para a plateia – para mim! (A raquete me ultrapassa e atinge o homem na cadeira de trás, que, é claro, entra com um processo.)

Vejo o arquirrival de Pete, Andre Agassi, vencer o U.S. Open, sem ser o favorito, e vir até onde eu estava sentado, depois do último ponto, em lágrimas.

– Nós conseguimos, Phil!

Nós?

Eu sorrio quando Tiger dá a tacada final em Augusta – ou seria em St. Andrews? Ele me abraça e fica ali por muitos segundos a mais do que eu esperaria.

Volto a minha mente para os muitos momentos privados que compartilhei com ele, com Bo Jackson e com Michael Jordan. Hospedado na casa de Michael, em Chicago, peguei o telefone ao lado da cama no quarto de hóspedes e descobri que havia uma voz na linha. *Em que posso ajudá-lo?* Serviço de quarto. Genuíno, 24 horas por dia, pronto para atender qualquer pedido.

Pouso o telefone na base, boquiaberto.

Eles são todos como filhos e irmãos – uma família. Nada menos do que isso. Quando o pai de Tiger, Earl, morreu, a igreja em Kansas tinha menos do que 100 pessoas e tive a honra de ter sido convidado. Quando o pai de Jordan foi assassinado, voei para a Carolina do Norte, para o funeral, e fiquei chocado ao descobrir que havia um assento reservado para mim na primeira fileira.

Tudo isso me leva de volta, é claro, a Matthew.

Penso na sua longa e difícil busca por sentido, por identidade. Por mim. A luta dele sempre me pareceu muito familiar, embora Matthew não tivesse a minha sorte, ou o meu foco. Nem a minha insegurança. Talvez, se ele tivesse um pouco mais de insegurança...

Na sua jornada para encontrar a si mesmo, ele abandonou a faculdade. Experimentou, explorou, rebelou-se, discutiu, fugiu. Nada funcionou. Finalmente, em 2000, ele parecia estar feliz sendo um marido, um pai, um filantropo. Ele se envolveu com Mi Casa, Su Casa, uma organização de caridade que estava construindo um orfanato em El Salvador. Em uma das suas visitas, depois de alguns dias de trabalho duro e animador, ele fez uma pausa. Foi de carro, com dois amigos, para Ilopango, um lago de águas profundas, praticar mergulho.

Por alguma razão, decidiu ver quão fundo poderia mergulhar. Decidiu correr um risco que nem mesmo seu pai, viciado em riscos, teria assumido.

Algo deu errado. A 150 pés de profundidade, meu filho perdeu a consciência.

Se eu quisesse pensar em Matthew nos seus momentos finais, lutando por ar, acredito que a minha imaginação poderia me levar bem perto de como ele deve ter se sentido. Depois de todas as milhas que acumulei como corredor, conheço a sensação de lutar pela próxima respiração. Mas não vou deixar a minha imaginação ir até lá, nunca.

Ainda assim, conversei com os dois amigos que estavam com ele. Li tudo o que pude encontrar sobre acidentes de mergulho. Descobri que, quando as coisas vão mal, o mergulhador muitas vezes sente algo chamado de "efeito martíni". Ele acha que está tudo bem. Mais do que bem. Ele se sente eufórico. Isso deve ter acontecido com Matthew, digo a mim mesmo, porque, no último segundo, ele puxou o bocal. Optei por acreditar nesse cenário de euforia, acreditar que meu filho não sofreu no final. Que meu filho estava feliz. Eu fiz essa escolha porque é a única que me permite seguir em frente.

Penny e eu estávamos no cinema quando soubemos. Tínhamos ido à sessão das cinco da tarde de *Shrek 2*. No meio do filme, nos viramos e vimos Travis em pé no corredor. Travis. *Travis?*

Ele estava sussurrando para nós no escuro:

– Vocês precisam vir comigo.

Caminhamos pelo corredor e saímos do cinema, da escuridão para a luz. Assim que chegamos ao lado de fora, ele disse:

– Acabei de receber um telefonema de El Salvador...

Penny desabou no chão. Travis a ajudou a se levantar. Ele colocou o braço ao redor da mãe e eu cambaleei para longe, para o fim do corredor, as lágrimas correndo pelo meu rosto. Lembro-me de cinco palavras espontâneas, estranhas, que se repetiam na minha mente, como um fragmento de algum poema: *Então, é assim que termina.*

NA MANHÃ SEGUINTE, a notícia estava em toda parte. Internet, rádio, jornais, TV, todos proclamando os fatos. Penny e eu baixamos as persianas, trancamos as portas, nos desligamos do mundo. Mas não antes de a nossa sobrinha Britney vir morar conosco. Até hoje, acredito que ela salvou as nossas vidas.

Todos os atletas da Nike escreveram, enviaram e-mails, telefonaram. Todos. Mas o primeiro foi Tiger. A ligação dele veio às 7h30. Eu nunca, jamais, vou me esquecer. E não admito nenhuma palavra ruim a respeito dele na minha presença.

Outro que ligou bem cedo foi Alberto Salazar, o ferozmente competitivo corredor de longa distância, que ganhou três maratonas seguidas da cidade de Nova York usando Nikes. Eu sempre vou amá-lo por muitas coisas, mas, acima de tudo, por essa demonstração de carinho.

Ele se tornou treinador e, recentemente, trouxe alguns de seus corredores para Beaverton. Eles estavam fazendo um treino leve, no meio do Ronaldo Field, quando alguém se virou e viu Alberto no chão, com falta de ar. Um infarto. Ele ficou oficialmente morto por 14 minutos, até que os paramédicos o reanimassem e o enviassem, às pressas, para o Hospital St. Vincent.

Conheço muito bem aquele hospital. Meu filho Travis nasceu lá, minha mãe morreu lá, 27 anos depois do meu pai. Nos últimos seis meses dele, consegui levá-lo em uma longa viagem, para acabar de vez com a eterna dúvida se ele tinha orgulho de mim e mostrar quanto *eu* estava orgulhoso *dele*. Demos a volta ao mundo, vimos Nikes em todos os países que visitamos, e, com a mera visão de um *swoosh*, os olhos dele brilhavam. A dor da impaciência dele e de toda a hostilidade à minha Ideia Maluca havia se desvanecido. Havia muito tempo. Mas não a lembrança.

Pais e filhos: é sempre a mesma coisa, desde o início dos tempos.

– Meu pai – confidenciou-me Arnold Palmer uma vez, no Masters – fez tudo o que podia para me desencorajar de ser um jogador de golfe profissional.

Eu sorri.

– Nem me fale.

Visitando Alberto, entrando no saguão do St. Vincent, fui tomado por visões dos meus pais. Sentia-os ao meu lado, aos meus ouvidos. Eles tinham uma relação tensa, eu acredito. Mas, como em um iceberg, tudo ficava abaixo da superfície. Na casa deles, na Claybourne Street, a tensão permanecia escondida, e a calma e a razão sempre prevaleciam, graças ao amor deles por nós. O amor não era falado ou demonstrado, mas estava lá, sempre. Minhas irmãs e eu crescemos sabendo que nossos pais, mesmo diferentes um do outro e de nós, se importavam conosco. Esse é o legado deles. Essa é a vitória deles que permanecerá.

Dirigi-me à unidade cardíaca, vi o aviso familiar na porta: *Entrada proibida*. Ignorei-o, atravessei a porta e o corredor e encontrei o quarto de Alberto. Ele levantou a cabeça do travesseiro e conseguiu dar um sorriso triste. Bati no braço dele e tivemos uma boa conversa. Então vi que ele estava esmorecendo.

– Até logo – falei.

A mão dele disparou e agarrou a minha.

– Se algo me acontecer – disse ele –, prometa que vai cuidar de Galen.

O atleta dele. O que ele estivera treinando. Era como um filho para ele. Eu entendi. Ah, como entendi.

– Claro – prometi. – Galen. Pode ficar tranquilo.

Saí da sala, mal ouvindo o sinal sonoro das máquinas, as risadas das enfermeiras, os gemidos do paciente no fim do corredor. Pensei naquela frase: "São apenas negócios." Nunca são apenas negócios. Nunca serão. Caso um dia se tornem apenas negócios, significa que o negócio vai muito mal.

* * *

— HORA DE DORMIR — diz Penny, guardando seu bordado.

— Sim — digo a ela. — Vou daqui a um minuto.

Continuo pensando em uma fala do filme *Antes de partir*. "Você mede a si mesmo pelas pessoas que se medem por você." Não me lembro se foi dita por Nicholson ou Freeman. As palavras são verdadeiras, totalmente verdadeiras. E me transportam para Tóquio, para os escritórios da Nissho. Eu havia estado lá fazia pouco tempo, para uma visita. O telefone tocou.

— É para o senhor — disse a recepcionista japonesa, estendendo o receptor.

— Para mim?

Era Michael Johnson, três vezes medalhista de ouro, titular do recorde mundial nos 200 e nos 400 metros. Fez tudo isso usando os nossos calçados. Por coincidência, ele estava em Tóquio e ouvira dizer que eu também estava.

— Você quer sair para jantar? — perguntou.

Fiquei lisonjeado. Mas disse a ele que não podia. A Nissho estava me oferecendo um banquete. Então eu o convidei para se juntar a nós.

Horas mais tarde, estávamos sentados juntos no chão, diante de uma mesa repleta de *shabu-shabu*, brindando um copo após outro de saquê. Nós rimos, nos divertimos, tilintamos os copos e algo aconteceu entre nós, a mesma coisa que acontece entre mim e a maioria dos atletas com quem trabalho. Uma transferência, uma camaradagem, uma espécie de *conexão*. É breve, mas quase sempre acontece, e sei que é parte do que eu estava procurando quando viajei ao redor do mundo, em 1962.

Estudar o eu é se esquecer do eu. *Mi casa, su casa*.

Unidade: de algum jeito, aspecto ou forma, é o que todas as pessoas que conheci têm buscado.

PENSO NOS OUTROS, que não chegaram até aqui. Bowerman morreu na véspera do Natal de 1999, em Fossil. Ele havia retornado à sua cidade natal, como sempre suspeitamos que faria. Ainda possuía aquela casa no topo das montanhas, acima do campus, mas optou por deixá-la e mudar-se com a Sra. Bowerman para um lar de idosos em Fossil. Precisava estar onde havia começado — ele chegou a dizer isso a alguém? Ou sou eu que o estou imaginando murmurando consigo mesmo?

Lembro-me de quando eu estava no segundo ano e fomos competir em Pullman, no estado de Washington, e Bowerman fez o motorista do ônibus passar por Fossil, para que pudesse nos mostrar a cidade dele. Pensei imediatamente naquela mudança de rota sentimental quando soube que ele havia se deitado para dormir para nunca mais se levantar.

Foi Jaqua quem me telefonou. Eu estava lendo o jornal, as luzes da árvore de Natal piscando intermitentemente. Você sempre se lembra dos detalhes mais estranhos desses momentos. Engasguei ao telefone:

– Vou ter que ligar para você depois.

Subi as escadas para o meu escritório. Acendi todas as luzes. De olhos fechados, repassei um milhão de momentos diferentes, incluindo aquele almoço no Cosmopolitan Hotel.

Fechado?

Fechado.

Uma hora se passou antes que eu pudesse voltar ao primeiro andar. Em algum momento, naquela noite, desisti dos lencinhos de papel e pendurei uma toalha sobre o ombro. Ideia que copiei de outro amado treinador: John Thompson.

Strasser também morreu de repente. Infarto do miocárdio, 1993. Ele era tão jovem... foi uma tragédia, principalmente porque aconteceu depois que tivemos um desentendimento. Strasser tinha trabalhado ativamente para assinarmos com Jordan, para construirmos a linha Jordan e colocá-la nas solas de ar de Rudy. O Air Jordan mudou a Nike, conduziu-nos ao próximo nível, e para o seguinte. E mudou Strasser também. Ele sentiu que não deveria mais receber ordens de ninguém, inclusive de mim. Especialmente de mim. Batemos de frente muitas vezes e ele saiu da empresa.

Poderia ter ficado tudo bem se ele tivesse apenas saído. Mas Strasser passou a trabalhar para a Adidas. Uma traição intolerável. Eu nunca o perdoei. (Embora tenha, há pouco tempo – feliz e orgulhosamente –, contratado a filha dele, Avery. Aos 22 anos, ela trabalha na área de Eventos Especiais e dizem que está indo muito bem. É uma bênção e uma alegria ver o nome dela no diretório da empresa.) Gostaria que Strasser e eu tivéssemos acertado as coisas antes de sua morte, mas não sei se teria sido possível. Nós dois nascemos para competir e éramos ruins na arte de perdoar. Para nós, a traição era uma kriptonita superpotente.

Tive a mesma sensação de traição quando a Nike ficou sob ataque por causa das condições das nossas fábricas no exterior: a controvérsia sobre trabalho escravo. Sempre que os repórteres diziam que uma fábrica não era satisfatória, jamais mencionavam quanto ela estava melhor do que no dia em que entramos. Eles nunca se referiam a quanto havíamos trabalhado com os nossos parceiros estrangeiros para melhorar as condições das fábricas, torná-las locais mais seguros e limpos. Eles nunca disseram que essas instalações não eram nossas, que éramos clientes, um entre muitos. Eles simplesmente procuraram, até encontrar, um operário com queixas sobre as condições de trabalho e usaram essa pessoa para nos difamar, e somente a nós, sabendo que o nosso nome geraria publicidade máxima.

É claro que a maneira como reagi só fez a crise piorar. Irritado, magoado, protestei muitas vezes demonstrando presunção, petulância, raiva. Em algum nível, eu sabia que a minha reação era prejudicial e contraproducente, mas não conseguia me conter. Não é fácil se manter estável quando você acorda um dia pensando que está criando empregos, ajudando países pobres a se modernizar e permitindo que atletas alcancem a grandeza, e tudo o que consegue é ter uma efígie queimada em praça pública na frente da sua loja mais importante na sua cidade natal.

A empresa reagiu como eu. Emocionalmente. Todo mundo ficou nervoso. Muitas vezes, tarde da noite, em Beaverton, as luzes estavam todas acesas e conversas profundas aconteciam em várias salas e escritórios. Embora soubéssemos que muitas das críticas eram injustas, que, mais do que o verdadeiro culpado, a Nike era um símbolo, um bode expiatório, tudo isso era irrelevante. Fomos obrigados a admitir: podemos fazer melhor.

Dissemos a nós mesmos: precisamos fazer melhor.

Em seguida, avisamos ao mundo: apenas nos observem. Vamos fazer das nossas fábricas grandes exemplos.

E o fizemos. Nos 10 anos seguintes àquelas manchetes ruins e àquela exposição escabrosa, usamos a crise para reinventar toda a empresa.

Por exemplo, uma das piores coisas em uma fábrica de calçados costumava ser a sala da borracha, onde a parte superior e as solas são ligadas. A fumaça é asfixiante, tóxica e cancerígena. Então criamos um agente de ligação à base de água que não gera fumaça, eliminando assim 97% das substâncias cancerígenas no ar. Em seguida, cedemos essa invenção aos nossos concorrentes e a qualquer um que a quisesse.

Todos quiseram. Quase todos agora a usam.

Um dos muitos, muitos exemplos.

Passamos de alvo dos críticos a referência no movimento de transformação das fábricas. Hoje, aquelas que se incumbem da nossa produção estão entre as melhores do mundo. Há pouco tempo, um funcionário da Organização das Nações Unidas afirmou: "A Nike é o padrão-ouro pelo qual avaliamos todas as fábricas de vestuário."

Depois de vencermos essa crise, veio o Girl Effect, um enorme esforço da Nike para quebrar os ciclos geracionais de pobreza nos mais desoladores lugares do mundo. Com a ONU e outros parceiros corporativos e governamentais, o Girl Effect tem aplicado milhões de dólares em uma campanha inteligente, séria e global para educar, conectar e valorizar as jovens. Economistas e sociólogos – sem mencionar nossos corações – nos dizem que, em muitas sociedades, as meninas são as mais economicamente vulneráveis e essenciais. Então, ao ajudá-las, estamos ajudando a todos. Seja no esforço para acabar com o casamento infantil na Etiópia, ou na construção de espaços seguros para adolescentes na Nigéria, ou no lançamento de uma revista e um programa de rádio para enviar mensagens poderosas e inspiradoras para as jovens ruandesas, o Girl Effect está mudando milhões de vidas, e os melhores dias da minha semana, mês e ano são aqueles em que recebo os relatórios radiantes das nossas linhas de frente.

Eu faria qualquer coisa para voltar no tempo e tomar muitas decisões diferentes, que poderiam ou não ter evitado a crise das condições de trabalho. Mas não posso negar que a crise levou a uma mudança miraculosa, dentro e fora da Nike. Por tudo isso, só posso ser grato.

É claro, sempre haverá a questão dos salários. O salário de um operário em um país subdesenvolvido parece incrivelmente baixo para os padrões americanos, e eu entendo. Ainda assim, temos que operar dentro dos limites e das estruturas de cada país, de cada economia; não podemos simplesmente pagar quanto quisermos. Em um país, cujo nome não citarei, quando tentamos aumentar os salários, nos vimos em maus lençóis com as autoridades. Fomos convocados ao escritório de um alto funcionário do governo, que mandou que parássemos. Ele afirmou que estávamos perturbando todo o sistema econômico do país.

– Não é certo – insistiu ele –, ou viável, que um operário de uma fábrica de calçados ganhe mais do que um médico.

A mudança nunca vem tão rápido quanto desejamos.

Penso constantemente na pobreza que vi enquanto viajava pelo mundo na década de 1960. Eu soube, então, que a única resposta para a pobreza é o emprego básico. Muitos empregos. Não inventei essa teoria sozinho. Ouvi isso de todos os professores de economia que já tive, tanto na Universidade do Oregon quanto em Stanford, e tudo o que vi e li depois confirmou essa ideia. O comércio internacional sempre, *sempre* beneficia ambas as nações envolvidas no negócio.

Outra coisa que ouvi muitas vezes desses mesmos professores foi a velha máxima: "Quando as mercadorias não ultrapassam as fronteiras internacionais, os soldados o fazem." Embora eu seja conhecido por chamar os negócios de "guerra sem balas", na verdade eles são um poderoso baluarte contra a guerra. O comércio é o caminho para a coexistência e a cooperação. A paz se alimenta da prosperidade. É por isso que, assombrado como estava pela Guerra do Vietnã, sempre jurei que, um dia, a Nike teria uma fábrica em Saigon ou pelo menos perto de lá.

Em 1997, tínhamos quatro.

Fiquei muito, muito orgulhoso. E, quando soube que seríamos homenageados e celebrados pelo governo vietnamita como uma das cinco empresas do país que mais geravam divisas, senti que devia visitá-lo.

Que viagem sofrida. Não sei se já havia percebido, em toda a sua profundidade, o ódio que sentia pela Guerra do Vietnã, até que voltei lá, 25 anos depois da paz, até que dei as mãos a nossos antigos antagonistas. Em determinado momento, meus anfitriões graciosamente perguntaram o que poderiam fazer por mim, o que tornaria a minha viagem especial ou memorável. Senti um nó na garganta. Respondi que não queria que eles tivessem nenhum trabalho comigo.

Mas eles insistiram.

Tudo bem, eu disse, gostaria de encontrar o general Võ Nguyên Giáp, de 86 anos, o MacArthur vietnamita, o homem que, sozinho, derrotara os japoneses, os franceses, os americanos e os chineses.

Meus anfitriões me olharam em silêncio, espantados. Lentamente, levantaram-se, pediram licença e se colocaram em um canto, conversando freneticamente em vietnamita.

Depois de cinco minutos, voltaram. Amanhã, disseram. Uma hora.

Fiz uma reverência profunda. Então contei os minutos que me separavam do grande encontro.

Assim que o general Giáp entrou, a primeira coisa que notei foi o tamanho dele. Esse brilhante lutador, esse gênio tático que organizara a Ofensiva do Tet, que planejara quilômetros e quilômetros de túneis subterrâneos, esse gigante da história, batia nos meus ombros. Ele tinha, *talvez*, 1,60 metro de altura.

E era humilde. Um MacArthur sem cachimbo de sabugo de milho.

Lembro-me de que ele usava um terno escuro, como o meu. Lembro-me de que ele sorriu, um sorriso como o meu – tímido, hesitante. Mas havia uma intensidade nele. Eu já vira aquele tipo de confiança reluzente nos grandes treinadores e líderes empresariais, a elite da elite. Eu nunca vi isso no espelho.

Ele sabia que eu tinha perguntas. Esperou que as fizesse.

Eu disse apenas:

– Como o senhor conseguiu?

Pensei ter visto os cantos da boca dele tremerem. Um sorriso? Talvez? Ele pensou. E pensou.

– Eu era um mestre da selva – respondeu.

PENSAMENTOS SOBRE A ÁSIA sempre me levam de volta à Nissho. Aonde nós teríamos chegado sem a Nissho? E sem o ex-CEO Masuro Hayami? Comecei a conhecê-lo bem depois que a Nike abriu o capital. Era inevitável que criássemos um vínculo: eu era o seu cliente mais rentável, e o mais ávido aluno. E ele era, possivelmente, o homem mais sábio que conheci.

Ao contrário de muitos outros sábios, a sabedoria dele gerava imensa paz. E eu me alimentava dessa paz.

Na década de 1980, sempre que eu ia a Tóquio, Hayami me convidava para um fim de semana na sua casa de praia, na região próxima de Atami, a Riviera japonesa. Saíamos de Tóquio de trem, no final da sexta-feira, e tomávamos um conhaque durante a viagem. Em uma hora, estávamos na península de Izu, onde parávamos em algum restaurante maravilhoso para jantar. Na manhã seguinte, jogávamos golfe e, no sábado à noite, fazíamos um churrasco em estilo japonês no quintal. Ali, resolvíamos todos os problemas do mundo, ou eu lhe entregava todos os meus problemas e ele os resolvia.

Em uma das viagens, terminamos a noite no ofurô de Hayami. Lembro-me de ouvir, acima da espuma formada na água, o som do oceano distante batendo na costa. Lembro-me do cheiro fresco do vento que atravessava as árvores, milhares e milhares de árvores costeiras, dezenas de espécies não encontradas em nenhuma floresta do Oregon. Lembro-me dos corvos grasnando a distância, enquanto discutíamos sobre o infinito. E então o finito. Eu reclamei da empresa. Mesmo depois da abertura de capital, havia muitos problemas.

– Temos inúmeras oportunidades, mas estamos enfrentando dificuldades para encontrar gestores capazes de aproveitá-las. Testamos pessoas de fora, mas elas fracassam, porque a nossa cultura é muito diferente.

O Sr. Hayami assentiu.

– Está vendo aquelas árvores de bambu lá em cima? – perguntou.

– Sim.

– No ano que vem, quando você voltar, elas estarão 30 centímetros mais altas.

Eu o encarei. Eu entendi.

Quando voltei ao Oregon, tentei cultivar e estimular o crescimento da equipe de gestão que tínhamos, lentamente, com mais paciência, de olho em treinamento e planejamento de longo prazo. Adotei uma perspectiva mais ampla. Funcionou. Quando voltei a me encontrar com Hayami, contei a ele. Ele apenas balançou a cabeça uma vez, *hai*, e olhou para longe.

QUASE TRÊS DÉCADAS ATRÁS, Harvard e Stanford começaram a estudar a Nike e a compartilhar as pesquisas com outras universidades, o que resultou em muitas oportunidades para eu visitar diferentes faculdades, participar de estimulantes discussões acadêmicas e continuar aprendendo. É sempre uma ocasião feliz poder andar pelo campus e também estimular as pessoas, porque, quando encontro os estudantes de hoje, muito mais inteligentes e competentes do que no meu tempo, também os sinto muito mais pessimistas. Às vezes eles perguntam, desanimados: "Para onde os Estados Unidos estão indo?", "Onde o mundo vai parar?", ou "Onde estão os novos empresários?", "Será que estamos condenados, como sociedade, a oferecer um futuro pior aos nossos filhos?".

Conto a eles sobre o Japão devastado que vi em 1962. Conto a eles sobre os escombros e as ruínas que, de alguma forma, deram à luz sábios como Hayami, Ito e Sumeragi. E sobre os recursos inexplorados, naturais e humanos, que o mundo tem à disposição, as maneiras e os meios abundantes para resolver as muitas crises. Tudo o que precisamos fazer, digo aos alunos, é trabalhar e estudar, estudar e trabalhar, o mais duro que pudermos.

Dito de outra forma: devemos todos ser mestres da selva.

APAGO AS LUZES, subo as escadas e vou para a cama. Enrolada no cobertor, com um livro caído ao seu lado, Penny está dormindo. Aquela química, aquele sentimento de sincronia desde o Primeiro Dia, Contabilidade 101, permanece. Os nossos conflitos têm sido centrados sobretudo em trabalho *versus* família. Encontrar um equilíbrio. Definir a palavra "equilíbrio". Nos momentos mais difíceis, conseguimos imitar os atletas que mais admiro. Temos suportado, temos sido pressionados. E resistimos.

Deslizo sob as cobertas, com cuidado, para não acordá-la, e penso nos outros que também resistiram. Hayes vive em uma fazenda no vale de Tualatin, 44 hectares retumbantes, com uma ridícula coleção de escavadeiras e outros equipamentos pesados. (A menina dos olhos dele é um John Deere JD-450C. Amarelo-reluzente, como os ônibus escolares, e tão grande quanto um apartamento de um quarto.) Ele tem alguns problemas de saúde, mas vai escavando em frente.

Woodell vive no centro do Oregon, com a esposa. Durante anos, voou no próprio avião, mostrando o dedo médio para todos os que disseram que ele ficaria desamparado. (Acima de tudo, voar em um jatinho particular significava nunca mais se preocupar com a possibilidade de uma companhia aérea perder a cadeira de rodas dele.)

Ele é um dos melhores contadores de casos da Nike. O meu favorito, naturalmente, é aquele sobre o dia em que abrimos o capital. Ele mandou que os pais se sentassem e lhes deu a notícia.

– O que isso quer dizer? – eles sussurraram.

– Isso quer dizer que aquele empréstimo original de 8 mil dólares que vocês fizeram ao Phil vale hoje 1,6 milhão de dólares.

Eles se olharam, olharam para Woodell.

– Eu não entendo – disse a mãe dele.

Se você não puder confiar na empresa para a qual o seu filho trabalha, em quem poderá confiar?

Quando se aposentou da Nike, Woodell tornou-se diretor da Autoridade Portuária de Portland, administrando todos os rios e aeroportos. Um homem imobilizado dirigindo tudo o que se movimenta. É maravilhoso.

Também é líder, sócio e diretor de uma bem-sucedida microcervejaria. Ele sempre gostou de cerveja.

Mas, toda vez que nos encontramos para jantar, ele me diz que, é claro, a sua maior alegria e o seu grande orgulho é o filho, Dan, que já vai para a faculdade.

O velho antagonista de Woodell, Johnson, vive bem no meio de um poema de Robert Frost, em algum lugar na vastidão de New Hampshire. Ele converteu um antigo celeiro em uma mansão de cinco andares, que chama de Fortaleza da Solidão. Duas vezes divorciado, ele encheu o lugar com dezenas de poltronas reclináveis e milhares e milhares de livros, e mantém o controle de todos eles com um enorme catálogo de cartões. Cada livro tem o próprio número e o próprio cartão de índice, que informa o autor, a data de publicação, a sinopse – e a localização precisa na fortaleza.

É claro.

Correndo e pulando na propriedade de Johnson estão incontáveis perus selvagens e esquilos, à maioria dos quais ele atribuiu nomes. Ele conhece todos tão bem que pode dizer quando algum está hibernando além da conta. Ao longe, aninhado em um campo de grama alta e bordos oscilantes, Johnson construiu um segundo celeiro, um lugar sagrado que pintou, envernizou, decorou e encheu até transbordar com a sua biblioteca pessoal, além de remessas de livros usados que compra de bibliotecas. Ele chama essa utopia literária de "Horders" e a mantém iluminada, aberta, livre, 24 horas por dia, para qualquer um que precise de um lugar para ler e refletir.

Esse é o meu Funcionário em Tempo Integral Número Um.

Na Europa, me disseram, existem camisetas com os dizeres "Onde está Jeff Johnson?", uma referência à famosa frase que abre o livro *A revolta de Atlas*, de Ayn Rand: "Quem é John Galt?" A resposta para as camisetas é: exatamente onde ele deveria estar.

QUANDO O DINHEIRO COMEÇOU A ENTRAR, todos sentimos os seus efeitos. Não muito e não por muito tempo, porque nenhum de nós era impulsionado pelo dinheiro. Mas essa é a natureza dele. Quer você o tenha ou não, quer você o deseje ou não, quer você goste ou não, ele vai tentar definir os seus dias. A nossa tarefa como seres humanos é não permitir que isso aconteça.

Eu comprei um Porsche. Tentei comprar o Los Angeles Clippers e acabei metido em uma ação judicial com Donald Sterling. Eu usava óculos escuros em toda parte, dentro e fora de qualquer lugar. Há uma foto minha usando um chapéu de caubói cinza – não sei onde, quando ou por quê. Eu precisava me livrar daquilo. Nem mesmo Penny conseguiu ficar imune. Como um tipo de compensação para a insegurança da infância, ela andava com milhares de dólares na bolsa. Comprava artigos de primeira necessidade, como rolos de papel higiênico, às centenas, de uma só vez.

Não demorou muito para que voltássemos ao normal. Agora, quando pensamos em dinheiro, concentramos os nossos esforços em algumas causas específicas. Doamos 100 milhões de dólares por ano e, quando partirmos, vamos doar grande parte do que restar.

No momento em que escrevo estas memórias, estamos no meio da construção de um novo e reluzente estádio de basquete na Universidade do Oregon. A Arena Matthew Knight. O logotipo no meio da quadra será o nome de Matthew no formato de um portão *torii*. *Do profano ao sagrado...* Também estamos terminando a construção de um novo complexo de atletismo, que pretendemos dedicar a nossas mães, Dot e Lota. Em uma placa ao lado da entrada haverá a inscrição: *Porque as mães são os nossos primeiros treinadores.*

Quem pode dizer quão diferente tudo teria sido se minha mãe não tivesse impedido o podólogo de remover cirurgicamente aquela verruga e não me enviasse mancando para aquela temporada de corridas? Ou se ela não tivesse me dito que eu corria *rápido*? Ou se ela não tivesse comprado aquele primeiro par de Limber Ups, colocando meu pai no seu devido lugar?

Sempre que volto a Eugene e caminho pelo campus, eu penso nela. Sempre que fico do lado de fora de Hayward Field, penso na corrida silenciosa que ela realizou. Penso em todas as muitas corridas que cada um de nós realizou. Eu me inclino contra a cerca, olho para a pista e ouço o vento, pensando em Bowerman, com a gravata voando atrás dele. Penso em Pre, que Deus o tenha. Ao me virar, olhando para trás, o meu coração salta. Do outro lado da rua está a William Knight Law School. Um edifício de aparência severa. Ninguém fica perdendo tempo e bancando o tolo imaturo por ali.

* * *

NÃO CONSIGO DORMIR. Não consigo parar de pensar naquele maldito filme, *Antes de partir*. Deitado no escuro, eu me pergunto repetidamente: o que está na sua lista?

Pirâmides? Feito.

Himalaia? Feito.

Ganges? Feito.

Então... nada?

Penso nas poucas coisas que ainda quero fazer. Ajudar algumas universidades a mudar o mundo. Ajudar a encontrar uma cura para o câncer. Além disso, não há tantas coisas que eu gostaria de fazer quanto coisas que eu gostaria de dizer. E talvez de desdizer.

Pode ser bom contar a história da Nike. Muitos já a contaram, ou tentaram contá-la, mas eles só conhecem a metade dos fatos – se tanto – e não sabem nada sobre o espírito. Ou vice-versa. Eu poderia começar a história, ou terminá-la, com arrependimentos. As centenas – talvez milhares – de más decisões. Eu sou o cara que disse que Magic Johnson era "um jogador sem posição, que jamais chegará à NBA". Eu sou o cara que considerou Ryan Leaf um quarterback da NFL melhor do que Peyton Manning.

É fácil rir desses enganos. Outros arrependimentos são mais profundos. Não ter telefonando para Hiraku Iwano depois que ele foi embora. Não ter renovado o contrato de Bo Jackson em 1996. Joe Paterno.

Não ser um administrador capaz o suficiente para evitar demissões. Três vezes em 10 anos – um total de 1.500 pessoas. Esse fantasma ainda me assombra.

É claro que, acima de tudo, eu me arrependo de não ter passado mais tempo com meus filhos. Talvez, se o tivesse feito, pudesse ter decifrado o código criptografado de Matthew Knight.

Mas sei que esse arrependimento não combina com o meu pesar mais secreto – o de não poder fazer tudo outra vez.

Deus, como eu gostaria de poder reviver tudo. Na impossibilidade de fazer isso, gostaria de compartilhar a experiência, os altos e baixos, de modo que alguns jovens, homens ou mulheres, em algum lugar, passando pelas mesmas dificuldades e provações, possam ser inspirados ou consolados. Ou avisados. Talvez algum jovem empreendedor, atleta, pintor ou escritor sinta o desejo de prosseguir, apesar de todas as dificuldades.

É o mesmo impulso. O mesmo sonho.

Seria bom ajudá-los a evitar os desânimos típicos. Eu lhes diria para apertar o botão de pausa, pensar bastante sobre como e com quem pretendem passar o seu tempo nos próximos 40 anos. Eu diria a homens e mulheres de 20 e poucos anos para não se contentarem com um emprego, uma profissão, ou mesmo uma carreira. Busquem a sua vocação. Mesmo que não saibam qual é, saiam em seu encalço. Quando seguimos a nossa vocação, o cansaço é mais fácil de suportar, as decepções são como combustíveis, as vitórias são diferentes de tudo o que já sentimos.

Eu gostaria de alertar os melhores deles, os iconoclastas, os inovadores, os rebeldes, de que terão sempre um alvo colado nas suas costas. Quanto mais conquistarem, maior será o alvo. Não é a opinião de um homem; é uma lei da natureza.

Eu gostaria de lembrá-los de que os Estados Unidos não são o Shangri-la do empreendedorismo que as pessoas pensam. A livre-iniciativa sempre irrita os tipos de seres malignos que vivem para bloquear, impedir, dizer "não, desculpe, mas não". Sempre foi assim. O pelotão dos empreendedores sempre teve menos armas e menos membros. Eles sempre lutam para subir a colina, e a colina nunca esteve tão íngreme. Os Estados Unidos estão se tornando menos, e não mais, abertos ao empreendedorismo. Recentemente, um estudo da Harvard Business School classificou todos os países do mundo em função do seu espírito empreendedor. Os Estados Unidos ficaram atrás do Peru.

E aqueles que exortam os empreendedores a nunca desistir? Charlatães. Às vezes, você tem que desistir. Às vezes, saber quando desistir, quando tentar outra coisa, é onde está a genialidade. Desistir não significa parar. Não pare nunca.

A sorte desempenha um grande papel em tudo isso. Sim, eu gostaria de reconhecer publicamente o poder da sorte. Atletas têm sorte, poetas têm sorte, empresas têm sorte. O trabalho árduo é fundamental, uma boa equipe é essencial, cérebros e determinação são inestimáveis, mas a sorte pode decidir o resultado. Algumas pessoas podem não chamar a isso de sorte. Elas lhe dão o nome de Tao, ou Logos, ou Jnana, ou Dharma. Ou Espírito. Ou Deus.

Pense no seguinte: quanto mais você trabalha, melhor é o seu Tao. E, como ninguém jamais definiu com precisão o que é Tao, eu agora tento ir regularmente à missa. Gostaria de dizer-lhes: tenham fé em si mesmos, mas também tenham fé na fé. Não a fé como outros a definem. A fé como você a define. Fé como a fé se define no seu coração.

Em que formato eu quero dizer tudo isso? Uma autobiografia? Não, não uma autobiografia. Não posso imaginar como tudo caberia em uma narrativa unificada.

Talvez um romance. Ou um discurso. Ou uma série de discursos. Talvez apenas uma carta aos meus netos.

Eu olho no escuro. Então talvez haja alguma coisa na minha lista, afinal de contas?

Outra Ideia Maluca.

De repente, a minha mente está correndo. Pessoas para quem preciso ligar, coisas que preciso ler. Vou ter que entrar em contato com Woodell. Devo procurar saber se temos alguma cópia daquelas cartas de Johnson. Eram tantas! Em algum lugar na casa dos meus pais, onde minha irmã Joanne ainda mora, deve haver uma caixa com os slides da minha viagem ao redor do mundo.

Tanta coisa para fazer. Tanta coisa para aprender. Tanta coisa que desconheço sobre a minha própria vida.

Agora eu realmente não consigo dormir. Levanto-me, pego um bloco de anotações na escrivaninha. Vou para a sala e me sento na minha poltrona reclinável.

Uma sensação de quietude, de imensa paz, toma conta de mim.

Aperto os olhos na direção da lua, que brilha fora da minha janela. A mesma lua que inspirou os antigos mestres zen a se preocuparem com o vazio. Sob a luz atemporal e esclarecedora dessa lua, começo a fazer uma lista.

AGRADECIMENTOS

Passei boa parte da minha vida em dívida. Como um jovem empreendedor, aquela sensação de ir dormir toda noite e acordar todo dia devendo a muitas pessoas uma quantia muito maior do que eu poderia pagar tornou-se dolorosamente familiar.

Nada, no entanto, fez com que eu me sentisse tão endividado quanto o processo de escrever este livro.

Assim como não há um fim para a minha gratidão, parece não haver um lugar adequado e lógico para começar a expressá-la. Na Nike, gostaria de agradecer à minha assistente, Lisa McKillips, por fazer tudo – realmente tudo – com perfeição e alegria, sempre com um sorriso deslumbrante; aos velhos amigos Jeff Johnson e Bob Woodell, por me fazerem lembrar e por serem pacientes quando eu me recordava de alguma coisa de maneira diferente; ao historiador Scott Reames, por peneirar habilmente os fatos dos mitos; e a Maria Eitel, por dedicar a sua experiência aos temas mais difíceis.

É claro, os meus maiores e mais enfáticos agradecimentos aos 68 mil funcionários da Nike em todo o mundo, pelos esforços e pela dedicação diários, sem os quais não haveria nenhum livro, nenhum escritor, nada.

Em Stanford, gostaria de agradecer ao gênio louco e dotado professor Adam Johnson, pelo exemplo brilhante do que significa ser um escritor e um amigo; a Abraham Verghese, que instrui como se escreve – tranquilamente, sem esforço; e aos inúmeros alunos de pós-graduação que conheci enquanto me sentava na fileira de trás das aulas de redação – cada um deles me inspirou com a sua paixão pela língua e pelo ofício.

Na Scribner, agradeço à lendária Nan Graham, pelo apoio firme e constante; a Roz Lippel, Susan Moldow e Carolyn Reidy, pelo entusiasmo contagiante e energizante; a Kathleen Rizzo, por manter a produção em suave movimento, ao mesmo tempo em que mantinha uma calma sublime; acima de tudo, agradeço à minha extremamente talentosa e perspicaz editora, Shannon Welch, que me deu o aval de que eu precisava, quando eu precisava, sem que nenhum de nós tivesse noção plena de quanto eu precisava. Os seus comentários e análise iniciais, além da sua sabedoria tão precoce, foram inestimáveis.

Aleatoriamente, sem nenhuma ordem, agradeço aos muitos amigos e colegas que foram tão generosos com seu tempo, talento e conselhos, incluindo o superagente Bob Barnett, o extraordinário poeta-administrador Eavan Boland, o memorialista do Grand Slam Andre Agassi e o artista dos números Del Hayes. Um agradecimento especial e profundo ao memorialista, romancista, jornalista esportivo, fonte de inspiração e amigo J. R. Moehringer, em cuja generosidade, bom humor e invejável capacidade de contar histórias me apoiei durante os muitos e muitos rascunhos deste livro.

Por fim, gostaria de agradecer à minha família, a todos eles, mas especialmente ao meu filho Travis, cujo apoio e amizade significaram – e significam – o mundo para mim. E, claro, um agradecimento a plenos pulmões, de todo o coração, à minha Penelope, que esperou. E esperou. Ela esperou enquanto eu viajava, ela esperou enquanto eu me perdia. Ela esperou noite após noite, enquanto eu fazia o meu caminho irritantemente lento de volta para casa – geralmente tarde, o jantar frio –, e esperou os últimos anos, enquanto eu revivia tudo, em voz alta, na minha cabeça e nas páginas, apesar de haver partes que ela mesma não gostaria de reviver. Desde o início, por quase um século, ela esperou, e agora, finalmente, eu posso lhe entregar estas páginas suadas e dizer, sobre elas, sobre a Nike, sobre tudo: Penny, eu não teria conseguido sem você.

CONHEÇA ALGUNS DESTAQUES DE NOSSO CATÁLOGO

- Augusto Cury: Você é insubstituível (2,8 milhões de livros vendidos), Nunca desista de seus sonhos (2,7 milhões de livros vendidos) e O médico da emoção
- Dale Carnegie: Como fazer amigos e influenciar pessoas (16 milhões de livros vendidos) e Como evitar preocupações e começar a viver
- Brené Brown: A coragem de ser imperfeito – Como aceitar a própria vulnerabilidade e vencer a vergonha (600 mil livros vendidos)
- T. Harv Eker: Os segredos da mente milionária (2 milhões de livros vendidos)
- Gustavo Cerbasi: Casais inteligentes enriquecem juntos (1,2 milhão de livros vendidos) e Como organizar sua vida financeira
- Greg McKeown: Essencialismo – A disciplinada busca por menos (400 mil livros vendidos) e Sem esforço – Torne mais fácil o que é mais importante
- Haemin Sunim: As coisas que você só vê quando desacelera (450 mil livros vendidos) e Amor pelas coisas imperfeitas
- Ana Claudia Quintana Arantes: A morte é um dia que vale a pena viver (400 mil livros vendidos) e Pra vida toda valer a pena viver
- Ichiro Kishimi e Fumitake Koga: A coragem de não agradar – Como se libertar da opinião dos outros (200 mil livros vendidos)
- Simon Sinek: Comece pelo porquê (200 mil livros vendidos) e O jogo infinito
- Robert B. Cialdini: As armas da persuasão (350 mil livros vendidos)
- Eckhart Tolle: O poder do agora (1,2 milhão de livros vendidos)
- Edith Eva Eger: A bailarina de Auschwitz (600 mil livros vendidos)
- Cristina Núñez Pereira e Rafael R. Valcárcel: Emocionário – Um guia lúdico para lidar com as emoções (800 mil livros vendidos)
- Nizan Guanaes e Arthur Guerra: Você aguenta ser feliz? – Como cuidar da saúde mental e física para ter qualidade de vida
- Suhas Kshirsagar: Mude seus horários, mude sua vida – Como usar o relógio biológico para perder peso, reduzir o estresse e ter mais saúde e energia

sextante.com.br